献给亲爱的杨老师

桃李成蹊

杨果教授七秩寿庆文集

陈曦 廖寅 刘兴亮 主编

齐鲁书社
·济南·

图书在版编目（CIP）数据

桃李成蹊：杨果教授七秩寿庆文集/陈曦，廖寅，刘兴亮主编.--济南：齐鲁书社，2024.6
ISBN 978-7-5333-4872-4

Ⅰ.①桃… Ⅱ.①陈…②廖…③刘… Ⅲ.①中国历史-古代史-文集 Ⅳ.①K220.7-53

中国国家版本馆CIP数据核字(2024)第066398号

责任编辑　王亚茹
装帧设计　亓旭欣

桃李成蹊：杨果教授七秩寿庆文集
TAOLI-CHENGXI YANG GUO JIAOSHOU QIZHI SHOUQING WENJI

陈　曦　廖　寅　刘兴亮　主编

主管单位	山东出版传媒股份有限公司
出版发行	齐鲁书社
社　　址	济南市市中区舜耕路517号
邮　　编	250003
网　　址	www.qlss.com.cn
电子邮箱	qilupress@126.com
营销中心	（0531）82098521　82098519　82098517
印　　刷	山东临沂新华印刷物流集团有限责任公司
开　　本	720mm×1020mm　1/16
印　　张	24.5
插　　页	15
字　　数	376千
版　　次	2024年6月第1版
印　　次	2024年6月第1次印刷
标准书号	ISBN 978-7-5333-4872-4
定　　价	198.00元

1979年10月武汉大学历史系7891班游东湖合影

1984年3月杨果老师在武汉大学行政楼前

1987年8月杨果老师在包头参加蒙古史会议时与杨志玖先生、李涵先生合影

1988年11月杨果老师在成都参加元史会议
(左起为杨果、亦邻真、李涵、周清澍、陈得芝、刘迎胜先生)

1988 年 11 月成都元史会议期间在金堂云顶石城
（前排左起为陈得芝、蔡美彪、刘迎胜、李涵先生）

1991 年 8 月杨果老师在北京参加国际宋史研讨会时与李涵、邓广铭、漆侠先生合影

1991年8月杨果老师在北京大学前与李涵、柳田节子、漆平先生合影

1993年11月师生在珞珈山庄合影
（坐者为李涵先生，立者左起为杨果、吴怀连、张星久先生）

1996年8月杨果老师在美国哈佛大学校园

1997年5月杨果老师在哈佛大学"儒学研讨会"上做报告

(左为杜维明先生,右为陈来先生)

1997年5月杨果老师在哈佛大学参加中国史会议
(左起为包弼德、武建国、苏基朗、杨果、邓小南、陈智超、戴建国先生)

1998年11月杨果老师在博士论文答辩后与石泉先生、李涵先生合影

2002年8月杨果老师与研究生在西安半坡遗址
（左为廖寅、赵治乐，右为陈曦）

2002年11月杨果老师与研究生在湖北巴东考察旧县坪宋代遗址
（左为赵治乐、陈曦）

2003 年 10 月杨果老师在台大历史系与方震华、葛兆光、王德毅、苗书梅、林文勋等先生合影

2003 年 10 月杨果老师在台湾大学姚从吾教授纪念室与王德毅先生合影

2004年3月历史系部分教师春游合影

2004年7月在赤峰金界壕
(左起第一排为武玉环、赵冬梅、杨果、李春敏先生,第二排为陈峰、黄宽重、张希清、苗书梅、韩茂莉先生,第三排为关树东、李华瑞、邓小南、刘浦江等先生)

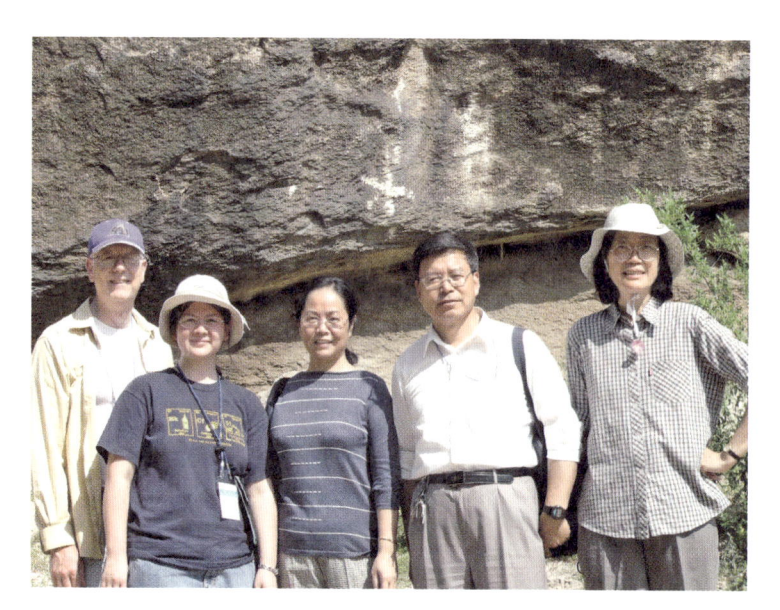

2004 年 7 月在赤峰辽真寂寺遗址
（左起为田浩、田梅、杨果、张希清、邓小南先生）

2004 年 8 月广安宋史会议期间在华蓥山合影
（左起前排为贾玉英、赵冬梅、路育松、杨果先生，后排为王曾瑜、邓小南、张其凡、张希清先生）

2005年5月华中科技大学硕士论文答辩
（左起为罗家祥、杨果、赵国华、雷家宏先生）

2005年6月杨果老师在韩国清州参加中国史会议时与包伟民先生、日本学者大川裕子合影

2005 年 6 月杨果老师在韩国参加中国史会议

2005 年 7 月杨果老师在本科生课堂上

2005年7月在五台山大白塔前合影
(左起前排为罗炳良、姜锡东、杨果、何忠礼、李治安、邹重华先生,后排为史继刚、李华瑞、贾玉英、虞云国、张全明、方建新先生)

2005年12月西安会议期间考察乾陵
(左起为李晓、杨果、葛金芳、王曾瑜、张邦炜、刘复生、陈峰先生)

2006 年 4 月杨果老师在巴黎法兰西学院图书馆

2006 年 7 月杨果老师在巴黎与蓝克利、维多利亚、杜德兰先生合影

2007年3月杨果老师在北京大学参加纪念邓广铭教授百年诞辰国际学术研讨会

2008年2月杨果老师为李涵先生祝寿合影

2008年3月广州会议期间在陈家祠
（左起为刘馨珺、苗书梅、王夫人、王德毅、杨果、曹家齐先生）

2009年3月北京大学会议期间杨果老师与李贞德、刘静贞、赵冬梅先生合影

2010年8月杨果老师在武汉主办宋史会议期间与苗书梅、邓小南、姜斐德、吴晓亮、王菱菱先生合影

2011年5月杨果老师与本科毕业生郭琳合影

2011年10月杭州南宋史会议期间杨果老师与裴淑姬、韩桂华、刘静贞、廖咸惠先生合影

2011年11月杨果老师在保定参加漆侠先生纪念会时与高树林、王曾瑜、乔幼梅先生合影

2011年12月杨果老师在西南大学做报告

2012年5月杨果老师参加武汉大学妇女与性别研究中心工作汇报会

2012年5月杨果老师在北京参加"全国教育工作会议精神学习研讨会"

2012年10月在广东江门
(左起为石莹、赵兴中、张国雄、黎民、杨果先生)

2013年8月保定会议期间杨果老师在定州开元寺塔
（左为廖寅，右为王朔）

2015年10月杨果老师在程妮娜先生武汉大学报告会上
（左前为胡鸿教授）

2016年5月河南大学博士论文答辩
（前排左起为张德宗、贾玉英、杨果、安国楼、苗书梅、孔学先生）

2016年7月杨果老师在甘南

2018年1月杨果老师在武汉大学"纪念石泉先生百年诞辰学术研讨会"上发言
（右为冻国栋先生）

2018年1月杨果老师与学生在珞珈山合影

2018年10月武汉大学历史系七八级同学返校留念

2019年9月杨果老师与部分学生及家属在珞珈山合影

杨果教授学术年表简编

1954 年
7 月 13 日出生于湖北武汉。祖籍湖南长沙。

1960 年
就读于华中工学院（后更名华中理工大学、华中科技大学）附属小学。

1965 年
就读于华中工学院附属中学。

1968 年
初中毕业。"知青"下放至湖北京山罗店区（今罗店镇）仁和公社革新大队第五小队。

1973 年
考入湖北京山师范学校。

1975 年
京山师范学校毕业。在京山县第一中学担任语文教师。

1978 年

10 月　考入武汉大学历史系，攻读本科（至 1982 年 6 月）。

1982 年

3 月　论文《略论北宋的"冗官"与积弱积贫的关系》发表于《学习与研究》。

6 月　武汉大学历史系本科毕业，获历史学学士学位。毕业论文《作为教育家的范仲淹》，指导老师李涵教授。

考取武汉大学历史系中国古代史专业宋史方向研究生，师从李涵教授。

9 月　开始攻读中国古代史宋史方向研究生学位课程。

10 月　在导师带领下，赴郑州参加"中国宋史研究会第二届年会"，考察巩县（今河南巩义）宋陵等。

1983 年

继续攻读硕士研究生。

2 月　论文《范仲淹兴学育才二三事》发表于《历史知识》，获该刊"青年园地优秀作品"奖。

5 月　论文《作为教育家的范仲淹》发表于《宋史论集》。

8 月　在导师带领下，赴宁波天一阁等处考察，拜访专家学者，查阅资料。

1984 年

继续攻读硕士研究生。

3 月　译文《宋代的海外贸易》（英译汉）发表于《中国史研究动态》（署名"尹民"）。

8 月　在导师带领下，赴北京各大图书馆查阅资料，拜访知名学者。

10 月　在导师带领下，赴杭州参加"中国宋史研究会第三届年会"，提交论文《宋代翰林学士二三题》。参观杭州岳庙等。

1985 年

硕士毕业留校任教。

4月　论文《简论唐代的翰林学士》发表于《争鸣》。

5月　在导师带领下，赴杭州参加"中国宋史国际学术讨论会"。顺访中国第二历史档案馆、南京大学等。

6月　完成硕士学位论文《宋代翰林学士初探》，通过答辩。获历史学硕士学位。

留校任教。担任李涵先生的助教。

9—12月　协助李涵先生为历史系历史专业讲授"中国古代史"。

1986 年

武汉大学历史系中国古代史教研室教师。

2—7月　为历史专业、考古专业本科生讲授"中国古代史"。

3—6月　为湖北省老年大学省军区干休所班讲授"中国通史"。

9月　获评武汉大学"先进工作者"。

参撰美国富布赖特基金会项目《中国历史上的杰出妇女》。

1987 年

武汉大学历史系教师。

2—7月　为考古专业本科生讲授"中国古代史"。

3—6月　为湖北省老年大学讲授"中国通史"。

为湖北省基督教"三自"学堂讲授"简明中国通史"。

8月　赴包头参加"中国蒙古史学会会员大会暨第六次学术讨论会"，提交论文《元枢密院制度述略》（与李涵师合著）。加入中国蒙古史学会。考察成吉思汗陵等。

9月　赴石家庄参加"中国宋史研究会第四届年会"，提交论文《翰林学士与宋代政治初探》。加入中国宋史研究会。

获评武汉大学"教书育人优秀教师"。

担任1987级中国史班级导师。

1988 年

武汉大学历史系讲师。

2—7月　为历史专业本科生讲授"中国通史"。

3—6月　为湖北省老年大学讲授"中国通史"。

7月　与张星久等编著《中国十奸臣外传》由荆楚书社出版。

11月　赴四川金堂参加"'中国元史暨宋元之际的四川'学术讨论会"。加入中国元史研究会。考察宋元战争遗址云顶石城等。

论文《宋翰林学士人员结构考述》发表于《武汉大学学报》(社会科学版)。

加入中国辽金及契丹女真史研究会。

1989 年

1月　论文《〈宋史·职官志二〉证误》发表于《宋史研究通讯》(内刊)。

2月　论文《元枢密院制度述略》(与李涵师合著)发表于《蒙古史研究》。

3—6月　为湖北省老年大学讲授"中国通史"。

5月　论文《宋代"两制"概说》发表于《秘书之友》。

论文《翰林学士与宋代政治初探》发表于《宋史研究论文集》。

1990 年

7月　应《湖北名人传》之约撰写《严谨学风，律己育人——记宋辽金元史专家李涵教授》。

10月　参撰《缪秋杰与民国盐务》由中国科学技术出版社出版。

9—12月　为历史专业本科生讲授"中国通史"。

1991 年

5月　论文《两宋外制官考述》发表于《中日宋史研讨会中方论文选编》。

7月　书评《〈范仲淹传〉评介》发表于《中国史研究动态》。

8月　陪同李涵师赴北京参加由北京大学、河北大学联合举办的"国际宋史研讨会"。

9月　担任中国古代史教研室副主任（至2000年）。

9—12月　为历史专业本科生讲授"中国通史"。

1992年

4月　参撰《外戚传》由河南人民出版社出版。

短文《开放全盛的宋元四百年》发表于《湖北外事》（内刊）。

8月　短文《明代对外来经济文化的引进》发表于《湖北外事》（内刊）。

9—12月　为历史专业本科生讲授"中国通史"。

为旅游培训班讲授"中国古代文化史常识"。

担任1992级中国史班级导师。

1993年

2月　参撰《青年读书辞典》由湖北人民出版社出版。

6月　参撰《中国军事史辞典》由湖北人民出版社出版。

担任武汉大学历史系副系主任，分管本科教学工作（至1996年6月）。

9—12月　为明清经济史研究生讲授"宋元明清政治制度研究"。

1994年

2—7月　为武汉大学人文科学试验班（以下简称"人文班"）讲授"中国通史"。

为旅游系本科生讲授"饭店现代化管理"。

为走读部旅游专业讲授"饭店管理概论"。

4月　论文《宋代后妃参政述评》发表于《江汉论坛》。

6月　考取武汉大学历史系历史地理专业博士生，师从石泉教授。

9月　开始在职攻读历史地理专业博士生课程（至1997年6月）。
获评武汉大学"优秀教师"。
9—12月　为旅游专业本科生讲授"饭店现代化管理"。
为考古专业本科生讲授"中国古代史"。
10月　主持的国家社科基金青年项目"中国古代翰林制度的演变及其政治运作研究"获批立项。
11月　论文《金代翰林与政治》发表于《北方文物》。
12月　赴北京参加教育部"中国历史教材编写会议"。

1995年
6月　晋升为副教授。
8月　赴长春参加国家教委"全国高校文科部分专业教学改革"会议。
9—12月　为考古专业本科生讲授"中国古代史"。
为人文班讲授"中国通史"。
为旅游系专科生讲授"饭店现代化管理"。

1996年
2—7月　为人文班讲授"中国通史"。
为旅游系专科生讲授"饭店现代化管理""饭店管理概论"。
7月　独著《中国翰林制度研究》由武汉大学出版社出版。
参撰《中国历代才女》由河南人民出版社出版。
8月　赴美国哈佛大学燕京学社做访问学者（至1997年6月）。
9月　当选为中国宋史研究会理事（至2000年8月）。
10月　参撰《中国俸禄制度史》由武汉大学出版社出版。

1997年
1—6月　在美国哈佛大学做访问学者。其间顺访麻省理工学院、波士顿大学、耶鲁大学、哥伦比亚大学等。

5月　在哈佛大学"儒学研讨会"上做报告"女性主义对儒学的挑战"。

论文《辽金俸禄制度研究》发表于《大陆杂志》。

10月　陪同石泉先生赴上海参加"复旦大学历史地理所成立十五周年学术研讨会"。

11月　为武汉大学历史系师生做报告"美国的东亚学和中国学研究"。

撰写《简论重点大学文科研究生的培养——从与美国哈佛大学比较的角度》，未刊稿。

12月　论文《金代翰林与政治》获中国辽金及契丹女真史研究会"优秀论文"二等奖。

专著《中国翰林制度研究》获武汉大学第八届社会科学优秀科研成果（著作类）二等奖。

1998 年

2月　论文《〈入蜀记〉所见南宋湖北人文地理》发表于《江汉论坛》。

2—7月　为人文班、历史学基地班讲授"中国通史"。

为武汉大学留学生讲授"简明中国通史"。

为旅游系本科生讲授"饭店现代化管理"。

为旅游系专科生讲授"饭店管理概论"。

3月　获评湖北省高工委、省教委等"高校先进女职工"。同时获评武汉大学"优秀女教师"。

5月　短文《在哈佛读书》发表于《中国典籍与文化》。

担任武汉大学历史文化学院分党委副书记，主管研究生工作（至1999年5月）。

8月　赴宁夏银川参加"中国宋史研究会第八届年会暨西夏建都兴庆府960周年学术研讨会"，提交论文《宋代的沙头市与鄂州南草市》。考察西夏王陵。

9月　招收宋史方向硕士生1人（郭祥文）。

9—12月　为宋史硕士生讲授"宋辽金元史料学""史籍阅读与指导"。

10月　参撰《中国古代典章制度大辞典》由中州古籍出版社出版。

11月　完成博士学位论文《宋代两湖平原堤防与市镇的地理考察》，通过答辩。获历史学博士学位。

论文《宋代江汉平原城镇的发展及其地理初探》发表于《武汉大学学报》（哲学社会科学版）。

论文《北宋时期主户与客户的地理分布——以今湖北地区为例》发表于《湖北大学学报》（哲学社会科学版）。

1999年

2月　论文《古代翰林制度及其对封建文化的影响》发表于《光明日报》。

2—7月　为人文班讲授"中国通史"。

为旅游系本科生讲授"饭店管理概论"。

为旅游系专科生讲授"饭店现代化管理"。

为宋史硕士生讲授"史籍阅读与指导""宋辽金元史概论"。

3月　短文《哈佛大学图书馆见闻》发表于《图书馆杂志》。

4月　担任武汉大学人文学院院长助理，负责本科教学管理工作（至2000年12月）。

5月　当选为湖北省炎黄文化研究会理事（至2005年）。

6月　论文《宋朝诏令文书的主要制度》发表于《档案管理》。

论文《唐、五代至北宋江陵长江堤防考》发表于《中国历史地理论丛》。

论文《〈吴船录〉对湖北历史地理研究的价值》发表于《江汉考古》。

8月　赴苏州参加"'文明对话：本土知识的全球意义'国际研讨会暨中国哈佛—燕京学者第三届学术会议"，提交文章《琐忆哈佛大学图书馆》。

9月　招收宋史方向硕士生1人（廖寅）。

获评武汉大学"师德标兵"。

9—12月　为经济系本科生讲授"中国政治思想史"。

为宋史硕士生讲授"史籍阅读与指导""宋辽金史料学""宋代社会与文化"。

11月　论文《宋代荆江堤防的历史考察》发表于《中国史研究》。

论文《中国古代翰林制度及其与封建政治的关系》发表于《社会科学辑刊》。

12月　论文《宋代的鄂州南草市——江汉平原市镇的个案分析》发表于《江汉论坛》。

论文《宋代的沙头市与南草市——江汉平原城镇的个案分析》发表于《宋史研究论文集》。

获评武汉大学"优秀教学管理干部"。

2000年

2月　论文《辽代翰林院与翰林学士》发表于《学习与探索》。

论文《宋代洞庭湖平原市镇的发展及其地理考察》（与郭祥文合著）发表于《求索》。

2—7月　为人文班、历史学基地班讲授"中国通史"。

3月　论文《南宋江汉平原"百里荒"考辨》发表于《中国经济史研究》。

论文《唐宋时期诏令文书的主要类型》发表于《文史杂志》。

4月　主持的国家社科基金一般项目"南宋至清前期江汉平原经济开发与环境变迁研究"获批立项。

主持的武汉大学教改基金重点项目"中国通史·宋元明清史CAI课件的研究与制作"获批立项。

6月　晋升为教授。

短文《琐忆哈佛大学图书馆》发表于《世纪之交的中国与美国》。

博士论文《宋代两湖平原堤防与市镇的地理考察》获评湖北省政府

学位委员会、省教育厅第三届"优秀博士学位论文"。

8月　带宋史研究生赴河北保定参加"国际宋史研讨会暨中国宋史研究会第九届年会",提交论文《宋代"才女"现象初探》(与廖寅合著)。

当选为中国宋史研究会副会长(至2012年)。

9月　获评湖北省教委"师德先进个人"。

9—12月　为武汉大学留学生讲授"中国简史"。

为旅游系专科生讲授"饭店现代化管理"。

为宋史硕士生讲授"两宋政治、经济与社会"。

10—11月　为旅游与宾馆管理专科生讲授"饭店管理概论"。

12月　担任武汉大学人文学院党委副书记,分管组织和人事工作(至2003年8月)。

2001 年

2—7月　为人文班、世界史试验班讲授"中国通史"。

为宋史硕士生讲授"古代长江流域开发专题"。

4月　专著《宋代两湖平原地理研究》由湖北人民出版社出版。

5月　为世界史试验班讲授"中国史学典籍导读"。

论文《湖北省旱涝灾害的特点与发生规律分析》(与吴宜进合著)发表于《湖北省2001年重大自然灾害白皮书》。

6月　遴选为博士生导师。

论文《王安石性格解读》(与廖寅合著)发表于《抚州师专学报》。

9月　招收宋史方向硕士生2人(陈曦、赵治乐)。

9—11月　为历史学基地班、考古专业本科生讲授"中国通史"。

为武汉大学留学生讲授"中国通史"。

9—12月　为宋史硕士生讲授"宋辽夏金史料学""宋辽金史籍阅读与指导"。

11月　赴杭州参加由浙江大学主办"'近百年宋史研究的回顾与展望'研讨会",提交论文《有关宋代中枢秘书制度的研究回顾与反思》。

11—12月　为历史学基地班讲授"中国史学典籍导读"。

2002 年

2—4 月　为历史学基地班讲授"宋辽金史专题"。

为宋史硕士生讲授"宋辽金史籍阅读与指导""宋辽金史概论"。

4 月　论文《史林耆英　师道楷模——李涵先生的治学和育人》(与张星久合著)发表于《武汉大学学报》(人文科学版);获武汉大学"教学研究优秀论文"二等奖。

4—7 月　赴国家高级教育行政学院培训,获结业证书。其间撰写《关于"高等教育质量"内涵的思考》《大学的特质》等论文;赴东北大学、辽宁大学、东北财经大学、沈阳师范学院、大连理工大学等 10 所高校考察高等教育。

7 月　论文《宋代"才女"现象初探》(与廖寅合著)发表于《宋史研究论文集》。

8 月　专著《宋代两湖平原地理研究》获第二届"邓广铭学术奖励基金三等奖"。

带宋史研究生赴兰州参加"中国宋史研究会第十届年会暨唐末五代宋初西北史研讨会",提交论文《宋代江汉平原水陆交通的发展及其对经济开发的影响》(与陈曦合著)、《宋人谥号初探》(与赵治乐合著)。其间赴西安进行学术考察。

9 月　招收宋史方向博士生 1 人(廖寅)。

9—12 月　为历史学基地班讲授"中国通史""宋辽金史专题"。

为宋史硕士生讲授"两宋政治、经济与社会""宋辽金史籍阅读与指导"。

为宋史博士生讲授"中国古代史基本文献与研究动态"。

10 月　论文《北宋湘西"寨"的兴替及其与区域开发的关系》(与郭祥文合著)发表于《漆侠先生纪念文集》。

10—11 月　为世界史试验班讲授"中国史专题"。

11 月　带宋史研究生赴湖北巴东考察旧县坪宋代遗址。

11—12 月　为历史学基地班讲授"中国史学典籍导读"。

12 月　获评武汉大学"优秀研究生指导教师"。

2003 年

2—4 月　为世界史试验班、人文班讲授"中国通史"。

2—5 月　为历史学基地班讲授"宋辽金元史专题""中国制度史专题"。

2—7 月　为宋史硕士生讲授"宋辽金史籍阅读与指导""宋辽金史概论"。

为宋史博士生讲授"中国古代史基本文献与研究动态""宋史专题"。

3 月　带宋史研究生赴河南开封参加"纪念岳飞诞辰 900 周年学术研讨会",提交论文《拨云见日　激浊扬清:〈岳飞新传〉评介》(与赵治乐合著)。考察汤阴岳庙、辉县邵雍祠等。

5—6 月　为世界史试验班讲授"中国史学典籍导读"。

6 月　论文《宋代江汉平原水陆交通的发展及其对经济开发的影响》(与陈曦合著)发表于《武汉大学学报》(人文科学版)。

7 月　论文《宋人谥号初探》(与赵治乐合著)发表于《史学月刊》。

8 月　赴杭州参加"纪念岳飞诞辰 900 周年暨宋学国际学术研讨会"。考察杭州岳庙等。

担任武汉大学历史学院党委书记(至 2005 年 8 月)。

9 月　论文《近百年来宋代中枢秘书制度研究的回顾与反思》发表于《中国史研究动态》。

招收宋史方向博士生 1 人(铁爱花),硕士生 2 人(秦艳、胡俊)。

9—12 月　为宋史硕士生讲授"宋辽金史籍阅读与指导"。

为宋史博士生讲授"中国古代史基本文献与研究动态"。

10 月　赴台北参加"中研院"历史语言研究所、东吴大学主办的"'宋代墓志史料的文本分析与实证运用'国际学术研讨会",提交论文《宋人墓志所见士族女性形象》。顺访台湾大学、淡江大学、台湾"中研院"等。

获评湖北省人民政府学位委员会、湖北省教育厅首届"优秀硕士学位论文指导教师"(廖寅硕士论文获奖)。

12 月　主持的教育部博士点基金项目"宋元以来长江中游地区垸田的开发及其对生态环境的影响"获批立项。

2004 年

2—4 月　为世界史试验班、人文班讲授"中国通史"。

为历史学基地班讲授"宋辽金元史专题"。

2—7 月　为宋史硕士生讲授"宋辽金史籍阅读与指导""中国古代史概论"。

为宋史博士生讲授"中国古代史基本文献与研究动态""宋史专题"。

3 月　论文《也谈宋代书院与同时代的欧洲大学》（与赵治乐合著）发表于《湖北大学学报》（哲学社会科学版）。

4—5 月　为历史学基地班讲授"古代制度史专题"。

5 月　在湖北大学参加"唐宋经济史高层研讨会"。

5—6 月　为世界史试验班讲授"中国史学典籍导读"。

6 月　论文《宋人墓志中的女性形象解读》发表于《东吴历史学报》。

7 月　论文《宋代中枢秘书制度史研究述评》发表于《宋代制度史研究百年（1900—2000）》。

书评《唐宋妇女史研究的深化与突破——评〈唐宋女性与社会〉》（与铁爱花合著）发表于《妇女研究论丛》。

赴内蒙古赤峰参加北京大学等主办的"'10—13 世纪中国文化的碰撞与融合'国际学术研讨会"，提交论文《从墓志铭看宋金文人笔下女性形象的异同》。考察金界壕、辽祖陵等。

当选为武汉大学第七届纪律检查委员会委员（至 2013 年 12 月）。

8 月　书评《拨云见日　激浊扬清：〈岳飞新传〉评介》（与赵治乐合著）发表于《岳飞研究》第 5 辑《纪念岳飞诞辰 900 周年暨宋学国际学术研讨会论文集》。

赴四川广安参加"中国宋史研究会第十一届年会暨安丙学术研讨会"，提交论文《宋元两湖平原聚落的演变及其环境因素》。考察南宋安丙家族墓地、南宋大足石刻等。

9 月　招收宋史方向博士生 1 人（陈曦），硕士生 3 人（刘晶晶、张巍巍、谢崇）。

参加武汉大学主办"中国三至九世纪历史发展暨唐宋社会变迁国际学

术研讨会",提交论文《从唐宋性越轨法律看女性人身权利的演变》(与铁爱花合著)。

9—12月　为宋史硕士生讲授"中国古代基本文献阅读与指导""两宋政治经济与社会"。

为宋史博士生讲授"中国古代史基本文献与研究动态""中国古代史专题"。

10—11月　为世界史试验班讲授"中国史专题"。

讲授全校本科生通识课"简明中国史"。

为中国史硕士生讲授"历史文献研读"。

11月　获批"享受国务院特殊津贴专家"荣誉。

12月　主持的武汉大学教研课题"创建国家精品课程重点建设项目中国通史(二)"获批立项。

2005 年

2—5月　为人文班讲授"中国通史"。

为历史学基地班讲授"宋辽金元史专题""中国古代制度史专题"。

2—7月　为宋史硕士生讲授"中国古代史专题"。

为宋史博士生讲授"中国古代史基本文献与研究动态"。

4—5月　为世界史试验班讲授"中国史学典籍导读"。

讲授全校本科生通识课"简明中国史"。

5月　当选为湖北省炎黄文化研究会学术委员会委员、常务理事(至2015年)。

6月　赴韩国忠北大学参加韩国中国史学会主办"'通过城市看中国历史'国际学术研讨会",提交论文《宋代鄂州城市布局初探》。顺访首尔大学、延世大学、汉阳大学、梨花女子大学等。

论文《宋元江汉平原的洪涝灾害及其成因、影响初探》(与陈曦合著)发表于《湖北省社会主义学院学报》。

7月　为武钢集团干部培训班做讲座"中国古代的专制主义"。

赴保定参加河北大学宋史研究中心和韩国外国语大学历史研究所主办

的"中韩宋辽夏金元史学术研讨会",提交论文《宋代江汉平原自然灾害探析》（与陈曦合著）。考察五台山元代大白塔等。

8月 带宋史博士生赴江汉平原考察、搜集资料。

论文《宋代江夏地区制瓷业的兴衰及其原因探析——以考古资料为中心》（与陈曦合著）发表于《江汉考古》。

9月 招收宋史方向博士生1人（田雁），硕士生2人（文琴燕、史志龙）。

合作的博士后研究人员申万里进站。

获武汉大学"本科教学质量优秀奖"。

9—12月 为宋史硕士生讲授"中国古代基本文献阅读与指导"。

为宋史博士生讲授"中国古代史基本文献与研究动态"。

10—11月 为历史学基地班讲授"中国史学典籍导读""中国古代制度史专题"。

为世界史试验班讲授"中国史专题"。

为中国史硕士生讲授"历史文献研读"。

11月 论文《宋元时期江汉—洞庭平原聚落的变迁及其环境因素》发表于《长江流域资源与环境》。

12月 获评湖北省人民政府学位委员会、湖北省教育厅"优秀硕士学位论文指导教师"（陈曦硕士论文获奖）。

著作《宋代两湖平原地理研究》获武汉大学第十届人文社会科学研究优秀成果二等奖。

赴西安参加西北大学主办"'朱熹与宋代历史'学术研讨会",提交论文《20世纪报刊所见朱熹形象》。考察乾陵、永泰陵等。

2006 年

2月 论文《从唐宋性越轨法律看女性人身权益的演变》（与铁爱花合著）发表于《中国史研究》。

论文《宋代鄂州城市布局研究》发表于《中国史研究》（韩国）。

2—4月 为人文班讲授"中国通史"。

为历史学基地班讲授"宋辽金元史专题"。

4—10月　在法国国家科学研究中心汉学研究所做访问学者。其间顺访索邦大学、巴黎高等师范学院、巴黎政治大学等。

撰写《〈通报〉所见20世纪前期西方学术界对中国的研究》，未刊稿。

撰写《启示与反思：近十年欧美的中国古代后期环境史研究》，未刊稿。

9月　招收宋史方向博士生1人（刘广丰），硕士生1人（李婷）。

10—11月　为世界史试验班讲授"中国史专题"。

为历史学基地班讲授"中国古代制度史专题"。

为中国史硕士生讲授"中国古代史导论""中国古代史研究方法"。

10—12月　为宋史硕士生讲授"中国古代基本文献阅读与指导"。

为宋史博士生讲授"中国古代史基本文献与研究动态"。

11月　论文《墓志所见金代士族女性形象——以〈遗山集〉墓志为重点》发表于《10—13世纪中国文化的碰撞与融合》。

12月　获武汉大学"优秀研究生教学奖"。

主持的本科生基础课"中国古代史（二）"获评武汉大学精品课程。

2007年

1月　论文《宋元时期江汉平原自然灾害探析：种类、分布、影响》（与陈曦合著）发表于《华中科技大学学报》（社会科学版）。

2—5月　为历史学基地班讲授"中国通史""宋元史专题"。

2—7月　为宋史硕士生讲授"长江流域开发史专题""中国古代史专题"。

为宋史博士生讲授"中国古代史基本文献与研究动态""宋史专题"。

3月　赴北京大学参加"纪念邓广铭教授百年诞辰国际学术研讨会"，提交论文《宋代江汉平原农村生活——基于宋诗的考察》。

4月　为世界史试验班讲授"史学典籍导读"。

4—5月　为历史学基地班讲授"中国史学典籍导读"。

5月　论文《宋诗所见江汉平原农村日常生活》发表于《石泉先生九

十诞辰纪念文集》。

当选为武汉大学历史学院教授委员会主任（至 2017 年 5 月）。

5—6 月　讲授全校本科生通识课"简明中国史"。

8 月　参撰《中国历史典籍导读》由高等教育出版社出版。

9 月　招收宋史方向博士生 1 人（张勇），硕士生 2 人（陆溪、陈军）。

9—11 月　为人文班讲授"中国通史"。

9—12 月　为宋史硕士生讲授"中国古代基本史籍阅读与指导""中国古代文献与史料学专题"。

为宋史博士生讲授"中国古代史基本文献与研究动态"。

10 月　在武汉大学参加"高校女性学教学经验交流与总结研讨会"，提交发言。

10—11 月　为历史学基地班讲授"中国古代制度史专题"。

为世界史试验班讲授"中国史专题"。

讲授全校本科生通识课"简明中国史"。

为中国史硕士生讲授"中国古代史导论""中国古代史研究方法"。

11 月　讲授全校本科生通识课"社会性别与女性发展"。

12 月　主持的国家社科基金一般项目"宋代妇女史研究"获批立项。

当选为湖北省历史学会理事（至 2016 年）。

2008 年

1 月　论文《宋仁宗郭皇后被废案探议》（与刘广丰合著）发表于《史学集刊》。

2—5 月　为历史学基地班讲授"中国通史""宋元史专题"。

2—7 月　为宋史硕士生讲授"中国古代史分段专题"。

为宋史博士生讲授"宋史专题"。

3 月　赴中山大学参加"'宋史研究新视野'研讨会"，提交论文《从性别视角看宋代历史》。

5—6 月　为历史学基地班、世界史试验班讲授"中国史学典籍导读"。

讲授全校本科生通识课"社会性别与女性发展"。

为中国史硕士生讲授"中国古代文献史料学"。

6月　为河南大学历史文化学院做讲座"有关宋代妇女史研究的几点思考——以身体史为视角"。

8月　赴昆明参加"国际宋史研讨会暨中国宋史研究会第十三届年会",提交论文《宋代女性权利:基于〈清明集〉的考察》。考察西南联大旧址等。

9月　招收宋史方向博士生1人(柳雨春),硕士生2人(胡志远、李洪珊)。

赴乌鲁木齐为新疆大学人文学院开设系列讲座:"历史学研究的新思路、新方法""社会生活史研究方法略谈""从性别视角看中国历史""环境史研究方法述略""日本学者的中国史研究新方法"。考察交河故城等。

论文《宋代女性自杀原因初探》(与陆溪合著)发表于《兰州大学学报》(社会科学版)。

9—11月　为人文班讲授"中国通史"。

9—12月　为宋史硕士生讲授"中国古代基本史籍阅读与指导""中国古代历史文献与史料学"。

为宋史博士生讲授"中国古代史基本文献与研究动态"。

10月　专著《经济开发与环境变迁研究——宋元明清时期的江汉平原》(与陈曦合著)由武汉大学出版社出版。

10—11月　为世界史试验班讲授"中国史专题"。

为历史学基地班讲授"中国古代制度史专题"。

讲授全校本科生通识课"简明中国史"。

为中国史硕士生讲授"中国古代史导论""中国古代史研究方法"。

11月　讲授全校本科生通识课"社会性别与女性发展"。

论文《近三十年宋代妇女史研究回顾与反思》发表于《改革开放与中国特色社会主义建设研究》。

2009 年

1 月　教研论文《将性别视角引入中国古代史教学》发表于《武汉大学教育研究》。

2—5 月　为历史学基地班讲授"中国通史""宋元史专题"。

2—7 月　为宋史硕士生讲授"宋元政治与社会"。

为宋史博士生讲授"中国古代史分段专题""长江流域开发史专题"。

3 月　赴北京大学参加"海峡两岸高校中国古代史教学研讨会",提交论文《在历史教学中引入性别视角》。

5—6 月　为历史学基地班讲授"中国史学典籍导读"。

讲授全校本科生通识课"社会性别与女性发展"。

7 月　论文《由唐到宋女性美的变迁》(与胡志远合著)发表于《女性论坛》。

8 月　参加武汉大学妇女与性别研究中心主办"高校女性学教学经验交流与总结研讨会",提交发言。

担任武汉大学妇女与性别研究中心副主任(至 2016 年)。

9 月　招收宋史方向博士生 1 人(刘兴亮),硕博连读博士生 1 人(陆溪),硕士生 2 人(李旭、闫兴潘)。

9—11 月　为人文班讲授"中国通史"。

9—12 月　为宋史硕士生讲授"中国古代基本史籍阅读与指导""中国古代历史文献与史料学"。

为宋史硕博连读博士生讲授"中国古代史分段专题"。

为宋史博士生讲授"中国古代史基本文献与研究动态"。

10 月　赴杭州师范大学参加"中国古代史学科建设高峰论坛",提交发言《武汉大学的中国古代史学科建设与古代史精品课程建设》。考察于谦故居等。

10—11 月　为世界史试验班讲授"中国史专题"。

为历史学基地班讲授"中国古代制度史专题"。

讲授全校本科生通识课"简明中国史"。

为中国史硕士生讲授"中外史学前沿""中国古代史导论"。

11 月　讲授全校本科生通识课"社会性别与女性发展"。

12 月　论文《女性、身体、权利——基于〈名公书判清明集〉的考察》发表于《宋史研究论文集（2008）》。

主持并讲授的本科生基础课程"中国古代史（下）"先后入选"湖北省高等学校省级精品课程"和"国家精品课程"。

2010 年

2—5 月　为世界史试验班、考古专业本科生讲授"中国通史"。

为历史学基地班讲授"宋元史专题"。

2—7 月　为宋史硕士生讲授"宋元政治与社会"。

为宋史博士生讲授"新资料与中国古代史专题研究""宋史研究专题"。

3 月　论文《身体史：新视野考量古代妇女生存状态》发表于《社会科学报》（学科探讨版）。

5—6 月　为历史学基地班讲授"中国史学典籍导读"。

讲授全校本科生通识课"社会性别与女性发展"。

8 月　著作《宋辽金史论稿》由商务印书馆出版。

论文《美的历程：中国传统女性美的由来与变迁》《中国古代女性贞节观的变迁——以宋代为中心》发表于《社会性别与女性发展》。

在武汉大学主办"'中国十至十三世纪历史发展'国际学术研讨会暨中国宋史研究会第十四届年会"，提交论文《空间的意义：宋代画作中的女性角色》。

9 月　招收宋史方向博士生 1 人（赵治乐），硕士生 2 人（王刚、曾娴）。

9—11 月　为人文班讲授"中国通史"。

9—12 月　为宋史硕士生讲授"中国古代基本史籍阅读与指导""中国古代历史文献与史料学"。

为宋史博士生讲授"中国古代史基本文献与研究动态"。

10—11 月　为世界史试验班讲授"中国史专题"。

为历史学基地班讲授"中国古代制度史专题"。

讲授全校本科生通识课"简明中国史"。

为中国史硕士生讲授"中国古代史导论""中国古代史研究方法"。

11月　主持的"武大课程建设项目·中国历史课程体系改革探索"获批立项。

主持的湖北省高等学校省级教学研究项目"中国历史课程体系改革探索"获批立项。

12月　赴郑州大学参加"'中原古都与历史文化'学术研讨会",提交论文《河南北宋壁画墓所绘女性形象探析》。考察中国文字博物馆、殷墟博物苑等。

主持的国家社科基金一般项目"宋代妇女史研究"结项,评审等级:优秀。

主持的教育部规划基金项目"身体史视野下的宋代妓女研究"获批立项。

主持的校科研课题"海外人文社会科学研究动态追踪计划"之"新视野、新成果:欧美的中国妇女史研究"获批立项。

2011年

1月　论文《宋代国家对官员宿娼的管理》(与柳雨春合著)发表于《武汉大学学报》(人文科学版)。

2月　论文《宋代商业中女性境况分析》(与柳雨春合著)发表于《北京理工大学学报》(社会科学版)。

2—5月　为历史学基地班讲授"中国通史""宋元史专题"。

2—7月　为宋史硕士生讲授"中国古代史断代专题""宋元政治与社会"。

为宋史博士生讲授"新资料与中国古代史专题研究""宋史研究专题"。

5—6月　为历史学基地班讲授"中国史学典籍导读"。

讲授全校本科生通识课"社会性别与女性发展"。

6月　论文《空间的意义：宋人画作中的女性角色定位》发表于《宋史研究论文集（2010）》。

与邓小南、罗家祥合作主编《宋史研究论文集（2010）》由湖北人民出版社出版。

7月　在武汉参加"唐长孺先生百年诞辰纪念国际学术研讨会暨中国唐史学会第十一届年会"。

8月　赴上海参加中国宋史研究会理事会议、全国宋史讲习班第五期开班仪式。

9月　招收宋史方向硕博连读博士生1人（闫兴潘），硕士生2人（谭德奎、谷雨宏）。

在武汉参加"第三届中日学者中国古代史论坛"，提交对日本史学会长兴膳宏先生论文的评议。

9—11月　为人文班讲授"中国通史"。

9—12月　为宋史硕士生讲授"中国古代基本史籍阅读与指导""中国古代历史文献与史料学"。

为宋史博士生讲授"新资料与中国古代史专题研究""中国古代史基本文献与研究动态""中国古代史研究动态与方法"。

10月　赴杭州参加"第二届中国南宋史国际学术研讨会"，提交论文《〈王魁负桂英〉故事在宋代的变迁》（与方圆合著）。考察宁波天童寺、天一阁等。

10—11月　为世界史试验班讲授"中国史专题"。

为历史学基地班讲授"中国古代制度史专题"。

讲授全校本科生通识课"简明中国史"。

为中国史硕士生讲授"中国古代史导论""中国古代史研究方法"。

11月　赴河北大学参加"漆侠与历史学：纪念漆侠先生逝世十周年学术研讨会"，提交发言。

12月　为西南大学历史文化学院做讲座"边缘的魄力：从性别视角看中国历史"。

论文《〈王魁负桂英〉故事在宋代的变迁及其政治道德意涵》（与方

圆合著）发表于《国际社会科学杂志》（中文版）。

研究报告《新视野、新成果：欧美的中国妇女史研究》（与陆溪、柳雨春合著）发表于《海外人文社会科学发展年度报告2011》。

2012年

2月　教改论文《以"知识群"为基本模式　构建高校"中国历史"课程新体系》（与魏斌、刘安志合著）发表于《教育教学论坛》。

2—5月　为历史学基地班讲授"中国通史""宋辽金元史专题"。

2—7月　为宋史硕士生讲授"中国古代史断代专题""宋元政治与社会"。

为宋史博士生讲授"中国古代史基本文献与研究动态""宋史研究专题"。

3月　论文《宋代女性自杀身后之事》（与陆溪合著）发表于《河南大学学报》（社会科学版）。

5月　在武汉参加"武汉大学妇女与性别研究中心工作汇报会"。

赴北京参加国家教育行政学院主办"2012年全国教育工作会议精神学习研讨会"，提交发言《开拓高校教育发展新思路，提高教育质量》。

5—6月　为历史学基地班讲授"中国史学典籍导读"。

讲授全校本科生通识课"社会性别与女性发展"。

9月　招收宋史方向硕博连读博士生1人（王刚），硕士生2人（王朔、马德才）。

9—12月　为宋史硕士生讲授"中国古代基本史籍阅读与指导""中国古代历史文献与史料学"。

为宋史博士生讲授"中国古代史基本文献与研究动态"。

10月　赴襄阳考察黄家宋墓发掘工地。

10—11月　为世界史试验班讲授"中国史专题"。

为历史学基地班讲授"中国政治制度史专题"。

11月　赴浙江武义参加浙江省文物局等主办"徐谓礼文书学术研讨会暨《武义南宋徐谓礼文书》首发座谈会"，提交发言《徐谓礼文书的研究

价值》。考察明招寺、吕祖谦墓地等。

为中国史硕士生讲授"中外史学前沿"。

12月　赴广州参加暨南大学等主办"纪念陈乐素先生诞辰110周年学术研讨会",提交论文《从宋人笔记中的女性名字看性别的社会文化建构》。

2013年

2—5月　为历史学基地班、人文班讲授"中国通史"。

为历史学基地班讲授"宋辽金元史专题"。

2—7月　为宋史硕士生讲授"宋代政治与社会"。

为宋史硕博连读博士生讲授"中国古代史基本文献与研究动态""宋史研究专题"。

5—6月　为历史学基地班讲授"中国史学典籍导读"。

讲授全校本科生通识课"社会性别与女性发展"。

8月　赴河北大学参加中国宋史研究会理事会、宋史方向博士研究生讲习班。

在河北大学参加"中韩第五届宋辽夏金元史国际学术研讨会",提交论文《宋人生育中的性别选择》（与陆溪合著）。考察定州开元寺塔、雄县宋辽边关等。

9月　招收宋史方向硕士生1人（苏天雅）。

在武汉参加"首届中部六省炎黄文化论坛",提交论文《20世纪以来朱熹形象的历史变迁》。

9—12月　为宋史硕士生讲授"中国古代基本史籍阅读与指导""中国古代历史文献与史料学"。

为宋史博士生讲授"中国古代史基本文献与研究动态"。

10—11月　为历史学基地班讲授"中国政治制度史专题"。

讲授全校本科生通识课"社会性别与女性发展"。

为中国史硕士生讲授"中外史学前沿"。

12月　论文《构建"一体三翼"体系,探索历史学专业本科生实践

教学新模式》（与刘安志合著）发表于《历史教学》。

在武汉参加"武汉大学妇女与性别研究中心成立 20 周年纪念暨建构先进性别文化研讨会"，提交论文《从宋代妇女名字看社会性别文化》。

2014 年

1 月　论文《从宋代妇女名字看社会性别文化建构——以宋人笔记为中心》发表于《武汉大学学报》（哲学社会科学版）。

教研论文《重视实践教学，改革历史学课程体系》（与刘安志合著）发表于《武汉大学教育研究》（内刊）。

2—5 月　为历史学基地班讲授"宋元史专题"。

讲授全校本科生通识课"社会性别与女性发展"。

2—7 月　为宋史硕士生讲授"宋代政治与社会"。

为宋史硕博连读博士生讲授"中国古代史基本文献与研究动态"。

3 月　论文《宋代士大夫的饥荒对策刍议》（与赵治乐合著）发表于《武汉大学学报》（人文科学版）。

4 月　论文《20 世纪以来朱熹形象的历史变迁——立足于报纸媒介的考察》发表于《陈乐素先生诞生一百十周年纪念文集》。

9 月　招收宋史方向博士生 1 人（王忠敬）。

9—12 月　为宋史博士生讲授"中国古代历史文献与史料学"。

10 月　论文《弄璋弄瓦：宋人产育中的性别选择》（与陆溪合著）发表于《宋史研究论丛》。

在武汉参加"全国高校首批妇女/性别研究与培训基地第六届建设会议暨高校知识女性发展研讨会"，提交发言。

10—11 月　为历史学基地班讲授"中国政治制度史专题"。

讲授全校本科生通识课"社会性别与女性发展"。

11 月　在吉林大学"名家讲坛"做报告"性别视角下的宋代历史"。

2015 年

1 月　论文《近三十年中国宋代妇女史研究的回顾与反思》发表于

《华中国学》。

2—5月　为历史学基地班讲授"宋元史专题"。

讲授全校本科生通识课"社会性别与女性发展"。

为宋史方向博士生讲授"中国古代历史文献与史料学"。

3月　赴宁波参加《光明日报》社等主办"王安石县政治理思想当代价值研讨会",提交发言《王安石县政治理的当代价值》。考察鄞州区宋代水利工程遗址。

4月　论点摘登《王安石县政治理思想及其当代价值》发表于《光明日报》。

5月　教研论文《构建"一体三翼"体系,探索历史学专业本科生实践教学新模式》(与刘安志合著)发表于《武汉大学优秀教学研究论文选粹》。

7月　赴西安参加"'唐宋政治与社会'学术研讨会暨全国博士生论坛"。

10—11月　为历史学基地班讲授"中国政治制度史专题"。

讲授全校本科生通识课"社会性别与女性发展"。

11月　赴杭州参加"第三届中国南宋史国际学术研讨会",提交论文《从外貌描写看宋人理想的女性形象》(与王刚合著)。考察南宋皇家籍田遗址八卦田等。

为陈曦著《宋代长江中游的环境与社会研究：以水利、民间信仰、族群为中心》撰写《序一》,该书由科学出版社出版。

12月　论文《性别视角下的宋代历史》发表于《华夏文化论坛》。

2016年

1月　论文《试析宋代士大夫劝谏皇帝时的恐惧使用》(与赵治乐合著)发表于《史学集刊》。

5月　讲授全校本科生通识课"社会性别与女性发展"。

6月　主持的"中国古代史"课程被教育部确定为第一批"国家精品资源共享课"。

主持的教学研究成果"构建一体三翼实践教学新体系,探索历史学基地班人才培养新模式"获武汉大学"教学成果奖"二等奖。

2017 年

5 月　从武汉大学历史学院教师岗位退休。

11 月　论文《从外貌描写看宋人理想的女性形象——以宋代话本为例》（与王刚合著）发表于《第三届中国南宋史国际学术研讨会论文集》。

2018 年

1 月　参加武汉大学举办的"纪念石泉先生百年诞辰学术研讨会"，提交发言《怀念敬爱的石老师》。

2019 年

11 月　论文《"丈夫许国当如此""丹青难写是精神"——王安石县政治理的当代价值》发表于《张其凡先生纪念文集》。

2022 年

5 月　纪念文章《做一个纯粹的学者——记与朱雷先生的一次通话》发表于《朱雷学记》。

11 月　旧作《史林耆英　师道楷模——李涵先生的治学和育人》更名为《李涵老师的治学和育人》，收入李涵《宋辽金元史论》附录。

2023 年

1 月　《自省与仁爱：老师的性格特质是我们永远的财富》发表于《石泉先生百年诞辰纪念文集》。

6 月　参加武汉大学"辽宋金元史研究的继承与发展暨纪念李涵先生百岁诞辰研讨会"，提交发言《缅怀敬爱的李老师》。

陈曦整理
2023 年 11 月于武汉大学

目 录

杨果教授学术年表简编 ………………………………………… 陈　曦/1

思 忆 编

受学杨师记 ……………………………………………………… 廖　寅/3
怀念珞珈，感念师恩 …………………………………………… 秦　艳/14
负笈珞珈拜杨门
　　——师门求学琐忆 ………………………………………… 刘广丰/18
岁月深处，点亮一生 …………………………………………… 李　婷/22
苏格拉底之问与认识自己之路 ………………………………… 李　旭/25

承 学 编

《元一统志》中所见常德织锦史料考辩 ……………………… 郭祥文/37
烟火公事与宋代基层治理创新 ………………………………… 廖　寅/41
再辨"金堤" ……………………………………………………… 陈　曦/63
走出与回归：宋代随州大洪山的佛教变迁 …………………… 陈　曦/85
宋人眼中的冯道 ………………………………………………… 赵治乐/114
宋代地方行政单位"军"的体制变化 ………………………… 田　雁/124

心态史视角下宋代的女主政治
　　——以北宋刘太后为中心 ………………………… 刘广丰/132
系省钱与两宋军政后勤 …………………………………… 张　勇/157
"承上制下"与"从左转右":北宋"物资转输区域"的互动
　　——以东南地区为中心 …………………………… 张　勇/177
浅析宋代自杀女性身后之事 ……………………………… 陆　溪/190
历史叙事的不同维度:疾病、医药与治疗
　　——评《疾之成殇》和《中国医药与治疗史》 ……… 柳雨春/204
宋代黔州知州群体考述
　　——兼论夔州路官员的叙用、迁转诸问题 ………… 刘兴亮/216
清末民初碑拓的购藏与市场交易 ………………………… 刘兴亮/231
从家祭礼看宋代的礼制、礼学与秩序构建 ……………… 李　旭/253
金代女真人"超迁格"考论 ……………………………… 闫兴潘/276
南宋郊祀大礼中的下层助祭官吏群体
　　——以执事官和执事人为中心的考察 ……………… 王　刚/303
说"楚得枳而国亡"
　　——关于楚亡郢之战背景的新认识 ………… 王　朔　陈　昕/323
南宋地方志与地方官的祠祀活动
　　——以《祠庙门》为中心的考察 …………………… 王忠敬/334

杨果教授论著成果一览表 ……………………………………… /351
后　记 …………………………………………………………… /360

思忆编

受学杨师记

廖 寅

我于 1995 年 9 月进入武汉大学学习，本科、硕士、博士皆就读于武汉大学，前后整整十年。十年青春，受惠于恩师无数，但杨师对于我是独一无二的。2005 年走上工作岗位之后，杨师仍然一如既往地关心我、教导我。从认识杨师开始，眨眼之间，时光流转已近三十年。三十年来，从学于杨师的点点滴滴时刻萦绕于脑海，惜未曾系统整理过。值此杨师七十华诞之际，借助杨师的荣耀时刻，我终于可以正式地整理自己三十年来的求学历程，同时是我第一次正式整理自己的人生历程。整理之所以如此晚，是因为我没有写日记的习惯。因为没有写日记的习惯，回想三十年来的从学之路，情感是真实的，但情节的细微之处或许并不那么精确。

一、引入宋史

我本科就读于武汉大学人文科学试验班。人文科学试验班创建于 1993 年，我们是第三届学生。这个班在当时比较特殊，它是为适应现代科学向交叉学科和边缘学科发展，以及满足社会对宽口径、复合型人才的需要而设的。宽口径、复合型，体现在学科和课程上，就是大一、大二不分科，文、史、哲三大学科的骨干课程都要打通学习，大二结束后才分流为文、史、哲三大方向，开始专业能力的塑造。

三大学科中，我原本更爱好文学，但杨老师的课程改变了我的人生方向。大二的时候，杨老师教授我们中国古代史下半段。她渊博的学识，富有磁性的语言，笑口常开、平易近人的个人魅力，一下子深深地吸引了我。更难能可贵的是，杨老师非常善于鼓励学生，激发学生的自信心。我来自湖北恩施农村，其属于老少边穷地区，家中又非常贫寒。所以，我从小就比较自卑，上课很少主动发言，杨老师的课是例外。记得杨老师在讲王安石变法的时候，特意安排了课堂讨论环节。我是少有的主动发言，当时具体说了些什么，现在完全记不清了。不过，我的观点遭到了几位同学的辩驳。几番交锋之后，杨老师的点评深深地影响了我。杨老师没有直接肯定我的观点，但表扬我敢于表达自己的想法，并指出，有想法是做学问最关键的素质。杨老师的表扬大大提高了我对历史学的信心和兴趣，并下定决心在分科的时候选择历史学。

武汉大学历史学各研究方向中实力最强的是魏晋南北朝隋唐史，专设有"中国三至九世纪研究所"。该研究所由著名历史学家唐长孺先生创办，汇聚了陈国灿、黄惠贤、朱雷、冻国栋、牟发松等一大批名家。当时宋元方向在各研究方向中力量最为薄弱，只有杨老师一个人。不过，在选择本科论文指导老师的时候，我毫不犹豫地选择了杨老师。选择杨老师，自然就意味着选择了宋史。我本科论文的题目是《寇准"好刚使气"的个性与宋朝"祖宗家法"的冲突》。我本科毕业于1999年，当时尚无数据库，所有的资料都得到图书馆、资料室查阅。幸好杨老师借给我一本寇准资料集，大大节约了我查阅资料的时间。该资料集名为《寇准》，由湖北省巴东县寇准研究会等编纂、中国文史出版社1998年出版。

本科论文是人生第一次真正的学术研究尝试。之前虽然写过很多课程论文，其中有一篇课程论文还发表在历史学院院刊《珞珈史苑》，但只能算是练笔，篇幅在三五千字，基本没有学术含量。我的本科论文大概有一万字，后来发表在河北大学宋史研究中心主办的《宋史研究论丛》，大致可以算是一篇学术论文。本科论文之所以还算成功，关键在于杨老师手把手的教导。写作之初，虽然观点基本清晰，但如何展现观点，完全是一头雾水。初稿逻辑凌乱，语言口语化严重，病句丛生，注释没有规范。杨老

师一步一步地教导我如何调整逻辑，逐字逐句地告诉我历史学的语言应该是什么样的风格，怎样的语言表述可以尽可能地减少病句，标准的注释格式是怎么样的。经过杨老师的严格教导，我第一次隐隐约约地明白了历史学学问的真谛所在，也第一次清楚自己虽然资质有限，但能够在历史学的道路上走下去。

人文科学试验班在当时有一大优势，那就是五成的学生可以保研。现在名校保研比例一般在三成左右，但在1999年，保研比例非常低，一个班一般只有两三个人可以保研。保研选导师，我毫不犹豫地选择了杨老师。可以说，完全是杨老师博学善教的名师魅力将我引上了宋史研究之路。

二、锤炼看家功夫，博采众长

我的硕士和博士都是跟着杨老师读的。虽然宋史在武汉大学属于小门派，对于我们来说却是一种得天独厚的优势。宋史方向的学生少，加上旁听的学生，我们上课一般只有三四个人。小班教学的好处是显而易见的，一方面老师可以精准地掌握我们的学习动态，另一方面课堂可以有充分的互动。正因为如此，学习一定不能偷懒，课前得好好预习准备，课中得认真聆听、专心思考。

杨老师给我们开的核心课程有两门，一门是宋史专题，一门是宋代基本史籍阅读。宋史专题课，每个专题会开列一张阅读书单，既有古籍，也有今人著作。本科的时候，我虽然也在认真学习，但阅读原著非常少。现在回想，这是人文科学试验班的一项弊端。人文科学试验班要打通文、史、哲，所以课程设置非常多，基本上文、史、哲三大学科的骨干课程都得学。当时因为课程太多，从周一到周五甚至周末都开设有课。周末开课，今天非常普遍，原因是扩招之后教学资源不足。但大学扩招是1998年之后的事，我们当时的教学资源是很充分的，周末开课主要是因为我们的课程排不过来。进入研究生阶段，整个教学和学习模式完全不一样了。研究生课程非常少，我们的主要时间在阅读原著。课堂讲授，主要也不是在讲知识，而是讲问题。老师通过引导式教学，让我们明白每个专题存在

哪些主要问题，国内外有哪些知名学者做过哪些开创性研究。同时，老师每次上课还会给我们阅读材料，让我们当场阅读，培养我们发现问题的能力。在这一过程中，讨论是必不可少的。因为我们人少，每个人都有机会充分展现自己的观点。通过宋史专题的学习，我不仅了解了民国以来宋史研究的主要名家和主要潮流，而且基本领会了宋史研究应该具有的基本功和学术研究以问题为导向的基本路径。

宋代基本史籍阅读课是一门自由开放式的课程。硕士阶段，杨老师要求我阅读一部宋代基本史籍，并做好读书笔记，大概每两周汇报一次读书心得。我选择的是《宋史》，除了表的部分，《宋史》基本上都阅读完了。博士阶段，我又进一步阅读了《续资治通鉴长编》《建炎以来系年要录》。硕士、博士两个阶段，我大概写了三十多本笔记。当然，阅读和笔记并不仅限于基本史籍，杨老师专题课所列的书单，也基本精读或泛读过。阅读基本史籍有三大好处：一是跨越语言障碍。虽然本科就是学文史哲的，但本科阶段很少读古籍原著，所以，古文的阅读能力其实很不乐观。读《宋史》之初，速度非常慢，能够捕捉的有效信息也很有限。大概读到三分之一的时候，速度就比较快了。读完整部《宋史》，速度基本上能与阅读现代汉语接近了。二是培养捕捉历史问题的能力。阅读的关键在于写读书笔记。硕士之前，虽然也会写读书笔记，但一般都是摘录名言警句。硕士阶段的读书笔记截然不同，或许偶尔也会摘录名言警句，但主要的是写读书心得，即对于历史问题的看法。久而久之，自然形成了以问题为指向的阅读模式。发现历史问题，途径有很多。比如以今观古，通过思考现实问题来反观古代。比如与人辩驳，因不同意他人对于古史的解读而提出自己的看法。但最主要的途径还是阅读古籍，在阅读古籍的过程中，通过与古人的"对话"，发现当时社会存在的问题及当时人所理解的社会存在的问题。三是建构自己的宋代观。我们从初中起学习历史，到大学后开始系统学习中国通史及断代宋史。但从初中到本科的学习，我们基本上处在一种被动接受的状态，对于宋代的认识亦是如此。《宋史》贯穿整个宋朝，涵盖政治、经济、社会、思想、文化等几乎所有历史面相，认真阅读完《宋史》，大概能够建构起自己的一种宋代观。阅读《续资治通鉴长编》

《建炎以来系年要录》《宋会要辑稿》《文献通考》，也能起到此种效果。当然，自己建构的这种宋代观可能是模糊的，但即使是这样，对于后续的学习和研究也会非常有帮助。

杨老师经常告诉我们，研究宋史，不能只读宋史，纵向来说，对宋代前后的历史需要贯通认识；横向来说，对其他关联度高的学科亦要有所了解。所以，杨老师要求我们多听其他方向老师的课程。我当时听宋以前的课比较多，魏晋南北朝隋唐史方向朱雷老师、冻国栋老师、牟发松老师开设的课程，我都听了。宋以后的课听得比较少，主要听了张建民老师的"明清社会经济史"。横向方面，主要听了郭齐勇老师开设的"中国哲学"和张星久师伯开设的"政治学理论"。因为我比较内向，郭齐勇老师、张星久师伯的课，还是请杨老师打好招呼我再去听的。

学术研究不是闭门造车，所以杨老师非常注重带我们外出参会学习。杨老师说，这是祖师李涵老师开启的传统。杨老师当年读书时，李涵老师就经常带学生参加宋史年会。我是2000年随杨老师第一次参加宋史年会。当时是宋史研究会第九届年会，由河北大学承办。这次游学之旅糗事一堆，给杨老师添了很大的麻烦。我来自老少边穷地区，从来没坐过火车，对坐火车毫无观念。早晨我出发晚了，见到杨老师，杨老师很不高兴。因为时间过紧，我们最后不得已坐出租车去火车站。出发前出糗，到保定站再次出糗。因为是第一次坐火车，对于火车票保存完全没意识，结果，出站的时候发现火车票不在了。跟车站交涉了半天，最后还是不得不补票。现在想来，科技的进步真好。放在今天，直接使用身份证或看购票记录就可以了。到河北大学后，杨老师又跟组委会沟通，帮我安排了学生宿舍。当时安排在刁培俊、贾文龙的宿舍，我也得以很早就认识了刁、贾二位仁兄。

第一次参加宋史年会，完全是一种刘姥姥进大观园的感觉。当时尚没有自媒体，众多宋史名家都只是耳闻，平时没机会见到。或许是千禧年的原因，或许是因为漆先生强大的号召力，保定年会群星璀璨，国内外的宋史名家几乎悉数到场。漆侠、胡昭曦、徐规、王德毅、王曾瑜、汪圣铎、何忠礼、龚延明、邓小南、王瑞来、程民生、包伟民、李华瑞、陈峰、戴建国、范立舟、姜锡东、游彪、苗书梅、陈学霖、梅原郁、佐竹靖彦、伊沛霞、贾志扬等国内外顶级宋史名家,我都是第一次见。非常荣幸的是,杨老师将我引见给了漆侠先生,我有幸与漆先生交谈了大约三分钟。略显遗憾的是,漆先生口音太重,他的话我只听懂了六七成。漆先生和宋史研究中心当时给我留下了非常好的印象,这也是我后来选择去河北大学工作的一个重要原因。当然,除了结识名家,这次参会更重要的收获在于领会了什么是学术会议和学术交锋。虽然记得不太真切,但感觉当时的学术评议非常认真。激烈的交锋,让我感觉到学术不能有半点马虎。

第二次参加宋史年会是 2002 年的第十届年会,由西北师范大学承办。这次参会,我们的阵容更加强大,杨老师带了我和陈曦、赵治乐同去。兰州太远,当时的火车又很慢,记得坐了很长时间才到。或许是因为身体不适,加上是第二次参会,兴奋劲儿远没有第一次参会时足,所以对会议的记忆非常模糊。倒是对兰州拉面和回程的西安考察印象深刻。吃兰州拉面是杨老师的一位朋友安排的,当时去了一所很豪华的宾馆,我是第一次去这么豪华的宾馆。我虽然早就知道兰州拉面,但兰州拉面的做法,我从未见识过。宾馆的厨师给我们现场演示做兰州拉面,居然有十多种做法,每种做法都独具特色,做出来的面不仅品相极佳,味道也是极好。当时吃面的情景,到现在都还记忆犹新。学术考察,会务组原本安排的是去敦煌,但对我们来说,西安的考察价值更在敦煌之上。回程到西安,杨老师在西安的朋友安排我们参观西安的文物和名胜古迹。西安不愧是中国第一古都,我又是第一次参观,当时就被西安的名胜古迹震撼住了。记得我们参观了大小雁塔、西安碑林、秦始皇兵马俑、陕西历史博物馆等地。虽然是走马观花,但收获满满。二十多年过去了,我再也没去过西安,但我始终崇拜西安、向往西安。这种感觉实来自 2002 年的学术考察。

另外,六年研究生生涯,除了学习,杨老师对我的生活也是照顾有加。因为我经济条件不好,杨老师想方设法给我寻找勤工俭学的机会。我常做的两项勤工俭学之一是替校图书馆写书评,这是杨老师帮我介绍的。两项勤工俭学每年能有好几千元的收入,大大缓解了我的经济困难。最让

我感动的是，有一年春节我没回家，杨老师让我去她家吃年夜饭。正是那次年夜饭，我认识了奶奶（杨老师的母亲）和黎老师（杨老师的丈夫）。那次年夜饭是我一生中最特别的年夜饭。奶奶和黎老师都对我非常热情、和蔼，后来每次见到他们，都感觉非常亲切。

三、赓续学脉

跟随杨老师读书期间，还有一件事让我终生难忘，那就是杨老师引见我拜识石泉先生、李涵先生。石泉先生与李涵先生是伉俪关系，其中李涵先生是杨老师的硕士生导师，治辽宋金元史，石泉先生是杨老师的博士生导师，治历史地理。也就是说，石泉先生和李涵先生皆为我的祖师。杨老师让我拜识二位先生，目的是让我学习二位先生的高尚人格和治学精神。无形之中，这也是一种学脉的赓续。

李涵先生是中国宋史研究会第一届理事会成员之一，是宋史学界德高望重的前辈。第一届理事会成员仅有九人，是历届理事中最少的，除了李涵先生，尚有邓广铭、陈乐素、程应镠、徐规、郦家驹、李春圃、郑涵、胡昭曦等先生。因为李涵先生名望太高，杨老师最开始说要把我介绍给先生的时候，我心里既非常激动，又非常忐忑。激动的是终于有机会拜见祖师，忐忑的是自己实力太差，担心难入祖师法眼。拜见先生之前，我已经写了一些笔记。杨老师事先把我的笔记给了先生，说到时好让先生指点。第一次到先生家，是杨老师领我去的，当时石泉先生、李涵先生都在家。进屋之后，二位先生非常热情。他们的和蔼可亲一下子打消了我的忐忑。石泉先生不做宋史，跟我简单聊了一会儿就进书房了。李涵先生跟我聊了很长时间，详细询问了我的家庭情况和人生的长期打算。我说家里很穷，但很想将来走治学的道路。先生勉励我，说穷不要紧，她的学生及石先生的学生，也有家庭条件不好学问做得很好的。然后，先生专门谈了我的读书笔记，赞扬我是一个非常有想法的人。先生的赞扬可能纯粹是出于鼓励，对我的影响却是至深。当时我还是一个涉世未深的"傻小子"，从未得到过先生这样级别的前辈赞扬。从那以后，我做笔记的劲头就更足了。我硕士、博士阶段写了三十多本笔记，除了杨老师的要求，很重要的一个原因就是为了对得起先生的鼓励。后来，我隔段时间就会去拜访先生，拿我的笔记给先生审阅，先生每次都是鼓励的话居多。我当时住在枫园，穿过珞珈山防空洞就到了先生家。这条路是我当时走的最多的路之一。先生知道我家里穷，经常送给我材料纸。我大概有一半的笔记都是用先生送给我的材料纸写的。这些笔记，我会永久珍藏。它们不仅承载了我自己的一段心路历程，也承载了先生对我的鼓励，或许还有期许。

值得永久珍藏的还有先生惠赠的《宋辽金元史论集暨师友杂忆》以及石先生的《古代荆楚地理新探》（增订本）。这两本书皆是由台湾的高文出版社出版。因石先生当时身体已经不太好，石先生名作的题字也是由李涵先生代笔的。

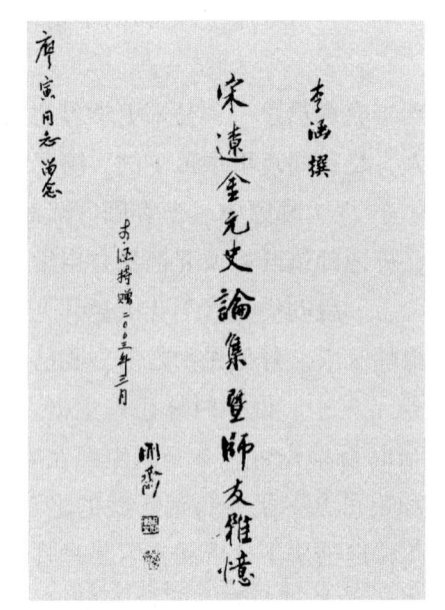

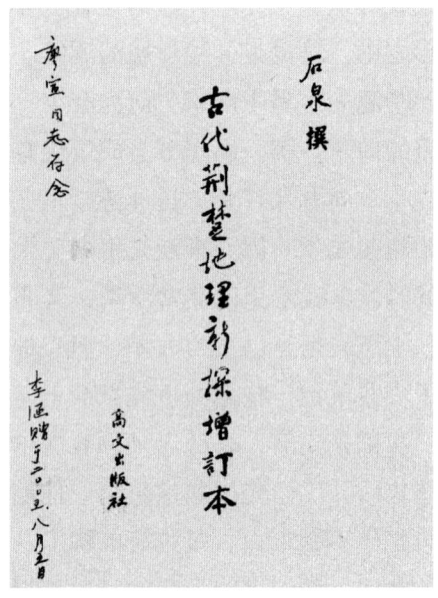

石先生虽然不做宋史，但对我的影响同样深刻。石先生是陈寅恪先生的入室弟子，先生的《甲午战争前后之晚清政局》是陈寅恪先生指导的唯一一篇近代史硕士学位论文。石先生在荆楚历史地理研究方面具有开拓性贡献，他所创建的武汉大学历史地理博士点，也是全国第四个历史地理博士点，仅次于北京大学、复旦大学、陕西师范大学。说实话，我对石先生的专业研究了解很少，但石先生的人格魅力对我的影响非常深刻。记得有一次石先生生病住院，我们再传弟子轮流陪护。我虽然只陪护了一天时间，但那一天给我留下了终生难忘的印象。吃午饭的时候，先生让我去热早上剩的馒头。那是我第一次用微波炉，完全不知道定多少时间合适。我好像定了十分钟，结果馒头烤焦了，只能扔了。我非常愧疚地回到病房，告诉先生自己所犯的错误，先生当场就恼了。令我惊讶的是，先生不是恼我把馒头烤焦了，而是恼我把焦的馒头扔了。他说，焦馒头还可以吃。先生不仅是知名教授，还担任过全国政协常委、湖北省政协副主席，可是他却连焦了的馒头都舍不得扔，这让我非常震撼。说实话，虽然我当时很穷，但也不会想着吃焦了的馒头。先生大概觉察到我的茫然，遂给我讲了他年轻时艰辛的革命历程。谈到年轻时的经历，先生显得非常健谈。因为和李涵先生很多经历都是共同的，石先生谈的时候，是同时谈两个人的经历。从燕京大学读书、参加进步活动，到投身于革命运动，再到"文革"的艰难生活，先生的人生经历与中国近现代历史息息相关，让我大开眼界。当然，先生给我讲他的人生经历，是想告诉我，今天的生活来之不易，应该珍惜每一粒粮食。

现在回头想，杨老师让我们拜识石泉先生、李涵先生，目的是想让我们通过感受先生们的治学精神和人格魅力，继承本门优良的学风和师德。的的确确，从石泉先生、李涵先生到杨老师，他们令人肃然起敬的学风、师德时时刻刻在砥砺我前行。

四、终身为师

博士毕业之后，我的人生进入低潮。当时本来可以去天津师范大学工作，我却选择了南方一所本科院校。这是人生的一次"错误"选择。当然，这种选择也是一种无奈。我的母亲长年多病，因要供我读书，一直没钱去医院治疗。所以，我当时需要找一份收入较高的工作，以便给母亲治病。可惜，经济条件改善了，人生却迷失了。我工作的那所学校没有历史专业，只能上全校公共必修课——"政治经济学"。政治经济学我自己都不懂，加之需要上课的班级多，当时除了备课、上课，什么也不想干。这样一晃，就整整荒废了四年时光。

工作四年后，我终于下定决心要结束这种颓废的生活。我给杨老师打电话，表明我的心迹。杨老师非常高兴，她当时用了"归队"一词，说非常欢迎我"归队"。我知道杨老师和河北大学宋史研究中心的王菱菱老师是非常要好的朋友，就表示想去河北大学。在杨老师的帮助下，我又回到了宋史研究的队伍。

在南方工作的四年，我不做宋史研究，平时都不敢跟杨老师联系。"归队"之后，我逐渐重拾信心，跟杨老师的联系就多了起来。感谢杨老师没有放弃我，还是一如既往地耐心指导我。我申报成功的第一个国家社科基金项目，就是杨老师耐心指导的结果。我最开始是想接着我的硕士论文报选题，我的硕士论文《南宋后期政治史研究——政坛格局的演变及其成因》获评湖北省优秀硕士论文，感觉有进一步研究的空间。但杨老师告诉我，国家社科选题首先要看研究基础，也就是前期成果，而且还要注意题目新颖。我仔细一想，接着博士论文《宋代两湖地区民间强势力量与地域秩序》做，前期成果明显更多，选题也会相对更新颖，于是就决定做宋代官户、吏户的研究。论证初稿写出来之后，我请杨老师帮忙修改。杨老师是真的"斧正"，对我的初稿做了大刀阔斧的调整。写不出新意的地方全部删了，整体逻辑也重新做了疏理。在大刀阔斧调整的同时，她对细微的语言表述也做了逐字逐句的修改。经过杨老师的批改，申报书的水平提升了很多。虽然第一年没有申报成功，但第二年终于得偿所愿。

除了指导课题申报，杨老师还常常帮我批改文章。我的一篇文章《宋真宗〈劝学诗〉形成过程及作伪原因考述》，当时投给《文学遗产》，外审专家提了很多意见。有些意见我不知道如何处理，就请教杨老师。杨老师给我提了很多好的修改意见，修改之后，文章整体感觉挺好的。可惜，这篇文章没有通过《文学遗产》的终审，后来发表在《中国高校社会科学》，被人大复印报刊资料全文转载了。我还有一篇文章《烟火公事在宋代基层治理中的转型》，当时投给《历史研究》，两份外审意见，一份是肯定的，另一份则提出了很多意见，当时完全不知道如何回应，我又请教杨老师。杨老师告诉我，既要尊重外审专家，又要有礼有节。杨老师仔细看了我的文章和外审专家的意见，对每条意见如何修改、如何回应，

都给了详细的指示。对外审专家没有注意到但文章还存在的其他问题，杨老师也都一一指明了。在杨老师的指导下，文章修改稿最终通过了外审。这是我第一篇真正上档次的文章，其中凝结了杨老师的心血。

在杨老师的帮助下，我重新回到学术道路上，但始终有一大遗憾，那就是未能请杨老师写序。我出版过两本小册子，但主要出于职称晋升的需要，质量连自己都很不满意，所以，根本不好意思请杨老师写序。我的第一个国家社科基金项目"宋代官户、吏户与地方政治生态研究"，是在杨老师的指导下申报成功的，结项等级为优秀，总体质量不错，目前还在修改完善中。这部书稿出版的时候，希望杨老师能为我赐序。

从认识杨老师到如今，已近三十年。古人常以三十年为一世，三十年的培育、教导，足以见证师爱的伟大。一日为师，终身为师，往后的人生道路，杨老师永远是我的导师，我永远是杨老师的学生，希望杨老师耳提面命，无有终日。

(作者系河北大学宋史研究中心教授)

怀念珞珈，感念师恩

秦 艳

喜闻老师七十寿辰将至，回想起三年珞珈求学生涯，仿佛就在昨日，老师的关心与教诲仍历历在目，言犹在耳。

我还能清楚地记得二十年前参加硕士面试的情景。那是我人生第一次出省求学，而且是到武汉大学这样的名校，尽管笔试成绩不错，但紧张与压力仍不可避免。当时的历史学院还在人文馆的一层，面试就被安排在那里的一间小教室里，采光很不好，对重度依赖口型辨别大家话语的我来说是个很不利的因素，这越发加重了我的不安。在那个不甚明亮的小房间里，开始时，我紧张得连老师们的面孔都没太敢看清楚。在简单地了解了我的听力情况后，老师们问了我几个问题，如"看过哪些书？""有什么感兴趣的研究方向？""是否知晓邓广铭先生等学界前辈？"看似随意、类似"闲聊"的面试氛围让我的紧张情绪缓解了很多。那时的我刚刚对宋代历史产生兴趣，除了备考书目，于其他并无太多涉猎，认识也很浅薄，但老师那和煦的笑脸与温柔的眼神给了我莫大的鼓励，遂一股脑将自己所知都赶紧倒了出来。面试结束后，我才知道那温柔的目光就来自杨老师，心中暗暗开心了许久，默默祈祷自己能如愿。我后来常想，若不是当年有幸被老师收入门下，教我知识，给我信心，予我肯定，我最大的可能大抵就是带着遗憾回到家乡的小县城，未必会有再拼一把的勇气。

正式入学后，在老师耐心严格的教导与无微不至的关怀下，我度过了三年充实的研究生生涯。老师讲课从来不只是史实或者观点的输出，而是非常注重研究方法的传授。她不仅要求我们仔细研读梁启超先生的《中国历史研究法》，而且经常辅以各种实操训练。我印象最深的就是对各种史料的分析与解读。老师常说，史料是治史的第一步。历史研究离不开史料，但史料并不等于史实，许多记载真伪错杂，互相抵牾，需要我们花大力气去搜集与辨别。只有在尽可能全面占有史料的基础上进行细致的考证，去伪存真，才有可能求出史实，继而得出令人信服的结论。对史料的搜集、鉴别与运用是我们历史研究人员必须掌握的基本功。如何尽可能多地占有史料呢？第一步无疑是进行大量的阅读。为此，老师不仅要求我们通读宋史相关基本史籍，还要注意进行对比，并归纳总结前人的整理与研究情况，要有读书心得与书面报告。那时，我们每周都要汇报读书进度，交流收获、感想，抑或是疑问。她常常告诫我们一定要多读书。她说研究生阶段是读书的最好时光，是黄金时期，我们应该学习欧阳修的"三上"读书法，利用一切可以利用的时间来读书、来思考。图书馆就是我们最好的"老师"。只可惜，这些教导我当时并未领会，反而常常将其视作"苦差事"。工作后，慢慢理解了老师的苦心，但再也没有当时那样的大块阅读时间，也做不到当时那样的心无旁骛了。

在大量阅读的基础上，老师设置了一定数量的史料分析与考证训练，通常于课前布置一篇或数篇史料，让我们标点句读、分析解读、撰写报告，然后于课上进行讨论。通过大家不同角度与深度的解读，我们对相关内容有了更加全面的认识与了解。老师非常尊重我们的积极性和创造性，教学氛围平等而民主。那时候，我们几个年级的同门经常一起上课，老师鼓励大家各抒己见，相互探讨。对于我们的一些看法，她从不轻易否定，而是加以适当的点拨。大家的认识不一，角度不同，常常会有一些争论，但也正是在相互的辩论中，将我们的思考引入深处，而且养成了大家多角度、多层面探讨和分析问题的良好习惯，对日后的学习和工作产生了长久而积极的影响。

我犹记得，开学第一次史料分析是《续资治通鉴长编》中的宋太祖杯

酒释兵权片段，老师提前给大家下发了无句读版，让大家自己标点断句，查找解释名词，分析考证资料，并提出自己的问题与看法。在名词解释方面，但凡史料涉及的人物、地名、职官以及一切自己不熟识的名词或说法都要查找权威解释，或进行史料溯源，并在报告中注明出处。对于疑问与错讹，也要注明自己的论点与论据。开始时，我还不懂，也没有意识到这是多么难得的专业训练。只是机械地按照老师的要求去找解释、找出处，然后做出简单的分析与解读。后来才慢慢体会到，一则史料事实上蕴含着诸多信息，既有记录之史实，亦有背后之深意。我们既可以对史料所记载的史实进行考证，也可以对史料所蕴含的其他信息进行考察，亦即我们可以对史料中的人物和事件进行细节考察，挖掘其反映的社会现实，还可以将其与不同来源、不同类型的史料联系起来，分析其异同，探讨产生异同的原因。比如，同样的事件为何会有不同的记载？同样的史源，为什么不同的作者选择不同？为什么会选这篇而不选那篇？标准是什么？这样的差异说明了什么问题？反映了作者怎样的动机与心态？与其当时所处的位置及环境是否有关？我们应该怎样对这些史料进行取舍与运用？……这些都是值得探讨的问题，也正是老师想要培养我们的能力：不单就史料论史实，还要学会透过史料分析其背后所蕴藏的深层含义，看到另一个"史实"。老师对我们的学业要求很严格，因此，为了更好地完成这些"任务"，我们常常泡在历史学院的资料室内，时不时就会碰到师兄师姐妹，大家相视一笑或简单交谈几句就又埋头到各自的查阅大业中。虽然有时会因各种困难感觉非常"难熬"，但正是在老师系统而严格的指导下，我才得以摸到了历史研究的一些门路，在思想上有了由学到研的转变，开始主动思考问题，寻求解决问题的方法。

老师治学严谨，不仅日常教学如此，指导我们写作也是如此。对于我们论文中的错误，小到错字标点，大到篇章结构、格式排版，都会细细地一一指出。我最近重新翻阅硕士论文开题报告，看到老师密密麻麻的批注，既惭愧又感动，惭愧于自己当时的粗心与怠懒，总想着靠老师把关，完全没有自我检视的意识；感动于老师的辛劳与付出。但是当时的自己肯定是没有体会到这些，以致在论文初稿时犯了更加严重的错误，将至多可

以称为资料罗列与写作思路的稿子交给了老师。可以想见老师当时的震惊与气愤，批评我"连基本的学术规范都不讲究了"，这是三年学习生涯中，老师对我最严厉、最直接的批评。但即便是面对这样一篇什么都不是的稿子，老师还是细致地给我进行了批注：哪些材料选择不当不足以论证，哪些角度可以继续深入，哪些方面还可以进行补充，哪些文章还可以学习……凡此种种，不一而足。我看着老师的批语，面红耳赤，但也总算反省了自己，连夜对文章进行修改。后来参加工作，每当想偷懒时就会想起老师这句严厉的批评，让我对自己、对工作能更加负责任一些。

老师治学严谨，但也非常体贴细致，会尽可能地给予我们关怀与帮助。因为听力的缘故，我多少有些不擅交际，与其他老师、同学交流都很少，在很多方面也表现得非常迟钝。但是老师从来没有介意或过多谈论我的听力问题，而是尽可能地默默给我关照。我们的一些专业课程当时并没有讲义下发，但老师常常会提前把将要讲授的课程重点发给我，让我能查查资料，做些准备，以便课堂上更好地捕捉到老师的知识点。这样的关照一直持续到研三毕业，从未间断。只要是老师的课程都是如此，从未有例外。后来我想继续读博，老师也给予了积极的支持。可惜成绩未尽如人意，错失公费名额。当时老师已前往法国国家科学研究中心汉学研究所访学，即便相隔数千里，也数次发电邮给我，帮我想办法，但我自己不争气，打了退堂鼓，终是辜负了老师的一片心意。

三年的硕士研究生生涯虽很短暂，但从老师这里习得的一切使我受益一生。老师以一位真正学者的素养和品格感染着我们，使我们懂得了学者的责任与风貌。能得老师教导，是我一生的幸运。文笔拙劣，实在难述师恩万分之一。唯愿老师芳华自在，喜乐安康！

[作者系山西省社会科学院（山西省人民政府发展研究中心）历史研究所副研究员]

负笈珞珈拜杨门

——师门求学琐忆

刘广丰

  2004年，我从汕头大学外语系毕业，考入暨南大学，跟着张其凡先生研读宋史。当年暨大刚好改成两年学制，所以到2005年的时候，我就开始准备考博。当时我准备报读两位导师，一位是我的硕导张其凡先生，另一位就是杨果老师。之所以选择杨老师，有三个原因：其一，武大乃985高校，能到武大读博，也就能圆我多年以来的名校梦；其二，杨老师当时是宋史研究会副会长，乃国内著名宋史专家；其三，也是最重要的一点，杨老师曾经写过一篇文章《宋代后妃参政述评》，而她的研究方向之一就是宋代女性史，这跟我的读博计划非常贴近。得益于当年的考试机制，我顺利通过了初试；让我尤为感动的是，杨老师并没有因为我本科非历史学科班出身而对我有所偏见。她当时要到法国访学，不能参加我的复试，但在邮件中，她跟我说，不要有顾虑，她已经安排好复试工作，让我安心考试，发挥自己的正常水平即可。我放下包袱，最终初试复试均为第一，被武汉大学历史学院中国古代史专业录取。

  2006年9月，我怀着激动的心情来到珞珈山，开始了我攻读博士的生涯。读博的生活是非常充实的，因为我每天都需要阅读大量的文献和著

作。杨老师回国后，马上投入对我们新生（包括硕士和博士）的培训中，这又让我充实的生活变得更加饱满。记得有一天早上八点半左右，我还在床上迷迷糊糊地睡着，突然接到杨老师的电话，让我下午参加一场读书会，讨论梁启超的《中国历史研究法》。由于当时水平较低，尚未阅读此书，一时如热锅上之蚂蚁，不知所措。稳定心神后，我立马跑到食堂旁边的书店，但未能找到该书，最终还是在图书馆找到一本，匆匆翻阅。到下午的时候，我心怀忐忑地来到逸夫楼，幸好杨师给我分配的是我较为熟悉的墓志部分。梁启超认为墓志铭的史料价值不如传世文献，因为志文中之内容往往夸大失实，我却认为墓志纵有如此缺点，可志主的基本信息，如郡望、生卒年日、家庭关系等，应该还是清晰可用的。我的发言得到杨师的赞赏，可杨师恐怕至今不知，我当时乃是"临时抱佛脚"。从此以后，我更加不敢懈怠，唯有每天努力读书，以准备杨师随时抽查。

历史学研究最重史料，我从硕士阶段开始，尤其喜欢读李焘的《续资治通鉴长编》，而到了武大，我依然保持这种习惯。但在跟随杨老师学习的过程中，我又学到了不同种类的史料该如何应用。比如有一次，杨老师要求我们几个宋元史的硕博学生，一人分一首宋诗，尝试以诗证史。这对我来说是一次全新的尝试，却让我终身受益。我的著作《大忠之臣：寇准》，就引用了寇准大量的诗歌，而我的研究生黄燕的一篇论文，也是大量引用张咏的诗歌。杨师以诗证史的实践，我至今依然在研究生课程"中国史史料学"中应用。此外，我还记得杨师让我们读《宋会要辑稿》中关于宋代圩田的记载，并写一篇文章。我最不擅长经济史，而这次训练也确实打开了我的新思路。

我的硕士论文选题是关于宋真宗朝末年的寇丁之争，其实我最开始想写的是宋真宗的刘皇后，但张其凡师认为这题目太大，不适合硕士生，故让我做了这个与刘皇后相关的题目。但我对刘皇后的兴趣一直没有消退，所以想把她作为我博士论文的研究对象。杨老师回国后，我第一时间向她汇报了我的想法，刚好杨师当年申请到了国家社科基金项目"宋代妇女史研究：以女性身体为视角"，故对我非常支持。一般来说，武大历史学院的老师都鼓励学生自己选博士论文的题目，而不会强行要求学生做老师

的课题，只不过我的选题刚好跟杨师当时的研究契合，这样她正好可以把我的研究纳入她的研究当中，而我也顺理成章成为她课题组的成员。博一一年，我全用于搜集与刘皇后相关的史料，并写出了近7万字的年谱长编——这对初涉研究的学人来说无疑是很好的训练。博二伊始，我就跟杨师商议，把博士论文的题目定为《宋朝真、仁之际政治研究——以真宗刘皇后为中心（1017—1033）》，并着手撰写论文初稿。事情看起来非常顺利，可博三开学的开题报告会，却让我感到迷茫。在会上，很多老师质疑我的选题，因为我研究的时段实在太短，他们一来担心我材料不够，二来也觉得题目太小，且过于传统，不能体现博士的水平。我当时就犹豫了：我该换题目吗？可这个题目我已经做了两年有余，换题目的话，我所有的工作都得从头开始。可如果不换，我能顺利毕业吗？会后，我找到杨师，说出了我的忧虑。杨师安慰我说："老师们的意见，你觉得对，可以听，觉得不对，可以忽略。在我看来，这个题目可以做，而且能做出新意。"有了杨师的这句话，我安下心来，继续走自己的路。最终，我的论文以《章献明肃刘皇后与宋真、仁之际政治研究》为题参加博士答辩，并获得了优秀等级。如今，我在宋史学界内对刘皇后的研究，算是取得了一点微不足道的成就，而这一切，都离不开杨师对我的指导与鼓励。

当年考博之时，暨大与武大我都考上了，当时张其凡先生跟我说："你已经在我这里读了两年，该教的我都已经教了，再读三年无非就是重复巩固，你还不如到杨老师那里，去学一些不一样的东西，这对你将来的发展会更加有利。"张师此言不虚，我在杨老师这里学到了很多。刚进入武大的时候，我的写作有个毛病，就是过于枝蔓，而且语言比较口语化。杨师在修改我论文时，总会告诉我，注意表述，应该使用学术化的语言，这番教导让我的写作越来越好。我也很乐意把自己写成的文章给杨师看，我读博期间发表的三篇文章，杨师都曾精心修改；甚至在我毕业后很长一段时间，我都愿意把写成的文章初稿交给杨师，这当中还包括了我的博士后报告。而每一次，杨师都会认真审读，并给我提出中肯的修改意见。我在杨师处所学最深刻的，当为学术研究中的理论提升。攻读硕士期间，在张师的指导下，我已经能比较熟练地查找与运用史料，后来杨师对我的这

个优势也比较肯定。看过我的几篇文章后，杨师指出，我能够根据史料把历史事实说清楚，但缺少理论指导与提升，从而让文章缺乏必要的立意和创新。根据我所选的博士论文题目，杨师给我介绍了很多性别理论的书籍和文章，并为我联系了政治与公共管理学院的张星久先生，让我旁听他一个学期的课，学习政治学的理论。正是杨师的指导，让我的毕业论文增色不少，而我论文中最出彩的部分，当属"女主心态"和"女性意识"这两个部分，后来以此为依托发表的两篇文章，也得到了学术界的肯定。

杨老师在学术上严格严谨，但在生活中又是温情慈爱。在武大求学三年，我不但收获了博士学位，还收获了爱情和家庭。犹记我结婚之时，杨师亲自到场为我送上祝福。而后每次跟她见面或通电话，她都会亲切问候我的太太和孩子。在认识杨老师的十几年中，我不记得她对我生过气，就算是对我的批评，也是和风细雨，让我如沐春风。她就如母亲一样，教育我，关怀我。同时，她也以自身为范例，向我展示如何成为一位好老师。在我工作之后，我一直遵循着杨师的教诲，一方面对学生的学习和研究严格要求，另一方面也尽量关心学生，同理学生，让他们在校园里有所依靠。我经常跟学生说，我的老师如何待我，我就如何待你们，如果你们觉得在我这里还有所收获的话，希望以后你们也能如此对待你们的学生。只有如此，才能够把师门的精神，一代一代地传承下去。

（作者系湖北大学历史文化学院副教授）

岁月深处，点亮一生

李 婷

我自2006年开始跟着杨老师学习，当年老师只带了我一名研究生。刚入师门时，我和从事历史地理、考古研究的几位同学一起上老师的专业课，杨老师用一首宋诗作为史料让我们了解历史研究的方法。我就是从研习这首宋诗开始拜师学艺的。

当初，我对历史研究尚未入门，停留在背诵史料和做题的阶段。从古诗中考察历史，对我来说是很新鲜的事。作业布置后，同学们在课堂上一起讨论诗歌里的历史意象，课后找其他史料来佐证，学习气氛很活跃，现在回忆起来仍觉相当有趣。我和一位学历史地理的同学一起讨论诗歌里的地名来历，查找相关史料，证明诗里的地名和人们的习惯认知不同，从这个角度重新解读了诗歌，也厘清了诗歌里一些原本解释不通的地方。那次作业让我第一次得到老师的肯定，也让我感受到搞研究不用背诵做题的快乐。

一时间，我觉得自己悟道了，但真正的学术研究远没有想得那么简单。

接下来，我基本功不扎实的毛病就暴露了。历史文献学、历史地理学、专业史、前沿研究，这些我在本科阶段基本都没有涉猎过。甚至对于一些基本史实，我脑子里也是一本糊涂账。和同级的博士刘师兄一起上课时，谈到为何选择学宋史，他提到自己是看了TVB的古装剧对古代史产

生了兴趣，才从英文专业转到历史专业的。他对北宋刘太后的生平如数家珍，很坚定地选了女性史研究方向。我既没有那么热爱，也没有那么专业，对选题方向很迷茫。我的基础差底子薄，本科阶段论文都是大段拼凑而成，心里清楚离写硕士学位论文还有很长的路要走，自己很没底。

到了必须确定论文选题时，我兜兜转转，最终选了区域史的方向：宋代江西地区土地利用问题。关于这个选题，可以利用数字图书馆对《四库全书》中的地名进行检索，有针对性地寻找史料进行研读，规避了我基本功不好、史料梳理能力不足的弱点，可以说是有些"讨巧"了。

我向杨老师汇报了思路，老师指导我，做研究的第一步是梳理前人研究成果，确定自己的写作方向，再将研究成果整理成文，作为论文的第一部分。从此，我每周都要交作业。刚开始，我的作业里观点不当、总结错漏等学术问题尚在其次，更重要的是存在很多语句不通、逻辑不清的基本写作问题。为此，杨老师专门给我上了写作课。现在想来，在同门中，大概只有我上过这门特殊的定制化课程吧。

写作课是每周六上午在杨老师家里上。老师每次都拿出自己的ThinkPad电脑，让我现场写，她就在旁边看。通过当面订正的方式，指出我在写作上的错误，指导我使用规范的学术表达方式。头几节课的上课体验简直是当场处刑，我手心出汗、头皮发麻。但在上课之余，老师都会和我说说家常，耐心引导，让我多读书，告诉我年轻时可以无忧无虑地读书，是人生中最幸福的一段时光，要好好珍惜。

那阵子在学习上，我没少让杨老师操心受累，但是老师从来没有对我疾言厉色，也没有流露出一丝的不耐烦。她总是很仔细地观察我的问题，悉心地一一引导指正。就连我打字时出现的指法错误，老师也会关注到，教我使用笔记本键盘打字的便捷技巧，以及怎么使用ThinkPad键盘上的那个小红点。

到了最后的交稿期，杨老师对我的监督更加严格了。经常一大早七点不到宿舍的电话铃就响了，那是杨老师询问我论文修改的进度如何。同宿舍的同学都羡慕我有一位超级负责的好老师，那一刻，我感觉到了压力但更感幸运。

毕业那年是 2008 年，因为大雪导致交通堵塞，我没有回家过年。

在杨老师的督促下，我不断打磨毕业论文，充实到几乎忘记了过年这回事儿。到了年三十，陈曦师姐带我吃了必胜客。人生中很多的第一次都交集在了那一年的冬天：第一次在外地过节、第一次吃了必胜客、第一次认真地想要做好一件事儿。

冬去春来，论文初稿基本成型，杨老师又费心帮我把全文修改了一遍。记得当天老师也是很早就给我打电话，说前天晚上为我从头到尾看了一遍，让我去邮箱查收修改稿。修改稿令我感到又佩服又惭愧，佩服是因为经过老师的修改，文章又上了一层高度，整体叙述风格体现了严谨的学术规范；惭愧是因为我用了两年时间还是没有达标，还得让老师亲自动手修改。虽然满怀感激，但我又不好意思直接向老师表示感谢，心里五味杂陈，很是尴尬羞愧。

到了最终的答辩现场，评委老师点评论文基本在学术研究的路子上，如果沿着这个方向继续深入拓展，还能挖掘出更好的内容。这算是对论文相当肯定了。两年不到的时间，我从对历史研究全无概念，到终于走在学术的正路上，离不开杨老师对我不间断的指导和督促。

现在回忆起向老师学习历史论文写作的那段时光，当初心底的慌张全部变成了一段段温馨又美好的记忆碎片。当然，更多的是对老师的感激和崇拜。她从没有随意定义和轻视任何人，总是尽最大可能给予耐心指导和帮助。她不只指导学业，还教会我很多面对生活和工作的态度。她告诉我要珍惜当下，把握好自己每个阶段要做的事，不要因为害怕失败就不去尝试，不然会耽误最佳时间，让自己陷入被动，鼓励我要沉淀自己、努力工作、认真生活。

转眼间，十几年过去了，工作、生活中有喜有忧，特别是人近中年，往往有颓然无奈之感。不过，每每想到在武汉上学的那短短两年时光，绿树成荫的珞珈山、恢宏大气的建筑群、粉色浪漫的樱花雨，还有杨老师的谆谆教诲，都会让我有了仿佛被点亮的感觉，再次凝聚起重新上路的勇气，告诉自己我还可以。

（作者系安徽广播电视台主任编辑）

苏格拉底之问与认识自己之路

李 旭

古希腊德尔菲神庙的箴言说："认识你自己。"大概"认识自己"是人的永恒难题，故数千年以降，这句箴言仍为今人所习诵。历来直面这道难题的最主要方法，当为教育。德国哲人雅斯贝尔斯曾如此诗性地阐明"教育的本质"："一棵树摇动另一棵树，一朵云推动另一朵云，一个灵魂唤醒另一个灵魂。"一个灵魂之被"唤醒"，没有外烁的规训，只是从混沌中醒来，认识了自己。但浑噩懵懂的年轻灵魂，多数没有独立觉悟的心力，端赖明师的启诱感发，先秦儒家曾详说此间的节次与分寸："劳之来之，匡之直之，辅之翼之，使自得之，又从而振德之。"这是教育的极境，东海西海，心理攸同。每当我涵玩古典，读到这些灵性闪烁的句子时，心中不由泛起感激之情，因为我也有幸禀受如此宽厚而美好的教育。

我是在2008年秋天第一次给杨果老师写信的。当时我就读于武汉大学国学试验班，接受了近三年的古典训练，对四部要籍略有所窥，拟以宋史作为自己进一步深造的方向。我向杨老师汇报自己选择宋史研究的理由：期于史学"可以为我们提供一种对现实的更深刻的理解"，"我曾有志于晚清史的研究"，"但后来意识到社会的深层结构只有在一个更长的时段的关照下才能浮现"，乃选择从宋代切入，以求"观察近世中国史的结构"。在信中，我向老师汇报了自己的读书现状及一份"十年读书计

划"，对此，杨老师予以指点：

> 从你读书的现状来看，课堂学习以先秦经典为主，课外则阅读面较宽，一些史学前辈的论著也都读了，很好。接下来，我们的专业方向是宋史，你的"十年读书计划"中怕是要多增加些这一断代的内容，精读的书在《资治通鉴》之后至少应有《文献通考》，朱子的论说也是值得花些时间的。同时，为专业学习起见，有关宋代的正史、政书、杂史、文集、笔记等，也都应当涉猎。

当时我不曾预料，"宋代的正史、政书、杂史、文集、笔记"等不同类型的史料将如何在杨老师的研究生课堂上相互激荡，异彩纷呈；而"朱子的论说"又将如何在杨老师的点拨下，逐渐成为我日夕寝馈的根底文献。谈完读书问题后，杨老师接着问：

> 不知你的本科毕业论文准备写什么？我建议你写有关宋代历史的内容，也算是提前进入宋史研究的领域。

当时我还没有想到具体的题目，只能回答老师："大体的方向在宋代经济史。"在第一次呈函杨老师时，我也表达了这样的想法："我想从一些具体的问题入手，如社会、经济、制度方面，至于宋代的学术思想，我深知其重要性，但不敢轻加论述，因为这是难度极大的题目。"这个笼统的想法背后，其实是一种避虚就实的倾向，这种倾向缘起于严耕望先生的《治史三书》。

记得是在大二下学期某个周末的午后，我在武汉广八路的天卷书店闲逛，偶然翻开一本题名《怎样学历史——严耕望的治史三书》（辽宁教育出版社 2006 年版）的书，本来以为只是近似教辅一类的读物，孰料映入眼帘的是钱宾四先生的一段话："我们读书人，立志总要远大……"始知作者严耕望是钱门高足弟子，书名原为《治史三书》。我因在大一时曾反复精读钱先生的《中国史学名著》《国史大纲》《师友杂忆》诸书，有如

沐春风之感，故对严先生的书也觉得亲切，遂亟购归。待通读全书之后，我感觉到严先生一方面深受钱先生的影响，注重根底，堂庑开阔；另一方面与钱先生的高明之姿有别，严先生自承"才极平庸，尤弱记忆"，故自觉走上沉潜一途："强毅沉潜，遵行计划，深思虑，穷追索，不畏艰辛，不求近功。"严先生的治学风范对我产生了莫大的感召力，因为我自觉资质鲁钝，而严先生的现身说法，不啻开示了一条中人可循的弘毅之途。武大国学班学子由文、史、哲三院教师授课，涉猎四部文献，治学方向可自由选择，在呈杨老师第一书中，我曾如此分析自己选择史学的缘由："我自以为性情沉静，但记忆力较差，领会能力也属平庸，而想象力较丰富，用功较勤。认识到这些对我来说很重要，我最终选择治史，也是基于对自己的认识……我向来对文史哲都感兴趣，平日喜欢浏览陶渊明的诗、辛弃疾的词，而哲学方面，也曾下过苦功啃康德的《纯粹理性批判》（几度半途而废，至今未能通读一遍，更未曾读懂），但选择史学为专业，是因为认为自己并无文人骚客的才气，也缺乏作邈远玄思的能力，至于史学要求的笃实冷静，则似颇宜于自己的性情。"如今回看，这段自我剖白实在是以严耕望先生为参照，却未必是真正的"认识自己"。之所以不厌其烦地追述我读《治史三书》的历程，乃因此书对于本科阶段的我来说，如同迷雾中的灯光，指陈了方向，也留下了暗影，这重暗影在某种程度上限制了我的自我认识，所幸此时我遇到了杨老师。

当杨老师问起我的本科论文选题时，我脑海中不由自主地浮现起严先生的话："我认为研究工作，为把稳起见，最好多做具体问题，少讲抽象问题"，"我的主要工作涉及两大范围，一是政治制度史，二是历史人文地理，都是具体性，少涉抽象性"。与严先生的领域相近，杨老师的代表性论著有《中国翰林制度研究》《宋代两湖平原地理研究》等，所专擅的正是"具体问题"的研究。我于是想，自己的选题最好也着眼于制度、地理等"具体问题"。随后，我读到全汉昇先生的《唐宋帝国与运河》，遂拍脑袋想了一个题目——"宋代的漕运"——报给杨老师。杨老师让我先自行摸索相关的史料和论著。然而，我在保研之后心态放松，没太把毕业论文的事放在心上，一边追随于亭老师的"海外汉学"课程，大读

日本学者西嶋定生、宫崎市定等人的论著，一边因循着国学班读书的惯性，手抄《道德经》王弼注、《四库提要》大小叙等，悠然自得地度过了2008年的冬天。到了第二年春天，再回校见杨老师时，却只能说"漕运"一题没看出什么东西来。记得当时杨老师听了我的话，脸微微一沉，这威严之色一现而隐，旋即蔼然如常，却令我铭记至今，知道了有老师在，不可散漫。"漕运"的自主选题既然没有下文，杨老师和我说，时间很紧了，必须及早定题。当时杨老师在做性别史的研究，刘广丰师兄、柳雨春师姐、陆溪师姐等都在此领域耕耘，杨老师问我有没有兴趣，并特别解释："性别史是从性别视角看中国社会，不只是讲妇女史，也不只是女性学者才能研究。"这句话的深意，在我日后读《仪礼·士昏礼》《礼记·大传》《诗经·周南》《周易·家人》诸篇而所悟入之后，才能慢慢体会，但当时没有太多的感觉。杨老师见我兴趣不大，也不勉强，再给我两周时间自主选题。这一自主选题空间的"留白"，当时只道是寻常，后来才知道这是杨老师一以贯之的教育精神，用《礼记》中的话讲，就是"君子之教喻也，道而弗牵，强而弗抑，开而弗达"。眼下学界师道陵夷，许多"导师"长于"用学生"而非"教学生"，积极申报各类课题，转手分配给学生来做，至于学生自身的基础、兴趣和发展方向，多不在考虑范围之内，因此被目为"老板"；至于真正意义上的"老师"，竟寥若晨星。每见及此，我都不由感念自己的老师。

　　在和杨老师的谈话之后，我陡然意识到毕业论文的紧迫性，于是动手动脚翻查各类文献找题目。在翻阅黄宽重先生《宋史丛论》中的《〈胡澹庵集〉的传本与补遗》一文时，我留意到《四库全书总目》对《澹庵文集》的一句评语："集中嘉言谠论多本《春秋》义例，于南渡大政多所补救。"心想，能否以胡铨这个人物为个案，讨论两宋之际学术与政治的互动？这个想法得到杨老师的肯定。随后两个月，我终日披寻《澹庵文集》一书，写出一万多字的初稿——《胡铨的〈春秋〉学及其政治关怀》。需要说明的是，国学试验班秉持很传统的治学观念，重读书，轻论文。记得郭齐勇老师曾谈起民国时傅孟真先生规定史语所新进青年学人三年不许写论文的轶事，以此鞭策我们："本科生能写什么呢？好好读书！"这一理

念自有正大、高远的意义，但对于读到大四的同学们来说，一个现实的问题是，我们都没怎么写过正式的专题研究论文。所以，我呈交给杨老师的初稿，不过是个不伦不类的粗胚。面对如此幼稚的习作，老师要手把手地从零教起，不知耗费了多少心力。我手上一直珍藏着杨老师批改的初稿，多年后重温，顺着老师铅笔批注的笔迹，仍能清晰地感受到自己蹒跚学步的背后，是老师柔和而坚定的双手。

杨老师在批改我的论文时，未尝作命令式的断言，而是处处打上问号，以温和而开放的态度，促使我反思原稿的问题所在。例如，为了衡定胡铨在两宋《春秋》学史上的地位，我以蒙文通、牟润孙二先生的先行研究为基础，自作聪明地画了一个坐标图，实际上此图并无明晰的体例，表意含混。对此，杨老师没有直斥其非，仅问了一句："如此表示之好处是？"就让我意识到自己的画蛇添足之弊。

> 按：蒙、牟二先生都能贯穿经史，以上所引蒙氏语较简，牟氏语较详，然论两宋《春秋》学之主流则一，当非偶合，盖二氏论述的角度颇一致，即选择代表性著作时着眼于学术著作之影响力，而且从时代背景的角度来把握此时之经学倾向，而非由一己之经学倾向作判断，这是史家的立场。正因如此，我以为蒙、牟二先生的判断为后人的研究提供了一个基本的参考坐标：
>
> ```
>            孙复
>            ·北
>            ·宋
>     攘夷——十——尊王        如此表示之好处是？
>            南·
>            宋·
>           胡安国
> ```
>
> 考察两宋《春秋》学者，如注意及此，庶可免于琐细的考证，而能把握到研究对象的经学基本精神。

2009年的5月间，杨老师前后为我改了整整四稿，从此，我的史学写作算是基本入门了。6月初的论文答辩庄重而严谨，记得申万里老师专门为拙稿写了数百字的评议书，徐少华老师问起宋代《春秋》学与经今古文学的联系，罗运环老师甚至校核了拙稿的部分史料，凡此皆令我铭感至今。尤其令我不敢或忘的是，答辩完成后，杨老师在导师意见表格中谈到，拙稿除了史料翔实、结构合理，更值得重视的是，文中呈现了一份现实关怀。我把这视为老师对学生的期许与启发：史学写作不应该是聊发思古幽情的文字游戏，而应时时与现实人生相呼应，相鼓荡，相质正。

2009年9月，我作为研究生正式就读于武大历史学院。入学之后，杨老师问我，要不要接续本科论文的思路，进一步就胡铨《春秋》学的相关问题展开研究？实际上，通过指导我的本科论文，杨老师已经观察到我对学术思想史比较有感觉，因此，虽然老师自身精擅"具体问题"之研究，但出于对学生才性的把握，有意推动我去探研"抽象问题"。然

而，在过了本科学位论文一关之后，严耕望先生"少讲抽象问题"的教诲再度成为我的执念，于是我和杨老师坦陈："还是不太敢做思想史研究。"杨老师听后，并没有接着说什么。多年之后，当我也成为一名教师，才意识到在学生进学的某些关节点上，老师的"没说什么"甚至比"说了什么"还要重要。当时，杨老师的再度"留白"，给了我从容、自主探索的时间与空间。

既然搁置了胡铨《春秋》学一题，也就意味着我要从文献、论著中寻找新的可能，此时，杨老师所开设的课程，成为我酝酿选题最重要的平台。我已经不太记得当时的课名了，可以肯定的是，在整整一年的时间里，每周有三小时的课程。杨老师首先采取"会读"的方式，引导我们去接触各类文献。参与会读的学生有柳雨春师姐、刘兴亮师兄、闫兴潘兄、郑鹏兄和我。杨老师提前一周划定文献范围，然后我们几个学生分头整理，逐字逐句作注释，读完全文后写札记；上课前一天，把自己所整理的文档发给老师和各位同门，相互参看，第二天在课堂上展开集中讨论。这是我所接受过的强度最大的史学训练，因为所有人会读同一史料，用功深浅，高下立判，彼此间形成一种良性的竞争关系——大家都不想让老师失望，所以全力以赴。同门小潘兄治学精勤，每天到图书馆查资料，一早出门，晚上十点方回宿舍，入门之际，往往双眉紧锁，开口就是："哎呀……"真可谓"君子终日乾乾，夕惕若"，令人见贤思齐。同寝室的曾成、李永生及隔壁寝室的吕博诸兄，上魏斌老师的中古史论著选读课程，深受启发，多次向我们推荐，我去旁听了一次之后，感觉无法在准备宋史史料会读之外兼顾中古史的研习，考虑再三，唯有割爱。当所有人都把每周大部分时间用于会读准备时，课堂讨论的效果就有了保障，气氛非常热烈。由于学生们都是宋史的初学者，知识储备有限，讨论经常陷入混战的状态，此时，杨老师往往以数语解纷，引导我们从局部的纠葛中抽离，在更高的层面把握历史整体脉络；而当有意义的议题浮现时，杨老师一般不作简单的、肯定的判断，而是悬置此一问题，甚或提出更进一步的问题，让我们课后再查资料，下次上课汇报探研所得。杨老师常说，她服膺苏格拉底式的对话精神，做"思想的助产士"，致力于问题的提出，促使我们

自主地形成独立的想法。

整个秋季学期，我们跟随杨老师的脚步，从麦积山石窟碑刻读起，辗转于《宋会要辑稿·方域》《宋史·职官志》《续资治通鉴长编》《四库全书总目》等不同类型的文献，真有"从山阴道上行，山川自相映发，使人应接不暇"之感。临近期末，最后一次研读的文献类型是宋人笔记，此时，杨老师不再指定具体文本，而是任我们自由选择。我于是乱翻中华书局那套"唐宋史料笔记丛刊"，非常偶然地瞥见叶梦得《石林燕语》的一则笔记："士大夫家庙，至唐以来不复讲……"叶氏勾勒私家祭礼的"古今"之变，隐隐然牵涉某些宏观的历史脉络，而"礼"这一专题，似乎是时代变局中的关键。当时，我对礼学渐渐有些关注，这缘起于对《通典》及《隋唐制度渊源略论稿》的研读，也得益于陈文龙学长的提示。此外，黄进兴先生对孔庙祭祀的研究进路——"结合思想史'观微知著'与制度史'言必有据'的特点，希冀免于陷入'死在字下'与'悬空穷理'两难的格局"——也颇使我感觉礼学研究可以兼该、平衡"具体"和"抽象"两类问题。于是，我以叶氏笔记为基础，结合《宋会要辑稿》《宋史》等材料，写了一篇《〈石林燕语〉卷一"士大夫家庙至唐以来不复讲"条考释》，凡一万三千余言，大体上是从制度史的层面作"实"的讨论。到了寒假，我进一步提炼此文的主旨，完成了一篇《祭礼系统与皇权秩序——宋代家庙制度之政治因素分析》的稿子，作为本学期课程论文，提交给杨老师审阅。

到了第二年春季，杨老师的课程不再采取会读的方式，而是根据每个学生的不同情况，分配不同的史料。课上，老师递给每个人一张纸条，上面写着本学期各自要研读、报告的基本材料。我接过自己的那张一看，心中不由一震：

(1)《天圣令·丧葬令卷第二十九（丧服年月附）》
(2)《事林广记》前集卷十《家礼类·丧礼》

为什么要读这些文献，杨老师没有给我们作任何的提示和解释，但显

然都寓有深意。就我自身而言，盖因上学期的最后一次报告为祭礼研究，老师留意到我的兴趣点，并以为有深化讨论的可能性，遂安排我进一步读丧礼文献。老师所示的两份材料，《天圣令》属于朝廷的制度，而《事林广记》则属于民间的日用类书，分涉国家与社会两个不同的层面。推原老师的用意，大概是针对我上学期讨论之偏重于制度，因而提示另须注意社会生活的一面。在我深入研读《事林广记·家礼类》后，始知两宋大儒如司马光、二程、张载、吕大临、朱熹等皆尝修撰私家礼书，且对宋末以至元代社会发生直接的影响，于是，一个活生生的思想世界向我徐徐展开。顺由日用类书的提示，我翻查《直斋书录解题》，在《史部·礼注类》中看到大量家祭礼的撰作，私修家祭礼之风的兴起与官方家庙制度的式微，这两条线索的消长构成了巨大的张力，引人沉思。至此，我的硕士论文的问题意识已然兴发：以家祭礼为切入口来看，自上而下的制度和自下而上的思想之间，如何交光互影，重塑宋以后的政治社会秩序？更进一步，就两宋礼学的整体脉络而言，宋儒所修实践性礼书，分涉家、乡、州军、朝廷诸层面，多重线索相互交织，最终结穴于朱子晚年所修《仪礼经传通解》一书。该书的修撰因缘、文献结构、思想特质如何？这又构成了我攻读博士学位的研究议题。对于一名史学研究的初学者来说，提出有意义的问题，是"道问学"征程中最关键、最艰难的一步。伴随着这一步的跨越，原来萦绕脑际数年的"具体/抽象"二元对立的心结，乃融释于不知不觉之中，我终于意识到自己治学所应走的路：以经学文献的精读为根底，切己体证义理，综观历史脉络，从而直面现实的危机与困境。追本溯源，这一切都源自杨老师一次次的"苏格拉底之问"，源自2010年春天的那张纸条。

在顺利完成了硕士论文《从家祭礼看宋代的礼制、礼学与秩序构建》之后，由于种种因缘凑泊，在杨老师的鼓励下，我北上师从彭林老师治经学、礼学，完成博士论文《朱子晚岁修礼考》。其后，复因各方条件的限制，我在毕业后返粤，执教于暨南园。近些年来，在硕、博士论文的问题意识的驱使下，我的研究上溯汉代，致力于"汉宋礼学的秩序理路嬗变研究"的课题，而汉、宋学的分歧又推动着我进一步重访先秦文献，寻

绎其历史脉络和义理纲维；在教学方面，我为本科生开设通识选修课程"人生四问：轴心文明元典选读"，为研究生开设专业选修课程"史源学实习：《史记》考源疏证"。从表面看来，我似乎越发远离了杨老师所耕耘、授学的宋史研究领域，只有我自己知道：我的所有研究，皆肇端于老师所启发的问题意识，未尝须臾或离；我的所有教学，皆奉老师的教育精神及方法为圭臬，拳拳服膺弗失。师恩如海，愧无滴水之报，我唯一能做的，就是在老师所指引和鼓励的方向上，一步一步地走自己的路……

2023 年 9 月 20 日晨定稿

（作者系暨南大学中国文化史籍研究所副教授）

承 学 编

《元一统志》中所见常德织锦史料考辩*

郭祥文

元孛兰肹等撰《元一统志》卷一〇《常德路·风俗形势》中记宋代以来常德的织锦业云:"居民务本,勤于耕织。盖自崇观以来,制锦绣为业,其色鲜明,不在成都锦官下。"① 按"崇观"即北宋徽宗崇宁、大观年间(1102—1110);"成都锦官",即宋代成都府锦院,元人费著《蜀锦谱》对这里生产的蜀锦名色有较详细的记载。该院所织之锦,据宋人云乃"织文锦绣,穷工极巧。其写物也如欲生,其渥采也如可掇"②。武陵织锦不在蜀锦之下,参彼当可知其工艺水平是相当高的。此则材料明确告诉我们常德自北宋后期兴起了织锦业。

然而,后人对《元志》所述崇观以来武陵织锦一事却是颇存疑虑的。明代郡人陈洪谟在纂修嘉靖《常德府志》时引用上述《元志》材料后加按语云:"本地无制锦绣者。今五开诸边卫及永顺诸

---

* 本文原发表于《图书馆杂志》2009年第6期,今有所改动。
① 〔元〕孛兰肹等撰,赵万里校辑:《元一统志》(以下简称《元志》),中华书局1966年版,第695页。
② 〔宋〕吕大防:《锦官楼记》,〔宋〕袁说友等编,赵晓兰整理:《成都文类》卷二六,中华书局2011年版,第528页。

宣慰同制有土䌷，亦五色可爱，或者因地相近故云，然以蜀锦律之，则远矣。"① 则陈氏认为宋武陵织锦或系五开（今贵州黎平）、永顺（今湖南永顺）等边地所产土䌷，但和蜀锦相比，则质量相差远甚，《元志》以此言彼，当误。

但实际上，《元志》所述应是可信的。宋末元初人方回《桐江续集》中有《送常德教赵君》一诗，内述其四十年前的一次吴楚壮游，常德为其中一程，诗云"……龙阳县西百丈牵，古鼎大镇控群蛮。丹砂水银充市廛，千机织锦绿红鲜。……此事一往四十年，至今夜犹梦湘沅"②，给他留下了极为深刻的印象。由"千机织锦绿红鲜"一句概可见常德城中织机之众，所织锦色彩之鲜丽绚烂。那么，方回是在哪一年至常德的呢？该诗未系年，然同集中卷二三《送刘叔有还古鼎》诗之二后自注云"予戊午从魏静斋户部湖北仓使至常武……今四十年"③，"常武"，即常德，因知方回此行抵常德的时间正当戊午年即理宗宝祐六年（1258）。方回所述织锦事得之亲历所见，则南宋末年常德地区存在织锦业当可无疑。

《元志》全本久佚，上引《元志》所述织锦事实的史料由近人赵万里辑自明修《寰宇通志》及《大明一统志》。就该则史料文本的来源而论，应当不外以下两途：一或为修《元志》时辑录北宋末以至南宋时期某部图籍中之成文，二或为元人对当时常德风土的如实记录。就前一种情况而言，北宋末至南宋时修的几部全国性质的地志如《舆地广记》《舆地纪胜》《方舆胜览》等均未有记常德织锦事，南宋时常德修有多部图经地志④，惜均佚，《元志》的材料是否来源于它们中间的某一部，已不可考。但《元志》所述为后一种情况的可能性更大。按《元志》至元三十一年（1294）首次纂修成书时，距宋亡不到十五年，其由孛兰肹大德七年

---

① 〔明〕陈洪谟纂修：嘉靖《常德府志》卷一《风俗》，《天一阁藏明代方志选刊》第56册，上海古籍书店1981年版，第28页上。
② 〔元〕方回：《桐江续集》卷二一《送常德教赵君》，《景印文渊阁四库全书》第1193册，台湾商务印书馆1986年版，第492页。
③ 〔元〕方回：《桐江续集》卷二三《送刘叔有还古鼎》，第517页。
④ 参见张国淦编著：《中国古方志考》，中华书局1962年版，第518~520页。

（1303）重修成书时亦只有二十四年。① 宋元鼎革之际，常德地区的宋守土官员捧元檄而降②，本地没有经过大的战争破坏，因而生产承宋之旧，也即织锦业在入元之后继续存在亦不无可能。上述方回所见织锦事距入元亦只有二十余年的时间。故上引《元志》中"盖自崇观以来"云云，应可视为元至元、大德年间元人对肇端于北宋后期的本地织锦业的实录。

在现存的宋代地志中，如《太平寰宇记》《元丰九域志》等，记载宋代常德土贡或土产者均为"白纻布"之类的麻纺品及"练布"之类的丝织品；元人所修《宋史》记载当地的贡品也为纻布、练布，可见麻纺业、蚕桑丝织业一直是当地传统的两种手工业。③ 我们从宋代的常德史料中多可见此二者并举的生产局面，如北宋柳拱辰武陵青陵居处便是"宅有桑麻"④，北宋末南宋初的钟相、杨幺农民起义，提出的理想之一是"田蚕兴旺"⑤，而事后五十余年龙阳上、下沚江号称"桑麻蔽野"⑥，可见麻、桑种植在滨湖地区的普遍，内中可见当时桑蚕业已在当地农民生产中占据了很重要的地位。桑的广泛种植以及蚕丝业兴起，为本地的丝织手工业提供了必要的原料，再加上本地长期以来就有丝织业的传统，就此而言，宋元时期常德织锦业的发生、发展是有其基础的。

那么，陈氏何以会有此疑？换言之，存在了百年之久的常德织锦业为何在明代消失了呢？一个可能的解释就是宋元以来棉花的普遍种植取代了

---

① 参见〔元〕孛兰肹等撰，赵万里校辑：《元一统志·前言》，第1页。
② 〔明〕宋濂等：《元史》卷一二八《阿里海牙传》，中华书局1976年版，第3124~3128页；卷一二九《李恒传》，第3155~3159页。
③ 〔宋〕乐史撰，王文楚等点校：《太平寰宇记》卷一一八《江南西道十六·朗州土产》，中华书局2007年版，第2380页；〔宋〕王存撰，王文楚、魏嵩山点校：《元丰九域志》卷六《荆湖北路》，中华书局1984年版，第270页；〔元〕脱脱等：《宋史》卷八八《地理志四》，中华书局1985年版，第2195页。
④ 〔宋〕曾巩撰，陈杏珍、晁继周点校：《曾巩集》卷一八《归老桥记》，中华书局1984年版，第298页。
⑤ 〔宋〕岳珂编，王曾瑜校注：《鄂国金佗续编校注》卷二五《鼎澧逸民叙述杨幺事迹一》，中华书局1989年版，第1563页。
⑥ 〔宋〕岳珂编，王曾瑜校注：《鄂国金佗续编校注》卷二六《鼎澧逸民叙述杨幺事迹二》，第1580页。

桑蚕的种养，从而使棉纺成为本地的手工业主要产业。根据前人对中国植棉史的研究，棉花自南宋末年已入内地。至元二十六年（1289）常德所属湖广行省已置木棉提举司。① 而在明代，棉花的种植更是"其种乃遍布于天下，地无南北皆宜之，人无贫富皆赖之，其利视丝枲，盖百倍焉"②。常德本地自"宋元之世始传其种"，至陈洪谟所处的嘉靖年间，常德地方所在已是"多绵花""有绵布"。③ 棉花的种植已成为当地农民的主要生产。而本地已无植桑养蚕之利，则织锦的消失自所难免了。

据上所述，我们可确知常德历史上是有过织锦业的，其织锦业自北宋后期兴起后，历南宋、元，百余年犹未绝。《元志》所述，诚不为虚言。

（作者系广东省立中山图书馆副研究馆员）

---

① 参见漆侠：《宋代植棉考》，《漆侠全集》第 7 卷，河北大学出版社 2009 年版，第 99~109 页；《宋代植棉续考》，《漆侠全集》第 11 卷，河北大学出版社 2009 年版，第 211~218 页。
② 〔明〕丘濬：《大学衍义补》卷二二《贡赋之常》，《景印文渊阁四库全书》第 712 册，台湾商务印书馆 1986 年版，第 307 页。
③ 〔明〕陈洪谟纂修：嘉靖《常德府志》卷八《食货志·物产·货之属》，第 29~30 页。

烟火公事与宋代基层治理创新[*]

廖 寅

宋代从都城到州城、县城，从镇寨场到乡村里保，广泛置有"烟火公事"。烟火公事仅见于宋代[①]，但当时典籍并未明确记载其具体职责。宋亡后，烟火公事随之消失，对应职责更难以厘清。明代以来，不断有人试图解释宋代烟火公事职责，或认为掌管火烛[②]，或认为制作火炬[③]，或认为防范火灾[④]。其中防范火灾说得到今天学者普遍认可。[⑤] 在人居环境大同小异的情况下，何以唯独宋代广设烟火公事？宋代统治者真是空前重

---

[*] 本文原以《烟火公事在宋代基层治理中的转型》为题，发表于《历史研究》2023年第2期，今有所改动。

[①] 金朝也有"烟火公事"的零星记载，比如有吴璋者，曾于贞元（1153—1156）中监崞县烟火公事，应是北宋制度遗留，参见〔金〕元好问著，狄宝心校注：《元好问文编年校注》卷五《显武将军吴君阡表》，中华书局2012年版，第847页。

[②] 〔明〕茅元仪：《暇老斋杂记》卷三，《续修四库全书》第1133册，上海古籍出版社2002年版，第608页。

[③] 〔清〕谈迁著，罗仲辉、胡明校点校：《枣林杂俎·和集·丛赘·海盐烟火》，中华书局2006年版，第570页。

[④] 〔清〕陆心源：《吴兴金石记》卷八《安吉县新修东岳行宫碑》，《续修四库全书》第911册，上海古籍出版社2002年版，第524页。

[⑤] 参见李采芹主编：《中国消防通史》，群众出版社2002年版；汪圣铎、钱俊岭：《宋代官员火灾问责研究》，《河北大学学报》（哲学社会科学版）2012年第1期；袁红军：《宋代火政小考》，《兰台世界》2014年第21期。

视火灾防范吗？特殊社会现象背后，往往存在着具体的历史逻辑。虽然宋代典籍没有明确记载，但仔细爬梳宋人语境中的"烟火公事"，可以发现宋代烟火公事的主要职责并非防范火灾，而是管理日常民政事务。对宋代烟火公事进行探索，有助于重新发现宋代日常民政事务管理诸多被遗忘面相，进而深化对宋代日常社会独特性及背后社会变局的认识。

一、宋代烟火公事的设置

宋代烟火公事，无论官方书写还是私人记载，都只是泛泛列举，对其设置缘起和具体职责，均未有正式说明。因此，烟火公事研究，只能从现象归类入手。具体来说，宋代烟火公事大体可分三类：城市烟火公事、镇寨场烟火公事、乡村烟火公事。

城市烟火公事，从京城到州城、县城均有设置。宋初"京师军有四厢，而诸军两厢，其厢使各掌城郭烟火之事"①，当时掌管京城（开封旧城）烟火公事的厢使，是捧日四厢都指挥使（"管旧城里左厢烟火"）和天武四厢都指挥使（"管旧城里右厢烟火"）。②《事物纪原》说得更详细："国初以来，以四厢都指挥使巡辖提举京城里诸巡警，时谓之厢主。凡烟火盗贼，即部所辖以赴之，诸公事自笞以下皆得区分。神宗熙宁中，置句当左右厢公事所，以文臣一员主之，自斗讼贼盗杖六十而下皆决之，以分天府之剧也，民间谓之都厢。"③可知，宋初以四厢都指挥使巡辖负责烟火公事，神宗熙宁中转由勾当左右厢公事负责。④从四厢指挥使巡辖

---

① 〔宋〕吕祖谦：《丽泽论说集录》卷九《门人所记杂说一》，〔宋〕吕祖谦编著，黄灵庚、吴战垒主编：《吕祖谦全集》第 2 册，浙江古籍出版社 2008 年版，第 239 页。

② 〔宋〕马端临著，上海师范大学古籍研究所、华东师范大学古籍研究所点校：《文献通考》卷一五五《兵考七》，中华书局 2011 年版，第 4641 页。北宋开封旧城首先分为左、右厢，在左、右厢之下，又细分为左第一厢、左第二厢、右第一厢、右第二厢。

③ 〔宋〕高承撰，〔明〕李果订，金圆、许沛藻点校：《事物纪原》卷六《都厢》，中华书局 1989 年版，第 325 页。

④ 四厢都指挥使是京城烟火公事理论上最高领导者，实际负责是下属巡辖。勾当公事与管勾公事同义，在当时本身就是官职名。如绍圣年间，柴亢就曾"管勾在京城东厢烟火、贼盗公事"，参见〔清〕胡聘之：《山右石刻丛编》卷一六《太安寺额记》，《续修四库全书》第 907 册，上海古籍出版社 2002 年版，第 365 页。

到勾当左右厢公事，主管者身份在变，但职责范围没有变。南宋都城临安同样设有烟火公事，"在城八厢，吏部注大小使臣，分治烟火、贼盗公事"①，即大使臣治烟火公事，小使臣治贼盗公事。从临安府所设公事级别来看，烟火之责明显重于贼盗之责。正因如此，吕祖谦才将京城"烟火、贼盗公事"简称为"烟火之事"。

州城、县城烟火公事一般由兵马都监/监押兼职负责。② 北宋建国之初，旧有藩镇体制尚未彻底瓦解，太祖建隆三年（962）诏，"其镇将、都虞候只许依旧勾当镇郭下烟火、盗贼、争竞公事"③，城市烟火公事仍由镇将、都虞候负责。随着藩镇体制彻底瓦解和新管理体制形成，烟火公事之责逐渐转归兵马都监/监押，即"逐路兵马都监、兵马监押，掌烟火公事、捕捉盗贼"④。仁宗即位诏"开封府诸县兵马都监，自今应系县郭烟火贼盗、军人与百姓斗争公事，并仰与县司同共施行"。绍兴四年（1134），权发遣建康府吕祉言："本府都监所管在城巡检烟火公事实为繁剧。"绍兴二十八年（1158），西和州"镇司并厢司烟火公事委都监"。乾道元年（1165），三省、枢密院奏：逐州都监，"内厢务都监除烟火公事、捕捉盗贼外，不得预杂务"。⑤ 以上史料说明，从北宋中期到南宋，州城、县城兵马都监/监押始终肩负烟火公事之责。

宋代城市和乡村之间存在大量规模化人口聚居地——镇寨场。镇寨场人口规模小于城市，又远多于一般乡村聚落。如秀州澉浦镇，"户口约五千余，主户少而客户多，往来不定，口尤难记"⑥。湖州乌墩镇、新市镇，

---

① 〔宋〕周淙纂修：《乾道临安志》卷二《在城八厢》，《宋元方志丛刊》本，中华书局1990年版，第3223页。

② 宋代都监与监押职责相同，资深者为都监，资浅者为监押。

③ 司义祖整理：《宋大诏令集》卷一六〇《置县尉诏》，中华书局1962年版，第604页。标点符号略有调整。

④ 〔元〕脱脱等：《宋史》卷一六七《职官志七》，中华书局1985年版，第3981页。

⑤ 〔清〕徐松辑，刘琳等校点：《宋会要辑稿》职官四九之二、六一之四七，方域六之一八，职官四九之七，上海古籍出版社2014年版，第4405、4714、9390、4410页。

⑥ 〔宋〕罗叔韶修，〔宋〕常棠纂：《澉水志》卷上《户口》，《宋元方志丛刊》本，中华书局1990年版，第4660页。

"井邑之盛，赋入之多，县道所不及也"①。乌墩镇与秀州青墩镇毗邻，"二市相抵，为一会镇"②，合称乌青镇。平江府江湾镇，"系商贾兴贩、舶货经由去处，人烟繁盛"③。潭州永兴场，"采银铜矿所集坑丁，皆四方浮浪之民"④。潭州桥口镇，"四通八达"，"商贾往来，多于此贸易"，"市户二千余家"。⑤ 韶州岑水场，"人烟繁盛"⑥，"聚浮浪至十余万"⑦。雅州碉门寨，"夷人时至碉门互市，蜀之富商大贾皆辐凑焉"⑧。

宋代镇寨场"浮浪"汇集、"往来不定"，存在大量流动人口。宋廷虽在镇寨场普遍设有掌管专业事务的厘务官⑨，但厘务官不管民众，面对规模较大、流动性强的集聚性人群，治民需求与日俱增，镇寨场烟火公事也应运而生。以潭州为例，永兴场"四方浮浪之民"汇聚，朝廷担心有恶少藏伏其间作乱，遂诏举京朝官一员监场，"管勾本场烟火公事，许断杖以下罪"⑩。桥口镇原设有巡检一员，职兼烟火公事，因巡检需巡回检查，"每遇差出，本镇动是十日半月无人弹压，及领接日逐相争斗打公事"，遂诏置桥口镇监镇一员，"主管烟火公事"⑪。

镇寨场烟火公事始设时间不详，至少北宋仁宗时已存在。天圣四年

---

① 〔宋〕薛季宣撰，张良权点校：《薛季宣集》卷一八《又书》，上海社会科学院出版社2003年版，第229页。
② 〔元〕单庆修，〔元〕徐硕纂：《至元嘉禾志》卷二六《索度王庙记》，《宋元方志丛刊》本，中华书局1990年版，第4614页。
③ 〔清〕徐松辑，刘琳等校点：《宋会要辑稿》食货一七之三六，第6365页。
④ 〔宋〕李焘撰，上海师范大学古籍整理研究所、华东师范大学古籍整理研究所点校：《续资治通鉴长编》卷二九三，元丰元年十月己未，中华书局2004年版，第7153页。
⑤ 〔清〕徐松辑，刘琳等校点：《宋会要辑稿》职官四八之一四〇，第4398～4399页。
⑥ 〔清〕徐松辑，刘琳等校点：《宋会要辑稿》职官四三之一六五，第4194页。
⑦ 〔宋〕李焘：《续资治通鉴长编》卷二四〇，熙宁五年十一月庚午，第5866页。
⑧ 〔宋〕李心传撰，徐规点校：《建炎以来朝野杂记》乙集卷二〇《丙寅沙平之变》，中华书局2000年版，第875页。
⑨ 厘务官，即监当官，"掌茶、盐、酒税场务征输及冶铸之事"，见〔元〕脱脱等：《宋史》卷一六七《职官志七》，第3983页。
⑩ 〔宋〕李焘：《续资治通鉴长编》卷二九三，元丰元年十月己未，第7154页。
⑪ 〔清〕徐松辑，刘琳等校点：《宋会要辑稿》职官四八之一四〇，第4399页。

（1026），西京河南府《龙门佛龛题名》已有"本镇烟火"①记载。仁宗庆历年间，范仲淹推行新政，并省县邑，将河南府颍阳、寿安、偃师、缑氏、河清五县降格为镇，②而由"逐镇令转运司举幕职、州县官使臣两员监酒税，仍管勾烟火公事"③可知，这五个由县降格的镇，皆设有烟火公事。④

降格镇设有烟火公事，其他镇及同级别寨场是否同样设有呢？相关史料没有总括性记载，只能从个案分析入手。以记载相对集中的《吏部条法》及《宋会要辑稿》为例，两书共记载76处镇寨场烟火公事，其中17处属于降格镇，其余皆属常规镇寨场。烟火公事在宋代职官体系中处于边缘位置，史书常常失载，《吏部条法》《宋会要辑稿》所记仅是冰山一角。如宋代盐场，"国朝，旧有支盐场官不系在州县者，并令兼管烟火公事"⑤，但《吏部条法》《宋会要辑稿》仅记载8处盐场烟火公事。

总体而言，镇寨场烟火公事设置主要基于人口规模，因为人口规模一般与民政事务数量成正比。前述人口规模较大的秀州澉浦镇、湖州乌墩镇、平江府江湾镇、潭州永兴场、潭州桥口镇、韶州岑水场、雅州碉门寨等，皆设有烟火公事。没有烟火公事的镇寨场，一般也会基于人口规模申请设置。如绍兴七年（1137），建州麻沙镇"依湖州新市镇例，差京朝官一员充监镇、监务，兼烟火公事"，理由是麻沙镇"居民繁盛"。绍兴十四年（1144），湖州四安镇"依乌墩、梅溪镇例差京朝官"，理由也是四安镇"人烟繁盛，不在梅溪、乌墩之下"。镇官只有兼烟火公事，才有资格治民。像梅溪镇，政和四年（1114）以前，"镇监官不管辖监中烟火，居民略无畏惮"，为了治民，才"令本镇监官就兼烟火公事"。镇寨场烟

---

① 〔清〕毕沅：《中州金石记》卷四，中华书局1985年版，第86页。
② 〔清〕徐松辑，刘琳等校点：《宋会要辑稿》方域一二之一八，第9528页。
③ 〔宋〕李焘：《续资治通鉴长编》卷一四九，庆历四年五月己丑，第3617页。
④ 如孙雕即曾"监西京偃师县缑氏镇管句城内烟火事"，参见〔清〕王昶：《金石萃编》卷一四二《二陵采石记》，《石刻史料新编》第1辑第4册，台湾新文丰出版公司1982年版，第2644页。
⑤ 〔宋〕胡榘修，〔宋〕方万里、〔宋〕罗濬纂：《宝庆四明志》卷三《官僚·盐官》，《宋元方志丛刊》本，中华书局1990年版，第5030页。

火公事以镇官兼职为主，但少数人口规模很大的镇，有时也设有专职烟火公事。如蜀州新渠镇，"人户近千余家"，曾专差武臣一员，"主管烟火公事"。绍兴府枫桥镇，也曾"专差文臣一员"，主管烟火公事。①

宋代乡村也广泛存在烟火公事。宋代"镇市内保甲，毋得附入乡村都保"，镇寨场与乡村管理分野比较明显。宋代乡村烟火公事首见于神宗熙宁八年（1075），"凡盗贼、斗殴、烟火、桥道等事，责都副保正、大保长管勾，都副保正视旧耆长，大保长视旧壮丁"②。"都副保正视旧耆长"，意思是都副保正职责与耆长原来一样。《作邑自箴》也记载："耆长只得管干斗打、贼盗、烟火、桥道等公事。"③

南渡以后，乡村烟火公事记载逐渐增多。乾道八年（1172），户部尚书杨倓在谈及役法时追述："在法，乡村盗贼、斗殴、烟火、桥道公事，并耆长干当。"④"在法"，表明管干烟火公事是耆长的正式职责之一。淳熙九年（1182），朱熹也说："在法保正副管干乡村盗贼、斗殴、烟火、桥道公事。"⑤ 宋代乡村组织经历从里制到都保制的转变。⑥ 里制时代，耆长担负管干乡村盗贼、斗殴、烟火、桥道公事。都保制时代，"都副保正视旧耆长"，仍然负责管干乡村盗贼、斗殴、烟火、桥道公事。不过，宋代里制和都保制更替并非整齐划一，在相当长时间内，二者在不同地区往往同时并存，如杨倓所说，"今欲有耆长处依旧例，无耆长处保正同"⑦。

---

① 〔清〕徐松辑，刘琳等校点：《宋会要辑稿》方域一二之一九、二〇、二一，职官四八之九三、八八，第9530~9531、4372、4370页。枫桥镇一度升格为义安县。

② 〔宋〕李焘：《续资治通鉴长编》卷二五二，熙宁七年四月甲午；卷二六三，熙宁八年闰四月乙巳，第6177、6437页。

③ 〔宋〕李元弼撰，张亦冰整理：《作邑自箴》卷七《榜耆壮》，〔宋〕李元弼等撰，闫建飞等点校：《宋代官箴书五种》，中华书局2019年版，第43页。

④ 〔清〕徐松辑，刘琳等校点：《宋会要辑稿》食货一四之四七，第6291页。

⑤ 〔宋〕朱熹撰，刘永翔、朱幼文校点：《晦庵先生朱文公文集》卷九九《约束不得搔扰保正等榜》，朱杰人等主编：《朱子全书》第25册，上海古籍出版社、安徽教育出版社2002年版，第4605页。

⑥ 廖寅、杜洋洋：《走向细化：宋代的乡村组织与乡村治理》，《清华大学学报》（哲学社会科学版）2021年第3期。

⑦ 〔清〕徐松辑，刘琳等校点：《宋会要辑稿》食货一四之四七，第6291页。

"管干乡村盗贼、斗殴、烟火、桥道公事"是宋代耆长/保正职能的正规官方表述。不过，这种罗列式描述显得烦琐。实际应用中，诸事项顺序可能会相互颠倒，甚至会省略部分事项。绍兴十九年（1149），秦桧言："保正、耆户长元立法，止令管烟火、桥道。"① 绍兴三十二年（1162），臣僚奏请两淮"每都量留保正一名"，"管干烟火等事"。隆兴二年（1164）诏书："诸充保正、副依条只合管烟火、盗贼。"② 绍熙中，程洵也说："耆长……以供烟火。"③ 庆元元年（1195），徐谊则说："保正、副所职，在于烟火、盗贼、桥梁、道路。"④ 庆元三年（1197）南郊赦文："保正、副依条止掌烟火、盗贼、桥道等事。"⑤ 庆元五年（1199），右谏议大夫张奎言："乞行下州县，保正止许干当本都贼盗、斗殴、烟火公事。"⑥ 赵彦卫《云麓漫钞》："耆长，掌盗贼烟火之事。"⑦ 章如愚《群书考索》："元丰旧法……耆长管烟火。"⑧ 元人李廉回顾宋朝雇役时说道："耆（长）主烟火，户（长）主赋税。"⑨ 从以上各种不完整列述来看，烟火公事显然是宋代耆长/保正最重要的职责。当需简化叙述时，宋人往往直接省略为"烟火"。

---

① 〔宋〕李心传编撰，胡坤点校：《建炎以来系年要录》卷一五九，绍兴十九年四月己未，中华书局2013年版，第3015页。"户"字或为衍字。
② 〔清〕徐松辑，刘琳等校点：《宋会要辑稿》食货一四之三九，第6286页。
③ 〔宋〕程洵：《尊德性斋小集》卷二《代作上殿札子三》，《丛书集成初编》本，中华书局1991年版，第34页。
④ 〔宋〕马端临：《文献通考》卷一三《职役考二》，第378页。
⑤ 〔清〕徐松辑，刘琳等校点：《宋会要辑稿》食货六六之二七，第7876页。标点符号略有调整。
⑥ 〔宋〕马端临：《文献通考》卷一三《职役考二》，第376页。
⑦ 〔宋〕赵彦卫撰，傅根清点校：《云麓漫钞》卷一二，中华书局1996年版，第219页。《淳熙三山志》《嘉定赤城志》亦有相似的记载。
⑧ 〔宋〕章如愚：《群书考索·后集》卷五六《财赋门·役类》，书目文献出版社1992年版，第816页。
⑨ 〔元〕李廉：《问雇役》，〔元〕周勇辑：《皇元大科三场文选》，元代史料丛刊编委会主编：《元代史料丛刊续编·元代子部书》第14册，黄山书社2018年版，第342页。

二、宋代烟火公事的职责

宋代烟火公事职责，相关文献并无明确记载。值得注意的是，"烟火公事"最早也被称为"人烟公事"①。这一信息非常关键，说明烟火公事重点不在"火"，而在与烟火具有同位关系的"人"。烟火公事总体职责是治人（民）。现存最早也是目前所见唯一记载宋代烟火公事职责的是元人袁桷。他在《鄞县小溪巡检司记》中说："小溪镇，宋元丰置焉。……以监酒税烟火得名。治平元年，罢酒税以便民，独掌烟火。凡言烟火，职民讼、水火、盗贼。"②小溪镇烟火公事，开始是监酒税官兼职，后来演变为专职，即"独掌烟火"。从袁桷记载看，宋代烟火公事职责是"职民讼、水火、盗贼"。民讼、水火、盗贼，皆不在厘务官各种专业事务之中，而是属于宋代民政范畴。因此，宋代烟火公事总体职责应为治民。

从宋人表述和袁桷所言可知，宋代烟火公事有广义与狭义之分。广义烟火是民讼、斗殴、水火、桥道、盗贼等民政职责总称；狭义内涵可大可小，最小内涵当是与盗贼、斗殴、桥道等诸事项并称的烟火。广义其实是最狭义逐渐统摄诸事项的结果。最狭义烟火为何能够统摄诸事项？这是因为最狭义烟火在诸事项中最为重要，当需要简化叙述时，往往只说"烟火"。吕祖谦将京城"烟火、盗贼公事"称为"烟火之事"，程洵说耆长以供烟火之役，《群书考索》所言"耆长管烟火"，都是这种简化的结果。当这种简化成为社会习惯，狭义烟火就变成广义烟火，所以"烟火公事"在宋代往往用以指代广义烟火。如鄂州蒲圻县新店镇的钱弼，行述只说他负责"鄂州蒲圻县西尉兼新店莼湖市镇烟火公事"③，没有提及"盗贼"；

---

① 〔宋〕范仲淹撰，李勇先等点校：《范仲淹全集·范文正公政府奏议》卷上《答手诏条陈十事》，中华书局 2020 年版，第 473 页。《续资治通鉴长编》《宋文鉴》《历代名臣奏议》等同样作"人烟公事"。

② 〔元〕袁桷著，杨亮校注：《袁桷集校注》卷一九《鄞县小溪巡检司记》，中华书局 2012 年版，第 985 页。

③ 〔宋〕刘宰：《漫塘文集》卷三三《钱贤良行述》，《宋集珍本丛刊》第 72 册，线装书局 2004 年版，第 526 页。

《宋会要辑稿》所记却是蒲圻县西尉"兼鄂岳州蒲圻临湘新店市镇莼湖盗贼烟火公事"①。可见宋人所说"烟火公事",往往包含"盗贼"在内。

不过宋代狭义烟火的内涵非常模糊,往往随着列述事项差异而不同。比如耆长/保正职责,完整表述是"管干乡村盗贼、斗殴、烟火、桥道公事",但宋人又常说"只合管烟火、盗贼外,并不得泛有科扰差使"②,"自管干烟火、警惕盗贼之外,无他事也"③。显然,前句烟火不含斗殴、桥道等事,而后句却又包含。袁桷的烟火定位包括盗贼,但宋人则习惯将烟火与盗贼并称。④ 因此本文权将狭义烟火理解为盗贼之外其他民政事项,具体指:人口居住、流动信息,民讼决遣,桥道、水火信息收集与上报。

首先是人口居住、流动信息。范仲淹所说"人烟公事",显然包括人口在内。元丰六年(1083)思广峒纳土归顺,即"具到人烟户千四百一十七、口六千二百六十三"⑤。在中国传统文化中,人口与烟火本就有内在关联。在传统农业社会,每家每户日日均须生火做饭,象征炊烟的"烟火"常被用来借指居民人家。国家治理中,人口信息最为关键。之前由州县衙门负责管理人口信息,但宋代随着人口信息复杂化,单靠州县衙门已不足以应付,于是烟火公事逐渐扮演起辅助管理者角色。宋代兵马都监/监押兼任城市烟火公事,其中就包括人口信息管理。绍兴元年(1131),绍兴府通判朱璞认为"绍兴府街市乞丐稍多",于是"乞委都监抄劄五厢界应管无依倚流移病患之人"。临安府也有类似举措,绍兴三年(1133)诏:"行下诸厢地分都监,将街市冻馁乞丐之人尽行依法收养。"⑥ 抄劄⑦、收养流动人口都

---

① 〔清〕徐松辑,刘琳等校点:《宋会要辑稿》职官四八之八〇,第4365页。
② 〔宋〕马端临:《文献通考》卷一三《职役考二》,第375页。
③ 〔宋〕陈宓:《复斋先生龙图陈公文集》卷七《安溪县试诸生策问五道·策问三》,《宋集珍本丛刊》第73册,线装书局2004年版,第452页。
④ 以记载烟火公事最为丰富的《宋会要辑稿》为例,烟火与盗贼两者并称者多达33条,远远超过其余诸事项并称的条数。
⑤ 〔宋〕李焘:《续资治通鉴长编》卷三三二,元丰六年正月丙申,第8001页。
⑥ 〔清〕徐松辑,刘琳等校点:《宋会要辑稿》食货六八之一三八、一三九,第8037~8038页。
⑦ "抄劄"是登记、调查、核实之义,参见李华瑞:《抄劄救荒与宋代赈灾户口的调查统计》,《历史研究》2012年第6期。

是人口管理职责体现。淳熙八年（1181），朱熹提举浙东常平，曾专门弹劾绍兴府都监贾祐之抄劄饥民不力，致使"阙食细民及流移到府之人"，"多有不实不尽"。①

兵马都监/监押本质是军事岗位，他们负责人口信息管理，显然是因为兼任烟火公事。耆长/保正的首要职责是管干烟火，但绍兴二十九年（1159），户部言："在法，保正、副系于都保内通选有行止材勇、物力最高者二人充应，管干开收人丁、觉察盗贼者。"② 所谓"开收人丁"，是指人口增减情况，既包括本都内部自然增减，也包括本都与外都之间迁入、迁出。保正，"遇有事故，如外来及进丁，限五日申举开收、分并"③。迁入（外来）、进丁需要开收；迁出、减丁也需开收，如"百姓以疾疫死亡、以饥饿流移者"即需"开收"。④ 对比保正职责常规表述，"开收人丁"对应的正是"烟火"。

朱熹常说宋代耆长/保正的职责是"管干乡村盗贼、斗殴、烟火、桥道公事"，但在规划经界时，又说保正"只管烟火"。⑤ 在经界这一特定语境下，不提盗贼、斗殴、桥道是合乎逻辑的，但为何要求"只管烟火"？原因是这里"烟火"是指人口信息，因为人口信息与经界有直接关联。宋代户籍与地籍分离倾向十分严重，经界必须弄清楚土地主人是本都人还是外都人。管干烟火是指人口信息管理，从宋代户长常常违规代行耆长/保正职责也能看出。嘉泰四年（1204），有臣僚言：

> 差役论烟爨去处以为出入之乡都，法也。……户长之专掌催科，一税一更替，亦法也。今为一年之户长，则有二年之烟火……其户长专司催科，一税一替，或州县抑令代纳逃亡、管干烟火、违法科扰之

---

① 〔宋〕朱熹撰，刘永翔、朱幼文校点：《晦庵先生朱文公文集》卷一六《奏绍兴府都监贾祐之不抄劄饥民状》，朱杰人等主编：《朱子全书》第20册，第758页。
② 〔清〕徐松辑，刘琳等校点：《宋会要辑稿》食货一四之三五，第6284页。
③ 〔宋〕李焘：《续资治通鉴长编》卷三二七，元丰五年六月戊午，第7875页。
④ 〔清〕徐松辑，刘琳等校点：《宋会要辑稿》食货六九之八一，第8096页。
⑤ 〔宋〕朱熹撰，刘永翔、朱幼文校点：《晦庵先生朱文公文集》卷二一《论差役利害状》、卷九九《约束不得搔扰保正等榜》、卷一〇〇《晓示经界差甲头榜》，朱杰人等主编：《朱子全书》第21、25册，第952、4605、4624页。

类，并许民间越诉，将违戾官吏重行罪罚。①

"烟爨"意为烧火煮饭，"论烟爨去处以为出入之乡都"，是指以户主居住地确定实际所属乡都，可见人口居住信息对宋代赋税征收、差役轮派至关重要。户长本职工作是掌催科，因业务关系，户长对于人口居住信息了解往往在耆长/保正之上，所以有些地方政府直接违规让户长代替耆长/保正，负责"管干烟火"。很显然，这里烟火是指人口信息，尤其是人口实际居住信息。

其次是袁桷所说的"民讼"。"监镇带烟火公事去处，得以受理民讼"②，宋代监镇官只有兼任烟火公事，才有资格受理民讼。绍兴末，鄂州武昌县令薛季宣请求南乡尉兼金牛镇烟火公事，理由就有"村民有所赴诉"③。庆元中，尚振藻监蕲州蕲口镇兼烟火公事，"听讼决事，举得其平"④。嘉定中，张淏监安庆府枞阳镇兼烟火公事，"剖决民讼，毫分缕析，多得其情"⑤。乡村同样如此，耆长/保正职责最常见的表述是烟火与盗贼并称，但宋代《两朝国史志》也记载"耆长主盗贼、词讼"⑥。可见宋代狭义的"烟火"也可对应"词讼"。

民讼起因自然是彼此有纷争，所以"讼"往往与"斗"相关联，"《斗讼律》者，首论斗殴之科，次言告讼之事"⑦。《斗讼律》又名《斗竞律》。烟火公事民讼职能事实上包括"斗"与"讼（竞）"两方面。宋代开封府"烟火之事"主管者，熙宁前称厢主，熙宁后称都厢。不仅级别有

---

① 〔清〕徐松辑，刘琳等校点：《宋会要辑稿》食货六六之二九，第7877~7878页。
② 刘笃才点校：《吏部条法·差注门一》，杨一凡、田涛主编：《中国珍稀法律典籍续编》第2册，黑龙江人民出版社2002年版，第37页。
③ 〔宋〕薛季宣撰，张良权点校：《薛季宣集》卷二〇《论贼盗》，第253页。
④ 〔宋〕周必大撰，王瑞来校证：《周必大集校证》卷七三《承直郎尚甥振藻墓志铭》，上海古籍出版社2020年版，第1069页。
⑤ 〔宋〕张淏：《云谷杂记》卷末《张右史特荐状》，上海师范大学古籍整理研究所编：《全宋笔记》第7编第1册，大象出版社2016年版，第76页。
⑥ 〔清〕徐松辑，刘琳等校点：《宋会要辑稿》职官四八之二五，第4321页。
⑦ 刘俊文笺解：《唐律疏议笺解》卷二一《斗讼》，中华书局1996年版，第1463页。

所调整，职责表述也有差异，熙宁之前是"凡烟火盗贼"，"自笞以下皆得区分"，熙宁以后是"自斗讼贼盗杖六十而下皆决之"。① 从前后表述对比来看，"烟火"正对应"斗讼"。镇寨烟火公事，对"斗竞公事"，能够"以笞行决"②；盐场烟火公事，也可"许决本场亭户等斗讼公事"③。耆长/保正职责中的"斗殴"事项之所以常被省略，应该也是因为宋代狭义烟火包含"斗"的一面。

最后是桥道、水火信息。桥道指桥梁、道路。宋代烟火公事应不需要承担桥梁、道路修缮，而是要负责桥梁、道路损毁信息上报。水火，当指水灾与火灾。烟火公事并非要承担水灾、火灾防治，而是负责收集、上报相关信息，即"其有水火挺灾，人民离散者，当禀白州郡"④。比如火灾，开封府厢主负有烟火之责，"每遇有遗火去处，则有马军奔报军厢主，马步军、殿前三衙、开封府，各领军级扑灭"⑤。厢主只负责收集、上报火情信息，实际执行防火的是其他机构。

事实上，针对火灾防范与管理，宋代有专门术语——"潜火"。洪迈说"今人所用潜火字，如潜火军兵，潜火器具，其义为防"⑥，刘昌诗也指出宋代"州郡火政必曰潜火"⑦，可见潜火军兵、潜火器具就是专门用以防火、灭火的。当然，宋代专门的潜火军兵并没有普及所有城镇，因

---

① 〔宋〕高承撰，〔明〕李果订，金圆、许沛藻点校：《事物纪原》卷六《都厢》，第325页。

② 戴建国点校：《庆元条法事类》卷七三《刑狱门三·决遣》，杨一凡、田涛主编：《中国珍稀法律典籍续编》第1册，第745页。

③ 〔宋〕胡榘修，〔宋〕方万里、〔宋〕罗濬纂：《宝庆四明志》卷三《官僚·盐官》，第5030页。

④ 〔宋〕胡太初撰，闫建飞点校：《昼帘绪论·赈恤篇第十一》，〔宋〕李元弼等撰，闫建飞等点校：《宋代官箴书五种》，第189页。

⑤ 〔宋〕孟元老撰，伊永文笺注：《东京梦华录笺注》卷三《防火》，中华书局2007年版，第342页。

⑥ 〔宋〕洪迈撰，孔凡礼点校：《容斋随笔·三笔》卷五《潜火字误》，中华书局2005年版，第478页。

⑦ 〔宋〕刘昌诗撰，张荣铮、秦呈瑞点校：《芦浦笔记》卷三《潜火》，中华书局1986年版，第19页。

此，没有专门潜火军兵的城镇，当地驻军主管者负有灭火之责。根据当时失火管理法令（失火敕），"诸在州失火，都监即时救扑"①，镇寨官救火职责则比照州都监。而都监、镇寨官又常兼烟火公事，看起来很难分清灭火是都监、镇寨官本身职责还是烟火公事兼职身份职责。实际上，灭火之责与烟火公事身份无关，因为不兼烟火公事的镇寨官也需执行失火敕。

烟火公事总体职责为治民，还可从镇寨场负责烟火公事官员所处的管理序列中看出。镇寨场官一般属厘务官，与之对应的称亲民官。所谓"亲民"，指的是"理治百姓"②。厘务官一旦兼任烟火公事，即可理亲民资序③，具备治民资格。镇寨场官"带烟火公事"，则"系亲民"④，"与县官相妨"。宣和四年（1122），知平阳府商守拙奏："切详诸路州郡所管县镇多寡不同"，"其逐镇居民人烟"，"各有知镇或监官，并管烟火贼盗，注亲民资序"，"乞于前项条内'州县城外'字下添注入'镇寨有监官兼烟火公事处同'一十（三）〔二〕字"。⑤ 该奏议最终得到宋廷允准，宋代镇寨官兼烟火公事者属亲民官，在全国范围内得到正式确认。

因为需"理治百姓"，宋廷对烟火公事官素质要求比一般厘务官更高。比如嘉兴府青龙镇，"最为繁剧去处，自来监官兼本镇烟火公事，系吏部差注京朝官"，需要为官者"通文法吏事"。⑥ 因为烟火公事职责在亲民，淳熙五年（1178），吏部侍郎程大昌对烟火公事兼职官的任职资格做出新规定，任职者需当面"读律"，接受质问，如果不通晓，则罢免任职

---

① 戴建国点校：《庆元条法事类》卷八〇《杂门·失火》，杨一凡、田涛主编：《中国珍稀法律典籍续编》第1册，第913页。

② 〔宋〕赵升编，王瑞来点校：《朝野类要》卷二《亲民》，中华书局2007年版，第46页。

③ 宋代整个资序系统依差遣性质不同，分为亲民、监当（厘务）两大类别，其中亲民资序由诸多外任行政差遣层次组成，下至幕职州县官，上至知县、通判、知州。参见邓小南：《试论宋代资序体制的形成及其运作》，《北京大学学报》（哲学社会科学版）1993年第2期。

④ 刘笃才点校：《吏部条法·差注门一》，杨一凡、田涛主编：《中国珍稀法律典籍续编》第2册，第36页。

⑤ 〔清〕徐松辑，刘琳等校点：《宋会要辑稿》职官四八之九一、刑法一之三二，第4371、8245页。

⑥ 〔宋〕程俱著，徐裕敏点校：《北山小集》卷三六《四月二十二日车驾经由秀州赐对札子》，人民文学出版社2018年版，第616页。

资格。① 朝廷进而下诏：自今监镇兼烟火公事者，"再令读律"，长官详加考察。② 相反，如果镇寨场厘务官"不带烟火公事"，则"不系亲民"③，没有资格理治百姓，即"非亲民不许科决杖罪"④。不过，需要注意的是，烟火公事在整个宋代职官体系中始终处于边缘位置，历史叙述常有遗漏，从而导致不带烟火公事的厘务官也能治民的假象出现。如《庆元条法事类》说"诸镇寨官，差亲民文臣者，听决城内杖以下罪"⑤，似乎宋代文臣治镇寨民不用兼带烟火公事。事实并非如此，如乌青镇"多差文臣京官"，但系衔也须"兼烟火公事"。⑥

烟火公事总体职责为治民，与传统治民机构州、县衙如何分工？大致而言，烟火公事在宋代民政事务管理中处于辅助地位，负责处理较轻的日常民政事务，重要民政事务归州、县衙门。如民讼，宋代城市烟火公事一般只能决笞或杖以下轻罪，如开封府，"凡民有斗讼事，轻者得以决遣"⑦，具体而言，前期厢主"诸公事自笞以下皆得区分"，后期都厢"自斗讼贼盗杖六十而下皆决之"；镇寨场能够决遣的民讼更轻，"凡杖罪以上并解本县，余听决遣"⑧。

---

① 〔宋〕周必大撰，王瑞来校证：《周必大集校证》卷六三《龙图阁学士宣奉大夫赠特进程公大昌神道碑》，第 930 页。
② 〔清〕徐松辑，刘琳等校点：《宋会要辑稿》职官四八之八八，第 4370 页。
③ 刘笃才点校：《吏部条法·差注门一》，杨一凡、田涛主编：《中国珍稀法律典籍续编》第 2 册，第 36 页。
④ 〔清〕徐松辑，刘琳等校点：《宋会要辑稿》刑法二之一二九，第 8357 页。
⑤ 戴建国点校：《庆元条法事类》卷七三《刑狱门三·决遣》，杨一凡、田涛主编：《中国珍稀法律典籍续编》第 1 册，第 745 页。
⑥ 〔宋〕谈钥纂修：《嘉泰吴兴志》卷七《官制》，《宋元方志丛刊》本，中华书局 1990 年版，第 4720 页。
⑦ 〔宋〕马端临：《文献通考》卷六三《职官考十七》，第 1892 页。
⑧ 〔元〕脱脱等：《宋史》卷一六七《职官志七》，第 3979 页。需要说明的是，宋代常规的地方司法只有州、县两级，州负责重案，县负责轻案以及重案的前期审查，即"杖以下，县决之，徒以上及应奏者，并须追证勘结圆备，方得送州"，参见戴建国点校：《庆元条法事类》卷七三《刑狱门三·推驳》，杨一凡、田涛主编：《中国珍稀法律典籍续编》第 1 册，第 757 页。烟火公事在当时属于正在探索中的制度设计，因此，烟火公事与县衙的权力分界点比较模糊，比如镇寨场烟火公事，潭州永兴场"许断杖以下罪"，蒲圻县新店镇更是"凡杖七十以下皆听裁决"，参见〔清〕徐松辑，刘琳等校点：《宋会要辑稿》职官四八之八〇，第 4365 页。

乡村烟火公事权力又远低于城镇，只能处理最低层次民政事务。建隆三年（962）诏书曰："乡村内争斗不至死伤，及遗漏火烛无指执去处，并仰耆长在村检校定夺，不在经官申理，其县镇不得差人团保，（令）〔今〕后应前件小事，无（人）〔人〕词讼，官中不得勘结。"诏书说得很明白，耆长只能管理乡村民政事务的"小事"。词讼有大有小，"无人词讼"，《宋会要辑稿》点校者认为当是"无人词讼"，实际应为"无大词讼"。开宝七年（974）废乡为管时，明确耆长主"词讼"。① 显然，耆长所主只能是小词讼。② "夫民必有争而后（刑）〔形〕于讼"，"讼之所起，始于其乡而达于其邑"③，"乡村内争斗"，可以看作"词讼"的另一种表达。明代基层社会设有老人，职责是"以理民事，以助官府之不及"④，老与耆意思相近，明代老人之设或受宋代耆长启发。

正因烟火公事在民政事务管理中仅处于辅助角色，如果烟火公事权力过重，必然引起州、县衙门及维护正常行政秩序的监司官员不满。北宋开封府升厢主为都厢，所理民讼从"自笞以下"上升到"杖六十而下"。"杖六十而下"的民讼虽仍属较轻民事纠纷，但已引起开封府知府刘庠不满，上奏"乞罢勾当左右厢公事官"⑤。绍兴十四年（1144），有大臣上奏，指责各路监镇官领烟火公事者司法权过重，"擅置牢狱"，收监平民，要求他们"止领烟火公事"，"其余婚、田词诉并不得受

---

① 〔清〕徐松辑，刘琳等校点：《宋会要辑稿》兵一一之二、职官四八之二五，第8817、4321页。
② 与耆长职责相似的明代里甲，也是"理乡间小词讼，事大方呈县堂"，参见〔明〕李开先著，卜键笺校：《李开先全集·李中麓闲居集文·杂文》卷一二《足前未尽》，上海古籍出版社2014年版，第1066页。
③ 〔清〕徐松辑，刘琳等校点：《宋会要辑稿》刑法三之四二，第8415页。
④ 〔明〕唐胄纂修：正德《琼台志》卷一一《诸额役》，《天一阁藏明代方志选刊》第60册，上海古籍书店1981年版，第53页下。
⑤ 〔清〕徐松辑，刘琳等校点：《宋会要辑稿》职官三七之一〇，第3966页。刘庠上奏要求罢免开封的烟火公事，一方面只是他的个人意见，多数大臣并不赞同；另一方面刘庠并不是真要罢烟火公事，而是觉得烟火公事的司权法有所膨胀，希望回到之前的状态。最终宋廷也是"诏不许"。

理",更不许"擅置牢狱"①,指出需对烟火公事权力进行限制。可见一旦烟火公事处理的民政事务稍重,就会引起州县衙门反弹。所以总体而言,宋代烟火公事处理的都是较轻的日常民政事务。

三、烟火公事背后的宋代社会变局

从宋代国家治理体系来看,烟火公事处于最末梢,看似无足轻重,以至史料中对其语焉不详。但对普通大众来说,烟火公事又与其日常生活息息相关。烟火公事出现背后隐含宋代社会诸多变化,可总括为社会自由化,主要表现在三个方面:人口自由流动、商品自由流通、土地自由流转。

人口自由流动包括两个方面:一是空间自由流动,二是职业自由流动。无论是空间流动还是职业流动,既可以是暂时性的,也可以是永久性的。一般来说,兼职工作既涉及暂时性空间流动,也涉及暂时性职业流动,像宋代岳州农民,"自来兼作商旅,太(平)〔半〕在外"②。空间永久性流动表现为户籍迁徙。宋代户籍有主户、客户之分。主户自始至终有自由迁徙权,"侨寓杂处,散于四方","邑里不告讦,门关不诃问"。③ 主户迁徙,入新籍的条件很宽松,"转徙四方","居作一年,即听附籍"。④ 入新籍一般是买田立户,创立新户时,只需声说"某年月日于某乡里某人户下置到田产立户"⑤。客户迁徙权的获得要经历一个过程。北宋前期,法律规定"私下分田客非时不得起移",想要迁徙,必须主人"给与凭由"。仁宗天圣五年(1027),宋廷颁布新规:"自今后客户起移,更不取主人凭由。"⑥ 客户从此也取得基本迁徙权。职业永久性流动多表现为农民脱离农业,转而成为非农职业者,即"自农转而为士、为道、为释、为

---

① 〔清〕徐松辑,刘琳等校点:《宋会要辑稿》方域一二之二〇,第9530页。
② 〔清〕徐松辑,刘琳等校点:《宋会要辑稿》食货六九之五〇,第8073页。
③ 〔宋〕李昭玘:《乐静先生李公文集》卷二六《属民》,《宋集珍本丛刊》第27册,线装书局2004年版,第737页。
④ 〔元〕脱脱等:《宋史》卷二〇一《刑法志三》,第5009页。
⑤ 戴建国点校:《庆元条法事类》卷四七《赋役门一·税租簿》,杨一凡、田涛主编:《中国珍稀法律典籍续编》第1册,第635页。
⑥ 〔清〕徐松辑,刘琳等校点:《宋会要辑稿》食货六三之一七七,第7706页。

技艺者"①。从流动性来说，非农职业者流动性远高于农民，"惟其百工技艺，无事种艺，游手浮食之民，然后可以怀轻资而极其所往"，"农人释其耒耜而游于四方，择其所乐而居之"。② 宋代流动性人群规模非常庞大，"工商技巧之民，与夫游闲无职之徒，常遍天下"③，"雕琢之工、游糜之商、府吏胥徒之类，医巫卜祝、声乐之伎，合而言之，无虑数百万"④。从流动目的地来说，城镇是最主要目的地，"徙家城市去"⑤，"天下之民，转徙无常，惟其所乐，则聚以成市"⑥。

商品自由流通与人口自由流动有着内在关联，"商品经济要求劳动力自由流动"，"具有经济自由的性质"。⑦ 商品自由流通体现在两方面：一是区域之间自由流通，二是城市内部自由流通。宋朝内部区际商品流通基本畅通无阻，"惠通商贾，懋迁万货"⑧，"四方之商贾，交出于涂，而万货无所滞"⑨。与区域之间自由流通相比，宋代城市内部商品自由流通更具划时代意义。宋以前，城市商品流通有严格空间限制。城郭之内，坊与市严格分开。坊是居民区，"每坊各有墙围，如子城然"，"坊内皆常居之民"，市是商业区，"官中为设一去处，令凡民之卖买者就

---

① 〔宋〕曾丰：《樽斋先生缘督集》卷一七《送缪帐干解任诣铨改秩序》，《宋集珍本丛刊》第 65 册，线装书局 2004 年版，第 159 页。

② 〔宋〕苏轼撰，〔明〕茅维编，孔凡礼点校：《苏轼文集》卷八《策别安万民三》，中华书局 1986 年版，第 259 页。

③ 〔宋〕苏辙著，陈宏天、高秀芳点校：《苏辙集·栾城应诏集》卷一〇《进策五道·民政下·第一道》，中华书局 1990 年版，第 1328 页。

④ 〔宋〕陈舜俞：《都官集》卷七《说农》，《宋集珍本丛刊》第 13 册，线装书局 2004 年版，第 126 页。

⑤ 〔宋〕陈起编：《江湖小集》卷九四《寄汤伯起》，《景印文渊阁四库全书》第 1357 册，台湾商务印书馆 1986 年版，第 685 页。

⑥ 〔宋〕苏轼撰，〔明〕茅维编，孔凡礼点校：《苏轼文集》卷八《策别安万民三》，第 259 页。

⑦ 程民生：《宋代社会自由度评估》，《史学月刊》2009 年第 12 期。

⑧ 〔清〕徐松辑，刘琳等校点：《宋会要辑稿》食货一七之三七、三八，第 6366 页。

⑨ 〔宋〕吕祖谦编，齐治平点校：《宋文鉴》卷六〇《请诏有司讲究商贾利病》，中华书局 1992 年版，第 895 页。

其处"。① 不仅空间有限制，时间也有限制，"凡市以日午，击鼓三百声而众以会；日入前七刻，击钲三百声而众以散"②。宋代城市内部商品流通空间、时间限制皆不复存在，临街房铺，随处皆可开店，"家家自各卖买"③，"夜市直至三更尽，才五更又复开张"④。宋代商品流通自由化及由此衍生的商品经济跨越式发展，甚至被国内外很多学者称为"商业革命"⑤。

与人口自由流动、商品自由流通一样，宋代土地流转也出现革命性变化。宋之前的井田制（先秦）、名田制（秦汉）、均田制（北魏隋唐），本质都是限制土地自由流转。宋朝"不立田制""不抑兼并"，土地自由买卖，交易频繁。"田宅无定主，有钱则买，无钱则卖"⑥，"人家田产只五六年间便自不同"⑦。宋代土地流转速度、规模究竟如何，很难有确切统计数据。葛金芳据绍兴府土地交易税，推算宋代土地流通率达到20%，即"一年之中约有五分之一的耕地进入流通领域"⑧。周龙华同样根据宋代土地交易税，估算出当时"每年土地交易量大约占土地总面积的8.5%至10%"⑨。无论

---

① 〔宋〕黎靖德编，王星贤点校：《朱子语类》卷九〇《礼七·祭》，中华书局1986年版，第2304页。

② 〔唐〕李林甫等撰，陈仲夫点校：《唐六典》卷二〇《太府寺·两京诸市署》，中华书局1992年版，第543~544页。

③ 〔宋〕黎靖德编，王星贤点校：《朱子语类》卷九〇《礼七·祭》，第2304页。

④ 〔宋〕孟元老撰，伊永文笺注：《东京梦华录笺注》卷三《马行街铺席》，第312~313页。

⑤ 美国学者费正清、斯塔夫里阿诺斯（Leften Stavros Stavrianos）、日本学者斯波义信，中国学者傅筑夫、漆侠、葛金芳，皆有类似认识，参见刘毓庆：《中国历史上的三次商业革命浪潮及其启示》，《山西大学学报》（哲学社会科学版）2017年第3期。英国学者伊懋可（Mark Elvin）虽然没有明确提到"宋代商业革命"，但他在论述"宋代经济革命"时，所论"货币与信用革命""市场结构与都市革命"皆与"商业革命"有内在的关联，参见Mark Elvin, *The Pattern of the Chinese Past*, Stanford：Stanford University Press, 1973.

⑥ 〔宋〕袁采著，刘云军校注：《袁氏世范》卷三《富家置产当存仁心》，商务印书馆2017年版，第159页。

⑦ 〔宋〕黎靖德编，王星贤点校：《朱子语类》卷一〇九《朱子六·论取士》，第2696页。

⑧ 葛金芳：《对宋代超经济强制变动趋势的经济考察》，《江汉论坛》1983年第1期。

⑨ 周龙华：《从两则土地税税额材料看宋代的土地买卖》，《贵州社会科学》1992年第1期。

是20%，还是近10%，宋代这种土地流转速度与规模都非常惊人。

土地自由快速流转衍生两大问题：一是地块零散化，二是人地关联复杂化。频繁交易过程中，地块必然越来越零细、分散。所以，"大率人户置田，必散在诸处"①。由于对交易对象没有任何限制，久而久之，人地关联变得异常复杂。当时人地关联至少有五种情况：一是烟火户，户籍、地籍皆在本乡，陆九渊知荆门军，"修烟火保伍"②，就是针对此类户口；二是诡名户，户籍、地籍虽皆在本乡，但户主信息是虚假的；三是僵尸户，户籍、地籍虽皆在本乡，但户主早已迁徙或逃亡③；四是外来寄庄户，地籍在本乡，户主"居于外都"④，即"外乡人户寄庄田产"⑤；五是外出寄庄户，户籍在本乡，地籍在外乡。

上述三大变局相互关联，进而形成叠加效应，导致宋代社会事务出现膨胀性增长，社会管理逐渐由粗放走向精细。人口自由流动与商品自由流通，城镇是主要结合地。"宋朝以活跃的商品经济和繁华的城市生活、比较自由的市场制度和对外贸易政策"著称于世，"市民的人身自由、迁徙自由、经商自由和外贸自由也较前朝为高"，"比中国的其他朝代更有机会开创一个新的时代"⑥。宋代这种新情况的出现，必然导致前所未有的社会管理难题。宋代城镇遍设烟火公事，就是为了适应新的社会管理需要。

宋代无论城市烟火公事，还是镇寨场烟火公事，均是管理一般性社会

---

① 〔宋〕舒璘：《舒文靖集》卷下《再与前人论荒政》，《景印文渊阁四库全书》第1157册，台湾商务印书馆1986年版，第545页。
② 〔宋〕陆九渊著，钟哲点校：《陆九渊集》卷一七《书·与邓文范》，中华书局1980年版，第217页。
③ 乐雷发《逃户》诗曰："租帖名犹在，何人纳税钱？"说的是宋代户籍仍在，但人已不在的情况，参见〔宋〕乐雷发撰，萧艾注：《雪矶丛稿》，岳麓书社1986年版，第113页。
④ 〔宋〕胡太初撰，闫建飞点校：《昼帘绪论·催科篇第八》，〔宋〕李元弼等撰，闫建飞等点校：《宋代官箴书五种》，第182页。
⑤ 〔清〕徐松辑，刘琳等校点：《宋会要辑稿》食货六之四二，第6108页。
⑥ 文贯中：《中国自陷于农本社会怪圈的经济地理学析解》，华民等：《制度变迁与长期经济发展》，复旦大学出版社2006年版，第186、219页。

事务。宋代一般性社会事务，看似重要性有限，实则数量极其庞大，如果都由州县衙门处理，州县官员根本无从应付。同样地，人口自由流动、土地自由流转，导致宋代乡村社会事务管理难度大增。朱熹对此有清晰认识："有田之家一处受田，一处应役，彼此交互，难相统一。官司既难稽考，民间易生弊病，公私烦扰，不可胜言。"① 人与地一一对应，简单明了，管理自然容易；人与地错位，管理自然不容易，错位越严重，管理难度越大，以至"公私烦扰，不可胜言"。宋代乡村烟火公事的设置，显然也是为了适应乡村社会这种新局面。

在任何时代，人口、商品、土地等要素的流动、流通、流转速度，都与社会事务规模、政府管理精度成正比。这些要素流动的速度越快，衍生的社会事务就越多，对政府管理精度要求就越高。宋朝社会自由化程度在中国古代社会无疑是非常醒目的②，无论是城市、镇寨场，还是乡村，新增社会事务也是空前的。以烟火公事主要职能之一"词讼"为例，人口自由流动、商品自由流通、土地自由流转引发宋代词讼量暴增。程颐说村酒肆"聚闲人"，"致词讼，藏贼盗"③，城市、镇寨场聚集"闲人"变多，所致词讼自然随之增多。楚州盐城县冈门堰市，"居民日繁，商旅所聚，恶少纵横，斗讼滋多"④。荆南府石首

---

① 〔宋〕朱熹撰，刘永翔、朱幼文校点：《晦庵先生朱文公文集》卷五二《答吴伯丰》，朱杰人等主编：《朱子全书》第 22 册，第 2449 页。

② 宋以前均田制和坊市制，元明时期诸色户计以及明代里甲制，都是画地为牢的管理思维。以明制来说，里甲民出行，"乡邻必互知之"（〔明〕朱睦㮮辑：《圣典》卷八《明禁约》，《续修四库全书》第 432 册，上海古籍出版社 2002 年版，第 346 页），远行则须持有路引，"凡无文引，私度关津者，杖八十"（杨一凡点校：《皇明制书·大明律·兵律·私越冒度关津》，社会科学文献出版社 2013 年版，第 947 页）；诸色户之间不得变换职业，"凡军民、医匠、阴阳诸色户计，各以原报抄籍为定，不得妄行变乱。违者治罪，仍从原籍"（杨一凡点校：《皇明制书·大明令·户令》，第 8 页）。参见张建民：《试论明代的人口政策与人口逃移》，《武汉大学学报》（社会科学版）1989 年第 3 期；刘志伟：《在国家与社会之间：明清广东地区里甲赋役制度与乡村社会》，中国人民大学出版社 2010 年版，第 29~55 页；陈宝良：《明代户籍是如何管控的》，《人民论坛》2014 年第 25 期。

③ 〔宋〕程颢、程颐著，王孝鱼点校：《二程集·河南程氏外书》卷一〇《大全集拾遗》，中华书局 2004 年版，第 406 页。

④ 〔清〕徐松辑，刘琳等校点：《宋会要辑稿》职官四八之八五，第 4368 页。

县藕陂市，"商贾所聚，斗讼烦多"①。城市、镇寨场不仅有流动的商人，还有流通的商品，"百货之所阜通，故多争斗之讼"②。土地自由流转尤易引发"词讼"，"逐时人户交易田土，投买契书，及争讼界至，无日无之"③。土地流转采取正规红契交易还好，若是私下无契或白契交易，则更会引起"无限争讼"④。

地权固化与地权频繁流转对词讼数量有着不同影响，元初胡祇遹对此认识深刻，"地著而民和，至于一切纷乱词讼，皆无自而起。……田不隶官，豪强者得以兼并，游手者得自货卖……日且一日，千年田换八百主。交易若是之烦……狱讼万端，繁文伪案，动若牛腰，一语抵官，十年不绝"⑤。在胡氏看来，地权不流转，词讼便无从而起，地权流转越频繁，越是"狱讼万端"、永无宁日。随着社会事务日益膨胀，社会精细化管理需求不断加深，迫使宋廷不得不对社会管理体制进行调整。宋朝采取的调整方式是"抓大放小"，即原有亲民机构（州衙、县衙）管理重要民政事务，烟火公事管理相对细微化民政事务。宋朝广设烟火公事，既是适应社会巨变需要，也是社会巨变的结果。

宋朝"比中国的其他朝代更有机会开创一个新的时代"，其社会自由化明显具有超前性。烟火公事兴盛与宋代社会情况相辅相成。宋元鼎革，元廷推行诸色户计和"配户当差"等措施，导致宋代以来的社会自由化进程被打断。⑥ 烟火公事在宋以后销声匿迹，同样是社会变化的结果。

---

① 〔宋〕刘宰：《漫塘文集》卷三二《故宁国通判朝奉赵大夫墓志铭》，《宋集珍本丛刊》第72册，第504页。

② 〔宋〕李纲著，王瑞明点校：《李纲全集》卷三八《诰·开封尹》，岳麓书社2004年版，第476页。

③ 〔清〕徐松辑，刘琳等校点：《宋会要辑稿》食货六三之一四七，第7689页。

④ 〔宋〕黎靖德编，王星贤点校：《朱子语类》卷一〇六《朱子三·外任·漳州》，第2652页。

⑤ 〔元〕胡祇遹著，魏崇武、周思成校点：《胡祇遹集》卷二三《折狱杂条》，吉林文史出版社2008年版，第498页。

⑥ 参见李治安：《在兼容和划一之间——元蒙汉杂糅与明"配户当差"治天下》，《古代文明》2020年第4期；《试论元明户役当差与吏民依附奴化的回潮》，《史学集刊》2021年第6期。

四、结语

烟火公事广见于宋代，城市、镇寨场及乡村普遍设有兼职或专职烟火公事，但宋之后再未见有烟火公事的身影。长期以来，人们多从"火（火烛、火炬、火灾）"的角度理解烟火公事，致使烟火公事具体职责长期晦而不明。深入爬梳宋人语境中的"烟火公事"，其所呈现情景与传统理解大不相同。宋代烟火公事总体职责是治民，狭义包括人口信息管理、民讼决遣、桥道及水火信息收集与上报等，广义还包括盗贼防治。在烟火公事诸事项中，最小内涵"烟火"实则最重要，所以能够逐渐统摄其他事项，最后形成广义的烟火公事。在整个宋代民政事务管理体系中，烟火公事始终处于辅助角色，处理一般日常民政事务，重要民政事务仍归州县衙门。

历史场景是多姿多彩的，但我们透过文本看到的历史往往显得单调、片面，其中一个重要原因即在于历史书写有意无意忽略了边缘与日常。重返历史场景，让历史重新变得丰富多元，难点或许不在于聚焦重要制度的影响和精英人物的政治行为，而在于重新发现官民直接交接的边缘性制度和普通民众的日常活动。宋以降很少受人关注的烟火公事，其实是皇权向基层和日常生活渗透的一种新尝试，具有特殊历史意义。"烟火"本身就意味着"日常"，基层不仅有乡村村民日常，也有城镇市民日常。传统皇权向乡村渗透向来受学界关注，但向城镇基层渗透很少有人注意。烟火公事在推动宋代基层治理走向精细化的同时，也使国家权力触角逐渐深入市民与村民的日常。宋代城市、镇寨场烟火公事，已有今天街道办事处、乡镇政府的影子。可惜，随着宋朝灭亡，颇具开创意义的"烟火公事"，亦随之消逝于历史长河中。

（作者系河北大学宋史研究中心教授）

再辨"金堤"*

陈　曦

在现代地貌上，江汉平原是典型的河间洼地洪泛平原，河流纵横，湖泊密布，间有若干洼地，其中以长湖—三湖—白露湖—洪湖所命名的四湖洼地地势最低，范围最广。两宋时期，长湖、洪湖等大型湖泊尚未形成，在这些低洼地的中心地带主要是众多的小型湖泊。在长江、汉水堤防修筑以前，每当洪水泛滥，这些低洼地带就是一片积水区，洪水过后，又还原为众多的小湖群。这种湖泽密布、地势低洼的条件，显然不利于古人开发利用，于是，在与自然抗争的过程中，人工堤防逐渐发展起来。①

流经江汉平原的长江干流主要为荆江河段。荆江，西起今湖北省枝城，东至湖南省城陵矶，全长约340公里，以湖北公安藕池口为界，以上称"上荆江"，以下为"下荆江"。荆江堤防是江汉平原生存与发展的最

---

* 本文最初为笔者的武汉大学2007年博士学位论文《从荆江河道及两岸河湖的变迁看荆江地区人地关系的演变——以宋元明清时期为中心》第二章《荆江沿岸的堤防修筑》的部分内容，修改后以《从江陵"金堤"的变迁看宋代以降江汉平原人地关系的演变》为题发表于《江汉论坛》2009年第8期，今复修为此文。

① 本段引自杨果：《宋代两湖平原地理研究》，湖北人民出版社2001年版，第93页。

重要屏障①，在长江堤防的发端问题上，传统观点认为，长江堤防始于东晋桓温所筑金堤（以下简称"东晋金堤"），这种说法有一个根本前提，即江陵城的位置自东晋（或者自战国）迄今基本没有变化。另一种观点来自石泉先生，石先生以大量的文献材料，通过严密的考证，提出南朝梁元帝以前江陵城位于汉水中游以西、蛮河下游今湖北宜城南境之新解说，江陵江堤亦不能以东晋金堤为开端；石先生的新解在论证方法上相当复杂，涉及的问题十分广泛。②而李步嘉先生在石先生研究的基础上，进一步提出桓温令陈遵修筑的是江陵城而非堤防。③本文拟从传统观点，以古今江陵（即今荆州区）为一地，重新探讨与东晋金堤有关的若干问题，如金堤是否为长江堤防？它与江陵城有何种关联？五代以降，文献中关于金堤的记载何以不断发生变化？并尝试通过回答上述问题来推进对历史时期江汉平原人地关系演变和特点之理解。

一、历史时期的"金堤"记载

长久以来，人们以东晋金堤为长江堤防开端时常引《水经注》记载："江陵城地东南倾，故缘以金堤，自灵溪始。桓温令陈遵造，遵善于方功，使人打鼓，远听之，知地势高下，依傍创筑，略无差矣。"④

《世说新语》最早记录了桓温修建的江陵城⑤，赞其"甚丽"，且"遥望层城，丹楼如霞"；该书引盛弘之《荆州记》称："荆州城临汉江，

---

① 杨果老师指出，兴建堤防是开发江汉—洞庭平原的重要前提，必须解决治水防洪问题，故选取堤防作为宋代两湖平原的研究重点之一，参见杨果：《宋代两湖平原地理研究·绪言》，第9页。

② 杨果老师对此问题做过梳理，参见杨果：《宋代两湖平原地理研究》，第97~98页。

③ 李步嘉：《汉末魏晋南朝江陵城历史地理考补》，武汉大学博士学位论文，1996年。

④〔北魏〕郦道元注，〔清〕杨守敬、〔清〕熊会贞疏，段熙仲点校，陈桥驿复校：《水经注疏》卷三四《江水二》，江苏古籍出版社1989年版，第2863~2864页。

⑤ 参见石泉：《楚郢都、秦汉至齐梁江陵城故址新探》，《古代荆楚地理新探》，武汉大学出版社2013年版，第400页。

临江王所治。"① "荆州城临汉江"的说法显然与江陵城在长江边的传统观点不合，反而符合石泉先生关于江陵城位置的新解说。② 关于桓温筑城的时间，宋人引《晋书》称永和八年（352）"始营城府"③，建金堤以保护江陵属当然之事。

其后，《梁书》记述了天监六年（507）荆州刺史萧憺修复江堤一事："州大水，江溢堤坏，憺亲率府将吏，冒雨赋丈尺筑治之。雨甚水壮，众皆恐，或请憺避焉。憺曰：'王尊尚欲身塞河堤，我独何心以免。'乃刑白马祭江神。俄而水退堤立。"④ 这段史料虽然提及江堤，但没有将它与金堤相联系。

宋代志书中，《太平寰宇记·荆州》有"江堤"条，该条在转述前引《梁书》记载后无其他内容⑤；《舆地纪胜·江陵府》"金堤"条亦仅引用《水经注》原文⑥。两宋志书皆未将江堤与金堤并提，或许宋人不认为二者为同一段堤防。

明万历《湖广总志》则将金堤置于"川江堤防"之首：

> 江陵城地东南倾，故缘以金堤，自灵溪始，桓温令陈遵造。遵善于防攻，使人打鼓，远听之，知地势高下，依傍创筑，略无差失。
>
> 江陵东北七十里有废田，傍汉古堤，坏决凡二处，每夏为浸溢。唐正元八年，节度使嗣曹王皋始命塞之，得其下良田五千顷，亩收一

---

① 〔南朝宋〕刘义庆著，〔南朝梁〕刘孝标注，余嘉锡笺疏：《世说新语笺疏》卷上之上《言语第二》，中华书局2015年版，第155页。

② 参见石泉：《楚郢都、秦汉至齐梁江陵城故址新探》，《古代荆楚地理新探》，第380~437页。

③ 〔宋〕乐史撰，王文楚等点校：《太平寰宇记》卷一四六《山南东道五·荆州》，中华书局2007年版，第2831页。

④ 〔唐〕姚思廉：《梁书》卷二二《始兴忠武王憺传》，中华书局1973年版，第354页。

⑤ 〔宋〕乐史撰，王文楚等点校：《太平寰宇记》卷一四六《山南东道五·荆州》，第2837页。

⑥ 〔宋〕王象之：《舆地纪胜》卷六四《荆湖北路·江陵府》，中华书局1992年版，第2205页。

钟……

宋乾道七年十月，湖北漕臣李焘修江陵、潜江县里社、虎渡二堤。

张孝祥知荆南兼湖荆北路安抚使，筑寸金堤，以免水患。

宋汪烨倅江陵郡，郡有三海八柜，恃为险固。豪右据以为田，烨力复之；又筑寸金堤以捍江，政绩甚伟。①

引文中江陵东北的傍汉古堤为汉水堤防。②里社堤，当与里社穴相关，里社穴是江陵府漕河通往汉水的分流水口，故里社堤为汉水支堤。③虎渡堤是长江南岸的一道重要支堤，屏护虎渡河沿岸。④寸金堤为江陵护城堤防（详见下文）。三海八柜，即南宋守臣为抵御金军南下自江陵城西北至城东南蓄水而筑的大型军事水利工程。⑤由此，除了金堤情况不明，仅虎渡堤为长江支流堤防，其他堤防或为汉水堤防，或与江陵城防有关。至于金堤，该书与《舆地纪胜》一样仅转述《水经注》记载，不同的是，它将金堤与其他汉水堤防、护城堤列于"川江堤防"之列，把这些堤防视为护卫江陵的荆江—汉水堤防体系的组成部分。

清代地方志关于金堤的记载增加了不少细节。如顺治《江陵志余》"金堤"条在转述前引《水经注》文字后称："五代高氏亦尝修筑，厥后江势改徙，堤迁于外，而看花台一带数十百里犹存故迹，土人呼为'高王古堤'焉。"⑥修志者认为，金堤在五代高氏政权时得到培修，后受到

---

① 〔明〕徐学谟纂修：万历《湖广总志》卷三三《水利二》，《四库全书存目丛书·史部》第195册，齐鲁书社1996年版，第136页。

② 杨果：《宋代两湖平原地理研究》，第120页；并见鲁西奇、潘晟：《汉水中下游河道变迁与堤防》，武汉大学出版社2004年版，第185页。

③ 杨果：《宋代两湖平原地理研究》，第159页；并见鲁西奇、潘晟：《汉水中下游河道变迁与堤防》，第119页。

④ 杨果：《宋代两湖平原地理研究》，第158~159页。

⑤ 杨果：《宋代两湖平原地理研究》，第138~139页。

⑥ 顺治《江陵志余·志陵陆》，江苏古籍出版社2001年版，第402~403页。按：引文中"数十百里"当为"数十余里"之误。

河道摆动的影响，金堤迁移至高王古堤之外，这意味着至迟在清初，金堤已较高王古堤更靠近江边。高王古堤遗址所在之看花台即豫章台，清人言"楚故城址也"，在江陵城东南、沙市以北的豫章冈东南，与江边尚有一段距离。① 杨果老师指出，明清文献记载了荆南高氏政权大规模修筑江陵江堤，称为寸金堤；虽然目前尚无直接记载证明高氏修建过长江堤防，但高氏的确修筑过堤防，如《舆地纪胜》记载高季兴孙保融"自西山分江流，方五七里，筑堤而居，谓之北海"。②

乾隆时期的记载进一步发生变化。乾隆《荆州府志》卷一六"金堤"条云：

> 《水经注》："江陵城地东南倾，故缘以金堤，自灵溪始。按：灵溪在城西，见《山川》。桓温令陈遵造，遵善于防工，使人打鼓，远听之，知地势高下，依傍创筑，略无差失。"《宋史·张孝祥传》："孝祥知荆南，筑寸金堤，自是荆州无水患。"按：金堤即江北岸长堤。③

乾隆《荆州府志》既引《宋史·张孝祥传》，复将张孝祥修筑的寸金堤同列于"金堤"条下，或许撰者意识到二堤的差别，故以按语"江北岸长堤"来强调二堤的相似之处。

其后，《嘉庆重修一统志》将"金堤"指为江陵城东南二十里（古里）的黄潭堤（以下作"黄潭堤说"），并将东晋金堤、南朝梁江堤、荆南高王古堤并收其下。④ 按：黄潭堤，又作黄滩堤，筑于"沙水相荡，摧圮动辄数十丈"⑤的沙市河湾，直接迎流顶冲，自古以

---

① 顺治《江陵志余·志陵陆》，第 400、399 页。
② 相关讨论参见杨果：《宋代两湖平原地理研究》，第 102~105 页；并见鲁西奇、潘晟：《汉水中下游河道变迁与堤防》，第 194~198 页。
③ 乾隆《荆州府志》卷一六《江防》，乾隆二十二年刻本。按：乾隆《江陵县志》卷八《建置五》"金堤"条（乾隆五十九年刻本）所记略同。
④ 《嘉庆重修一统志》卷三四五《荆州府·堤堰》，中华书局 1986 年版，17444 页。
⑤ 〔元〕脱脱等：《宋史》卷九七《河渠志七》，中华书局 1985 年版，第 2417 页。

来为荆江北岸的险工段,南宋时监察御史都民望称之为"沿江北岸古堤"①,则该堤当筑于南宋以前。明清时期,黄潭堤多次决堤,沿江地区损失惨重。②

同治时期编撰的《荆州万城堤志》径以万城堤为"金堤"(以下作"万城堤说"):

> 旧《府志》:在城西六十里,界江陵、当阳间,堤因城址,险扼上流。谚云:"水来打破万城堤,荆州便是养鱼池。"
> 按,即陈遵金堤,以其地属万城,故名。乾隆戊申以后,形诸章奏,自是由堆金台至拖茅埠二百二十里,统谓之万城堤矣。③

万城堤,较早见于万历《湖广总志》:"郡西上六十里有万城堤,在当阳、江陵之界。"④乾隆戊申年(乾隆五十三年,1788)以前,清人将江陵城西六十里的万城堤称为"金堤",其后,万城堤则指堆金台至拖茅埠的二百二十里(古里)堤防,延续了"江北岸长堤"的说法。换言之,时人不仅确切指出"金堤"所在,而且空间上延展较大,内涵随之变化。为了支持"万城堤说",倪文蔚在同书"金堤"条下按云:"《水经注》灵溪,水无泉源,上承散水,合成大溪,南流注江云云,疑即马山迤西诸

---

① 《宋史》卷九七《河渠志七》"荆襄诸水"条称:"荆南江陵县东三十里,沿江北岸古堤一处,地名黄潭。建炎间,邑官开决,放入江水,设以为险阻以御盗。既而夏潦涨溢,荆南、复州千余里,皆被其害。"见〔元〕脱脱等:《宋史》卷九七《河渠志七》,第2416页。

② 杨果、陈曦:《经济开发与环境变迁研究——宋元明清时期的江汉平原》,武汉大学出版社2008年版,第57、72~75页。

③ 〔清〕倪文蔚:《荆州万城堤志》卷三《建置》,光绪二十一年刻本。按:程鹏举先生曾对"黄潭堤"与"万城堤"二说做出辨析,认为东晋金堤不当在万城或黄潭堤段,应始于今荆州城西约十里的秘师桥,由城西南向东延伸,经城南抵城东南,参见程鹏举:《古代荆江北岸堤防考辨》,《历史地理》第8辑,上海人民出版社1990年版,第70~76页。

④ 〔明〕徐学谟纂修:万历《湖广总志》卷三三《水利二》,第137页。

湖。今保障垸上有灵溪湖，讹为菱芰湖，又讹为菱角湖、宁国湖"①，将灵溪与城西诸湖混为一谈。

万城堤作为江陵城西、城北的一道重要屏障，不仅要防御汛期倒灌的江水，还要抵挡沮漳河来水，明人视其为"郡治之大要害"②。袁宏道曾经提到万城堤与江陵城的关系："万城之水，朝决朝注，高与堞齐，名虽曰城，其实堑也。"③此处若发生溃堤，将给江陵造成巨大冲击。如嘉靖十一年（1532），万城堤决堤，"城不浸者三版"④；顺治十年（1653），万城堤溃决，"水灌城足，西门倾塌"⑤；尤其是乾隆五十三年（1788），特大洪水冲开江陵西、北两门，全城巨浸⑥。因此，万城堤和黄潭堤同为明清时期上荆江的险工险段，它们对江陵城的重要保护作用与东晋金堤相似，恐怕这是清人把二堤视为金堤的一个原因。

针对清初以来的不同说法，光绪《续修江陵县志》欲综合各说："按，《荆州记》云：'灵溪在县西，大城西九里。'《通志》云：'金堤在东南二十里，即黄潭堤'，其说不一。今考二处，皆无灵溪之名。读《万城堤志》，云疑即马山迤西诸湖，今保障垸上有灵溪湖，理或然也。然前《志》云：'即江北岸长堤'，意金堤为长堤之总名耳，故系于此。"⑦该《志》虽主"万城堤说"，但仍有疑惑，只能以乾隆时"江北岸长堤"的说法来总括诸堤。

---

① 〔清〕倪文蔚：《荆州万城堤志》卷三《建置》。
② 〔明〕徐学谟纂修：万历《湖广总志》卷三三《水利二》，第137页。
③ 〔明〕袁宏道著，钱伯城笺校：《袁宏道集笺校》卷三八《荆州修复北城碑记》，上海古籍出版社2018年版，第1261页。
④ 〔明〕徐学谟纂修：万历《湖广总志》卷三三《水利二》，第137页。
⑤ 《水患纪略》，乾隆《江陵县志》卷八《建置·江防》。
⑥ 〔清〕倪文蔚：《荆州万城堤志》卷首《谕旨》"乾隆五十三年七月初四日奉上谕"条。
⑦ 光绪《续修江陵县志》卷八《建置五·堤防》，江苏古籍出版社2001年版，第576页。

二、《水经注》中的灵溪、龙陂与堤防

后人对于《水经注》卷三四涉及金堤的记载多有歧义，一个重要的原因，是在金堤的走向以及与金堤密切相关的灵溪、龙陂、诸段堤防的方位判断上存在差异。

（一）灵溪与龙陂

晋宋间人庾仲雍称灵溪在大城（即江陵城）西九里①，后人多引其说，但庾仲雍没有说明灵溪的流向。《水经注·江水篇》在经文"又南过江陵县南"下注曰：

> 县江有洲，号曰枚回洲，江水自此两分而为南、北江也……江水又东径燕尾洲北，合灵溪水，水无泉源，上承散水，合承大溪，南流注江……江水又东径江陵县城南……此洲始自枚回，下迄于此。长七十余里。洲上有奉城，故江津长所治，旧主度州郡贡于洛阳，因谓之奉城。亦曰江津戍也。戍南对马头岸。②

由此，在江陵城南的河道中，从枚回洲至燕尾洲，自西向东的沙洲长达70余里（古里）；燕尾洲上有江津戍，与马头岸相对，而马头岸在长江南岸，与沙市相对③，那么，燕尾洲约在沙市河段中，灵溪在江陵城东南沙市附近入江。④ 又据嘉靖《湖广图经志书》之《江陵县图》⑤、乾隆《江

---

① 顺治《江陵志余·志水泉》，第409页。
② 〔北魏〕郦道元注，〔清〕杨守敬、〔清〕熊会贞疏，段熙仲点校，陈桥驿复校：《水经注疏》卷三四《江水二》，第2860~2864页。
③ 〔宋〕司马光编著，〔元〕胡三省音注：《资治通鉴》卷二六六《后梁纪一》，开平二年四月癸卯，中华书局1956年版，第8694页。
④ 石泉先生在《楚郢都、秦汉至齐梁江陵城故址新探》中详细考证过江陵城外围的江津城、马头戍、燕尾洲等地点，见石泉：《古代荆楚地理新探》，第403~404页。
⑤ 嘉靖《湖广图经志书》卷六《荆州府·江陵县图》，《日本藏中国罕见地方志丛刊》本，书目文献出版社1991年版，第480页。

陵县志》之《江陵县捕厅图》和《江陵县阖邑全图》①、光绪《续修江陵县志》之《江陵县辅厢汛图》②等，结合明清志书"山川"部分的记载，可知江陵城西北、东北和北部分布着龙山、八岭山、纪山、马山、东山、西山、岳山等。可见，江陵城自西北到东北的"散水"颇多，灵溪便是这样一条始自城西北，虽"无泉源"，但"上承散水，合承大溪"，在沙市附近汇入荆江的河流。

关于灵溪的流向，《水经注·沔水篇》提供了线索：

> 江陵西北有纪南城……城西南有赤坂冈，冈下有渎水，东北流入城，名曰子胥渎，盖吴师入郢所开也，谓之西赤湖。又东北出城西〔东〕南，注于龙陂。陂，古天井水也，广圆二百余步，在灵溪东，江堤内……陂水又径郢城南，东北流谓之杨水。又东北，路白湖水注之。湖在大港北，港南曰中湖，南堤下曰昏官湖，三湖合为一水。东通荒谷，荒谷东岸有冶父城……春夏水盛，则南通大江，否则南迄江堤，北径方城西。方城即南蛮府也。又北与三湖会。故盛弘之曰，南蛮府东有三湖，源同一水，盖徙治西府也。宋元嘉中，通路白湖，下注杨水，以广运漕。杨水又东历天井北，井在方城北里余，广圆二里，其深不测。井有潜室，见辄兵。西岸有天井台，因基旧堤，临际水湄，游憩之佳处也。杨水又东北流，得东赤湖水口，湖周五十里，城下陂池，皆来会同……杨水又东入华容县，有灵溪水，西通赤湖水口，已下多湖……杨水又东北与柞溪水合，水出江陵县北，盖诸池散流，咸所会合，积以成川……柞溪又东注船官湖，湖水又东北入女观湖，湖水又东入于杨水。杨水又北径竟陵县西……③

---

① 乾隆《江陵县志》卷首《江陵县捕厅图》《江陵县阖邑全图》。
② 光绪《续修江陵县志》卷首《江陵县辅厢汛图》，第496页。
③〔北魏〕郦道元注，〔清〕杨守敬、〔清〕熊会贞疏，段熙仲点校，陈桥驿复校：《水经注疏》卷二八《沔水中》，第2404~2410页。按，引文重点号为笔者所加。

引文两处提及灵溪，其中一处在龙陂以西、纪南城以南，流经江陵城北；另一处在华容县，为"灵港"之误。① 引文记子胥渎"东北流入城……又东北出城西〔东〕南，注于龙陂"，但子胥渎自纪南城西南、东北向流入城，再东北向出城，其间流向未有变化，难以再从城西南流出，原文明显有误。子胥渎或者"东北出城，东南注于龙陂"，或者"东北出城东南，注于龙陂"，因此，龙陂当在纪南城以东，江陵城以北。② 一些相关记载可以佐证，如嘉靖《湖广图经志书》载：龙陂桥在县北十五里，原为木桥，因龙陂河"当众流冲，势甚汹涌"，遂改石桥。③ 顺治《江陵志余》"龙陂桥"条亦称：桥在"城北十五里，北上孔道也。桥当众水之冲，江陵八柜此其一"④。

上述可见，灵溪自江陵城西北向东南流，经江陵城西北、城北、城东、城东南，在江陵城以东二十里的沙市附近入江。⑤

（二）江堤、南堤与旧堤

上引《水经注·沔水篇》有四处提及堤防（见笔者所加重点号处）。首先是龙陂附近的"江堤"。灵溪自城西北向东南流汇入荆江，龙陂在江陵城北，故此"江堤"当在城西北、城北一带防御沮漳河及城西北众水包括龙陂水。

其次是昏官湖所临近之"南堤"。据引文，龙陂水过郢城南东北流，称为杨水，杨水又东北流经路白湖，路白湖、中湖和"南堤"下

---

① 华容县境之灵溪，在明本《水经注》中皆作"灵港"，清本《水经注》则为"灵溪"，石泉先生对此问题已有详考，参见前引《楚郢都、秦汉至齐梁江陵城故址新探》，石泉：《古代荆楚地理新探》，第419页。同时，清代本区多部方志亦将监利县境与古"灵溪"方位相当的一条河流称为"灵港"，参见顺治《江陵志余·志水泉》，第405页；康熙《荆州府志》卷四《山川》，江苏古籍出版社2001年版，第67页；同治《监利县志》卷一《方舆志·山川》，江苏古籍出版社2001年版，第49页。

② 乾隆《荆州府志》卷五《山川》称龙陂在纪南城西南，当误。

③ 嘉靖《湖广图经志书》卷六《荆州府·关梁》，第521页。

④ 顺治《江陵志余·志水泉》，第412页。

⑤ 参见陈曦：《宋代长江中游的环境与社会研究：以水利、民间信仰、族群为中心》"图1—1《东晋江陵'金堤'示意图》"，科学出版社2016年版，第26页。

的昏官湖合为一水，复东通荒谷水。又据《后汉书》引《荆州记》曰："县东三里余有三湖，湖东有水，名苌谷"①，则三湖在江陵城东、郢城南。

再次是第二处"江堤"。荒谷水平时南抵江堤，当春夏水盛时，荒谷水逾过"江堤"，南通大江，说明此"江堤"离江不远，在江陵城东南。由于昏官湖在江陵城东，湖东的荒谷水更偏向城南，该"江堤"在"南堤"以南或东南方向，即"南堤"在第二处"江堤"以北或西北方向。那么，"南堤"之"南"相对于何处而言？从《水经注·沔水篇》的记载来看，"南堤"位于郢城东南与大港之南，约在江陵城东南方向，堤名之"南"可能是相对于郢城、大港或江陵城而言。

引文提到的最后一处堤防为"旧堤"。杨水与三湖相会后东流经过天井，天井"广圆二里，其深不测"，天井西岸的天井台基于"旧堤"之上。天井，在江陵城东二十里②，此处的堤防当不是江堤。这种临近堤防、"其深不测"的天井在成因上与河堤决口湖类似，由堤防溃口冲刷而成，一般面积不大，湖水却很深。③虽为旧堤，但它反映出在《水经注》成书以前江陵城东北一带确实存在着比较严重的水患。

若将"南堤"与"旧堤"的方位联系起来考察，可以看到二堤在江陵城东或城东北，为了阻遏城东与城东北的来水而建，并非长江堤防。

南北朝时期，为防御江陵城北来水而建的堤防还见于《周书》《北史》《资治通鉴》等典籍。

据《资治通鉴》卷一七〇，陈将章昭达"决龙川宁朔堤，引水灌江陵"；胡三省注云："《水经注》：纪南城西南有赤坂冈，冈下有渍水，东北流入城，又东北出城西〔东〕南，注于龙陂。陂在灵溪东江堤内，水

---

① 〔南朝宋〕范晔撰，〔唐〕李贤等注：《后汉书》志二二《郡国志》，中华书局1965年版，第3480页。又，"苌谷"为"荒谷"之误，后人多有校正。

② 〔宋〕乐史撰，王文楚等点校：《太平寰宇记》卷一四六《山南东道五·荆州》，第2835页。

③ 湖北省水利志编纂委员会编：《湖北水利志》，中国水利水电出版社2000年版，第135页。

至渊深，有龙见于其中，故曰龙陂。'宁朔'，《周书·陆腾传》作'宁邦'。"① 据此，龙川即龙陂②，则龙川宁朔堤在城北。决宁朔堤灌江陵城，足见龙陂一带水量充沛，前引嘉靖《湖广图经志书》"龙陂桥"条亦称龙陂河一带水势汹涌，此处筑堤实属必要。

《周书·陆腾传》称：天和四年（569），"陈人又决龙川宁邦堤，引水灌江陵城。腾亲率将士战于西堤，破之……"③ 同书卷四四《李迁哲传》亦云："陈人又因水泛长，坏龙川宁朔堤，引水灌城。……迁哲乃先塞北堤以止水……陆腾复破之于西堤，陈人乃遁。"④《北史·陆俟传》所记略同。⑤ 上述记载可见，江陵城北的北堤与宁朔堤对城防起到双重保护作用，足见来水威胁颇大；《陆腾传》还提到西堤，它们和《水经注·沔水篇》提到的两处江堤和南堤当为同一堤防的不同堤段，缘城西北至城东南防护江陵城。⑥ 而且，该护城堤不仅为防御城西北至城东南一带的来水而筑，还是江陵抵挡北来之敌的重要防线，城东北天井"有潜室，见辄兵"的传说也说明这里经历过战事。

（三）东晋金堤是荆江堤防吗？

后人以东晋金堤为荆江堤防的开端，主要基于前引《水经注》之《沔水篇》与《江水篇》、庾仲雍"大城西九里有灵溪水"以及盛弘之《荆州记》"缘城堤边悉植细柳"⑦ 等记载。但东晋金堤仅在《水经注·江水篇》出现过一次，且方位、走向均不明确，《水经注·沔水篇》虽两

---

① 〔宋〕司马光编著，〔元〕胡三省音注：《资治通鉴》卷一七〇《陈纪四》，太建二年七月癸酉，第5289页。
② 乾隆《荆州府志》卷五《山川》"龙陂"条亦将"龙陂"称作"龙川"。
③ 〔唐〕令狐德棻等：《周书》卷二八《陆腾传》，中华书局1971年版，第473页。
④ 〔唐〕令狐德棻等：《周书》卷四四《李迁哲传》，第792页。
⑤ 〔唐〕李延寿：《北史》卷二八《陆俟传》，中华书局1974年版，第1014页。
⑥ 严耕望先生引《周书·李迁哲传》云："是城西城北皆有堤"，认为"南朝末年江陵史料所见，城四周皆有堤"，但严先生未提及东晋金堤是否为江堤，参见严耕望：《唐代交通图考》，上海古籍出版社2007年版，第1066页。
⑦ 〔宋〕李昉等：《太平御览》卷九五七《木部六·杨柳下》，中华书局1960年版，第4282页。

次提到"江堤",却没有明确指出金堤为江堤;而且,灵溪自江陵城西北沿东南流,于江陵东南约二十里处入江,综合《水经注·沔水篇》四处堤防的方位、龙陂和燕尾洲等重要地点的信息,可知缘江陵城的金堤始于城西北的灵溪附近,与灵溪的流向接近,沿城北至东南延伸,这是一条以防御城西北至城东南水患为主的护城堤,兼有军事功用,而非以防荆江侵害为目的的堤防。①

那么,作为护城堤,金堤为何有两段沿江陵城北至城东南方向的堤防在《水经注·沔水篇》中被称为"江堤"?一个重要的原因,即石泉先生所指出的:古文献中的"江"不是长江的专称,如汉水及荆楚地区,汉水、今蛮河(古沮水)、古沅水等河流在古文献中均被称为"江"。② 具体来看,或许还有以下几方面的原因。

首先,与沮漳河可称作"江"有关。《舆地纪胜·江陵府》记载:"周显德二年,高保融自西山分江流,方五七里,筑堤而居,谓之北海。"③ 按:西山在江陵城西,"沮漳之水由此而入"④,高氏于西山所分"江流"即沮漳河水。北海可上溯至三国陆抗所筑大堰,它是南宋三海八柜的前身,《舆地纪胜》云:

---

① 程鹏举先生在《古代荆江北岸堤防考辨》中引用了《晋书·殷仲堪传》"蜀水大出,漂浮江陵数千家"及"堤防不严"的记载证此"不严"之堤即金堤,且为江堤,参见《历史地理》第8辑,第70~76页。按,程鹏举先生亦言,金堤修筑距此次大水仅四十余年时间,若此堤为金堤,似不必隐而不书;从"堤防不严"导致洪水漫灌、"漂浮"江陵城的情形来看,也有可能是江水漫过了护城堤,因此,恐难以凭该条记载得出不严之堤防为金堤的结论。

② 参见石泉:《古文献中的"江"不是长江的专称》《楚郢都、秦汉至齐梁江陵城故址新探》,《古代荆楚地理新探》,第51~64、382页。

③ 〔宋〕王象之:《舆地纪胜》卷六四《荆湖北路·江陵府》,第2203页。按:陆抗筑堰一事见于〔晋〕陈寿撰,〔南朝宋〕裴松之注《三国志》卷五八《吴书·陆抗传》(中华书局1982年版,第1356页):"初,江陵平衍,道路通利,抗敕江陵督张咸作大堰遏水,渐渍平中,以绝寇叛。"陆抗修筑的大堰规模不详,"但筑堰遏水后竟使晋将羊祜欲藉水行船,可见其规模较大",参见鲁西奇、潘晟:《汉水中下游河道变迁与堤防》,第120页。

④ 顺治《江陵志余·志陵陆》,第398页。

> 江陵以水为险，陆抗之筑大堰，高氏之名北海是也。《通略》：建隆二年，先是荆南高保（勉）〔勖〕退其弟节院，使保寅归贡。上因保寅归，谕旨令决去城北所潴水，使道路无阻……绍兴，逆亮渝盟有渐，李师道柜上、下海，以为遏敌之计。开禧元年，兵端既开，刘帅甲又再筑上、中、下三海。吴帅猎继之，引沮漳及诸湖之水注三海，绵亘数百余里，弥漫相连。又为八柜。丁卯春，敌犯荆门，距江陵才百余里而去，亦知有三海之险，不可侵轶也。①

引文可见，北海在城北，三海范围达数百余里，其水来自沮漳河和诸湖。虽然未言诸湖之名，但从《水经注》的记载可知，从江陵城西至城北、城东北均有湖泊。南宋能够建成三海八柜这样一个巨型军事水利工程，足以证明江陵城西至城东北面临着非常严峻的水患威胁。

淳祐五年（1245），来到江陵的孟珙颇感慨三海工程已荒废，《宋史》记录了孟珙修复三海一事，其中引沮漳水的细节值得注意：

> 珙至江陵，登城叹曰："江陵所恃三海，不知沮洳有变为桑田者，敌一鸣鞭，即至城外。盖自城以东，古岭先锋直至三汊，无所限隔。"乃修复内隘十有一，别作十隘于外，有距城数十里者。沮、漳之水，旧自城西入江，因障而东之，俾绕城北入于汉，而三海遂通为一。随其高下，为匮蓄泄，三百里间，渺然巨浸。②

孟珙将沮漳河水引至城北，再汇入汉水，流向与《水经注·沔水篇》中的杨水相近。三海在选址、水源利用方面继承了古人的传统，包括春秋晚期吴师入郢开凿的子胥渎③，实为地势、水文条件使然。

其次，金堤需防范汛期沮漳河的涨水和荆江的倒灌顶托。位于江陵城

---

① 〔宋〕王象之：《舆地纪胜》卷六四《荆湖北路·江陵府》，第 2201~2202 页。杨果老师详细考订过"三海八柜"，参见杨果：《宋代两湖平原地理研究》，第 138~139 页。
② 〔元〕脱脱等：《宋史》卷四一二《孟珙传》，第 12379 页。
③ 鲁西奇、潘晟：《汉水中下游河道变迁与堤防》，第 104~108、118~122 页。

西的沮漳水为半山地河流，上游属鄂西山地，中下游为山地向江汉平原过渡的低山丘陵地带，二水于当阳境内汇流，称为沮漳河；由于沮、漳河流域地形为西北高、东南低，有利于偏东和偏南气流的侵入和抬升，汛期多暴雨。① 历史上沮漳河的入江口数次迁移。汉代及以前，漳水于江陵入杨水，东注江陵东北的沔水；汉末至六朝，漳水已不入杨水，而是与沮水合流后于枝江入江。② 宋代，漳水于枝江入沮水后入江。③ 大约在明代，沮漳河下游分两支分别于枝江、江陵入江，万历二十五年（1597）后两支入江的情形复改为"径从江陵入江"④。汛期盛涨的沮漳河水，加上倒灌顶托的荆江，对江陵城西与城北地区的威胁颇大，这在宋代资料中有所反映，如《舆地纪胜·江陵府》云："楚望在寸金堤首，祀江、汉、沮、漳之地，帅张栻建。"⑤ 祠祀沮、漳河神，反映出宋人对沮漳水患的敬畏。

明清志书多次记录了洪水冲决或漫过江陵城西堤防，直抵城北，并不断强调城西一带堤防的重要性。⑥ 如嘉靖十一年（1532）的大水冲决万城堤后，"水绕城西，决沙市之上堤而南"⑦；乾隆五十三年（1788）的特大洪灾中，"迤西之堤先行溃决，是以水势由西南绕至西北，遂至冲开北门入城"⑧；道光二十八年（1848），大水从万城堤以北的阴湘城堤漫入，经"杨溴桥、梅槐桥、秘师桥直达城河，绕西北门至沙桥门，

---

① 湖北省水利志编纂委员会编：《湖北水利志》，第 115~116 页。
② 鲁西奇、潘晟：《汉水中下游河道变迁与堤防》，第 104 页。
③ 〔宋〕王象之：《舆地纪胜》卷六四《荆湖北路·江陵府》，第 2206 页。
④ 据乾隆《荆州府志》卷五《山川》"沮水"条按云："沮水入江处，今谓之两河口，即沮口也。沮水旧分二支，一支自江陵入江，一支自枝江入江。枝江之流，明万历二十五年因沮水泛溢，甃挡塞之，沮水遂径从江陵入江。"
⑤ 〔宋〕王象之：《舆地纪胜》卷六四《荆湖北路·江陵府》，第 2201 页。
⑥ 杨果、陈曦：《经济开发与环境变迁研究——宋元明清时期的江汉平原》，第 60~70 页。
⑦ 〔明〕徐学谟纂修：万历《湖广总志》卷三三《水利二》，第 138 页。
⑧ 〔清〕倪文蔚：《荆州万城堤志》卷首《谕旨》"五十三年七月十八日奉上谕"条。

汇入长湖"①。上述几次大水均从城西冲向城北（即使先流向城西南），复至城东南的沙市入江或经长湖入汉水，这基本符合陈遵探测到的"江陵城地东南倾"之地势，东晋金堤的走向也与此相符。

沮漳河与长江水相互顶托的影响反映在堤防的长期建设中。明清以来"荆州万城堤"的起点从江陵城以西六十里的万城堤，不断上移至堆金台；新中国成立后，荆江大堤的起点再度上移至枣林岗，其防护范围明显大于明清时期。这段从万城堤以上至枣林岗保护着江陵城西与城北的堤防，虽然仅与沮漳河对峙而不直接与荆江相邻，但仍是荆江大堤的重要组成部分，亦称为"江堤"。从这一发展轨迹中，我们可以看到金堤"万城堤说"的由来。

结合今荆州区（即古江陵城所在地）以西、以北、以东的水资源与水文站网分布情况可见，这些地区修建了多项"以防洪排涝为重点"的水库与干渠等水利工程，如荆州区以西、以北地区的太湖港、八岭、新湾、张家垱、独松树、龙山、铁子岗、沙港等多个蓄水一亿立方米以上的大型水库以及二干渠、纪北渠、纪南渠、港北渠、港中渠、港南渠等排水工程，以东地区的太泊湖、长湖等大型湖泊；更直观的是，在今万城堤段修建的万城闸，成为沮漳水进入引水干渠的入口；与引水干渠相连的，是万城闸东侧的港北渠、港中渠、港南渠，三渠均自西向东流向古江陵城所在地，其中，港北渠、港中渠分别流经秘师桥、梅槐桥，在江陵城西汇合后，经由城北注入城东的太泊湖，并与长湖相通。今荆州地区水资源与水文站网的分布，既说明城西至城东的来水十分丰沛，也证实了古人在城北修筑护城堤的必要性。而港北渠与港中渠的走向，又与五代、南宋时分"江流"注北海、三海八柜的情形相似。②

再次，或与汉水也称为"江"有关。从《水经注·沔水篇》中可知

---

① 光绪《续修江陵县志》卷八《建置五·堤防》，第576页；并见陈曦：《宋代长江中游的环境与社会研究：以水利、民间信仰、族群为中心》"图1—1《东晋江陵'金堤'示意图》"，第26页。

② 本段内容俱见湖北省水利厅编制：《湖北省分县水利图册·荆州地区·江陵县》，中国地图出版社1993年版，第111~112页。

江陵城西北至城东一带湖泊、河流汇聚，这些河湖相通，东北向注入汉水，而金堤在这一带承受的洪水压力很大。

此外，以金堤的东南段为"江堤"，或与河道摆动有关。《水经注》记载的这段江堤在江陵城南至东南方向，沙市附近。由于受到由西北向东南的掀斜运动和地球自转的科氏力等影响，水流向南汇聚，沙市河段在历史时期经历了由东北向西南的迁移过程。① 因此，此"江堤"原本更靠近江边，直接抵御江水，这或许成为金堤之"黄潭堤说"的源头。

三、"东晋金堤"之演变：从护城堤到"江北岸长堤"

史籍中极少有关于宋代以前江陵护城堤城西南至城南段的记载。南宋乾道五年（1169）江陵知府张孝祥所作《金堤记》反映了江陵护城堤在城西南至城南一带的扩展：

> 蜀之水既出峡，奔放横溃，荆州为城，当水之冲。有堤起于万寿山之麓，环城西南，谓之金堤。岁调夫增筑，夏潦方淫，府选才吏，分护堤上。
>
> 乾道四年，自二月雨，至于五月，水溢数丈，既坏吾堤，又啮吾城，昼夜顽洞，如叠万鼓。前尹尚书方公，极救灾之道，决下流以导水势，亲督吏士别筑堤，城中民安不摇，越两月而后水平。秋八月，某自长沙来，以冬十月鸠材庀工作新堤，凡役五千人，四十日而毕。已决之堤，汇为深渊，不可复筑。别起七泽门之址，度两阿之间，转而西之，接于旧堤，穹崇坚好，悉倍于旧。②

---

① 周凤琴：《荆江历史变迁的阶段性特征》，《历史地理》第10辑，上海人民出版社1992年版；《湖北沙市地区河道变迁与人类活动中心的转移》，《历史地理》第13辑，上海人民出版社1996年版。中国科学院地理研究所也认为是科氏力导致了长江中下游河道长期摆向右岸，参见中国科学院地理研究所等：《长江中下游河道特性及其演变》，科学出版社1985年版，第69页。

② 〔宋〕张孝祥著，徐鹏校点：《于湖居士文集》卷一四《金堤记》，上海古籍出版社1980年版，第141页。

引文中，万寿山无考，但或与万寿寺（院）相近。万寿院"在龙山门外。清泰中，高氏以弥勒瑞像显应，遂起建万寿寺"①。龙山门，或因龙山得名，明初为江陵西城门。②龙山，《舆地纪胜》仅记在江陵县西③，嘉靖《湖广图经志书》明确为城西北十五里④，结合引文的两句"有堤起于万寿山之麓，环城西南，谓之金堤"和"别起七泽门之址，度两阿之间，转而西之，接于旧堤"，可知宋人称"金堤"为旧堤，张孝祥别址另筑的新堤是为了弥补"已决之堤"留下的缺口，它在折而向西之后与旧堤即金堤相接，沿城西至城南分布。

《金堤记》提到的"金堤"，应包括旧堤和张孝祥新筑堤段两部分，但后人常常把新筑堤段称为"寸金堤"。如《舆地纪胜》《方舆胜览》等书均作"寸金堤"。⑤杨果老师对于寸金堤与东晋金堤是否为同一堤防做过考证，认为《舆地纪胜》《方舆胜览》等书将张孝祥修筑的堤防称为"寸金堤"，是为了使之与东晋金堤相区别；除了寸金堤，江陵还有"沿江官堤"。⑥然而，张孝祥乾道四年（1168）八月来到江陵，十月开始主持修建新堤，乾道五年（1169）三月写下《金堤记》，他似乎没有理由不知道自己所修的堤名为何。造成张孝祥《金堤记》与其他宋代文献记载不同的原因或有以下两方面，一是《舆地纪胜》《方舆胜览》等书所用的张孝祥文集版本与今人所见不同；二是这段堤防"穹崇坚好，悉倍于旧"，堤身坚固，可称得上寸寸如金，故名。如果张孝祥所记无误，这段始于城西门、"环城西南"的金堤（以下称为"宋代金堤"）当是保护江

---

① 〔宋〕王象之：《舆地纪胜》卷六四《荆湖北路·江陵府》，第2210页。
② 杨果：《宋代两湖平原地理研究》，第137页。
③ 〔宋〕王象之：《舆地纪胜》卷六四《荆湖北路·江陵府》，第2204页。
④ 嘉靖《湖广图经志书》卷六《荆州府·山川》，第493页。
⑤ 〔宋〕王象之：《舆地纪胜》卷六四《荆湖北路·江陵府》"寸金堤"条称："在府城外万寿寺之西。张孝祥有《寸金堤记》。"〔宋〕祝穆撰，〔宋〕祝洙增订，施和金点校：《方舆胜览》卷二七《江陵府·山川》（中华书局2003年版，第482页）亦有"寸金堤"条："在府城外万寿寺西。张孝祥记。"
⑥ 杨果：《宋代两湖平原地理研究》，第133~135页。按，"沿江官堤"出自楼钥为曾任江陵县令的曹盅撰写的墓志铭《朝请大夫曹君墓志铭》，见〔宋〕楼钥撰，顾大朋点校：《楼钥集》卷一一三，浙江古籍出版社2010年版，第1953页。

陵城西至城南方向的护城堤。楼钥曾提到寸金堤的护城作用："寸金堤去城二里，实捍大江冲突之患。"①

虽然唐宋时期的文献对东晋金堤多语焉不详，难以确指，但张孝祥提到的金堤又恐非东晋金堤。② 南宋人仍以金堤来称呼护城堤，或可将宋代金堤看作东晋金堤的延伸，反映了这一时期人地关系的发展进入新阶段以及时局之演变。一方面，由于宋代荆江北岸堤防较前代有了明显扩展③，《水经注》时代的所谓"九穴十三口"逐渐湮塞或被堵塞④，江陵城面临前朝未经历过的洪水压力，在江堤之外还需护城堤来增加防护。另一方面，南渡以后，宋金对峙，江陵的战略地位凸显，城防工事愈发重要。南宋后期，为抵御金、蒙古军队进攻，吴猎、刘甲、赵方、孟珙等人先后在江陵城修筑三海八柜，形成了环城的水御防线以拱卫江陵。⑤《宋史·吴猎传》详细描述了这一工程：

> 猎计金攻襄阳，则荆为重镇，乃修成"高氏三海"，筑金銮、内湖、通济、保安四匮，达于上海而注之中海；拱辰、长林、药山、枣林四匮，达于下海；分高沙、东奖之流，由寸金堤外历南纪、楚望诸门，东汇沙市为南海。又于赤湖城西南遏走马湖、熨斗陂之水，西北置李公匮，水势四合，可限戎马。⑥

吴猎不仅恢复了荆南高氏政权时期的城北三海，还增筑八柜、李公柜，并

---

① 〔宋〕楼钥撰，顾大朋点校：《楼钥集》卷一一三《朝请大夫曹君墓志铭》，第1953页。
② 杨果：《宋代两湖平原地理研究》，第133~136页。
③ 杨果：《宋代两湖平原地理研究》，第93~172页。
④ 杨果、陈曦：《经济开发与环境变迁研究——宋元明清时期的江汉平原》，第133~143页。
⑤ 〔元〕脱脱等：《宋史》卷三九七《吴猎传》《刘甲传》、卷四〇三《赵方传》、卷四一二《孟珙传》，第12087、12093、12204、12379页。关于南宋的"三海八柜"研究，参见杨果：《宋代两湖平原地理研究》，第138~139页；鲁西奇、潘晟：《汉水中下游河道变迁与堤防》，第120~122页。
⑥ 〔元〕脱脱等：《宋史》卷三九七《吴猎传》，第12087页。

在寸金堤外增开一条河道，引高沙、东奖二湖之水至沙市形成南海，寸金堤的护城堤作用得以体现。后世称该堤为"郡城屏障"，强调它与江堤一起起到双重保护作用："江堤即有疏虞，恃此以为捍蔽，城郭、仓库可保无患，关系最为紧要。"① 不过，这些巨型水利工程使得江陵城北与城东的河湖水系几番变迁，这或许也是城北护城堤极少被提及的原因。

宋元之际，元军攻下江陵，原有的城防体系随即废除。元至元十二年（1275年，即南宋德祐元年），廉希宪决去原三海之地，得良田数万亩。② 此后，随着统一大业的完成，元明清时江陵城北再没有修筑此类军事工程，寸金堤也渐失其用。嘉靖三十九年（1560），大水决堤，寸金堤"日渐颓圮"；乾隆五十三年（1788），洪水冲溃江堤与江陵城，寸金堤遭废弃，至光绪时仅略存遗址。③

与宋代以降江陵城防体系兴衰相伴随的，是荆江、汉水堤防体系的逐渐形成，它们提升了江陵防范洪水的能力。自北宋开始，江汉平原开启了大规模修筑堤防的进程，南宋时，自江陵至汉阳，"江南、江北两岸合修之堤何啻千里？"④ 明清时期，荆江两岸堤防的扩展更为显著，至万历年间（1573—1620），荆江北岸的江陵、监利二县已沿岸筑堤四万九千余丈，南岸的枝江、松滋、公安、石首四县共筑江堤五万四千余丈⑤，并建立了多项修防制度⑥。乾隆年间（1736—1795），地方志详细记录了荆江沿岸各段堤防，月堤与护岸工程明显多于明代⑦，也正是在这一阶段，出现了以"江北岸长堤"代指整个荆江北岸堤防的情况，而千年以来的东晋金

---

① 乾隆《江陵县志》卷八《建置五·江防》。
② 〔明〕宋濂等：《元史》卷一二六《廉希宪传》，中华书局1976年版，第3094页。
③ 光绪《续修江陵县志》卷八《建置五·堤防》，第577页。
④ 〔宋〕李曾伯：《可斋杂稿》卷二〇《回奏置游击军创方田指挥》，《宋集珍本丛刊》第84册，线装书局2004年版，第374页。关于宋代江汉平原的堤防建设，参见杨果：《宋代两湖平原地理研究》，第93~172页。
⑤ 〔明〕徐学谟纂修：万历《湖广总志》卷三三《水利二》，第137~139页。
⑥ 〔明〕徐学谟纂修：万历《湖广总志》卷三三《水利二》，第148~149页。
⑦ 参见乾隆《荆州府志》卷一六《江防·江陵县》、乾隆《江陵县志》卷八《建置五·江防》。另据光绪《续修江陵县志》卷八《建置五·堤防》，月堤即"原就溃处退挽，形如半月，故名"，第579页。

堤记忆早已"嵌入"万城堤、黄潭堤这样一些容易发生崩岸、决口和溃堤的险工险段之中。

四、结语

东晋南朝时期，承担江陵城西北至城东南护城任务的金堤在唐宋文献中已无明确记载，倘若张孝祥知江陵府时仍然存在金堤，此时的护城堤已发展到城西南至城东南一线。虽然城北护城堤失载，但宋金战争中三海八柜和南海、李公柜形成的"水势四合"之势又使得环江陵城的护城堤有必要修筑。东晋至南宋间江陵护城堤的修筑，一方面与时局演变以及江陵的重要战略地位有关，另一方面也体现出在荆江、汉水堤防体系形成之前，护城堤对江陵的重要保护作用。这与汉水中下游堤防的初期发展有相似之处。① 然而时移事迁，东晋金堤历经数百年，至南宋时江陵城西虽有"金堤"、清初试以"高王古堤"为"金堤"，皆为世人将"金堤"作为江陵护城堤之代称。在荆江堤防快速发展的明清时期，"金堤"逐渐发生空间与功用上的转移，乾隆时成为荆江北岸堤防的代称。

宋代以前，有关江陵城荆江堤防的记载很少，前引《梁书·始兴忠武王憺传》明确记载荆州有江堤。不过，唐代史料中却没有发现江陵江堤的直接记载，或有两种可能：一种可能是"有关唐代江堤修筑的资料均已散失，另一种可能则与当时荆江洪水较少有关"②。这一史料上的矛盾不禁使人想到石泉先生关于秦汉至齐梁江陵城故址的新解。

宋代是本区堤防发展的重要时期。该时期人口的增多、农田的垦辟、城镇的成长等，都促使了堤防的明显增长，堤防的修筑和治水能力的提高又推动了当地社会经济的开发，并逐渐向湖区低地扩展。③ 荆江河道素以摆动大、险段多、防御难著称，历史上因溃堤导致的重大灾害不胜枚举，

---

① 汉水中下游堤防在汉唐间兴起时，以护城堤为主，宋代未有大变；南宋时，襄阳由于地处宋金战争的前线，战略地位特别重要，襄阳护城堤多次得到修固，参见鲁西奇、潘晟：《汉水中下游河道变迁与堤防》，第410~412页。

② 杨果：《宋代两湖平原地理研究》，第98~99页。

③ 杨果：《宋代两湖平原地理研究》，第95~172页。

因此，在各类河湖、城池堤防中，荆江堤防修筑的难度最大，而宋代恰在这方面取得了很大进展，加快了江汉平原的开发步伐。明清时期，荆江堤防体系逐渐形成，这不仅奠定了今天北岸荆江大堤与南岸长江干堤的格局，还极大促进了垸田的开发，以垸田为代表的水利田大量出现，过去的沮洳之地变成了鱼米之乡，江汉平原的地理面貌发生前所未有的变化。可以说，以堤防修建为核心的人类活动深刻影响了宋代以降江汉平原的历史演进。

（作者系武汉大学历史学院教授）

走出与回归：宋代随州大洪山的佛教变迁*

陈　曦

一、引言

进入宋代，随州大洪山在佛教史上的重要地位逐渐显现，尤其是作为南宋曹洞宗的中兴之地，其影响直至今天，宗教学领域的研究成果已经证明此点。① 大洪山佛教在两宋的兴起，与唐宋间禅宗五家的变化有关，如

---

* 本文为 2019 年 3 月美国亚利桑那州立大学（Arizona State University）学术会议 "Culture and Power in China's History" 的参会论文，得到教育部人文社会科学研究规划基金项目 "南宋长江中下游地区的信仰与地方治理研究"（17YJA770002）的资助，修改后以《宋代随州大洪山的佛教变迁：以碑刻为中心的考察》为题发表于《湖南大学学报》（社会科学版）2020 年第 2 期，今复修为此文。

① 成果如［日］石井修道：《宋代禪宗史の研究：中國曹洞宗と道元禪》，大东出版社 1987 年版；顾吉辰：《宋代佛教史稿》，中州古籍出版社 1993 年版；杨曾文：《宋元禅宗史》，中国社会科学出版社 2006 年版；毛忠贤：《中国曹洞宗通史》，江西人民出版社 2006 年版；闫孟祥：《宋代佛教史》，人民出版社 2013 年版；吴仕钊主编：《慈悲大洪山》，中国文史出版社 2016 年版；齐子通：《湖北佛教史》，宗教文化出版社 2018 年版；等等。

汤用彤先生所指出："至唐末他宗衰歇，而禅风益竞矣。"① 五代至北宋，禅宗五家发展不一，曹洞宗大体自北宋中期开始逐渐走向繁荣②，为大洪山佛教的发展奠定了基础。

随州，位于今湖北省北部，地处长江流域与淮河流域的交汇地带，北通南阳盆地，南连江汉平原，西邻荆襄道，地当要冲，而且境内多山，大洪山和桐柏山呈西北—东南向分布，故"随地有括囊之势"③。其地晋属义阳郡，后分置随郡，其后屡有废置；唐武德三年（620）置随州，领随县、光化、安贵、平林、顺义五县，贞观十年（636）割唐州枣阳来属；宋初为防御州，属山南东道，乾德四年（966）升为崇义军节度，复改崇信军，领随县、枣阳、唐城、光化四县，后属京西南路，元丰（1078—1085）时领随县、唐城、枣阳三县；南宋初陷于伪齐，岳飞收复后复置随州，辖县数变，嘉定十二年（1219）升枣阳为军，割德安府应山县来属，领随县与应山二县，治随县。④ 从随州的沿革来看，唐代以来属县渐少，两宋仅为上州，欧阳修称："今虽名藩镇，而实下州，山泽之产无美材，土地之贡无上物。朝廷达官大人自闽峤岭徼出而显者，往往皆是，而随近在天子千里内，几一百年间未出一士，岂其庳贫薄陋自古然也？"⑤ 两宋之际，随州与襄阳府所属的京西南路地处宋金对峙的前线，南宗禅之一的曹洞宗却在此地扎根并壮大，位于州西南隅的大洪山亦成为南宋曹洞宗中兴之地。虽然前引已有研究揭示了这与唐五代以来佛教尤其是禅宗的演变

---

① 汤用彤：《隋唐佛教史稿》，中华书局1982年版，第189页。
② 相关成果如顾吉辰：《宋代佛教史稿》，第182页；毛忠贤：《中国曹洞宗通史》，第322~336页。
③ 〔宋〕王象之：《舆地纪胜》卷八三《京西南路·随州》，中华书局1992年版，第2700页。
④ 〔宋〕乐史撰，王文楚等点校：《太平寰宇记》卷一四四《山南东道三·随州》，中华书局2007年版，第2795~2796页；〔宋〕王存撰，王文楚、魏嵩山点校：《元丰九域志》卷一《京西路·南路》，中华书局1984年版，第25~26页；〔宋〕王象之：《舆地纪胜》卷八三《京西南路·随州》，第2695~2698页。
⑤ 〔宋〕欧阳修著，李逸安点校：《欧阳修全集·居士外集》卷一四《李秀才东园亭记》，中华书局2001年版，第932~933页。

有关，但是，佛教何以进入随州这个至宋代仍为"厍贫薄陋"之地？尤其在两宋之际战火纷飞之时依然坚守大洪山？是因为大洪山山势"斗绝"，避寇之人可"立寨栅自保"①？曹洞宗如何借助大洪山摆脱困境、走向复兴并影响两宋佛教的发展？佛教在传播过程中，又如何与当地信仰交汇、如何与地方社会和国家政权互动？

关于宋代以前随州大洪山宗教方面的信息，传世文献留下的记载很少。《宋高僧传》《景德传灯录》《五灯会元》《佛祖统纪》等宋代佛教文献保存了唐宋时期随州及大洪山佛教的相关信息，若要进一步探讨其具体情况，《湖北金石录》收录的七方宋代大洪山保寿禅院碑石无疑是一组宝贵资料，即《大宋随州大洪山灵峰禅寺记》（以下简称《灵峰禅寺记》）、《宋故随州大洪山十方崇宁保寿禅院第一代住持恩禅师塔铭》（以下简称《恩禅师塔铭》）、《随州大洪山崇宁保寿禅院十方第二代楷禅师塔铭》（以下简称《楷禅师塔铭》）、《随州大洪山十方崇宁保寿禅院第四代住持淳禅师塔铭》（以下简称《淳禅师塔铭》）、《随州大洪山第六代住持慧照禅师塔铭》（以下简称《慧照禅师塔铭》）、《净严大师塔铭》和《大洪山崇宁保寿禅院第十一代住持传法觉照惠空佛智明悟大师塔铭》（以下简称《明悟大师塔铭》）。②本文拟围绕这七方碑刻回答上述问题，进一步探讨唐宋时期大洪山佛教与时局演变、政治权力、地方社会之间的复杂关系，为考察宋代长江中游的信仰与社会变迁提供一个案例。

二、从襄阳到随州

东晋时，荆襄道对于连接襄阳（治今湖北襄阳）与荆州两地的宗教交流与传播起着重要作用。③晋哀帝兴宁三年（365），释道安（314—

---

① 〔宋〕王象之：《舆地纪胜》卷八三《京西南路·随州》，第2705页。
② 〔清〕张仲炘：《湖北金石志》，国家图书馆善本金石组编：《宋代石刻文献全编》第4册，北京图书馆出版社2003年版，第322~356页。
③ 孙齐：《六朝荆襄道上的道教》，中国社会科学院历史所魏晋南北朝隋唐史研究室、宋辽金元史研究室编：《隋唐辽宋金元史论丛》第8辑，上海古籍出版社2018年版，第117~141页。

385）率众南奔，两度分张徒众，抵达襄阳后，道安先居白马寺，后立檀溪寺，传法十五年，其弟子竺僧辅、昙翼、法遇、昙徽、慧远、慧持等在荆州长沙寺和上明寺弘法，荆襄地区的佛教快速发展。① 此后，道安离开襄阳，慧远东居庐山，昙翼、法遇、昙徽等人栖止江陵（治今湖北荆州）讲经著书。② 道安"分张徒众之流泽广且久也"③，如唐释道宣（596—667）所言，东晋南朝荆州僧徒常有数百人，陈末隋初时达到"有名者三千五百人，净人数千"，殿宇数量多、规模大，且"至今三百年余，无有损败"。④

南朝至隋期间，襄阳与荆州之间的佛教"沟通"，仍以道安为主线。《续高僧传·释罗云传》记载："昔释道安于上明东寺造堂七间，昙翼后造五间，连甍接栋，横列十二。云此堂中讲四经、三论各数十遍，不于文外别有撰述，皆心思口演，冰释理顺，故得空有两忘，教义双举"；该传复称，罗云兄道顗"于上明东寺起重阁，在安公驴庙北。传云安公乘赤驴从上明往襄州檀溪，一夕返覆，检校两寺，并四层三所，人今重之，名为驴庙"。⑤ 关于驴庙的传说，《道宣律师感应记》中却有如下对答：

> 又问：弥天释氏，宇内式瞻，云乘赤驴，荆襄朝夕而见，未审如

---

① 汤用彤：《汉魏两晋南北朝佛教史》，中华书局1983年版，第143~148页；〔梁〕释慧皎撰，汤用彤校注，汤一玄整理：《高僧传》卷五《义解二》、卷六《义解三》，中华书局1992年版，第195~196、198~199、201、202、212、229页。按，《高僧传》之《竺僧辅传》《释昙徽传》《释慧远传》《释慧持传》等皆云诸僧于上明寺，不言上明东寺；汤用彤先生引《法苑珠林·伽蓝篇》考证上明东寺"本为长沙寺僧避寇而立"，故以诸僧居于上明东寺，参见汤用彤：《汉魏两晋南北朝佛教史》，第147页；并见〔唐〕释道世撰，周叔迦、苏晋仁校注：《法苑珠林校注》卷三九《伽蓝篇第三十六》，中华书局2003年版，第1257页。

② 〔梁〕释慧皎撰，汤用彤校注，汤一玄整理：《高僧传》卷五《义解二·释昙翼传》《义解二·释法遇传》《义解二·释昙徽传》，第198~202页。

③ 汤用彤：《汉魏两晋南北朝佛教史》，第147页。

④ 〔唐〕释道世撰，周叔迦、苏晋仁校注：《法苑珠林校注》卷三九《伽蓝篇第三十六》，第1257页。

⑤ 〔唐〕道宣撰，郭绍林点校：《续高僧传》卷九《义解篇五·释罗云传》，中华书局2014年版，第300~301页。

何？答曰：虚也。又曰：若尔虚传，何为东寺上有驴台，岘南有中驴村。据此行由，则乘驴之有地也。答曰：非也。后人筑台于寺，植树供养。焉有佛殿之侧，顿置驴耶？又中驴之名，本是闾国、郄国之故地也。后人不练，遂妄拟之。①

《续高僧传》为道宣所撰，引文亦为道宣所言，但两说相悖，一"实"一"虚"，暗含了道安之后荆襄地区的佛教中心从襄阳转至江陵。学者研究显示，六朝前期江陵成为荆襄地域佛教学术中心，在宋齐之际衰落。②

如汤用彤先生指出，隋唐时期佛教宗派大兴，荆襄地区是盛行之地，如隋朝荆州龙泉寺释罗云、荆州等界寺释法安、襄州龙泉寺释慧哲等皆为三论宗名僧，唐贞观之后，三论渐衰。③ 除了三论宗，隋国师智者天台山释智𫖮（538—597）曾在荆州当阳（治今湖北当阳）玉泉山弘教，智𫖮与晋王杨广即后来的隋炀帝过往甚密，如隋开皇十二年（592）二月：

> 师奉书于王，请为东林、峰顶两寺檀越，王复书许之。三月，师将启行，王复致书，请就摄山安居度夏，师不许，王命有司具装发遣，师遂至止庐山。七月，王遣使往庐山参省。八月，师往衡山营建功德，酬师恩也。十一月，王遣书往潭州奉迎。④

同年十二月，智𫖮"于当阳玉泉山创立精舍，及重修十住寺，道俗禀戒听

---

① 〔唐〕释道世撰，周叔迦、苏晋仁校注：《法苑珠林校注》卷三九《伽蓝篇第三十六》，第1258页。
② 陈志远：《六朝前期荆襄地域的佛教》，《中山大学学报》（社会科学版）2019年第2期。
③ 汤用彤：《隋唐佛教史稿》，第126页；〔唐〕道宣撰，郭绍林点校：《续高僧传》卷九《义解篇五·释罗云传》《义解篇五·释法安传》《义解篇五·释慧哲传》，第299~304页。
④ 〔宋〕志磐撰，释道法校注：《佛祖统纪校注》卷六《东土九祖纪第三之一·智者禅师传》，上海古籍出版社2012年版，第178页。

讲者，至五千余人"；次年七月，晋王又为智𫖮所创之寺奏请赐名"玉泉"；虽然智𫖮一生造寺三十六所，但仅将栖霞、灵岩、天台和玉泉四寺称为"天下四绝"，可见玉泉寺地位之重，"天下四绝"的说法影响颇深。① 这一时期，檀溪寺与上明寺已少见于记载，位于襄阳与江陵之间的玉泉寺地位明显上升。

唐代，虽然禅宗四祖道信（580—651）与五祖弘忍（602—675）所在的蕲州，成为当时影响区域佛教和禅宗发展的新出发点，但弘忍弟子神秀（？—706）在上元二年（675）去往荆州当阳山，推动了当地佛教的隆盛，一时间，"四海缁徒，向风而靡，道誉馨香，普蒙熏灼。则天太后闻之，召赴都，肩舆上殿，亲加跪礼"，并"敕于昔住山置度门寺，以旌其德。时王公以下，京邑士庶竞至礼谒，望尘拜伏，日有万计。洎中宗孝和帝即位，尤加宠重"，其后"天下散传其道"，誉其宗为"秀宗"，与同为弘忍弟子慧能（638—713）之"能宗"并称"南北二宗，名从此起"，神秀门人普寂（651—739）等"并为朝野所重"。② 又如玉泉寺释恒景，武则天和唐中宗时三次被召入宫为受戒师，中宗还下诏中书门下及学士在林光宫观内的道场设斋，"帝亲赋诗，学士应和"，恒景等人"捧诗振锡而行，天下荣之"。③

随着普寂与慧能弟子神会（686—760）各立其师为六祖，南北二宗争端随之而起④，双方卷入政争。天宝（742—756）中，偏向于普寂的御史卢弈诬奏神会"聚徒疑萌不利"，致神会"徙荆州开元寺般若院住焉"。⑤ 神会此次徙居荆州开元寺，从侧面反映出此时江陵的宗教地位已远不如东

---

① 〔宋〕志磐撰，释道法校注：《佛祖统纪校注》卷六《东土九祖纪第三之一·智者禅师传》，第178~180、184页。按，〔唐〕道宣撰，郭绍林点校《续高僧传》卷一七《习禅篇之二·释智𫖮传》（第635页）记智𫖮所造大寺为三十五所。

② 〔宋〕赞宁撰，范祥雍点校：《宋高僧传》卷八《习禅篇第三之一·神秀传》，中华书局1987年版，第177~178页。

③ 〔宋〕赞宁撰，范祥雍点校：《宋高僧传》卷五《义解篇第二之二·恒景传》，第90页。

④ 汤用彤：《隋唐佛教史稿》，第189页。

⑤ 〔宋〕赞宁撰，范祥雍点校：《宋高僧传》卷八《习禅篇第三之一·神会传》，第180页。

晋南朝时期。其后荆州天皇寺的兴起也可看出这一变化。《宋高僧传》称道悟（748—807）：

> 遂蹶然振策，投径山国一禅师。……建中初，诣钟陵马大师，二年秋①，谒石头上士。於戏！自径山抵衡岳凡三遇哲匠矣。……始卜于澧阳，次居于漻口，终栖于当阳柴紫山，即五百罗汉翱翔地也。……有天皇寺者，据郡之左，标异他刹，号为名蓝，困于人火，荡为煨烬。僧坊主灵鉴族而谋之，以为满人攸居，必能福我。夫荷檐大事，蔑弃小瑕。乃中宵默往，肩舁而至。二寺夕有所失，朝有所得，诤论锋起，达于尊官。重于返复，毕安其处。江陵尹右仆射裴公，搢绅清重，拥旄统众，风望昕昧，当时准程，驱车盛礼，问法勤至。……自是禅宗之盛，无如此者！②

引文中的"哲匠"即径山法钦（714—792）、马祖道一（709—788）和石头希迁（700—790），道悟参谒三位大师后栖止于当阳柴紫山，该山有五百罗汉翱翔地的传说。柴紫山，在当阳县南八十里（古里），与紫盖山相连；紫盖山有南北二峰，南者与覆船山相接，覆船山又名玉泉山，即智𫖮创立的玉泉寺所在地。③ 看起来道悟是被玉泉山吸引而去。当时荆州天皇寺虽"号为名蓝"，但已毁于火，天皇寺主寺僧灵鉴谋求修复之言行表明：道悟才是复兴天皇寺的人选，而天皇寺也借助道悟达到了复兴的目

---

① 按，〔宋〕道原撰，尚之煜点校《景德传灯录》卷一四《青原行思禅师第二世·荆州天皇道悟禅师》（中华书局 2022 年版，第 479~480 页）载："唐大历中，抵钟陵，造马大师，重印前解，法无异说，复住二夏。乃谒石头迁大师而致问曰……"与本传所记时间不同；并见《宋高僧传》卷一〇《校勘记·道悟传》，第 242 页。

② 〔宋〕赞宁撰，范祥雍点校：《宋高僧传》卷一〇《习禅篇第三之三·道悟传》，第 231~233 页。

③ 〔宋〕乐史撰，王文楚等点校：《太平寰宇记》卷一四六《山南东道五·荆门军》，第 2848 页；〔宋〕王象之：《舆地纪胜》卷七八《荆湖北路·荆门军》，第 2560 页；嘉靖《湖广图经志书》卷六《荆州府·山川》，《日本藏中国罕见地方志丛刊》本，书目文献出版社 1991 年版，第 500 页。

的。无论达官显贵,抑或普通信众,道悟"素不迎送,客无贵贱皆坐而揖之",江陵尹右仆射裴公却"愈加归向",由此带来"石头法道盛于此席"的景况。① 此说与引文"自是禅宗之盛,无如此者"相似,或为对天皇寺的溢美之词,但南北二宗分立对区域佛教发展的影响逐渐显现出来。元和二年(807)道悟入灭,至唐末,再未有荆州"名蓝"见于记载。

八世纪后期至九世纪中后期,慧能南宗迅速发展,其两位弟子南岳怀让(677—744)与青原行思(?—741)法嗣广布,南岳怀让与弟子马祖道一禅系、青原行思与弟子石头希迁禅系分别从湘、赣流域崛起并传播到各地,禅宗五宗出其门下:马祖道一在洪州形成洪州宗,至唐末分为临济、沩仰二宗;石头希迁以下,在唐宋之际逐渐形成曹洞、云门、法眼三宗,这一时期全国有多个传法中心。② 而洪州宗向湖南渗透,"石头宗"向江西渗透,两家形成"丛林密集的禅宗赣湘基地"。③ 那么,荆州、襄阳、随州、鄂州等地与相邻的湘赣地区的佛教之间有着何种沟通呢?

唐代禅僧云游各地,他们在区域间的流动十分常见,受此影响,传法地点分布亦广。下面以唐代禅宗五家中流传范围和影响力仅次于临济宗的曹洞宗为例来看它的广泛传播。④ 曹洞宗始于洞山良价(807—869),洞山在高安,唐属洪州,北宋属筠州。⑤ 良价上承石头希迁—药山惟俨—云岩昙晟法系,部分弟子如洪州云居山道膺(?—902)、抚州曹山本寂(840—901)、洞山二世道全、湖南龙牙山居遁(835—923)、洞山三世师虔、吉州禾山和尚、潭州宝盖山和尚、高安白水本仁、抚州疏山光仁(又称匡仁)、澧州钦山文邃等的名号既反映了传法地点,又可见曹洞宗从洞山出发向湘、赣其他地区的流布。

---

① 〔宋〕道原撰,尚之煜点校:《景德传灯录》卷一四《青原行思禅师第二世·荆州天皇道悟禅师》,第480页。
② 杨曾文:《唐五代禅宗史》,中国社会科学出版社1999年版,第304页。
③ 毛忠贤:《中国曹洞宗通史·前言》,第2页。
④ 杨曾文:《唐五代禅宗史》,第491页。
⑤ 〔唐〕李吉甫撰,贺次君点校:《元和郡县图志》卷二八《江南道四·洪州》,中华书局1983年版,第670页;〔宋〕乐史撰,王文楚等点校:《太平寰宇记》卷一○六《江南西道四·筠州》,第2117页。

而从曹山本寂、青林师虔和疏山光仁的法嗣之传法地点可以观察到宋代以前曹洞宗在汉水中游地区的扩展：曹山本寂法嗣处真禅师在襄州鹿门山华严院，审哲禅师在襄州含珠山；青林师虔法嗣献蕴禅师在襄州凤凰山石门寺，广德和尚在襄州万铜山广德寺，芭蕉和尚在郢州芭蕉山；疏山光仁法嗣守澄禅师在随州随城山护国院，省禅师在安州大安山，后洞山和尚在襄州。① 又如青林师虔，复称后洞山师虔，因其"先住隋州土门小青林兰若"，后回洞山得名，为洞山第三世住。② 传法地点的增加推动了汉水中游地区在曹洞宗六世以前形成多个传法中心，如襄州石门山、鹿门山和广德山，随州青林山和随城山，郢州大阳山和芭蕉山，安州大安山等。不过，唐末五代，青林师虔禅法传石门献蕴及以下四代，曹山本寂禅法传鹿门处真及以下三代，疏山光仁禅法仅传护国守澄及以下二代，皆逐渐衰竭③，如檀溪寺、玉泉寺、天皇寺等具有影响力的名寺不再出现。直至宋初云居道膺法系郢州大阳警玄（即大阳明安，943—1027）及弟子投子义青（1032—1083）带领曹洞宗走出危机，尤其是北宋中叶芙蓉道楷（1043—1118）、丹霞子淳（又称德淳，1064—1117）先后住持随州大洪山等地禅院，曹洞宗得以中兴。④ 大洪山作为宋代曹洞宗走向繁荣的重要基地之一，其基奠可上溯至唐释善信驻锡此处。

三、从幽济禅院到保寿禅院

佛教进入随州大洪山的具体时间不详，唐初或更早已有僧人在该地区传法。道宣自称曾在随州"兴唐伽蓝"，但未言何时。⑤《景德传灯录》在

---

① 〔宋〕道原撰，尚之煜点校：《景德传灯录》卷二〇《青原行思禅师第六世之四》，第748~770页。
② 〔宋〕道原撰，尚之煜点校：《景德传灯录》卷一七《青原行思禅师第五世下·后洞山师虔禅师》，第620页。
③ 毛忠贤：《中国曹洞宗通史·附录》，第588~589页；并见葛洲子：《政局·法席·法脉——唐末至宋初曹洞宗的兴衰》，《早期中国史研究》2016年第2期。
④ 毛忠贤：《中国曹洞宗通史》，第245~336页。
⑤ 〔唐〕释道宣：《净心戒观法》，《大正新修大藏经》第45册《诸宗部二》，河北省佛教协会2008年，第819页。

弘忍大师第一世下录有随州禅憁禅师，在怀让禅师第二世下记有随州洪山大师，二僧皆因无机缘语句，难知其详。① 后世多以北宋末年张商英（1043—1121）所撰《灵峰禅寺记》为据，认为随州洪山大师即宝历二年（826）来到大洪山的洪州开元寺僧善信。记文称：

> 元祐二年秋九月，诏随州大洪山灵峰寺革律为禅。绍圣元年，外台始请移洛阳少林寺长老报恩住持。崇宁元年正月，使来求《十方禅寺记》，乃书曰："大洪山，在随西南，盘基百余里。峰顶俯视汉东诸国，林峦丘岭，犹平川也。以耆旧所闻考之，洪或曰胡，或曰湖，未详所谓。今以地理考之，四山之间，昔为大湖，神龙所居，洪波洋溢，莫测涯涘。其后二龙斗，搠开层崖，湖水南落，故今负山之乡谓之落湖管。"此大洪所以得名也。
>
> 唐元和中，洪州开元寺僧善信，即山之慈忍灵济大师也，师从马祖密传心要，北游五台山，礼文殊师利，瞻睹殊胜，自庆于菩萨有缘，发愿为众僧执炊爨三季。寺僧却之，师流涕嗟戚。有老父曰："子缘不在此，往矣行焉，逢'随'即止，遇'湖'即往。"师即南迈，以宝历二年秋七月抵随州。远望高峰，问乡人曰："何山也？"乡人曰："大湖山也。"师默契前语，寻山转麓，至于湖侧。属岁亢旱，乡民张武陵具羊豕，将用之以祈于湖龙。师见而悲之，谓武陵曰："雨旸不时，本因人心口业所感，害命济命，重增乃罪，可且勿杀，少须三日，吾为尔祈。"武陵亦异人也，闻师之言，敬信之。师即披榛扪石，乃得山北之岩穴，泊然宴坐，运诚冥祷，雷雨大作。霁后数日，武陵迹而求之。师方在定，蛛丝幂面，号耳拄体，久之乃觉。武陵即施此山为师兴建精舍，以二子给侍左右，学徒依向，遂成法席。太和元年五月二十九日，师密语龙神曰："吾前以身代牲，辍汝血食。今舍身偿汝，汝可享吾肉。"即引利刀截右膝，复左膝，门

---

① 〔宋〕道原撰，尚之煜点校：《景德传灯录》卷四《第三十二祖弘忍大师旁出法嗣》、卷八《南岳怀让禅师第二世下》，第105、231页。

人奔持其刃，膝不克断，白液流出，俨然入灭，张氏二子立观而化。山南东道奏上其状，文宗嘉之，赐所居额为"幽济禅院"。晋天福中改为"奇峰寺"，本朝元丰元年又改为"灵峰寺"，皆以祷祈获应也。①

《灵峰禅寺记》撰写并立石于崇宁元年（1102）正月，此时张商英降知随州。张商英述及善信来自洪州开元寺，并于元和（806—820）中师从马祖，此说素为后人所引用，但《景德传灯录》记载马祖道一在贞元四年（788）入灭，"元和中"则为追谥道一为大寂禅师的时间②；《宋高僧传》亦载道一"至戊辰岁，举措如常，而请沐浴讫，俨然加趺归寂，享年八十"③，"戊辰岁"即贞元四年。因此，善信无法在元和中师从道一，也无法认为善信即《景德传灯录》之"随州洪山大师"，善信师从马祖道一之说恐误。后人提及善信师承及其传说时，颇与《灵峰禅寺记》相合，唯元人黄溍称善信生于广德二年（764），未知其说来源。④关于善信较为完整的信息，或载于杨傑《大洪山慈忍灵济大师碑》，然此碑已亡佚，内容无从知晓。⑤ 杨傑卒于元祐（1086—1094）中⑥，张商英卒于宣和三年（1121）⑦，据此推测张商英或得见杨傑之碑文，但以张商英的学识和对佛教的熟知程度，何以忽略善信"师从"马祖时间上的断裂？

《灵峰禅寺记》还叙述了落湖管和大洪得名与地理巨变之间的关系，其间伴随着耆旧相传的神龙传说。善信来到大洪山即逢亢旱，遇到当地

---

① 〔宋〕张商英：《灵峰禅寺记》，〔清〕张仲炘：《湖北金石志·金石志十》，国家图书馆善本金石组编：《宋代石刻文献全编》第4册，第322页。
② 〔宋〕道原撰，尚之煜点校：《景德传灯录》卷六《南岳怀让禅师第一世·江西道一禅师》，第185~186页。
③ 〔宋〕赞宁撰，范祥雍点校：《宋高僧传》卷一○《习禅篇第三之三·道一传》，第222页。
④ 〔元〕黄溍著，王颋点校：《黄溍集》卷一五《武昌大洪山崇宁万寿寺记》，浙江古籍出版社2013年版，第580页。
⑤ 〔宋〕王象之：《舆地纪胜》卷八三《京西南路·随州》，第2717页。
⑥ 〔元〕脱脱等：《宋史》卷四四三《杨傑传》，中华书局1985年版，第13103页。
⑦ 〔元〕脱脱等：《宋史》卷三五一《张商英传》，第11098页。

"异人"张武陵祭龙祈雨，于是，善信沟通龙神、劝诫与感化张武陵，以身代牲，祈雨成功。善信超然舍身，使佛教进入大洪山，这类征服本地神灵与"异人"从而主导当地民间信仰的"进入模式"颇具代表性。隋智𫖮初至当阳时，亦有令本地神灵关羽父子臣服的一幕。其时智𫖮苦于道场寻址，在一番风雨阴魔之后，他见到威仪如王者二人，有了一场精彩的人"神"相遇：

> 长者美髯而丰厚，少者冠帽而秀发，前致敬曰："予即关羽，汉末纷乱，九州瓜裂，曹操不仁，孙权自保。予义臣蜀汉，期复帝室，时事相违，有志不遂，死有余烈，故王此山。大德圣师，何枉神足？"师曰："欲于此地建立道场，以报生身之德耳。"神曰："愿哀闵我愚，特垂摄受。此去一舍，山如覆船，其土深厚，弟子当与子平建寺化供，护持佛法，愿师安禅七日，以须其成。"师既出定，见湫潭千丈化为平址，栋宇焕丽，巧夺人目，神运鬼工，其速若是。师领众入居，昼夜演法。一日，神白师曰："弟子今日获闻出世间法，愿洗心易念，求受戒品，永为菩提之本。"师即秉炉授以五戒，于是神之威德昭布千里，远近瞻祷，莫不肃敬。①

引文所涉关羽信仰与佛教之间的关系，冻国栋先生已有详细考论。冻先生指出，宋人昙照《智者大师别传注》与志磐《佛祖统纪》关于智𫖮在玉泉山与"神"相遇的说法，很可能来自唐人董侹的《荆南节度使江陵尹裴公重修玉泉关庙记》（以下简称《庙记》）；智𫖮于玉泉山立精舍与"玉泉寺"赐额等事，《庙记》与多种资料均有记载，但其他资料未言及智𫖮与"神"相遇之事，将智𫖮立玉泉寺与关羽的灵异传说相关联，应始于董侹，"最有可能的解释应即董侹出于自身的宗教信仰，参据当地民间的某些传说，将玉泉寺与关公庙之缘起加以附会和夸饰而编撰出来的"，而

---

① 〔宋〕志磐撰，释道法校注：《佛祖统纪校注》卷六《东土九祖纪第三之一·智者禅师传》，第178~179页。

宋人昙照与志磐则进一步引申和渲染，"将关羽这一历史人物正式援入佛教'护法'者之行列"；《庙记》还描述玉泉山之关公庙在唐德宗贞元以前曾经"堕毁"，或因关羽祭祀尚未被列入国家"祀典"，未受地方官特别重视，或由于佛教向民间的渗透，同处一山的关公庙已不如玉泉寺兴盛。① 董侹夸赞关羽为地方保护神："生为英贤，殁为神灵，所寄此山之下，邦之兴废，岁之丰荒，于是乎系"②，与之相比，志磐则将关羽置于"弟子"之位，让关羽敬称智𫖮为"大德圣师"，主动表达其"护持佛法"的心愿，地方保护神的威力在智𫖮授五戒后才昭布千里，志磐的这些描述实则说明德宗朝以来佛教在民间快速发展，不仅深入地方社会，还在与民间信仰的角逐中处于优势，这既反映了佛教中国化的过程，又体现了当地官府和民众的需求。③ 从"出入于佛道之间"④ 的董侹到佛道兼修的张商英，在刻画智𫖮创立玉泉寺和善信进入大洪山的路径上有相似之处，当佛教与民间信仰交汇时，他们常置佛教于民间信仰之上，当然，他们还要借助一个重要推力，即国家祀典。

《续高僧传》记载了智𫖮来到玉泉山建寺、获赐额和祈雨诸事：

又上渚宫乡壤，以答生地恩也。道俗延颈，老幼相携，戒场讲坐，众将及万。遂于当阳县玉泉山立精舍，敕给寺额，名为一音。其地昔唯荒崄，神兽蛇暴，创寺之后，快无忧患。是春亢旱，百姓咸谓神怒。𫖮到泉源，帅众转经，便感云兴雨注，虚谣自灭。总管宜阳公王积到山礼拜，战汗不安，出曰："积屡经军阵，临

---

① 冻国栋：《略论唐宋间关羽信仰的初步形成及其特点——以董侹所撰〈荆南节度使江陵尹裴公重修玉泉关庙记〉为例》，杜文玉主编：《唐史论丛》第 10 辑，三秦出版社 2008 年版，第 258~271 页。

② 〔唐〕董侹：《荆南节度使江陵尹裴公重修玉泉关庙记》，〔清〕董诰等编：《全唐文》卷六八四，中华书局 1983 年版，第 7002 页。

③ 冻国栋：《略论唐宋间关羽信仰的初步形成及其特点——以董侹所撰〈荆南节度使江陵尹裴公重修玉泉关庙记〉为例》，杜文玉主编：《唐史论丛》第 10 辑，第 262~264 页。

④ 冻国栋：《略论唐宋间关羽信仰的初步形成及其特点——以董侹所撰〈荆南节度使江陵尹裴公重修玉泉关庙记〉为例》，杜文玉主编：《唐史论丛》第 10 辑，第 259 页。

危更勇,未尝怖惧顿如今日。"①

据引文,朝廷给智𫖮所建精舍敕额为"一音",但未提及"玉泉"寺额一事,而且,智𫖮率众祈雨是在颁敕额之后。前引董侹《庙记》亦未记其祈雨一事。不过,《佛祖统纪》则称智𫖮于开皇十二年(592)十二月于当阳玉泉山创立精舍,次年春夏天旱不雨,智𫖮祈雨成功,王积入山致拜,七月晋王奏请赐名"玉泉"。②对比唐宋时期的记载,可以看到智𫖮和玉泉寺的故事发生了变化,宋人刻意将祈雨置于赐额之前,以此强调玉泉寺进入祀典的缘由。③

在《灵峰禅寺记》里,善信舍身祈雨之举令人震撼,得到唐文宗赐额,后晋与神宗元丰元年(1078)因"祷祈获应"再获赐额"奇峰寺"和"灵峰寺";而善信的"慈忍灵济大师"封号,则因庆历七年(1047)春旱,朝廷"遣使往随州大洪山祈雨,使人晨兴叩殿,遇紫衣神僧,以目视之。翌日大雨,诏封慈忍灵济大师"④。善信及灵峰寺的功业完全符合进入祀典的标准。奇峰寺改灵峰寺一事未见于正史,巧合的是,与获赐"灵峰寺"额同年,朝廷赐封大洪山神宣泽灵骏公祠庙额"镇安侯"⑤,显示出民间信仰与佛教同步发展,又暗示了二者之间的竞争。在与民间信仰的"角逐"中,初到大洪山的善信舍身补偿龙神,令张武陵父子敬信,

---

① 〔唐〕道宣撰,郭绍林点校:《续高僧传》卷一七《习禅篇之二·释智𫖮传》,第631页。

② 〔宋〕志磐撰,释道法校注:《佛祖统纪校注》卷六《东土九祖纪第三之一·智者禅师传》,第178~180页。

③ 按,北宋中叶曾两次扩大祀典。一次是皇祐二年(1050)十二月,知制诰胡宿建言:"事神保民,莫先祭祀。比多水旱,未必不由此。望今天下具名山大川能兴云雨者,详定增入祀典,春秋祷祀",随后仁宗下诏:"天下长吏,凡山川能兴云雨、不载祀典者,以名闻";另一次是熙宁七年(1074)十一月,神宗下诏:"应天下祠庙祈祷灵验、未有爵号者,并以名闻,当议特加礼命。内虽有爵号,而褒崇未称者,亦具以闻。"〔清〕徐松辑,刘琳等校点:《宋会要辑稿》礼二〇之二,上海古籍出版社2014年版,第988页。

④ 〔宋〕志磐撰,释道法校注:《佛祖统纪校注》卷四六《法运通塞志十七之十二》,第1077页。

⑤ 〔清〕徐松辑,刘琳等校点:《宋会要辑稿》礼二〇之九二,第1035页。

迅速征服地方社会。张商英塑造了一个师承马祖道一、牺牲自己"事神保民"的高僧，并得到皇帝赐封，进入国家礼典，从而使佛教扎根当地。张商英赞道："自师灭至今三百余年，而汉广、汝坟之间十数州民尊严奉事，如赴约束，金帛粒米，相尾于道。"①此时，来自洪州开元寺的善信，是否真正师从过马祖已远不重要。

张商英在《灵峰禅寺记》中还记录了他调解灵峰禅寺革律为禅后禅、律之间的纠纷：

> 方其废故而兴新也，律之徒怀土而呶呶。会予谪为郡守，合禅、律而计之，曰："律以甲乙，禅以十方。而所谓甲乙者，甲从何来？乙从何立？而必曰：'我慈忍之子孙也，今取人于十方，则慈忍之后绝矣。'且夫乙在子孙，则甲在慈忍；乙在慈忍，则甲在马祖；乙在马祖，则甲在南岳；乙在南岳，则甲在曹溪。推而上之，甲乙乃在乎菩提达摩、西天四七，则而所谓甲乙者，果安在哉？又而所谓十方者，十从何生？方从何起？世间之法，以一生二，一二为三，二三为六，三三为九。九者，究也，复归于一……然则甲乙无定，十方无依，竞律竞禅，奚是奚非？"②

有学者指出，虽然张商英将双方称为"禅""律"，但从坚持甲乙制的一方上溯其祖乃及禅门来看，可知该寺未尝改属律宗，记文里的"革律为禅"非言宗派所属有变化，而仅指住持制度有所改变。③ 另有学者同引《灵峰禅寺记》认为"革律为禅"即将律寺灵峰寺革为禅院，禅宗从这场

---

① 〔宋〕张商英：《灵峰禅寺记》，〔清〕张仲炘：《湖北金石志·金石志十》，国家图书馆善本金石组编：《宋代石刻文献全编》第4册，第322页。
② 〔宋〕张商英：《灵峰禅寺记》，〔清〕张仲炘：《湖北金石志·金石志十》，国家图书馆善本金石组编：《宋代石刻文献全编》第4册，第322页。
③ 刘长东：《论宋代的甲乙与十方寺制》，《四川大学学报》（哲学社会科学版）2005年第1期。

律、禅之争中渔利，引起律宗人士不满。① 《湖北金石志》收录的《恩禅师塔铭》称："绍圣元年，诏改随州大洪山律寺为禅院"②，明确将灵峰寺称为律寺，寺名当在此时更为保寿禅院。如果绍圣元年（1094）以前灵峰寺为律寺，则意味着唐代幽济禅院以来，大洪山佛教经历过宗派之间的起伏消长。虽然目前暂未发现与上述变化直接相关的材料③，但关于唐末至宋初曹洞宗兴衰原因的探讨，可为理解这一变化提供线索。据研究，五代时，由于得到钟传与马殷的支持，赣、湘两地的曹洞宗发展较快，当南唐进占江西后，曹洞僧团没有投向新统治者，南唐统治者支持法眼宗占领原属曹洞宗的寺院，甚至将曹洞祖庭洞山寺易主，加之南唐与马楚政权交恶，湘、赣间佛教往来受阻，南唐境内的曹洞僧团遭到严重打击，曹洞宗主要传法区域在后周武平军节度使辖区北部（即朗州、潭州、澧州）、山南东道节度使辖区（集中在襄州、鄂州、安州、随州）以及关中秦岭一带；宋初，云门宗与临济宗相继崛起，瓜分了曹洞宗在荆湖南路和京西南路的传法区，荆襄地区曹洞宗的传法区被挤至南阳盆地一隅。④ 在上述背景下，从幽济禅院、奇峰寺再到灵峰寺，其间有可能曾为不同僧团所属。

北宋前期，因禅学体系难度较大，修习不易，导致曹洞宗面临困境，直至鄂州大阳警玄禅师托临济宗的浮山法远（即圆鉴，991—1067）代立法嗣，得弟子投子义青，在警玄和义青的努力下，曹洞宗逐渐摆脱危机。⑤ 对此，灵峰寺格律为禅后的第一任住持报恩禅师

---

① 罗凌：《无尽居士张商英研究》，华东师范大学出版社2007年版，第120页。同样认为"革律为禅"前灵峰寺为律寺（律院）的，还见于毛忠贤：《中国曹洞宗通史》，第296页；[日]石井修道：《宋代禅宗史の研究：中國曹洞宗と道元禪》，第234页。

② [清]张仲炘：《湖北金石志·金石志十》，国家图书馆善本金石组编：《宋代石刻文献全编》第4册，第326页。

③ 前引道宣《净心戒观法》称其在随州"兴唐伽蓝"，可知律宗在唐初已进入随州，其发展情况待考。

④ 葛洲子：《政局·法席·法脉——唐末至宋初曹洞宗的兴衰》，《早期中国史研究》2016年第2期。

⑤ 相关研究参见杨曾文：《宋元禅宗史》，第467~479页；毛忠贤：《中国曹洞宗通史》，第273~300页。

（1058—1111）当有所感受。

熙宁九年（1076），报恩未冠即擢第，后"谢簪绂"而出世，先名"钦宪"，神宗改赐"报恩"之名；曹洞宗面临的困境在《恩禅师塔铭》中有所提述："如悬日月，其道尤孤高峻洁，自昔尝难其人，至大阳明安禅师，宁其宗绝，不轻印可，乃以衣履属浮山圆鉴。鉴晚得投子青禅师，而后付之"，报恩则"闻青禅师之道而悦之，乃往依焉"；师从投子义青后，报恩"顿尔开悟，心地洞然"，颇为士大夫所重，韩缜（1019—1097）曾延请报恩住持少林寺，但报恩奉诏住持灵峰寺，开始了艰难的重建，也揭开了保寿禅院与曹洞宗新的一页。①《恩禅师塔铭》云：

>人谓大洪基构甚大，而芜废已久，非有道德服人不可以兴起。部使者奏请师住持，已而丞相范公守随，复左右之。师普施法雨，远迩悦服。于是富贵者荐货，贫者献力，辟荆榛蓬藋之场为像设堂皇，化豺狼狐狸之区为钟鱼梵呗，而又以其余建戒坛，掩枯骷，更定禅仪，大新轨范。由是，大洪精舍壮观天下禅林矣。②

引文可见，报恩到来之初灵峰寺"芜废已久"，这与曹洞宗的发展进程大体相符；从"辟荆榛蓬藋之场""化豺狼狐狸之区"的艰辛程度来看，颇疑报恩选新址修建禅院；此次兴建得到时任知随州范纯仁（1027—1101）的支持和民间多种力量的相助，并建立起一套规仪，令禅寺享有盛誉。报恩与张商英有深交，故前引《灵峰禅寺记》称报恩"使来求《十方禅寺记》"，张商英在记文里同样记录了报恩新建禅寺的情况："恩老至山，熟阅形胜，辟途南入，以正宾主。镵崖垒涧，铲巇补坳，嵯峨万仞，化为

---

① 〔宋〕范域：《恩禅师塔铭》，〔清〕张仲炘：《湖北金石志·金石志十》，国家图书馆善本金石组编：《宋代石刻文献全编》第 4 册，第 325~326 页。
② 〔宋〕范域：《恩禅师塔铭》，〔清〕张仲炘：《湖北金石志·金石志十》，国家图书馆善本金石组编：《宋代石刻文献全编》第 4 册，第 326 页。

平顶。三门堂殿，翼舒绳直，通廊大庑，疏户四达。净侣云集，蔚为丛林。"①

崇宁二年（1103），报恩奉诏离开保寿禅院赴东京法云禅寺，但他并不安于京城，而是"恳还林泽"，后在嵩山、郢州大阳山驻锡数年，于崇宁五年（1106）经时任知随州奏请复归保寿禅院；回到大洪山，报恩"勤于诲励，晨夕不倦，缁徒辐辏"，从学者近三百人，而且报恩严持戒律，致宗风"遐振"，《恩禅师塔铭》赞曰："祖提心印，惠于后昆。曹洞承之，与祖同源。源深流远，亹亹诸孙。惟大洪老，为世导师。蝉蜕冠绶，毗尼焉依……"②颂辞强调自报恩开始，大洪山传承禅宗，开启新业，而"毗尼焉依"，恐与前述灵峰寺改律寺为禅寺的背景相关。

四、佛氏内外

如所周知，北宋中叶后，投子义青的弟子芙蓉道楷推动了曹洞宗走向兴盛。道楷法嗣中，以丹霞子淳、净因自觉（？—1117）影响最大；子淳门下，真歇清了（1090—1151）、天童正觉（即宏智正觉，1091—1157）、慧照庆预（1078—1140）以提倡默照禅闻名，南宋曹洞宗南方各系的发展都与他们的后嗣有关。③

芙蓉道楷、丹霞子淳与慧照庆预都曾住持保寿禅院，其事分别记于前引《楷禅师塔铭》《淳禅师塔铭》《慧照禅师塔铭》中，下面逐一述之。

芙蓉道楷是保寿禅院第二任住持。自元丰五年（1082）出世，道楷先后住持郢州大阳山和大洪山保寿禅院等七座寺院，"皆当世元老名公卿以礼延请"，后来道楷"被诏住东京十方净因，又徙往天宁万寿，皆中使

---

① 〔宋〕张商英：《灵峰禅寺记》，〔清〕张仲炘：《湖北金石志·金石志十》，国家图书馆善本金石组编：《宋代石刻文献全编》第 4 册，第 322 页。

② 〔清〕张仲炘：《湖北金石志·金石志十》，国家图书馆善本金石组编：《宋代石刻文献全编》第 4 册，第 326 页。按，报恩崇宁二年离开灵峰寺，故灵峰寺或于崇宁元年（1102）更名为"保寿禅院"。

③ 关于芙蓉道楷及其法嗣与曹洞宗中兴的研究，参见杨曾文：《宋元禅宗史》，第 480~516 页；毛忠贤：《中国曹洞宗通史》，第 322~336 页。

奉命恩礼兼隆，诸方荣之"；《楷禅师塔铭》复称"盖天下三大禅刹，曹洞之宗，至是大振矣"，将道楷住持的禅院作为三大禅刹之一，皆因道楷从郢州大阳山和大洪山走出，将曹洞宗传布至东京及其他地区，其法"盛行于时"，对曹洞中兴影响尤大；政和八年（1118），道楷归寂于故乡芙蓉湖，七年后，保寿禅院第六代住持慧照庆预禅师念及曾在大阳山陪侍道楷，而且道楷迁居大洪山五年间，"天下衲子辐辏云萃，不远千里而来"，弟子又散布四方，广为弘法，因此，庆预欲酬其大恩，"示不忘本"，在大洪山为道楷建浮屠，迁其灵骨回归大洪山。①

丹霞子淳，《淳禅师塔铭》称之德淳，保寿禅院第四任住持。子淳曾参谒大洪报恩禅师，复至郢州大阳山礼道楷为师，"后住大洪，命师立僧，学识威仪，为众标表，峥嵘道望，推重一方"；保寿禅院经过报恩和道楷的建设，已颇具声望和规模，崇宁三年（1104），京西南路提点刑狱公事王信玉邀请子淳前往南阳丹霞山天然道场；其后保寿禅院经历一场大火，化为荒墟，政和五年（1115），知随州向公复请子淳住持大洪山，以重振保寿禅院；子淳到来后，"悉力营缮，增壮于前，逾年之间，复就者十七八，衲子依投，众几五百，方缘盛道广"。② 子淳两度住持保寿禅院，巩固了大洪山传法中心的地位，其弟子进一步弘扬曹洞宗风，仅庆预在大洪山便积聚信徒二千人，真歇清了和天童正觉门下亦至千人，故称"丹霞淳公，其后尤大"③。

慧照庆预自宣和三年（1121）至绍兴三年（1133）住持保寿禅院，是第六任住持。庆预为郢州京山人，十四岁依道楷居于大阳，十年后落发出家。作为道楷"三贤孙"之一，当真歇清了、天童正觉尚在游方之时，庆预"已坐汉东两大刹"，"既而鼎立东南，问望迭胜"。道楷器重庆预，派他去辅佐子

---

① 〔宋〕王彬：《楷禅师塔铭》，〔清〕张仲炘：《湖北金石志·金石志十》，国家图书馆善本金石组编：《宋代石刻文献全编》第 4 册，第 331 页。
② 〔宋〕韩韶：《淳禅师塔铭》，〔清〕张仲炘：《湖北金石志·金石志十》，国家图书馆善本金石组编：《宋代石刻文献全编》第 4 册，第 328 页。
③ 〔宋〕王彬：《楷禅师塔铭》，〔清〕张仲炘：《湖北金石志·金石志十》，国家图书馆善本金石组编：《宋代石刻文献全编》第 4 册，第 331 页。

淳，与子淳同居大洪。政和七年（1117），知随州令庆预住持水南兴国禅院，并请朝廷颁赐"慧照大师"封号。庆预住持保寿禅院期间，正处于两宋之际，时局动荡，经历了前所未有的困难。《慧照禅师塔铭》记载：

> 当群盗扰攘间，群盗环山如林，预恬不为意，日据绳床，颐指闲暇，外饬其役之强毅者固守围以折豺虎之冲，内帅其徒之静专者谨禅诵以觊国威之立。若是者凡几年，卒与山岿然不拔，所活何翅万人，士大夫之家赖以生者，犹七八百数。①

塔铭盛赞庆预在北宋末年的纷乱中有效利用众僧特长，坚持抗敌数年，使大洪山过万人幸免于难，士大夫尤受其惠。庆预的成功，与当地易守难攻的地理条件有关。《舆地纪胜》描述了禅院所在的山林环境："山崛起一方，巉然云间，四面斗险，山绝顶峰，峦崖石中……靖康避寇之人立寨栅自保，贼竟不能破，以斗绝不可跻攀也。"②庆预在大洪山聚集二千禅子，所谓"丹霞淳公，其后尤大"，说明在群盗四起之时，大洪山的佛教仍在发展。庆预守大洪山一事发生在绍兴元年（1131）三月，《建炎以来系年要录》记载略详：

> 襄阳镇抚使桑仲以其将李道知随州。道，相州人，与兄旺聚众，其后东京留守宗泽因事斩旺，以道掌其军。道之南也，以一军孤立，遂依桑仲军中，号为寄军。时随州阙守，通判州事王彦威与州县官寓洪山僧寺，主僧庆预给其资粮，守洪山以拒贼。道至随，逆彦威以归，遂掌州事。庆预，金山人也。汪藻外制有《大洪山僧守珍补承信郎制》云，汝营壁坞，辑乡闾。恐与庆预事相关。③

---

① 本段有关庆预的引文参见〔宋〕荣嶷：《慧照禅师塔铭》，〔清〕张仲炘：《湖北金石志·金石志十一》，国家图书馆善本金石组编：《宋代石刻文献全编》第4册，第339页。
② 〔宋〕王象之：《舆地纪胜》卷八三《京西南路·随州》，第2705页。
③ 〔宋〕李心传：《建炎以来系年要录》卷四三，绍兴元年三月，中华书局1956年版，第785页。

赵彦卫亦云："建炎、绍兴初，随陷于贼，而山中能自保，有带甲僧千数，事定皆命以官。"① 据此，庆预组织地方武装，筑堡自卫，守山拒敌，保护了百姓、通判州事和其他官员，为地方官府提供粮草，保全了大洪山。流盗平定后，僧人补以武官阶。与逃窜的官兵相比，僧人的表现可用"忠"来概括，令朝廷满意，僧守珍的补官制书足以说明此点："既卫善良，亦除凶慝。其忠可录，何惜一官！"② 知襄阳府荣嶷亦感慨道："虽艰难中，所设施举中礼法，往往迄今颇能道之者，然则预岂惟有补于佛氏者邪?！"③

净严宗遂（1072—1147），或称大洪守遂④，曾在大洪山从报恩禅师习学。政和八年（1118），应随州知州袁灼请求，住持随州东双泉禅院，袁灼为其奏赐"净严"师号，后改住水南禅院，声望日隆。靖康二年（1127）局势恶化，净严退居德安府，住持延福禅院，不久，兵戈蜂起，郡守命净严率众僧移居德安府城内的化城庵共同抗敌。绍兴五年（1135），净严移住保寿禅院。虽然净严来到大洪山距庆预离开不久，但兵燹造成大洪山满目疮痍，净严开始了艰苦的复兴之路：

  时以襄汉才复，百里绝人，荆榛塞路，虎狼交迹。山顶僧行，散逃馁死，所存不过百数。日餐野菜橡糜，以度朝昏。供利阻隔，屋宇堕颓，庄夫耕具，十无一二。师方定居，劝勉缁徒，开通供路，招置人牛，□辟田圃，未期岁间。四方禅衲，骈肩而来，檀越社供，如赴

---

① 〔宋〕赵彦卫撰，傅根清点校：《云麓漫钞》卷一二，中华书局1996年版，第220页。
② 〔宋〕汪藻：《浮溪集》卷八《大洪山僧守珍补承节郎制》，《四部丛刊初编》本。
③ 〔宋〕荣嶷：《慧照禅师塔铭》，〔清〕张仲炘：《湖北金石志·金石志十一》，国家图书馆善本金石组编：《宋代石刻文献全编》第4册，第339页。
④ 宋人冯楫在《净严大师塔铭》中称其为"宗遂"，《五灯会元》则称之"大洪守遂禅师"，后人多以后者称之，参见〔清〕张仲炘：《湖北金石志·金石志十一》，国家图书馆善本金石组编：《宋代石刻文献全编》第4册，第341页；〔宋〕普济著，苏渊雷点校：《五灯会元》卷一四《青原下十二世·大洪守遂禅师》，中华书局1984年版，第897页。另，吴仕钊主编《慈悲大洪山》将其列为禅院第三代住持，当误，参见该书第八章《洪山佛教 金石碑文》，第181页。

约束。逾年，僧及半千，次满七百，复修院宇，追述先范，大阐纲宗。自此，灵济道场废而复兴。师住持十有三年，丛林再盛，不减畴昔。

除了兴建禅院的艰辛，《净严大师塔铭》复称，身为"曹溪十四世孙"、报恩嫡嗣的净严，曾结十万人念阿弥陀佛，刊《华严经》《遗教经》诸经，注解《四十二章经》《佛遗教经》《沩山警策》，并有语录、偈颂并行于世，可谓今世高僧。冯楫特别提到，能称为当世"高僧"的，不外乎具备以下品质之一："阐扬教典，传授祖灯，护戒精严，存心慈忍，禅定不乱，精勤匪懈，身不衣帛，囊无积财，力兴丛林，善荷徒众，长斋不昧，坐脱立亡，有一于此，号曰名德"，净严不仅"于众善则兼而有之"，而且更为重要的是，在面对突如其来的祸患忧危时，净严能"心不摇夺"，这又是"能为高尚者之所难能"，可谓"追述先范，大阐纲宗"，令"名蓝废而复旧"，故冯楫有"大洪之巅，灵济开山。始自恩公，更律为禅。嗣法净严，继踵而住"之语，实为褒奖净严之功业上接善信，堪比报恩禅师。① 那么，"能为高尚者之所难能"者所指何事？

建炎年间，李横围攻德安府城，时任德安府、复州、汉阳军镇抚使陈规率军民艰难守城七十日，粮尽之时，陈规出家财犒劳将士，士气益振，击溃李横；陈规镇守德安府期间，积极开展屯田和营田，于守城贡献尤大，《宋史》称："自绍兴以来，文臣镇抚使有威声者，惟规而已"；乾道八年（1172），孝宗诏刻陈规之《德安守城录》，颁天下为诸守将法，并为陈规立庙于德安府，赐额"贤守"，追封忠利侯，后加封智敏。②

关于坚守德安府城一事，净严的同乡、知泸州冯楫提供了另一个版本：

贼围城久，米升四十金。时众尚广，日惟一粥，师独请半。士大

---

① 本段关于宗遂的引文包括独立引文，参见〔宋〕冯楫：《净严大师塔铭》，〔清〕张仲炘：《湖北金石志·金石志十一》，国家图书馆善本金石组编：《宋代石刻文献全编》第4册，第341~343页。

② 〔元〕脱脱等：《宋史》卷三七七《陈规传》，第11643~11645页。

夫分惠粮储之类，即均赡大众。晨夕提振祖命，愈勤不辍。贼势甚紧，高声唱言："城破，但存延福长老。"攻既不利，而曰："城中果有异士。"遂引去。镇抚陈规闻而谓众曰："异士，乃吾净严也！"

冯楫笔下可见德安官、民与僧同仇敌忾、共同保卫家园的豪情，但冯楫将守城之功归于净严一人，全赖其与城同在，连陈规亦赞许他。此说大概与保寿禅院小师宗善有关。因冯楫与净严同乡，宗善"状师行实，自洪山不远数千里"来到泸州，求铭于冯楫。与庆预率众僧坚守大洪山得到朝廷嘉奖不同，净严"以道德保护一方"，却未能进入朝廷视野，这使得净严无法与生前、身后皆获褒奖和封赐的陈规并提。另一方面，宣抚司对于净严舍身护城、忠于朝廷颇为赞赏，称其"于传道修行之外，又为人之所难能有如此者"，故兵燹之后，宣抚司奏请净严住持大洪山，复兴保寿禅院。宣抚司对于净严的选择，体现了地方政府对佛教的需要和支持，这对于南宋初年身处战乱、陷于困境的曹洞宗而言，相当宝贵。而净严身后，宗善试图通过冯楫这位地方官员之手，神化净严的守城之功，使其超越陈规，未尝不是希望传扬净严的事迹，提升曹洞宗之影响，从而在乱世中谋求自身发展。或许这是宗善"千里求铭"的一个重要原因。①

庆显，净严弟子，保寿禅院第十一代住持。庆显曾到天童山参谒宏智正觉，正觉指示其奉净严为师，庆显遂去往大洪山，后住持保寿禅院；据权发遣随州军州事张渊记载，当时"京西帅漕、汉东守倅共论荐之，朝廷下省帖照应举请，盖自师始也"；庆显与士大夫来往密切，"缙绅名流，参叩以求"，如"一时名公卿有若丞相虞公、郎中陶公、殿撰陈公、左司丁公，皆当路主司者，一见而忘势交之，出口荐之"；不仅如此，庆显还因建立法幢，得赐"觉照慧空佛智明悟"大师法号；庆显道号"牧蛇"，

---

① 本段引文均参见〔宋〕冯楫：《净严大师塔铭》，〔清〕张仲炘：《湖北金石志·金石志十一》，国家图书馆善本金石组编：《宋代石刻文献全编》第4册，第341~342页。

孝宗在东宫时，"为之亲洒翰墨，作'牧蛇庵'三大字以标榜丛林"。①

庆显声满江湖的时候，正值曹洞宗发展的高峰期。此时，曹洞宗经历了北宋以来大阳警玄、投子义青的重振和大洪报恩、芙蓉道楷时期的中兴，曹洞理论与法门融合多家，更加丰富，至丹霞子淳、真歇清了、宏智正觉时进入兴盛期，宏智正觉继承以往曹洞宗的"休歇"禅法，形成"默照禅"，成为宋代禅宗内部与临济宗"看话禅"相对应的两大禅法之一；正觉的著名弟子中，包括大洪法为法师、襄州石门法真法师等，显示了该时期曹洞宗在大洪山及附近地区传法之活跃。②

从灵峰寺至庆显住持时的保寿禅院，大洪山佛教的发展进程与曹洞宗的中兴和兴盛大体同步。令人困惑的是，绍兴三年（1133）慈忍灵济大师获赐"圆通应感慈忍灵济大师"，如此重要的赐封，《慧照禅师塔铭》《净严大师塔铭》《明悟大师塔铭》均未提及。慈忍灵济大师获赐一事，源于知随州李道上报了慈忍的"灵迹"："大洪山崇宁保寿禅院应感慈忍灵济大师真足，光尧皇帝绍兴三年二月特封圆通应感慈忍灵济大师。以知州李道言灵迹同大洪山神故也。"③上文已述，大洪山神即宣泽灵骏公，神祠于元丰元年（1078）十一月得赐庙额"镇安侯"，同年禅院亦获"灵峰寺"赐额，但张商英未提及此事。绍兴三年，应李道的奏请，高宗下诏大洪山神"镇安侯"庙额加"宣泽"二字，大洪山其他六位山神并获封号：

> 本山土地昭护侯、龙神施普侯、五道将军信助侯，神子〔大〕将军嗣应侯、二将军友应侯、三将军协应侯各加二字，曰广济昭护

---

① 〔宋〕张渊：《明悟大师塔铭》，〔清〕张仲炘：《湖北金石志·金石志十二》，国家图书馆善本金石组编：《宋代石刻文献全编》第4册，第354~355页。另，《湖北金石志》引《湖北金石诗注》马绍基按语："按《宋史》，隆兴三年，虞允文拜资政殿大学士，淳熙元年薨；又，绍兴十二年状元陈诚之。以时证之，丞相者，盖虞允文也；殿撰者，陈诚之也；陶、丁二人无考"，国家图书馆善本金石组编：《宋代石刻文献全编》第4册，第356页。

② 杨曾文：《宋元禅宗史》，第467~516页；并见毛忠贤：《中国曹洞宗通史》，第256~385页。

③ 〔清〕徐松辑，刘琳等校点：《宋会要辑稿》道释一之二，第9974页。

侯，曰灵显施普侯，曰昭贶信助侯，曰嘉贶嗣应侯，曰昭济友应侯，曰惠祐协应侯。以知州李道言"金人侵犯本州，虏骑至山下，神变灵异，贼寇潜遁。收复之初久旱，祈祷降雨，民获秋稔"故也。①

诸山神在绍兴十三年（1143）和乾道六年（1170）再度得到加封：

> 十三年九月，宣泽灵骏公加"显佑"二字；本山土地、龙神、五道将军、山神子将军六位各加二字，曰善应，曰植德，曰灵感，曰普润，曰广利，曰灵通。寿皇圣帝乾道六年十一月，加封昭应显佑宣泽灵骏公，本山土地善应广济（照）〔昭〕护侯加封嘉惠善应广济昭护侯，龙神植德灵显施普侯加封孚贶植德灵显施普侯，五道将军灵感昭贶信助侯加封威显灵感昭贶信助侯，山神子大将军普润嘉贶嗣应侯加封灵惠普润嘉贶嗣应侯，二将军广利昭济友应侯加封□□广利昭济友应侯，三将军灵通惠佑协应侯加封孚济灵通惠佑协应侯。本山崇宁保寿禅院急脚子苟云，乾道九年正月封翊应将军。②

民间诸神因与佛教具有同样的灵迹而受到朝廷的褒奖、封赐，这恐怕是佛教在与民间信仰的交汇和碰撞中希望回避的。禅院急脚子苟云受封一事未加传扬，或许因为苟云不重要，大洪山佛教的开山祖善信在南宋首次得到封赐，僧众却不加以书写和称颂，颇让人费解。是否因为李道奏言慈忍灵济大师的灵迹只是"同"于而没有超过大洪山诸神？宋代地方社会的佛教与民间信仰既共存又谋求各自的发展路径，赐额无疑是一条"捷径"，因此，进入皇权视野、获得赐额、纳入国家礼典无疑是佛教和民间信仰的共同出路，而佛教或许希望通过高僧大德的弘法得到皇权认可，不断推进佛教向上层社会与地方社会的双向发展；而从朝廷与地方政府的立场出发，即使是不同的信仰，若在

---

① 〔清〕徐松辑，刘琳等校点：《宋会要辑稿》礼二〇之九二，第1035页。
② 〔清〕徐松辑，刘琳等校点：《宋会要辑稿》礼二〇之九二、九三，第1035页。

地方治理上能为政权提供"灵异"功能,在朝廷危难之时能帮助官府组织各方力量共同抗敌,大加封赐并非难事。

五、余论

唐代禅宗分化、慧能南宗禅在南方广泛流传,慧能弟子南岳怀让—马祖道一禅系和青原行思—石头希迁禅系自湘、赣流域迅速向各地传播①,受此影响,禅宗或于九世纪初由江西进入随州大洪山,大洪山逐渐成为宋代荆襄地区乃至长江中游的传法中心之一。

与宋代保寿禅院有关的一组碑刻,记录了宋代随州大洪山佛教的兴衰,其变化与曹洞宗由低谷走向繁荣复渐衰落的过程基本同步,从中可以看到宗教与政治权力、地方社会之间复杂的交互关系。

张商英与保寿禅院第一代住持报恩禅师交情较深,应报恩之请写下《灵峰禅寺记》。记文提供了早期大洪山佛教发展的重要线索,也刻画了善信这样一位征服地方社会、感动朝廷、三获(唐、后晋、北宋)赐额的大洪山开山祖师。报恩则为记文亲立碑石,使它成为大洪山的开山之典。此后碑石两次重立,第一次由住持庆预立于宣和六年(1124),另一次由功德主覃道钟、监院僧宗邃复立于庆元元年(1195)。

先看第一次重立。宣和三年(1121)庆预前往保寿禅院时,面临北宋末年的动荡局势,如何求得生存和发展,是庆预需要思考的问题。庆预住持大洪山十二年,其间重立《灵峰禅寺记》碑以正本清源、传续大洪基业,或许可以看作他对于时代和曹洞宗所面临危机的回应。一个祥瑞征兆透露出他的些许想法:"凡两告去,皆弗克;及归,则一再有圆光之瑞,咸疑慈忍所忻相云,而师未始异也。"② 荣嶷举出慈忍祥瑞,颇具象征意义。

再看第二次重立。虽然宏智正觉创立默照禅迎来曹洞宗的发展高峰,

---

① 杨曾文:《唐五代禅宗史》,第 304 页。
② 〔宋〕荣嶷:《慧照禅师塔铭》,〔清〕张仲炘:《湖北金石志·金石志十一》,国家图书馆善本金石组编:《宋代石刻文献全编》第 4 册,第 339 页。

但绍兴二十七年（1157）正觉入灭后，曹洞宗渐趋衰落。因此，保寿禅院监院僧宗邃等人在庆元元年立石①之前当已感受到曹洞宗的变化，他们对于大洪山的丛林地位尤为在意。《明悟大师塔铭》刻意强调三事，一是庆显住持保寿禅院由"京西帅漕、汉东守倅共论荐之"，而且"朝廷下省帖照应举请"始于庆显；二是庆显获赐"觉照慧空佛智明悟"法号，以"八字"凸显法号之尊崇；三是以孝宗在东宫时为庆显亲作的"牧蛇庵"三字来标榜丛林，"此盖前辈衲僧遭逢当世得未曾有也"。② 在曹洞宗走下高峰之时，宗邃再立《灵峰禅寺记》碑，由报恩上溯义青乃至善信和马祖，伴以皇帝封赐、朝廷举请和地方官员论荐，试图强化大洪山传法中心和曹洞宗的地位，具有现实意义。

如果说各级官员支持僧人出任住持与他们的个人信仰或是私人情谊有关，那么，朝廷危难之时僧人主动投身保护地方社会的行动，不仅与自身利益有关，也符合朝廷和地方社会的需要。前引汪藻所谓"其忠可录，何惜一官"，深刻表达了朝廷对于"忠"的呼吁。一个"忠"字，涵盖了政权对宗教、国家对地方、官员对僧人的规范要求。

七通碑石有一共同之处，即强调寺宇和住持们所获得的赐封。这本属常情，与皇权互动自然是声满江湖的"捷径"，而背靠地方官员的支持、借助与朝廷高官的私交，对于这些高僧走出大洪山、保持大洪山的传法地位以及曹洞宗走向繁荣十分有利。借助各级权力的支持，报恩、道楷与子淳走出大洪山，他们的弟子广布，形成多个传法中心，实现了曹洞中兴。当报恩嫡嗣、"曹溪十四世孙"净严助守德安城一事未获朝廷嘉奖、净严也没有得到皇帝赐封时，保寿禅院僧人是有顾虑的，因此，在净严身后，宗善携带净严行实不远数千里来到泸州请求冯楫撰写塔铭，铭文称颂净严临危不乱、继往开来、恢复名蓝之功，赞其为今世高僧。

住持们还以另一种形式走出丛林，即辅佐朝廷和地方政府，这种方式

---

① 〔清〕张仲炘：《湖北金石志·金石志十》，国家图书馆善本金石组编：《宋代石刻文献全编》第4册，第323页。

② 〔宋〕张渊：《明悟大师塔铭》，〔清〕张仲炘：《湖北金石志·金石志十二》，国家图书馆善本金石组编：《宋代石刻文献全编》第4册，第355页。

看似"入世",实则以"入世求出世",在宋代佛教和儒学不断交融与相互影响的背景下,尤其在两宋之际的特殊时期,于佛氏内外皆有补益。这或许并非走出丛林的借口,恐怕也难以"僧俗界限模糊"简单论之。① 与唐代普寂、神会卷入朝廷斗争不同,报恩、道楷等人选择远离政治权力,报恩执意离开东京法云禅寺,由嵩山、大阳山复归大洪;道楷甚至因坚拒徽宗所赐紫方袍和"定照禅师"法号而获罪②,他们在走出大洪山后又以不同形式"回归"大洪山,或由后人建浮屠迎回灵骨③。这与曹洞宗谋求修正宋代禅宗"不安丛林"的"避世型"禅风有关④,《明悟大师塔铭》亦道出众僧选择大洪山的原因:"夫野人之居于深山,所与游啸而燕息者,草木之臭味、麋鹿之资性,适其所自适而已。其于身后荣名,与王公大人借势以为光宠,不惟地偏事左,非其所便利,而其世故缘法,不相关涉,莫或梦想及之也。"⑤ 伴随着曹洞宗内部不同传法中心的发展态势,原本并不是曹洞宗发源地与大本营的大洪山,丛林地位日渐下降,在正觉引领曹洞宗走向高峰的时候,宗遴等人却希望借助孝宗御笔"牧蛇庵"来标榜丛林,宣扬"'牧蛇'之声遍满江湖",实则透露出他们的隐忧与焦虑。

这些忧虑在元代得到了证实。据元人记载,宋末京湖制置使孟珙遣人自随州"捧佛足及累朝所被告敕",徙寺额于鄂州侨置,奏请赐额"崇宁万寿",称其为"鄂之洪山"⑥,此事虽未见于宋代文献,却可以看到南

---

① 毛忠贤在《中国曹洞宗通史》(第374~375页)中指出,佛教由早期的"出世"变为后期的"以入世求出世",虽冠之以"入世劝化"的名义,但成为许多僧众走出丛林的借口;唐代禅宗尚能保持丛林的独立性,宋代的僧俗界限日渐模糊。
② 〔宋〕普济著,苏渊雷点校:《五灯会元》卷一四《青原下十一世·芙蓉道楷禅师》,第884页。
③ 〔宋〕荣嶷:《慧照禅师塔铭》,〔清〕张仲炘:《湖北金石志·金石志十一》,国家图书馆善本金石组编:《宋代石刻文献全编》第4册,第339页。
④ 毛忠贤:《中国曹洞宗通史》,第331、375页。
⑤ 〔宋〕张渊:《明悟大师塔铭》,〔清〕张仲炘:《湖北金石志·金石志十二》,国家图书馆善本金石组编:《宋代石刻文献全编》第4册,第354页。
⑥ 〔元〕黄溍著,王颋点校:《黄溍集》卷一五《武昌大洪山崇宁万寿寺记》,第581页。

宋后期大洪山曹洞宗传法中心的衰落。此时道楷南宗已然趋弱，而道楷北宗迎来曹洞宗的第二次中兴则是元代的事了。①

(作者系武汉大学历史学院教授)

---

① 毛忠贤：《中国曹洞宗通史》，第386~387页。

宋人眼中的冯道*

赵治乐

冯道（882—954），五代名臣，新、旧《五代史》均有传。当时中原纷扰，政权更迭频繁，他却"历任四朝，三入中书，在相位二十余年"①，确实是一个奇迹。他去世6年后宋朝即告建立，这是一个存续时间长达320年之久的相对稳定的政权。因此，探讨宋人对冯道的看法，是一个很有意思的话题。虽然对冯道的评价从宋代开始就层出不穷，当代也多有论及②，但似乎没有人专门关注过宋人对冯道的看法，并进而就此了解这些评价所反映的宋人的一些观念及社会、文化背景等。本文试图从这些方面做一点简单的探索。

在那个成者为王、败者为寇的时代，冯道能够长居高位，深受各位君

---

* 本文经杨果老师多次删改，后在《武汉大学研究生学报》（人文社会科学版）2003年第2期发表，今有所改动。

① 〔宋〕薛居正等：《旧五代史》卷一二六《冯道传》，中华书局1976年版，第1665页。

② 即以最近几年而论，就有秦新林：《冯道新论》，《殷都学刊》1996年第2期；郝兆矩：《论冯道》，《浙江学刊》1996年第4期；王世英、金荣国：《佞臣冯道》，《延边大学学报》（社会科学版）1996年第4期；李模：《略论冯道——兼与王世英、金荣国先生商榷》，《延边大学学报》（社会科学版）1998年第2期；吕喜林：《论五代时期的"不倒翁"冯道》，《阴山学刊》1999年第1期；等等。

主宠信，没有一点真本事是不行的。他一生中的亮点，如规谏后唐明宗、保全中原百姓、面折后周太祖等事，宋人也基本予以承认。对其争论最大的一点，乃在于其人格，即所谓"事四姓十君"①，是无耻，还是明智，抑或是不得已？

总体来看，大多数宋人对冯道的人格是持否定态度的，这种看法影响深远。如欧阳修说："予读冯道《长乐老叙》，见其自述以为荣，其可谓无廉耻者矣。"② 基于这个判断，他竟然在《新五代史》冯道本传中将部分事实作了删改，如说冯道在周世宗以前历事九君，"未尝谏诤"，还说周世宗亲征时，"鄙（冯）道不以从行，以为太祖山陵使"。③ 实际情况则是：冯道在力所能及的范围内，曾多次有效谏诤，如以聂夷中诗谏后唐明宗悯农等；而他之所以不能从行而为山陵使，乃是其职务所系，与周世宗是否鄙薄他没有关系。欧阳修作为一代文宗，如此修史，正是他"意主褒贬，将事实壹意删削"④ 的一个例证。

司马光对他的看法深有同感。他认为："忠臣不二君，贤女不二夫。策名委质，有死无贰，天之制也。彼冯道者，存则何心以临前代之民？死则何面以见前代之君？自古人臣不忠，未有如此比者！"⑤ 由于欧阳修、司马光分别编修《新五代史》和《资治通鉴》，从源头上把握了对冯道的阐释权，而且他们都以自身非凡的人格魅力和成就对当时后世有巨大影响，可以说他们的论断指导了宋人对冯道的看法。

与司马光同时的理学家程颢、程颐，同样完全否定冯道："君子曰：'在道为不忠，在或为不智。如以为事固有轻重之权，吾方以天下为心，

---

① 〔宋〕欧阳修撰，〔宋〕徐无党注：《新五代史》卷五四《冯道传》，中华书局1974年版，第614页。
② 〔宋〕欧阳修撰，〔宋〕徐无党注：《新五代史》卷五四《杂传序》，第611页。
③ 〔宋〕欧阳修撰，〔宋〕徐无党注：《新五代史》卷五四《冯道传》，第615页。
④ 〔清〕王鸣盛著，王永平等点校：《十七史商榷》卷九三《欧法春秋》，〔清〕王鸣盛著，陈文和主编：《嘉定王鸣盛全集》第6册，中华书局2010年版，第1367页。
⑤ 〔宋〕司马光著，李之亮笺注：《司马温公集编年笺注》卷七三《冯道为四代相》，巴蜀书社2009年版，第400页。

未暇恤人议已也，则枉己者未有能直人者也。"①

　　理学既以纪纲风俗为言，冯道不可避免地沦为他们唾骂的对象。理学宗师朱熹就多次对冯道口诛笔伐。他说："乡原者，为他做得好，使人皆称之，而不知其有无穷之祸。如五代冯道者，此真乡原也。"② 朱熹认为冯道连"具臣"也算不上，"孔子所称具臣者，犹能有所不从，若冯道之徒，则无所不从矣。许以具臣已过其分，有以更之，如何？"③ 他还对此事念念不忘："又如前书所论冯道、吕舜徒事，此尤害理。曾与之剧论否？此等处不理会，则朋友之职废矣。发明义理，此亦有之……"④ 看来，文忠、温公诸人以忠义廉耻作为评判标准，而朱熹已将其上升到义理的层面，认为这个大问题如不弄清，将影响到义理之发明，而义理正是理学的根基。

　　朱熹的好友，另一位理学大师张栻也痛心疾首地感叹："乱臣贼子所以接踵于后世也，其弊至于如荀彧、冯道之徒，而论者犹或贤之，岂不哀哉！"⑤ 其他如吕祖谦、文天祥等大名鼎鼎的人物，也异口同声地指冯道为"憸人"，且都有充分的根据和道理。

　　但是，冯道处在当时的形势下，到底应该怎么办呢？大多数人并没有提出一个确切的办法，似乎只有以身殉国，一死了之，这大约在他们看来是不必考虑的了。司马光相对实际一些，他说："臣愚以为忠臣忧公如家，见危致命，君有过则强谏力争，国败亡则竭节致死。智士邦有道则

---

　　① 〔宋〕程颢、程颐著，王孝鱼点校：《二程集·河南程氏遗书》卷四《游定夫所录》，中华书局2004年版，第73页。

　　② 〔宋〕黎靖德编，王星贤点校：《朱子语类》卷四七《乡原德之贼章》，中华书局1986年版，第1188页。

　　③ 〔宋〕朱熹撰，刘永翔、朱幼文校点：《晦庵先生朱文公文集》卷四〇《答何叔京》，朱杰人等主编：《朱子全书》第22册，上海古籍出版社、安徽教育出版社2002年版，第1817页。

　　④ 〔宋〕朱熹撰，刘永翔、朱幼文校点：《晦庵先生朱文公别集》卷六《林择之》，朱杰人等主编：《朱子全书》第25册，第4944页。

　　⑤ 〔宋〕张栻著，杨世文点校：《张栻集·新刊南轩先生文集》卷一六《王陵陈平周勃处吕后之事如何》，中华书局2015年版，第1003页。

见，邦无道则隐，或灭迹山林，或优游下僚。"① 但是，"忠臣"一个个死了，"智士"都躲起来了，老百姓怎么办？尤其是耶律德光要大开杀戒的时候，是仿效他们杀身成仁，还是继续苟活？老先生似乎没有考虑。

宋末名臣文天祥以自己的行为给出答案。他"自为童子时，见学宫所祠乡先生欧阳修、杨邦乂、胡铨像皆谥'忠'，即欣然慕之。曰'没不俎豆其间，非夫也'"，认为"乐人之乐者忧人之忧，食人之食者死人之事"，被俘后，仍坚持"国亡不能救，为人臣者死有余罪，况敢逃其死而二其心乎"②，所以宁死不降于元朝。如此看来，他与冯道的理念和取舍确实有天渊之别。只是，像文天祥这样以生命实践人生信仰的人，在中国实在不多，即使宋代如此不遗余力地提倡忠节。

对冯道这样一个臣下，宋代皇帝更不会有什么好感，他们无一不是对冯道贬斥有加。如宋真宗"与辅臣谈五代事，因曰：'冯道历事四朝十帝，依阿顺旨，以避患难，为臣如此，不可以训也。'"③ 到宋仁宗时，"冯道曾孙舜卿上道官诰二十通，乞录用。上谓辅臣曰：'道相四朝，而偷生苟禄，无可旌之节，所上官诰，其给还之。'"④ 南宋初年，苗刘之变平定后不久，宋高宗以诏书的形式，谴责朱胜非等"危而不持，颠而不扶"的辅臣时，就引冯道之事曰："昔冯道历任数代，常为宰辅，惜身安宠，以免于时，坐视废君易主，如同行路，而欧阳修以为为臣如此，愧断臂之妇人。"⑤ 事实上，当朝皇帝斥责冯道毫不奇怪，他们需要的是能够死心塌地为自己卖命的"忠臣"。"欧阳子、司马公之贬冯道，《春秋》

---

① 〔宋〕司马光编著，〔元〕胡三省音注：《资治通鉴》卷二九一《后周纪二》，显德元年四月庚申，中华书局1956年版，第9512页。
② 〔元〕脱脱等：《宋史》卷四一八《文天祥传》，中华书局1977年版，第12533、12535、12539页。
③ 〔宋〕李焘撰，上海师范大学古籍整理研究所、华东师范大学古籍整理研究所点校：《续资治通鉴长编》卷六五，景德四年闰五月庚寅，中华书局2004年版，第1461页。
④ 〔宋〕李焘：《续资治通鉴长编》卷一七一，皇祐三年八月乙巳，第4108页。
⑤ 〔宋〕李心传：《建炎以来系年要录》卷二五，建炎三年七月甲申，中华书局1988年版，第507页。

之法也。我朝太宗谓范质欠世宗一死，所以立万世为臣者之训。"① 范质遭遇尚且如此，冯道被贬更在情理之中。

由于以上诸公及最高统治者的众口一词，冯道在宋代的处境有点类似于老鼠过街，人人喊打。然而，宋代毕竟还是一个相对开明的社会，士大夫有一定的言论自由，对冯道的批判尚未达到一言堂的地步。如苏辙就曾专作《冯道》一文，为其辩护："冯道以宰相事四姓九君，议者讥其反君事仇，无士君子之操。大义既亏，虽有善，不录也。吾览其行事而窃悲之，求之古人，犹有可得言者。……道之所以不得附于管子者，无其功耳。……使道自附于晏子，庶几无甚愧也。盖道事唐明宗，始为宰相，其后历事八君，方其兴废之际，或在内，或在外，虽为宰相，而权不在己，祸变之发，皆非其过也。明宗虽出于夷狄，而性本宽厚。道每以恭俭劝之，在位十年，民以少安。契丹灭晋，耶律德光……乃罢杀戮，中国之人赖焉。……篡夺之际，虽贲育无所致其勇，而道以拜跪谈笑却之，非盛德何以致此？而议者黜之曾不少借，甚矣。士生于五代，立于暴君骄将之间，日与虎兕为伍，弃之而去，食薇蕨，友麋鹿，易耳。而与自经于沟渎何异？不幸而仕于朝，如冯道犹无以自免，议者诚少恕哉！"② 苏辙的理论根据是晏婴的话："君为社稷死则死之，为社稷亡则亡之。若君为己死而为己亡，非其私昵，孰能任之。"③

更有影响且长期受人诟病的是王安石的议论。据载：

  荆公雅爱冯道，以其能屈身安人，如诸佛菩萨之行。一日，于上前语及此事，介曰："道为宰相，易四姓，事十主，此得为纯臣乎？"荆公曰："伊尹尝五就汤、五就桀者，志在安人而已，岂可亦谓之非

---

① 〔宋〕王应麟著，〔清〕翁元圻辑注，孙通海点校：《困学纪闻注》卷一四《考史》，中华书局 2016 年版，第 1817 页。

② 〔宋〕苏辙著，陈宏天、高秀芳点校：《苏辙集·栾城后集》卷一一《历代论五》，中华书局 1990 年版，第 1010~1011 页。

③ 张纯一撰，梁运华点校：《晏子春秋校注》卷五《内篇杂上第五》，中华书局 2014 年版，第 226 页。

纯臣也？"质肃曰："有伊尹之志则可。"荆公为之变色。①

王安石竟将冯道与儒家倍加尊崇的圣相伊尹相提并论，确实惊世骇俗，无怪乎后人往往据此指责"冯道左右卖国，得罪万世，而安石于汉则取雄，于五代则取道，臣以是知其心术不正，则奸伪百出，僭乱之萌实由于此起。自熙宁、元丰以来，士皆宗安石之学，沉溺其说，节义雕丧，驯致靖康之祸"②。

其实，北宋另一名臣富弼也对冯道予以支持，"富文忠公论道之为人曰：'此孟子所谓大人也。'"③ 到南宋时，虽然对忠节的提倡已经成为主旋律，仍不断有人对冯道予以一些肯定，如爱国诗人陆游就说"道虽暗，犹有忧国之心焉"④。

此外也有人对冯道表示某种同情和赞许，如"宋初三先生"之一的胡瑗，即"以为当五代之季，生民不至于肝脑涂地者，道有力焉，虽事仇无伤也"⑤。南宋楼钥也委婉地承认："人谓契丹不夷灭中国之人，赖道一言之善也。"⑥

这些同情者还分析了冯道在后世口碑不佳的原因，如王禹偁就认为冯道在后汉末曾力图阻拦后周太祖郭威篡位，后来"周世宗朝诏史臣修周祖实录，故道之事所宜讳矣"⑦。

---

① 〔宋〕朱熹撰，李伟国校点：《三朝名臣言行录》卷五之一《参政唐质肃公》，朱杰人等主编：《朱子全书》第12册，第497~498页。

② 〔宋〕徐梦莘：《三朝北盟会编》卷一四十七《炎兴下帙四十七》，上海古籍出版社2008年版，第1070页。

③ 〔宋〕曾慥编纂，王汝涛等校注：《类说校注》卷四《论冯道》，福建人民出版社1996年版，第111页。

④ 〔宋〕陆游：《陆游集·渭南文集》卷二五《书贾充传后》，中华书局1976年版，第2215页。

⑤ 〔宋〕程颢、程颐著，王孝鱼点校：《二程集·河南程氏遗书》卷四《游定夫所录》，第73页。

⑥ 〔宋〕楼钥撰，顾大朋点校：《楼钥集》卷七三《跋余姚县陈山寺碑》，浙江古籍出版社2010年版，第1315页。

⑦ 〔宋〕王禹偁：《五代史阙文》，《景印文渊阁四库全书》第407册，台湾商务印书馆1986年版，第639页。

宋人吴曾甚至认为，即使欧阳修等人对冯道大加鞭挞，也仅仅是年少气盛所致，晚年必不如此，还作《欧阳公论冯道乃壮岁时》来论证："孔子曰'伯夷叔齐不降其志，不辱其身，谓柳下惠少连，降志辱身矣'。夫管仲降志辱身，非圣人不足以知其仁……求诸后世，狄仁杰、冯道庶几焉。仁杰则人无异论，道自为欧阳公所诋，故学者一律不复分别，惜哉！独富郑公、苏黄门、王荆公以大人称之。盖欧阳公为史时甫壮岁，使晚为之，必不尔也……则道也，庶乎有取于欧阳公矣。"①

这些支持冯道的人，多以管仲、晏婴、狄仁杰等人相比附，也很有说服力。他们以为"世讥冯道事四朝十一帝，不能死节。考其所言所行，未尝诡随。免于乱世，盖天幸耳"；列举了冯道一生中的亮点后，实事求是地指出"凡此，皆推诚委命，未尝顾避依阿也"，认为"俗人徒见道之迹，不知道之心"。②晁说之以为"冯道功高，而名节非也，当以管仲为比。曰：'管仲之器小哉！微管仲，吾其被发左衽。'"③

确实，冯道应对那种复杂形势的做法，引起后世各种议论在所难免。因此关于对他的评论，也多次成为宋代策问的主题。如"先儒谓冯道盖有道者，依世寓迹者也，而文忠丑之。夫为史而贬有道者，以不正为正者，以其事为实录者，非诬则漫矣。文忠儒宗，岂诬漫者乎？抑传之失其真乎？或真矣，有不可言、有不可测，愿有以告之"④。

综观宋人对冯道的观点，大致有如下三种情况：

一是以欧阳修、司马光、朱熹等人为代表，对冯道严厉批判。这一派人物众多，影响巨大，且由于政治和学术地位较高，以及宋代一直面临较大的异族压力，基本上成为主流看法。他们的根据是冯道对国不忠，屈膝事仇，甚至有人直接骂其"卖国"，理应受到唾弃。理

---

① 〔宋〕吴曾：《能改斋漫录》卷一〇《议论》，上海古籍出版社1979年版，第299页。
② 〔宋〕曾慥编纂，王汝涛等校注：《类说校注》卷四《论冯道》，第111页。
③ 〔宋〕晁说之：《晁氏客语》，岳麓书社2005年版，第14页。
④ 〔宋〕员兴宗：《九华集》卷八《策问二道》，《景印文渊阁四库全书》第1158册，台湾商务印书馆1986年版，第58~59页。

学家们大都持此观点。

二是以王安石、富弼、苏辙等人为代表，为冯道打抱不平，认为冯道的做法合理，值得肯定和赞颂。其根据是冯道在事实上维护了中原的安定与人民的生命财产，而且在雕版印书方面，给后世文化带来莫大的福祉。另外，他们认为，冯道不殉死于哪一位君主，并不等于卖国，这与孟子的思想"民为贵，社稷次之，君为轻"一脉相承。他们的观点由于王安石形象在宋代的变化而逐渐趋弱，甚至完全成了反面典型。

三是以王禹偁、楼钥等人为代表，对冯道的处境寄予同情，设身处地地去理解他的尴尬一生。如晁补之就认为："冯道在五代时，历事异姓而不预其难，惟其草昧力相篡夺，道以为不足死，而势不得去，故易世更主，依违而独全。而世不加恶于道，或恕而许之，至称其明哲保身，其庶几乎！祭仲之以免者，非耶？然则要极而言之，何如曰'君子遭此为不幸'。"①

作为一个典型的传统社会，宋代面临着更多的内忧外患。皇帝与大多数官僚士大夫对忠节的提倡是当时的主流，所以冯道得到大量负面评价是情理之中的事。

在与他们唱反调的人中，王安石敢于冒天下之大不韪是人所共知的，而王禹偁"颇为流俗所不容，故屡见摈斥"②。苏辙也多与人不合，似乎是一个"永远的反对派"。可以说，他们对冯道的评价，大多数都跟自己的性格密切相关。而富弼作为一位正统的士大夫，能够对冯道提出不同的看法，可能跟他冒着极大的风险使辽相关——他与冯道都是在众人认为有生命危险的情况下深入"虎狼之地"的，所以能够产生一定的共鸣与同情吧。

其实，宋人评价冯道，并不只是为前朝大臣争个是非曲直，更多是借这个话题阐明自己的理念。比如欧阳修就明确地说："礼义，治人之大

---

① 〔宋〕晁补之：《济北晁先生鸡肋集》卷四〇《春秋左氏传杂论》，《四部丛刊初编》本，商务印书馆1919年版，第13页。

② 〔元〕脱脱等：《宋史》卷二九三《王禹偁传》，第9799页。

法；廉耻，立人之大节。盖不廉，则无所不取；不耻，则无所不为。人而如此，则祸乱败亡，亦无所不至，况为大臣而无所不取不为，则天下其有不乱，国家其有不亡者乎！予读冯道《长乐老叙》，见其自述以为荣，其可谓无廉耻者矣，则天下国家可从而知也。"① 他们希望借贬斥冯道来涤荡五代颓风，振作社会正气，效果确实很好。

对冯道持某种肯定态度的人，大多注重客观，承认并非每个人在冯道那种情况下都能够取义成仁，而他们自己也非常务实。如胡瑗就非常注重事功，"时方尚辞赋，独湖学以经义及时务，学中故有经义斋、治事斋……治事斋者，人各治一事，又兼一事，如边防、水利之类"②。而王安石呢，在某种程度上更是将人的才能放在"德行"之上。这从他擢用章惇的过程可见一斑："李承之荐惇于安石。安石曰：'闻惇极无行。'承之曰：'某所荐者，才也。顾惇才可用否，素行何累焉？公试与语，自当爱之。'"果然，一见之下，"安石大喜，恨得之晚"。③ 与曹操唯才是举的主张颇有异曲同工之妙。

观察对冯道持同情、好感甚至一定程度赞扬的人，从宋初的薛居正、王禹偁到北宋中期的胡瑗、富弼、王安石、苏辙等人，都有较高的名望；在南北宋之交，仍有曾慥及布衣吴曾等为冯道鸣冤，但他们的地位及影响等显然与前人不可同日而语；至南宋中期，只有楼钥地位较高，而陆游晚年已经"见讥清议"④ 了；此后，基本没有人再对冯道进行肯定了。从宋初到宋末，这些支持的声音呈现出快速减弱的趋势。北宋相对国势稍张，言论和学术也比较自由，所以王安石居然当着皇帝的面将冯道比作伊尹，其他人身处显位也能够毫无顾忌地阐明自己的看法。而进入南宋以后，面对女真和蒙古的侵略，再去抬高冯道是不合时宜的。且此后理学迅速发展，

---

① 〔宋〕欧阳修撰，〔宋〕徐无党注：《新五代史》卷五四《杂传序》，第 611 页。
② 〔宋〕朱熹撰，李伟国校点：《五朝名臣言行录》卷十之二《安定胡先生》，朱杰人等主编：《朱子全书》第 12 册，第 318 页。
③ 〔宋〕杨仲良：《皇宋通鉴长编纪事本末》卷六四《王安石专用小人》，《续修四库全书》第 386 册，上海古籍出版社 2002 年版，第 538 页。
④ 〔元〕脱脱等：《宋史》卷三九五《陆游传》，第 12059 页。

与其对抗的荆公新学（王安石为代表）和蜀学（苏轼、苏辙为代表）等迅速式微，"正心诚意"的理念逐渐占据主导地位，对冯道的正面评价自然越来越无力。这些"异端"论者几乎没有理学家，就是一个侧面的说明。

宋人屡屡将冯道与北宋名相王旦相提并论，如在谈到宋真宗的天书事件时，"时王旦为相，材有过人者，然至此不能力争，议者少之。盖旦为人类冯道，皆伟然宰相器也。道不幸生于乱世，生死之际不能自立；旦事真宗，言听谏从，安于势位，亦不能以正自终，与道何异"[1]，似乎王旦连冯道都有所不如。但冯道最后得谥号"文懿"，被认为是因其一生依违，所以"不得谥为文贞、文忠"[2]。有趣的是，王旦却得到了宋代"至美"且很少颁赐的谥号"文正"，而且没有引起多少争议，真有点不可思议。

（作者系武汉大学自然科学学报编辑部主任）

---

[1]〔宋〕苏辙撰，俞宗宪点校：《龙川别志》卷上，中华书局1982年版，第73页。
[2]〔宋〕薛居正等：《旧五代史》卷一二六《冯道传》，第1666页。

宋代地方行政单位"军"的体制变化*

田 雁

本文所探讨的军是产生于五代时期而在宋代被广泛设置的一种特殊的地方行政单位。军作为一种地方行政建制单位的体制，其内容涉及军的设置、行政地位、行政等第划分和行政隶属关系等方面。

在五代时期，军的体制较为简单，它是一种县级地方行政单位，大都直属各藩镇节度使管辖。在宋代，军的设置始于立国之初，直至王朝灭亡，前后三百多年，其间军的体制经历了多次变化。

一、北宋初年的军

军作为特殊地方行政单位产生于五代。后周时，各军在行政地位上是相同的，都属节度州管辖。因此军的行政地位与隶于州的县相当。《新五代史》称："五代置军六，皆寄治于县，隶于州，故不别出。……皇朝军监始自置属县，与州府并列矣。"[①] 其所讲五代系指后周末年的情况，入宋后军作为一种地方行政建制单位，在地方行政体系中的地位出现了一定的变化。

---

* 本文原发表于《南昌教育学院学报》2011 年第 5 期，今有所改动。
① 〔宋〕欧阳修撰，〔宋〕徐无党注：《新五代史》卷六〇《职方考三》，中华书局 1974 年版，第 740 页。

宋王朝建立后，继承了后周的地方行政体系，军作为地方行政体系的一部分不仅被加以承袭，而且大加设置，仅宋太祖在位时，即新设军十四个，远胜于后周。但宋初设军与后周时出现了一点明显不同，即军在设置时明定其行政隶属关系，是直隶京师还是隶于府州。如宋开国第一年（建隆元年，960）曾设保塞、承天两军，承天军即"仍隶镇州"①，而保塞军则是直隶于中央的。

唐末五代藩镇节度使手中的权力，最重要的是其对所辖地方州县的控制，一个节度使所在藩镇往往下辖有数个支郡（州），这些支郡无论在财政、行政或军事、司法上都受节度使的控制。宋朝为避免重蹈唐末五代的覆辙，自其建立之初即开始逐步加强中央集权，首要之举就是削弱藩镇节度使手中的权力。故而宋初削藩兵权，支郡概直属京师，"旧日之军遂亦渐与州府并列"②。如永静军"太平兴国六年，以军直属京"③。但亦有少量的军未直隶于京师，而仍隶于府州之下。如周置之保顺军，在《宋史·地理志二》中虽然它与永静军等一样独立成条，但其下注曰："周置军于沧州无棣县南二十里。开宝三年，又以沧、棣二州界保顺、吴桥二镇之地益焉，仍隶沧州。"④ 入宋后保顺军辖域虽有扩大，但并未像永静军一样直隶京师，而是仍隶属于沧州管辖。再如德清军入宋后也仍归澶州（后升开德府）管辖。

因此，宋初之军有直隶（京师）与非直隶之分，但这种区分仅反映其地位的重要与否，包括拥有某种特定的权力，并不代表两者存在行政级别上的差异。正因为如此，聂崇岐在总结开宝末年府州军监总数时，所得州级地方行政单位的数目不同于宋代文献资料所载："……合府、州、军、监共二百六十三。惟《宋史·地理志序》《玉海》及《宋会要稿》皆云开宝九年凡有州二百九十七，与今核实之数相差三十有四，倘非讹误，

---

① 〔清〕徐松辑：《宋会要辑稿》方域五之三五，中华书局1957年版，第7400页。
② 聂崇岐：《宋代府州军监之分析》，《宋史丛考》（上册），中华书局1980年版，第122页。
③ 〔元〕脱脱等：《宋史》卷八六《地理志二》，中华书局1977年版，第2125页。
④ 〔元〕脱脱等：《宋史》卷八六《地理志二》，第2123页。

则必并隶州之军监而言也。"① 这表明在宋太祖时军虽有直隶与否之分，但并无行政级别之差异，故宋人统计时并未去除"隶州之军监"。

这一点从宋初时军之长官的称呼上亦可得到佐证。军在唐代是道下面的一种军事建制单位，道之长官为节度使，军之长官则为军使。五代后期军驻地由军政区域转为地方行政单位时，其长官仍沿用军使一名。后来该名称又被宋沿袭，建隆元年（960）宋设保塞军，其长官即称保塞军使："（孙）行友弟易州刺史方进、侄保塞军使全晖，皆诣阙待罪，诏释之。"② 但亦可发现，"军、监使，掌同诸州……亦有称知军、监事者"③。可举北海军长官称呼为例：北海军设于建隆三年（962），于乾德三年（965）升为潍州，前后存在仅四年，其间长官之称呼有称军使的，也有称知军的：

> 建隆三年，升青州北海县为军，以（杨）美为军使，为政尚简易，民皆德之。④

> （许仲宣）宋初赴调，引对便殿。仲宣气貌雄伟，太祖悦之。擢授太子中允，受诏知北海军。⑤

由以上例证可知，宋初之时军的长官在称呼上没有严格区分，知军与军使两名互用。宋初为加强中央集权，在地方长官的任用上，逐步开始采用差遣制，以京朝官知地方事，称为守臣。因而"知某府军府事""知某州军州事""知某县事"相应地简称为"知府""知州""知县"。而作为地方行政单位的军，其长官作为守臣亦称"知某军事"，简称"知某军"或某军"知军"。从而军之长官形成两称：其本称为"军使"，当其由京朝官出任时则称"知军"。这也从另一个方面证实：宋初的军在行政隶属关系

---

① 聂崇岐：《宋代府州军监之分析》，《宋史丛考》（上册），第122页。
② 〔宋〕李焘撰，上海师范大学古籍整理研究所、华东师范大学古籍整理研究所点校：《续资治通鉴长编》卷二，建隆二年八月甲辰，中华书局2004年版，第52页。
③ 〔清〕徐松辑：《宋会要辑稿》职官四七之一，第3418页。
④ 〔元〕脱脱等：《宋史》卷二七三《杨美传》，第9325页。
⑤ 〔元〕脱脱等：《宋史》卷二七〇《许仲宣传》，第9268页。

上是有区别的，但在行政级别上则无明确区分，因而直隶与非直隶两类军的长官并没有用不同名称来加以区分。

二、北宋中期的军

军在宋初仅有直隶与非直隶的区别，而对于直隶京师之军的行政等级并无明定。这一点从成书于太平兴国八年（983）的《太平寰宇记》可以看出。此书中所记各军并未对军的行政等级予以区分，其中被聂崇岐认定为县级的宝兴军与其后列为同下州的各军都并列而书。①

宋初时这些军在行政等级上未加区别，其一是与军本身的特殊性有关，其二则是与当时朝廷对地方行政单位军的级别并未进行严格的界定有关。但成书于元丰三年（1080）的《元丰九域志》中，不仅出现与州并列之直隶军标有"同下州"的行政级别，而且将隶于府州之军称为军使，以"军使"作为县一级"军"的建制单位名称。这表明宋代军制在这一百年间出现了几个变化：第一，直隶京师的军取得了州的行政地位：等同下州；第二，非直隶军隶属府州，其行政级别相当于县而地位则高于县；第三，"军使"除了作为县级军建制的单位名称，在与知军分别作为县级军长官和州级军长官名称时，不再混用或相互替代。

细考《元丰九域志》一书，除了记有标明"同下州"的军（如梁山军、安肃军等），还列有作为地方行政建制单位的"某某军使"，如在鄜州下列有"康定军使"。《宋史·地理志》在开德府下列有"德清军"，小字注文称"庆历四年……置军使"；沧州下列有"保顺军"，小字注称"治平中……置军使"；中山府下有北平军，庆历四年（1044）置军使；真定府下有天威军，熙宁八年（1075）置军使。这表明这些军都是隶属于府州军使的县级军，但仍以军为名。前面提及的"康定军使"有些文献中亦称"康定军"②。因此，在北宋中期，当军在行政级别上出现州级

---

① 该书在处理监时也是如此，聂文列为州级的监仅有四个：桂阳、大宁、富义、大通，而该书与州并列之监远不止这四个。

② 宋仁宗依范仲淹之请，于鄜城建军，"诏以为康定军"，见〔元〕脱脱等：《宋史》卷三一四《范仲淹传》，第10270页。

与县级之分时，县级军作为一个行政建制单位其名可称军使，也可称军。

军使作为县级军长官之名与知军不再混用的出现，细考宋代史籍，至迟在北宋中期以后就存在。据《宋会要辑稿》，元丰七年（1084）八月"二十九日诏：武臣知州军及军使，并三年为一任"①。此处知军与军使两名之间用"及"而非"或"，显然明示两者并非指同一对象，即军使并非知军的另一名称。《宋史·地理志五》载，石泉军宣和三年（1121）降为军使，七年（1125）复为军额。《宋会要辑稿·方域》在表述同一件事时称："石泉军……宣和二年以知军为军使"②；"（宣和）七年二月六日诏：成都府路石泉县依旧为军，差武臣知军"③。可见，此时知军与军使并非同一官职的不同称呼，否则"以知军为军使"则失去意义。上述引文表明，当石泉军隶于府时长官为军使，不隶于府时为知军。宣和三年石泉军长官由知军降为军使，七年复军额时，其长官则又称为知军。

熙宁三年（1070）王安石在与神宗讨论古渭一带情况时曾言：

> 秦州常患地阔远难管摄，若得古渭蕃盛，因建军令救应侧近城寨，分秦州忧责，接引洮河一带蕃部，极为长利。如王韶者，令领古渭军事，亦无害也。……今若得青唐，建以为军，其首领便与一诸司使副名目，令为军使，亦未为过。④

此处言及两处设军之事，一为古渭，一为青唐，古渭属秦州地，青唐则尚属蕃族，二者同言置军时，古渭之军则领军事（即为知军），而青唐之军则为军使。

前举数例中，军的行政地位分别相当于州和县两种，把军使作为县级

---

① 〔清〕徐松辑：《宋会要辑稿》职官四七之一五，第3425页。
② 〔清〕徐松辑：《宋会要辑稿》方域七之三，第7426页。此处时间与《宋史》不一致，参考《舆地纪胜》，当为宣和三年。
③ 〔清〕徐松辑：《宋会要辑稿》方域七之一，第7425页。
④ 〔宋〕李焘：《续资治通鉴长编》卷二一四，熙宁三年八月辛未，第5205~5206页。

军建制单位和长官的名称，这一切应出现于宋太宗至道三年（997）分路之后，至迟在元丰之前完成。

三、北宋末期的军

北宋自州级军确立其地位后在体制上即未有变化，县级军却随着时间的推移而有了变化。

仁、神宗朝时的县级军是县治置军使的，这些县级军中军使与知县是什么关系？早期所设的军使，大都没有提及军使与知县的关系。北平、怀化两军军使兼知县事仅见于《续资治通鉴长编》，它书未见记载。北平军在《宋史·地理志》中仅载有"即北平县治置军使"①。永康军军使兼知县事则仅见于南宋后期成书的《方舆胜览》："……复即导江县置永康军使兼知县；复专为永康军。"《宋史·地理志》则只称"复即导江县治置永康军使，隶彭州"，《宋会要辑稿》只记有"九年，复即导江县置永康军使"②，都未提及"军使兼知县"一事。但哲宗朝后所置军使则有明确的记述，如临海军使由胶西知县兼，清平军使兼知终南县事，这不仅在《宋史·地理志》中有明文记载，其他各书也都有相同的记载。

军使与知县互兼作为县级军长官的这种体制形成于何时？细考上述四军，北平军作为县级军设置是在仁宗庆历四年（1044），永康军置于神宗熙宁九年（1076），临海军置于哲宗元祐三年（1088），清平军③置于徽宗大观元年（1107）。这表明，使县之间的这种互兼关系（即由一人身兼"军使""知县"两职），至迟在宋哲宗时即已出现。徽宗朝后，使县互兼之例日益增多，如设于宣和年间的石泉、安肃、保定、永宁均为使县互兼，至南宋后，除少数例外，大多数设置军使的军均为使县互兼。这表明到北宋末时，军使与知县互兼已成为县级军的一种体制。

---

① 〔元〕脱脱等：《宋史》卷八六《地理志二》，第2127页。
② 分见〔宋〕祝穆撰，〔宋〕祝洙增订，施和金点校：《方舆胜览》卷五五《成都府路》，中华书局2003年版，第984页；〔元〕脱脱等：《宋史》卷八九《地理志五》，第2215页；〔清〕徐松辑：《宋会要辑稿》方域七之三，第7426页。
③ 此为置于凤翔府清平镇的清平军。

四、南宋时的军

北宋时非直隶军的建制单位在早期是以军为名的，即或在使县互兼时，也另有军额来专称军使，如怀化军使兼知南川县事，永康军使兼知导江县事，胶西知县兼临海军使，清平军使兼知终南县事等，只有在军额采用地域名时才未另列军名。在《宋史·地理志》中，北宋时期存在的北平军、德清军、庆成军、天威军等县级军，都是以"军"为名列于所隶府州之下的。但这一情况在南宋时有了变化，除了特许保有军额，设军使的非直隶的县级军通常是以"县"为名隶于府州的。

之所以出现这种变化，《宋会要辑稿》在枣阳军条下有以下一段记载：

> 枣阳军，旧随州枣阳县，绍兴十二年升为军，是年降军使，隶随州。绍兴十二年九月一日，工部尚书莫将言：随州与唐州接界，欲升枣阳县为军……诏从之，仍令帅司拨定属县，申尚书省。
>
> 绍兴十二年十月六日，吏部言：京西路安抚使司申，乞将枣阳知县兼充军使，更不添置官属。取到进奏院状，随州枣阳县依先降指挥升为军，若为军名，即不隶随州。今来止令知县兼充军使，合隶随州管下。从之。①

这表明，在南宋时期，设军使的非直隶军，在官方正式行政体制中表现其隶属关系时，通常不能以军为名，只称县。有军额而名为"军"的，乃是一种特例，《方舆胜览》称："中兴以来分道置帅，以云安为夔州属邑，差京朝官为军使，仍借服色。盖虽以县隶，而军额仍旧。"② 据《宋史·地理志》，云安军于建炎三年（1129）为军使。茶陵军，《宋史·地理志》

---

① 〔清〕徐松辑：《宋会要辑稿》方域五之二〇，第7393页。
② 〔宋〕祝穆撰，〔宋〕祝洙增订，施和金点校：《方舆胜览》卷五八《夔州路》，第1029页。

单列:"茶陵军,绍兴九年,升县为军,仍隶衡州。"①《方舆胜览》称:茶陵军"中兴以来,湖南路安抚、提刑奏升军额。知县曰:'茶陵军使兼知茶陵县事,仍隶衡州。'"②云安军、茶陵军皆为设军使的县级军。此外涟水军在建炎四年(1130)复升为军之前,也只是有军额而无军使的非直隶军:"建炎四年五月二十四日诏:楚州涟水军虽有军额,自来只差知县,隶楚州,事力单弱,可令依旧额,更不隶楚州。"涟水县,"建炎四年升为军"。③

南宋县级军除少数例外,只能以县为名隶于府州,这使后人忽视县级军作为一种县级地方行政建制单位存在的事实,以及它作为宋代军制的组成部分在当时所曾起过的重要作用,仅仅把军使看作一种地位高于县而低于州的一般地方行政单位。

军这种特殊地方行政单位在北宋初期仅有直隶与非直隶的区别,在行政级别上无明确区分,至北宋中期出现州级与县级的分化,至北宋末期始,军中的县级军又出现了知县兼军使的军县合一趋势,至南宋时知县兼军使成为县级军的一种惯例。

(作者系深圳博物馆副研究馆员)

---

① 〔元〕脱脱等:《宋史》卷八八《地理志四》,第2200页。
② 〔宋〕祝穆撰,〔宋〕祝洙增订,施和金点校:《方舆胜览》卷二六《湖南路》,第474页。
③ 〔清〕徐松辑:《宋会要辑稿》方域六之一一,第7411页。

心态史视角下宋代的女主政治*
——以北宋刘太后为中心

刘广丰

历史是由人创造的，而人是有感情的动物，故历史的发展往往会受到人物心理的影响。中国传统史学，往往注重源流、制度与传承，人物当然也是传统史学重点考察的对象，但对于人物心理，过去的历史学家"往往只限于零星地、小范围地、时断时续地记述人们的心理状态"①。近代的心态史学出现在20世纪的欧洲，它是历史学与心理学交融的产物，为历史研究提供了新的方法，也为历史增添了不少动感与光彩。法国历史学家吕西安·费弗尔（Lucien Febvre）把心态史学分为三个分支，即集团心理学、特殊心理学和差别心理学，当中其实就包含了人群心理的共性，以及不同历史人物心理之间的差异性。② 简单来说，生活在同一时代环境下的特定人群，应该都会有共同的心理，但由于每个人在成长环境及人生经

---

* 本文原发表于《中原文化研究》2018年第2期，今有所改动。
① 彭卫：《心态史学研究方法评析》，《西北大学学报》（哲学社会科学版）1986年第2期。
② 有关费弗尔的观点，参见彭卫：《心态史学研究方法评析》，《西北大学学报》（哲学社会科学版）1986年第2期。

历上都大有差异，于是也会产生不同的心理。而历史，正是由这些在心理上既有共性又有差异性的人物共同创造的。

中国古代是典型的男权社会，而且越到后来越是如此。然而，女性并没有放弃对政治与社会权力的追求，一旦有机会，她们也会尝试攫取权力，以女子之身统治整个男权社会。因此，从秦汉到明清，中国的女主层出不穷，其发展顶峰当属唐代，因为唐之武则天乃以女子之身攫取皇权，成为中国古代唯一一位女皇帝。然而，中国古代的礼法制度乃由男性制定，当中不乏约束女性的条文，例如在政治上，女主执政往往被称为"牝鸡司晨"，这种观念深入人心，至清初，王夫之甚至极端地认为"母后临朝，未有不乱者"①。由此可见，历代女主往往被视为异类，并遭到男性士大夫的防范、诟病、攻击，有时候还会惹来杀身之祸。为求达到统治目的，她们当然会采取一些有别于男性统治者的，"非程序化的、秘密的手段，从而使他们的统治表现出更加突出的残酷性与阴谋性"②。这些手段，其实也正是她们统治心态的反映。

目前学界对女主心态的研究并不多，而且主要集中在唐代。③ 然而，一方面，宋代参政女主在人数上并不少于唐代，而且宋代在经历了五代乱离后，基本建立起了士大夫与皇帝共治天下的局面；另一方面，宋朝又被少数民族政权包围，彼方的政治传统与制度，多多少少都会对宋朝产生影响。因此，宋代女主政治的特色与唐代大不一样，这些女主的统治心态也非常值得探讨。本文将以北宋真宗皇后刘氏为中心，揭示宋代女主的统治心态。之所以选取刘皇后作为研究对象，原因有以下几点：第一，她是宋代第一位垂帘听政的太后，在宋代女主中有里程碑式的影响；第二，她也是宋代执政时间最长的女主，其政治作为甚至可与武则天相比，在宋代也

---

① 〔清〕王夫之：《读通鉴论》卷七，中华书局1975年版，第481页。
② 张星久：《母权与帝制中国的后妃政治》，《武汉大学学报》（社会科学版）2003年第1期。
③ 如勾利军：《武则天的自卑心理与性格特征》，《史学月刊》1998年第1期；陈弱水：《初唐政治中的女性意识》，邓小南主编：《唐宋女性与社会》，上海辞书出版社2003年版，第659~694页。

具有典型意义；第三，作为一位强势的女主，她的行为虽然饱受争议，但在执政时期未对朝臣施以极端的统治手段，也没有引起宋朝政局的动荡，可以说与武则天形成鲜明的对比。当然，关于宋代女性政治，尤其是刘太后的研究成果已经不少，但这些成果大多是探讨她的权力、作用、势力以及历史地位[①]，很少有人讨论她的统治心态及其对政治的影响。例如一个最为普通的问题：刘太后为什么没有步武则天的后尘，当上中国历史上第二位女皇帝呢？前人的研究大多认为，这是宋代既成的制度以及朝中士大夫对她的约束，或因缺乏家族势力而不敢妄动。这些结论当然有其道理，然而，人们却忽视了她对仁宗的教育培养——若仅仅是为了独揽大权，她完全可以放任心智不成熟的仁宗，士大夫也无奈之何。要理解这一切，还需要从刘太后的成长经历以及她从中形成的心态进行探讨。本文的创新之处有以下几点：第一，整体探讨刘太后的成长经历，尤其是她与真宗交往的经历，以分析她执政时的总体心态；第二，不把刘太后这一人物的心态作为一个静止的研究对象，而是动态地分析国内外发生的事件对她统治心态的影响，尤其是要探讨其晚年心态转变的原因；第三，纵向与横向地把刘太后与不同时期、不同地区的女性政治家做比较，以总结历史上和同时代的一些人物对她心态发展的影响。

---

① 可参见李涵：《章献刘皇后擅政与寇准之死》，北京大学中国中古史研究中心编：《纪念陈寅恪先生诞辰百年学术论文集》，北京大学出版社1989年版，第307~314页；张邦炜：《宋真宗刘皇后其人其事》，《宋代婚姻家族史论》，人民出版社2003年版，第233~264页；祝建平：《仁宗朝刘太后专权与宋代后妃干政》，《史林》1997年第2期；张明华：《北宋第一位垂帘太后与宋代最初的党争》，《开封师范高等专科学校学报》1999年第4期；张明华：《北宋刘皇后经济思想初探》，《开封师范高等专科学校学报》2000年第3期；刘静贞：《从皇后干政到太后摄政——北宋真仁之际女主政治权力试探》，鲍家麟编：《中国妇女史论集续集》，台湾稻乡出版社1999年版，第123~162页；[美]贾志扬：《刘后及其对宋代政治文化的影响》，漆侠主编：《宋史研究论文集——国际宋史研讨暨中国宋史研究会第九届年会编刊》，河北大学出版社2002年版，第126~141页；张其凡、白效咏：《乾兴元年至明道二年政局初探——兼论宋仁宗与刘太后关系之演变》，《中州学刊》2005年第3期；王瑞来：《"狸猫换太子"传说的虚与实——后真宗时代：宋代士大夫政治下的权力博弈》，《文史哲》2016年第2期。

一、刘太后"于赵氏实有大功"

刘太后是宋真宗的第三位皇后,在仁宗朝初年垂帘听政长达十一年之久,她与武则天确实有很多相似之处①,难怪宋代的士大夫把她看作武则天而对之处处提防。② 深通历史、"晓史书"的刘太后,对相距仅三百余年的武则天肯定了解甚多,作为女主,若她要效仿武则天,必须有所举措,但事实证明,她并没有效仿武氏。关于这点,可以从她对待赵氏宗室的态度看出来:她从未如武则天那样大肆诛戮赵氏宗室,相反,她对赵氏族人相当优遇。据《宋史》记载,至仁宗即位,太宗之子尚在人世者,只有长子元佐与泾王元俨。元佐在仁宗即位不久后即去世,得"赠河中、凤翔牧,追封齐王,谥恭宪"③,可见刘太后对他甚为优待。死者如此,生者待遇更甚,深通韬晦之道的元俨,在仁宗即位后,"拜太尉、尚书令兼中书令,徙节镇安、忠武,封定王,赐赞拜不名,又赐诏书不名。天圣七年,封镇王,又赐剑履上殿。明道初,拜太师,换河阳三城、武成节度,封孟王,改永兴凤翔、京兆尹,封荆王,迁雍州、凤翔牧"④。刘太后除了按惯例不让宗室掌权,可谓让元俨享尽位极人臣的待遇了。对与真宗同辈之赵氏长者如此,对仁宗后辈的赵氏宗室,刘太后也同样体现出家族长者对晚辈的关怀之情。据王珪记载,尚为儿童的赵世延入见刘太后,因能背诵唐名贤诗数十篇,即受到嘉许,"遂赐名,以为右侍禁,稍迁西

---

① 她们的出身均相对较低;她们的丈夫均是开国后的第三位君主,且性格与能力都大逊于开创期的两位皇帝;她们成为皇后的历程均比较艰难;皇帝对皇后均十分钟爱;而作为皇后的两位均早已参与朝政,且有较强的政治能力与较大的权力欲。不同的是,继承唐高宗皇位的,是武后的亲生儿子,且已成年;而继承宋真宗皇位的赵祯,并非刘氏亲生,且尚在年幼。综观这种比较,宋真宗末年的形势似乎更不如唐高宗末年。就笔者所见,今人做出这种比较者甚少,只有邓小南先生曾做过类似比较,但她对比之对象乃宋真宗与唐高宗,并非刘后与武后,参见邓小南:《祖宗之法:北宋前期政治述略》,生活·读书·新知三联书店2006年版,第341~342页。

② 见张其凡、刘广丰:《宋真宗朝寇准与丁谓争斗事实考述》,张玉春主编:《古文献与传统文化》第13集,华文出版社2007年版,第49~88页。

③ 〔元〕脱脱等:《宋史》卷二四五《赵元佐传》,中华书局1985年版,第8694页。

④ 〔元〕脱脱等:《宋史》卷二四五《赵元俨传》,第8705页。

头供奉官"①。此外,陪伴仁宗读书的元佐之孙赵宗旦,同样得到刘太后的关怀,为他寻找衣冠之族进行婚配。② 从家族观念的角度出发,上述刘太后的事迹,乃反映她在赵氏家族中之家长地位与作用。在处理家族事务时,她并没有做出有损赵氏利益之事;相反,她对待赵氏族人,始终带有温情,其目的乃欲使赵氏族人和谐相处,并紧密维护以皇帝为核心的家族关系。

或有疑问曰,武则天之所以大肆屠戮李氏族人,乃因李氏宗亲多有反对武氏专政者。然则有赵氏宗亲反对刘氏专政否?史料对此记载甚少,主要因为自太宗以降,宗亲少有掌权者,情况与唐代不同。然而赵氏中与刘太后意见相左的也有人在。如赵廷美之孙赵承庆,其名犯刘太后祖刘延庆讳,太后遣近侍令之改易,不从。其后,刘太后亲自过问此事,赵承庆的语气相当强硬,不但表达了对太后要求他改名这一无理要求的不满,更表达了他对彭城王刘通避讳问题的不满。③ 然而太后并没有因此责罚他,这足见她对于赵氏家族并无遏制甚至迫害之心。

有记载说太后欲以荆王元俨为皇太叔,且养荆王子于宫中,似对仁宗不利,故为吕夷简所劝谏。④ 这种记载,似乎认为刘太后有另立君主之意,但实在不堪一驳。刘太后若欲另立新君,必选有利于己者,若真以年长之元俨为君,她就连继续垂帘听政的理由都没有了。至于荆王子,或取其年幼易制之意,但仁宗即位之时已然年幼,其后他一直为刘太后所掌控,刘太后何必多此一举。故此,正如张邦炜先生所言:"吕夷简如此

---

① 〔宋〕王珪:《华阳集》卷五五《宗室金紫光禄大夫检校右散骑常侍右武卫大将军使持节绛州诸军事绛州刺史充本州防御使兼御史大夫上柱国天水郡开国公食邑二千七百户食实封四百户赠武宁军节度观察留后追封彭城郡公墓志铭》,《景印文渊阁四库全书》第1093册,台湾商务印书馆1986年版,第407页。

② 〔宋〕王珪:《华阳集》卷五三《赵宗旦妻贾氏墓志铭》,第392页。

③ 〔宋〕杨杰:《无为集》卷一二《故武信军节度使谥康简追封循国公神道碑》,《宋集珍本丛刊》第15册,线装书局2004年版,第332页。

④ 〔宋〕朱熹撰,李伟国校点:《五朝名臣言行录》卷六之一《丞相许国吕文靖公》,朱杰人等主编:《朱子全书》第12册,上海古籍出版社、安徽教育出版社2002年版,第171页。

'防微杜渐'，实属捕风捉影。"① 其实，刘太后若真想另立幼主，甚至易姓而代，也根本没有必要迫害仁宗。唐高宗逝世时嗣君李显已然成年，有自己独立的思维与执政能力，故与母亲武则天多有矛盾，武则天为谋代立，故对儿子加以迫害。但刘太后的情况与武氏大不相同，仁宗即位时尚且年幼，其思想、性格、爱好等尚未定型，若她真有另立或代立之心，大可放纵仁宗，让其任意妄为，或把他培养成一昏君、庸君，这样皇帝在内宫骄奢淫逸，太后在外朝掌控朝政，待时机成熟，只需一句皇帝本性顽劣，不宜为万民之主，便可成为另立、代立的理由。事实上，仁宗那时年纪尚轻，确实容易受人蛊惑，有一次他听宦官谗言，想把祖宗平定南方后获得的珍宝器铭从奉宸库中取出玩赏，但刘太后趁机给他上了一课，说："祖宗混一四海，创业艰难，此皆诸国失德不能有，故归我帑藏，今日观之，正可为鉴戒。若取以为玩好，或以供服用，则是蹈覆车之故辙，非祖宗垂训之意也"，宋人朱弁对此事评论道："后之用心，岂不深且远哉！"② 由此可见，刘太后并没有放纵仁宗，她对仁宗的学习、理政，甚至其道德观、价值观的培养，均以仁君标准要求，一丝不苟，足见她本身无另立或代立的主观意向，而是一心一意为赵宋皇朝培养理想的皇帝。曾与刘太后为敌的李迪，后来不禁感叹："诚不知太后圣德乃至此！"③ 而北宋名臣司马光后来也对她评价道："章献明肃皇太后保护圣躬，纲纪四方，进贤退奸，镇抚中外，于赵氏实有大功。"④

二、刘太后不效武氏之心态分析

历史事实已经证明，刘太后并未效法武氏称帝，故现代一些论者认为

---

① 张邦炜：《宋代皇亲与政治》，四川人民出版社1993年版，第183页。
② 〔宋〕朱弁撰，孔凡礼点校：《曲洧旧闻》卷一《章献明肃皇后设香案开奉宸库勉仁宗鉴戒》，中华书局2002年版，第97~98页。
③ 〔宋〕李焘撰，上海师范大学古籍整理研究所、华东师范大学古籍整理研究所点校：《续资治通鉴长编》卷一〇，天圣七年九月壬午，中华书局2004年版，第2523页。
④ 〔宋〕司马光：《上慈圣皇后论任人赏罚要在至公名体礼数当自抑损》，〔宋〕赵汝愚编，北京大学中国中古史研究中心校点整理：《宋朝诸臣奏议》卷二六，上海古籍出版社1999年版，第250页。

刘太后并非武则天第二。① 前人的观点，多逐点批驳历来认为刘太后有武氏之心的依据，或从制度、大臣防范、外戚势力薄弱等角度出发，论述刘太后不敢效法武氏自立的原因。这些观点都很有道理。然而笔者认为，刘氏本人的心态，对解释她何以不效仿武氏的原因至关重要。

刘太后之所以在掌控朝廷大权的同时能一心保护仁宗以及保存赵氏家族，跟她与真宗的感情不无关系，她参与政治的能力，以及行使皇权的野心，都来自真宗。刘氏与武则天的出身在当时来说都相对较低，但两者大不一样。武氏家族只是未能跻身甲族，但毕竟是官宦之家。武则天十四岁入宫，她与母亲道别时曾有"见天子庸知非福"②之语，可见其入宫乃欲改变命运，其野心亦可窥见。③ 但刘氏则本贫家女子，若非年轻的真宗认为"蜀妇人多材慧"④，把她招入王府，则其可能以开封街头一卖艺妇人而终老一生，根本不能涉足政治。故她在入王府以前，不可能有任何政治野心；即便她被真宗招入王府，但当时真宗尚未成为太子，其上有两位兄长，而刘氏本人后来又被太宗下令逐出王府，二人前途祸福尚未可知，何谈政治远见。不过，真宗坎坷的皇帝之路，让他们共同面对了太宗朝的各种风风雨雨⑤，二人的感情也不断加深，这一点，她与武则天是很不一样的。真宗即位后，立即把刘氏接入皇宫，郭皇后死后，他更不顾朝中大臣反对，立她为后。刘氏被立为皇后时已经四十四岁，容貌不复当年，可见

---

① 可参见张邦炜：《宋代皇亲与政治》，第 17~19 页；杨果：《宋代后妃参政述评》，《江汉论坛》1994 年第 4 期。
② 〔宋〕欧阳修、宋祁：《新唐书》卷七六《武后传》，中华书局 1975 年版，第 3474 页。
③ 关于武后早期人格之发展，可参见雷家骥：《武则天传》，人民出版社 2008 年版。
④ 〔宋〕李焘：《续资治通鉴长编》卷五六，景德元年正月乙未，第 1225 页。
⑤ 真宗乃太宗的第三子，太宗本意属长子元佐，但元佐不满太宗对待太祖诸子及秦王廷美的手段，装疯佯狂；而太宗二子元僖又趁机谋夺储位，但最终身死；后来太宗从寇准之议，立三子元侃为太子，但李皇后又在太宗面前对他多番诽谤，甚至在帝位传承之际欲发动政变改立元佐，故太宗立储之事，牵涉很多宫廷内外的斗争，真宗的皇帝之路，可谓艰险重重。相关事件及其论述，可参见何冠环：《宋初朋党与太平兴国三年进士》，中华书局 1994 年版。

她与真宗之间是一种长期而真挚的爱情①，而非流于庸俗的情色关系。

正是在爱情的基础上，真宗逐步培养出刘氏参与政治的能力与野心。宋代从太祖开始，即向独裁政权发展，正如刘静贞教授所言："太祖、太宗为集权于中央、总揽于天子所施行的种种措施，并未及身而止。他们的心血被奉为圭臬，引为成范，而且沿为制度，君主独裁体制于焉成立。继体之君即使没有什么能力，也能凭着制度进行独裁统治。""就制度论，宋以后的君主纵使没有什么能力，独裁统治仍然能够施行；不过，若就现实来看，独裁统治虽然还在继续施行，但实际发动者却已不是皇帝。"②由此可见，太祖、太宗已然创立的各种制度，迫使真宗本人必须实行独裁统治，但真宗之能力与魄力，远比不上其父亲，更遑论太祖；他在中年又致力于"天书降神"之事，独裁政治于他而言，实是力不从心，故此，他需要有人在身边与他分担、商量，甚至出主意。换言之，他需要让渡出一部分皇权，以减轻其自身的压力。制度并不允许他选择朝中大臣，他也没选择宦官、佞臣，而是选择了他深爱的女人——刘氏。于是，"帝每巡幸，必以从。……帝朝退，阅天下封奏，多至中夜，后皆预闻之"③，当真是形影不离。这种选择于历史而言是偶然的，于真宗而言却是必然的，因为他需要有人帮他解开心中的郁结，并分担他的苦闷，而多年来陪伴他经历风雨的刘氏，正合适不过。真宗对刘氏有知遇之恩，刘氏的知识、才能以及政治能力、政治地位，无一不是来自真宗。她与真宗的相遇是偶然的，却从此改变了她的命运。刘太后与真宗的感情基础十分深厚，在她垂帘听政期间，一些官员的任免以及一些政策的出台施行，均闪现出真宗的

---

① 真宗郭皇后崩于景德四年（1007），但一直到大中祥符五年（1012）刘氏才被立为后，当中原因主要是朝中大臣认为刘氏出身太低而反对。另刘氏出生于开宝二年（969）正月，仅比真宗小一个月，她十五岁与真宗遭遇而入王府，很有可能是真宗第一位异性伴侣，而三十年后真宗依然固执地立她为后，可见他们之间的感情之深。见〔元〕脱脱等：《宋史》卷二四二《郭皇后传》，第8612页；《刘皇后传》，第8612~8614页。

② 刘静贞：《皇帝和他们的权力——北宋前期》，台湾稻乡出版社1996年版，第204~205页。

③ 〔宋〕李焘：《续资治通鉴长编》卷七九，大中祥符五年十二月丁亥，第1810页。

影子，这也反映了刘太后对真宗的思念之情。① 既然真宗对刘氏有恩，刘氏对真宗独子的保护、对其家族的关怀、对其王朝的妥善经营，何尝不是一种报恩的心态呢？

当然，刘氏并非不贪图权力，尽管她最初并没有政治野心，但当了皇后之后，她在真宗的纵容下，品尝到最高权力的快感，而且对之越来越迷恋。因此，当朝中有大臣试图剥夺她的权力时，她会毫不犹豫地予以反击，寇准在政治争斗中的惨败就是最好的例证。而仁宗继位后，宰相丁谓一度欲架空太后独自掌权，也被她远贬于海上。② 既然如此，她如何在报答真宗之恩与继续掌控皇权之间做出平衡呢？无论古人先哲学者，抑或现今学界同仁，均多把刘太后与武则天做比较，而却少与同时期的辽景宗皇后萧绰（小字燕燕）做比较。其实，刘太后并没有效仿唐之武则天，她的行事举措，反与辽之萧绰多有相似。事实上，三位皇后均有一个相似的经历，即她们都因皇帝在世时体弱多病而参与政治。③ 就权力方面而言，萧绰与武则天其实更为相似：武则天在高宗时已与他并称"天皇""天后"，共决朝廷大政；萧绰"以女主临朝，国事一决于其手。大诛罚，大征讨，蕃汉诸臣集众共议，皇后裁决，报之知帝而已"④。辽景宗亦于保宁八年（即宋开宝九年，976）二月"谕史馆学士，书皇后言亦称'朕'暨'予'，著

---

① 如鲁宗道、薛奎、杨崇勋的任命，据说均来自真宗生前的推荐；此外，台谏制度在这时期的改革，也是沿袭真宗的政策。见〔宋〕李焘：《续资治通鉴长编》卷九九，乾兴元年七月辛未，第2291页；卷一一一，明道元年十二月壬寅，第2596页。〔宋〕徐自明撰，王瑞来校补：《宋宰辅编年录校补》卷四，中华书局1986年版，第187页。〔清〕徐松辑：《宋会要辑稿》职官三之五一、五二，中华书局1957年版，第2423页。另据江少虞记载，刘太后曾通过女眷要求执政学习王旦，当中也提到这是先帝的要求，见〔宋〕江少虞：《宋朝事实类苑》卷一二《名臣事迹》，上海古籍出版社1981年版，第141页。

② 有关丁谓在朝廷斗争中所扮演的角色及其下场，可参见王瑞来：《宰相故事：士大夫政治下的权力场》，中华书局2010年版，第219~246页。

③ 关于辽景宗的皇后萧绰，据《契丹国志》记载，景宗"及即位，婴风疾，多不视朝"；"刑赏政事，用兵追讨，皆皇后决之，帝卧床榻间，拱手而已"。见〔宋〕叶隆礼撰，贾敬颜、林荣贵点校：《契丹国志》卷六《景宗孝成皇帝》，上海古籍出版社1985年版，第57页。

④ 〔宋〕叶隆礼撰，贾敬颜、林荣贵点校：《契丹国志》卷六《景宗孝成皇帝》，第60页。

为定式"①，可见在景宗生前，萧绰已然获得与武则天一样的权力，能以代理皇帝的身份在外朝听政。然而，武、萧二后在丈夫死后的表现却大不相同：武则天为获得最高权力，多番迫害李氏族人甚至是自己的亲生儿子，并最终自立为帝；萧绰乃受景宗遗诏垂帘听政，据《契丹国志》记载：

> 先是，后未归政前，帝已长立，每事拱手。或府库中需一物，必诘其所用，赐及文武僚庶者，允之，不然不与。
>
> 帝既不预朝政，纵心弋猎，左右狎邪与帝为笑谑者，太后知之，重行杖责，帝亦不免诃问。御服、御马皆太后检校焉。或宫嫔谗帝，太后信之，必庭辱帝。每承顺，略无怨辞。②

从这两则材料可以看出，萧绰垂帘听政后，一直掌握朝中大权，但她并没有代立之心，反而是一心一意培养儿子圣宗，使其成为辽国的优秀君主。史书上没有明载刘太后垂帘听政的心态乃效仿萧绰，且刘太后作为中原大国之女，从主观心态上也不可能主动效仿戎敌女主的做法。但萧氏这种培养教育方式与刘太后教育仁宗的方法大致相仿，也就是说，两位皇后均以维护夫家利益为己任。刘太后的政治作为之所以与萧绰相仿，保扶并培养仁宗，其实也容易理解。宋、辽自签订澶渊之盟以来，双方停止战争，处于和平状态，每年双方君主寿辰与正旦节日，均互派使节通好，故此，萧绰的事迹得以传播中原。刘太后长期陪伴真宗身边，并帮他处理政事，必然对契丹之事有所接触，故她对这位"叔母"③也是了解甚深。萧太后辅助圣宗，实际上也是掌控圣宗，以操掌辽国朝中大事。但其保护培育天子之举，使她死后英名长留青史，辽国臣民及圣宗本人对她也是感恩戴德。同样是要操掌国家最高权力，在刘太后看来，萧绰的做法显然比武则

---

① 〔元〕脱脱等：《辽史》卷八《景宗纪上》，中华书局 1974 年版，第 95 页。
② 〔宋〕叶隆礼撰，贾敬颜、林荣贵点校：《契丹国志》卷七《圣宗天辅皇帝》，第 71 页。
③ 澶渊之盟其中一条，即两国结成兄弟之邦，真宗与辽圣宗以兄弟相称，而真宗则称萧太后为叔母，盟约的具体内容，见〔宋〕李焘：《续资治通鉴长编》卷五八，景德元年十二月辛丑，第 1299 页。

天高明，萧氏没有迈出称帝自立的一步，故也没有像武则天那样在史书上留下骂名。① 刘太后明白宋朝的实际政治环境令她不能像武则天那样称帝自立，而她自己也不愿意辜负真宗对她的恩遇，在这一大前提下，她对自己的期许并不止步于对生前权力的掌握，同时注重身后名声的保存，即要成为名留青史的一代女主。刘太后虽非主动效仿萧绰，但多年来萧氏的政治形象与政治行为在她心目中潜移默化，她对萧氏的做法产生了认同与共鸣，从而在政治作为上与之相仿。理解此点，才能解释刘太后问鲁宗道"唐武后何如主"，鲁宗道回答说"唐之罪人也，几危社稷"时的心态。据史书记载，当时刘太后听到此话后，态度"默然"。② 显然，她想获得武则天的辉煌成就，却不想像武则天那样，成为"宋之罪人"。再如程琳献《武后临朝图》试探，太后即掷图于地曰："吾不作此负祖宗事。"③ 因为她深知，若作此负祖宗事，不但对不起真宗，自己也必会受后人诟病，这也是她极不愿意的。既想在听政期间有所作为，又想留下身后美好名声，有了这种心态，刘太后在政治行为上，自然更靠近与她处于同一时代的萧绰，而非唐之武则天了。

此外，刘太后与萧太后能免去武则天朝激烈的政治斗争而顺利掌握朝廷大权，乃因当时情况与武则天时不同。唐高宗逝世时，太子已经成年，故武则天根本没有垂帘听政的借口，即便是高宗遗诏，也只要求"军国大事，有不决者，兼取天后进止"④，换言之，日常事务，可由嗣皇自己处理，武则天要攫取最高权力，一番斗争在所难免。但辽圣宗即位之时，只有十二岁⑤，尚未成年，萧太后已奉遗诏垂帘听政，大权在手，不必再作争斗。刘太后的境况与萧太后相仿，仁宗十三岁即位，刘太后已经稳操大权，也

---

① 《辽史》对萧绰的评价是："后明达治道，闻善必从，故群臣咸竭其忠。习知军政，澶渊之役，亲御戎军，指麾三军，赏罚信明，将士用命。圣宗称辽盛主，后教训为多。"见〔元〕脱脱等：《辽史》卷七一《睿智萧皇后传》，第1202页。
② 〔宋〕李焘：《续资治通鉴长编》卷一〇七，天圣七年二月庚申，第2494页。
③ 〔元〕脱脱等：《宋史》卷二四二《刘皇后传》，第8615页。
④ 〔宋〕宋敏求编：《唐大诏令集》卷一一一《大帝遗诏》，中华书局2008年版，第68页。
⑤ 可参见〔宋〕叶隆礼撰，贾敬颜、林荣贵点校：《契丹国志》卷七《圣宗天辅皇帝》，第63页。

不必选择武则天的道路而自毁名声。因此，当时无论从哪方面的条件与角度考虑，保扶幼主从而掌控朝政的执政模式，对刘太后来说是最为有利的，而这也正是当年萧绰在辽国的执政模式。

然而，相似的模式在文化背景不同的地方，产生的效果也肯定不会一样。中原宋朝的实际情况与辽国大不相同，双方文化背景差异较大。辽国向来是皇族耶律氏与后族萧氏同治天下，无论哪一任皇帝在位，均可见其皇后预政的影子。但在儒家文化背景下的大宋皇朝，女主专政一直不能得到士大夫的认同，认为这是"牝鸡之晨，唯家之索"，故在仁宗成年后，士大夫纷纷要求刘太后还政。太后对此是早有心理准备的，在执政的大部分时间里，她都能以平常心态对待这些反对的声音，但随着她逐渐步入晚年，老年人的一些心理在她身上也开始发挥作用，再加上邻国发生的一些事情，让她晚年的统治心态发生了巨大的变化。

三、还政的博弈

如前所述，宋朝的士大夫政治已经形成，刘太后要维护自己的统治，就必须维持有足够数量的士大夫集团以为她所用。在当时成千上万的朝廷官员中，献媚以图进位者固属少数，但不畏权威敢直言抗疏者，见记于史的也只十数辈而已。也就是说，士大夫中的大部分人，其实走的是中间路线，他们既不赞成，也不公开反对刘太后垂帘听政，而只是在自己的仕途上默默耕耘。刘太后所依赖者，正是这些士大夫中的多数群体。而对于一些虽然逆她的旨意而行，却又未真正挑战其统治权力根本者，她也往往拉拢任用，以在其他士大夫中树立榜样，并能为她招来善于用人的美好名声，宰执中王曾、鲁宗道、吕夷简、张知白、薛奎、王曙等，以及台谏中刘随、孔道辅、鞠咏等俱是如此。然而，随着仁宗逐渐成长，刘太后主政的合法性越来越弱，对此进行挑战，要求她还政的声音越来越多，也越来越强，面对这些敢于挑战其合法性的士大夫，刘太后对手中权力从未放松。

其实，刘太后早在仁宗即位之初便提出"候上春秋长，即当还政"①，在她的手诏中，也流露出"期见抱孙之欢，永遂含饴之乐"②的想法，但从其日后的行为看，这似是敷衍，而非出于真心。直到逝世以前，她一直掌控着朝中大权，仁宗在政治上一般只能听其摆布。③但是，刘太后得以垂帘听政，其合法性之根本乃源于她与仁宗的母子关系，仁宗以幼君即位，她乃以家长的身份辅助儿子处理国事。然而，仁宗即位之时已经十三岁，按照中国古代传统，皇帝十五岁便算成年④，可以亲政，也就是说，

---

① 〔宋〕李焘：《续资治通鉴长编》卷九九，乾兴元年八月乙巳，第2296页。
② 司义祖整理：《宋大诏令集》卷一四《真宗大祥后皇太后赐宰臣等手书》，中华书局1962年版，第68页。
③ 下文会讨论吕夷简劝刘太后厚葬李宸妃之事，史料描述刘太后"引帝偕起。有顷，独出"，仁宗此时已经二十三岁，竟然还像小儿一样被刘太后导之出入，其对太后恭默顺承可见一斑，见〔宋〕李焘：《续资治通鉴长编》卷一一一，明道元年二月丁卯，第2577页。
④ 中国古代以冠礼作为男子成年的标志，《仪礼注疏》记载："二十而冠，急成人也。"然则普通男子到二十岁即可谓之成年，但对于王室而言则另有规定，如《通典》曰："周制，文王年十二而冠，成王十五而冠。"至魏晋南北朝时期，这种规定更趋明确，《宋书》云："晋武帝泰始十年，南宫王承年十五，依旧应冠。有司议奏：'礼十五成童。国君十五而生子，以明可冠之宜。……'于是制诸王十五冠，不复加命。"由此可见，皇子成年，应以十五岁为准。到唐宋之际，冠礼已不复流行，关于皇室冠礼的记载越来越少。《通典》虽转载了《宋书》关于皇子冠礼的记载，但仅仅记录了唐贞观五年（631）皇太子的冠礼。当时太子为唐太宗长子李承乾，据《旧唐书》记载，他于太宗即位当年，即唐武德九年（626）被立为太子，时年八岁，则他当生于武德二年（619），贞观五年时应为十三岁。《唐会要》记此事于贞观三年（629），则承乾当时只有十一岁。宋代关于皇子冠礼记载更少，笔者仅于《宋史》找到大中祥符八年（1015）宋真宗为太子举行冠礼的记载，当时太子赵祯只有六岁。无论十三岁（或十一岁）的李承乾还是六岁的赵祯，均难称成年，因此以唐宋皇子冠礼的年龄去界定皇帝即位时成年与否，似乎不太科学。然而，宋人理念当中亦把十五岁作为皇帝成年的标志。元祐时期，梁焘曾上言当时垂帘听政的宣仁高太后说："今皇帝圣年十五，齿亦已长矣。自古人君，远则十五而冠，冠者谓有成人之道。在庶人则为童子，在天子则为成人，何也？谓王教之本，不可以童子之道理焉，故必责善而进之以成人。是以古之学者，十五入大学，谓七八之数，阴阳备而志明，可以学矣。"本文据此把十五岁作为君主成年的界限。以上考述参见〔汉〕郑玄注，〔唐〕贾公彦疏：《仪礼注疏》卷三，《十三经注疏》本，中华书局1980年版，第958页；〔唐〕杜佑撰，王文锦等点校：《通典》卷五六《天子加元服》，中华书局1988年版，第1571页；〔南朝梁〕沈约：《宋书》卷一四《礼志一》，中华书局1974年版，第335页；〔后晋〕刘昫等：《旧唐书》卷七六《李承乾传》，中华书局1975年版，第2648页；〔宋〕王溥：《唐会要》卷二六《皇太子冠》，中华书局1955年版，第495页；〔元〕脱脱等：《宋史》卷一一五《礼志十八》，第2725页；〔宋〕梁焘：《上宣仁皇后论皇帝进学之时》，〔宋〕赵汝愚编，北京大学中国中古史研究中心校点整理：《宋朝诸臣奏议》卷五，第48页。

刘太后本该在天圣二年（1024）之时还政于仁宗。但事实证明，作为仁宗成年的礼物，她只是在他身边安排了一位皇后，而从未提及还政之事。或许她认为，十五岁的仁宗尚处于懵懂少年之期，不能够独立处理政事。

延至天圣六年（1028），仁宗已经十九岁，按照传统观念，他无论在生理或心理上都算成年了。也就在这一年，一些士大夫终于忍不住，左司谏刘随喊出了要求刘太后还政的第一声："帝既益习天下事，而太后犹未归政，随请军国常务专禀帝旨。"① 很明显，这是刘太后垂帘听政以来第一次有人挑战她的权威，并要求她交出大部分权力。她本人当然很不高兴，刘随也知此事非其一人可以促成，他上此疏，估计是想表明士大夫的态度，并且欲开天下之先，期待其他大臣轮番上疏奏请还政。他自以为此疏上后必不容于太后，故立即请求外任，而刘太后也顺水推舟，命他出守济州。② 但是，刘随的一石之音，并未立即激起士大夫千层之浪，他出朝之后一年多的时间里，并未再有士大夫提出让刘太后还政的要求。至天圣七年（1029）末，才有士大夫再兴还政之声，这次上疏的是素以天下为己任，有"先天下之忧而忧，后天下之乐而乐"之志的范仲淹。当年十一月九日是冬至，仁宗如每年正旦那样，先率众大臣在会庆殿向太后祝贺，然后再到天安殿受朝。秘阁校理范仲淹奏疏言："天子有事亲之道，无为臣之礼；有南面之位，无北面之仪。若奉亲于内，行家人礼可也；今顾与百官同列，亏君体，损主威，不可为后世法。"疏入，不报。其后，他"又奏疏请皇太后还政，亦不报"。于是范仲淹像刘随一样，"遂乞补外。寻出为河中府通判"。③

值得注意的是，对于范仲淹两封冒犯太后的奏疏，后宫的反应都是不予理睬。而且，无论刘太后对刘随或范仲淹如何不满，他们出守或出判外郡，均非出自她的贬谪之意，而是他们自求出朝。换言之，太后在天圣七年（1029）以前，并未对要求她还政的士大夫大加打击。此后将近两年的时间里，朝廷重新回归平静，士大夫也无要求还政的言论。直到天圣九年

---

① 〔宋〕李焘：《续资治通鉴长编》卷一〇六，天圣六年七月乙巳，第 2476 页。
② 〔宋〕李焘：《续资治通鉴长编》卷一〇六，天圣六年七月乙巳，第 2476 页。
③ 〔宋〕李焘：《续资治通鉴长编》卷一〇八，天圣七年十一月癸亥，第 2526~2527 页。

（1031），翰林学士宋绶才又重新发出这一呼声。当年十月，宋绶上言曰：

> 唐先天中，睿宗为太上皇，五日一受朝，处分军国重务，除三品以上官，决重刑；明皇日听朝，除三品以下官，决徒刑。今宜约先天制度，令群臣对前殿，非军国大事及除拜，皆前殿取旨。①

这是请求刘太后像唐睿宗当太上皇那样，五日一听朝，并只处理军国重务，而把其他次要的政务归还仁宗亲自处理。严格来说，宋绶并非要求刘太后一次性放弃全部权力，而只是采取一种循序渐进的办法，这一点跟刘随相似，但他引用唐朝先例，则比刘随更有理据，而与范仲淹直接要求太后还政相比，其语气和态度都谨慎得多。但此书一上，即"忤太后意"，太后立即降宋绶为龙图阁学士，出知应天府。显然，这次与以往不同，宋绶并非自求外出，而是太后因愤怒而将他赶出朝廷。当时已回朝任侍御史知杂事的刘随与殿中侍御史郭劝"并言绶有辞学，当留在朝，不宜处外，不听"②，足见刘太后对此事的固执。

在此之后，士大夫要求刘太后还政的呼声越来越频密，明道元年（1032）五月，进士林献可"抗言请皇太后还政"③；八月，滕宗谅与刘越因皇宫大火一事，认为"国家以火德王天下，火失其性，由政失其本"④，因此请太后还政；其他大臣如孙祖德、刘涣、石延年等，也纷纷奏请太后还政⑤。其实大臣在此时上书请求太后还政，也是可以理解的。唐代武则天易姓称帝，

---

① 〔宋〕李焘：《续资治通鉴长编》卷一一○，天圣九年十月己卯，第2567页。
② 〔宋〕李焘：《续资治通鉴长编》卷一一○，天圣九年十月己卯，第2567页。
③ 此事记于〔宋〕李焘：《续资治通鉴长编》卷一一二，明道二年四月庚戌，第2611页。另李焘于前卷对此事发生时间有具体考证："按苏舜钦作林书生诗，云生得罪未十旬，禁中火，则生奏封事盖五月间。"见〔宋〕李焘：《续资治通鉴长编》卷一一一，明道元年六月丁未，第2582页。
④ 〔宋〕李焘：《续资治通鉴长编》卷一一一，明道元年八月丁卯，第2588页。
⑤ 孙祖德事，见〔宋〕李焘：《续资治通鉴长编》卷一一二，明道二年四月己未，第2614页；刘涣事，见卷一一三，明道二年十一月戊寅，第2644页；石延年事，见卷一一六，景祐二年二月丁卯，第2721页。

也是在长久垂帘听政之后,且她称帝时,年六十六岁。明道元年(1032)时,刘太后已经六十四岁,虽然她并没有大肆诛杀赵氏宗室,在其垂帘过程中也无重大革易之事,然而她在仁宗成年后久未还政,士大夫实在猜不透她内心的真实想法。此外,天圣九年(1031)她因其侄刘从德之死而大封其宗族门人,并为此一连罢免四名御史,第二年,林献可因奏请还政而被远贬岭南,这些举动,已使得"人心惶惑,中外莫测"①,引起士大夫的担忧。既然无法探知太后的真实想法,又要维护仁宗以及赵宋皇室的正常法统,士大夫唯有轮番上奏,要求太后还政。

然则刘太后的真实想法是什么呢?《宋史·李遵勖传》记载:"初,天圣间,章献太后屏左右问曰:'人有何言?'遵勖不答。太后固问之,遵勖曰:'臣无他闻,但人言天子既冠,太后宜以时还政。'太后曰:'我非恋此,但帝少,内侍多,恐未能制之也。'"②刘太后此言未必不是出于真心,当时宦官若非受太后禁遏,早已蛊惑仁宗;而后来的事实也证明,仁宗亲政后一段时期,的确沉迷酒色,自我放纵。③但笔者认为,刘太后虽没有废赵宋而代立的野心,但她不肯还政,更主要还是因为她对权力的偏执以及她对失去权力后的恐惧,此点在其晚年表现尤为明显。宋绶只是提议把部分权力归还给仁宗,便立即遭到贬责;其后,虽然史书上没有记载滕宗谅、刘越、石延年等因请求还政之事而被责,但林献可因此而被"窜于岭南",刘涣差点被"黥面配白州"。孙祖德也是趁刘太后之病加

---

① 〔宋〕李焘:《续资治通鉴长编》卷一一一,明道元年六月丁未,第2582页。
② 〔元〕脱脱等:《宋史》卷四六四《李遵勖传》,第13568页。
③ 在刘太后去世后不久,年方二十五岁的仁宗便"稍自纵,宫人尚氏、杨氏骤有宠"。结果是身体日渐衰弱,甚至一度"不豫",见〔宋〕李焘:《续资治通鉴长编》卷一一三,明道二年十二月乙卯,2648页;卷一一五,景祐元年九月戊子,第2698页。至于仁宗不豫之原因,可参考石介给王曾的信:"正月以来,闻既废郭皇后,宠幸尚美人,宫庭传言,道路流布。或说圣人好近女室,渐有失德。自七月、八月来,所闻又甚,或言倡优日戏上前,妇人朋淫宫内,饮酒无时节,钟鼓连昼夜。近有人说圣体因是尝有不豫。《春秋传》曰:'是为近女室,疾如蛊,非鬼非食,惑以丧志。'斯不得不为虑也。"由此可知仁宗不豫乃因过于接近女色,见〔宋〕李焘:《续资治通鉴长编》卷一一五,景祐元年八月庚午,第2694~2695页。

重，才敢奏请还政，"已而疾少间，祖德大恐"①。孙祖德之所以"大恐"，正是因为有样板在前，他生怕刘太后会因此重重责罚他，由此亦可知，在天圣九年（1031）之后，刘太后责罚要求还政的官员，并不是个案特例。

四、邻国之殇

为什么刘太后对要求还政者的态度有如此变化呢？笔者认为，这首先跟老年人的心理有关。现代心理学认为，随着年龄增长，记忆衰退，以及身边一些不幸之事的发生，老年人会有一定的心理困扰，如挫败感，甚至会出现抑郁、焦虑和愤怒等情绪。而在产生消极情绪方面，女性的比率高于男性。②天圣九年（1031），刘太后已经六十三岁，与她相知相爱近四十年的丈夫早已离她而去，尽管把持一国皇权，享尽人间荣华，但在寂寞深宫之中，也必然倍感孤独。而正在这一年，她一向疼爱的侄子刘从德又死了，这让她悲伤不已，负面情绪不断增加。也是同一年，契丹发生的一件大事，更让刘太后感到惶恐。宋天圣九年，亦即契丹太平十一年（1031）六月，契丹国主耶律隆绪逝世，庙号"圣宗"。圣宗死后，其子耶律宗真即位，是为兴宗。圣宗遗诏，本以其正妻齐天皇后萧菩萨哥为皇太后，以兴宗生母顺圣元妃萧耨斤为皇太妃。但元妃匿藏此道遗诏，自为皇太后，并令人诬告齐天皇后谋反，将她以囚车押赴上京囚禁，又杀其左右百余人。不久之后，又派人赴上京缢杀齐天。③

以上所叙述者，乃契丹一段宫廷政变，这段史实虽引起辽史研究学者

---

① 以上史实见〔宋〕李焘：《续资治通鉴长编》卷一一二，明道二年四月庚戌，第2611页；明道二年四月己未，第2614页；卷一一三，明道二年十一月戊寅，第2644页。

② 参见刘碧英：《老年人心理特点与心理保健》，《中国临床心理学杂志》2005年第3期；王莹等：《老年人的心理特征因素对生活满意度的影响》，《中国人口科学》2004年增刊。

③ 以上史实见〔宋〕李焘：《续资治通鉴长编》卷一一○，天圣九年六月丁丑，第2559~2560页。

的关注①，却很少受到宋史研究学者的注意。笔者认为，这段历史其实与刘太后晚年一些行事施为很有关系。为何有此结论，可试比较刘太后与齐天皇后一些相似之处：其一，他们均是当时皇帝的正妻，根据宋真宗与辽圣宗订立的"澶渊之盟"，两位皇帝以兄弟相称，两位皇后亦可谓姒娣关系。其二，刘太后无亲生儿子，萧氏有子，但"皆不育"②，换言之，两位皇后均是膝下空虚。其三，真宗嗣子乃后宫李氏所生，李氏者实乃刘皇后的侍女而已，仁宗出生后，刘皇后即"以为己子，使杨淑妃保视之"③；而在辽圣宗朝，"宫人（萧）耨斤生兴宗，后养为子"④，可见萧氏与刘太后在抚育皇子上有相似的经历，而皇子的亲生母亲，均是后宫宫婢。但是，萧菩萨哥并没有刘太后如此强势的手腕，且契丹皇族的婚姻制度，也注定了她的悲剧。⑤刘太后与萧菩萨哥，虽从未见面，但已神交多年。早在乾兴元年（1022）仁宗即位之初，辽圣宗即对菩萨哥说："汝可致书大宋皇太后，使汝名传中国。"⑥从此以后，两位皇后在每年的正旦与双方寿辰时，皆互通使节，此时菩萨哥被陷害致死，对刘太后而言实乃不小的震撼。刘太后作为当局者，并不会且亦没有足够时间去认真研究邻国皇族的婚姻制度，她所着眼的乃是如何从此事中吸取教训。

显然，辽圣宗并没有像宋真宗那样，为萧菩萨哥保守皇子并非亲生的秘密，相反，他除了册封兴宗生母为元妃，还大力扶持元妃家族，使其

---

① 可参见蔡美彪：《辽代后族与辽季后妃三案》，《历史研究》1994年第2期；孟凡云：《论辽代后权的双重性及齐天后失败之原因》，《内蒙古社会科学》1997年第6期；吴凤霞：《辽代宫廷变乱与其制度的关系》，《河北学刊》2001年第4期。

② 〔宋〕李焘：《续资治通鉴长编》卷一一〇，天圣九年六月丁丑，第2559页。

③ 〔元〕脱脱等：《宋史》卷二四二《李宸妃传》，第8616页。

④ 〔元〕脱脱等：《辽史》卷七一《仁德萧皇后传》，第1202页。

⑤ 蔡美彪先生认为，连同此案在内的辽代后妃三案，其根本乃萧姓后族内部不同族系互相斗争所致；孟凡云先生则认为，齐天后之败，乃缘于契丹长期以来的皇后"宜子制度"，亦即皇后必须生育皇子，否则必然要被废去，故此，虽说宫人萧耨斤觊觎后位，实乃后位本该由她所有，而菩萨哥长期占据后位，是圣宗保护所致，乃辽国历史之特例。可参见蔡美彪：《辽代后族与辽季后妃三案》，《历史研究》1994年第2期；孟凡云：《论辽代后权的双重性及齐天后失败之原因》，《内蒙古社会科学》1997年第6期。

⑥ 〔宋〕李焘：《续资治通鉴长编》卷九八，乾兴元年六月乙巳，第2282页。

"三兄二弟皆封王"①，故此，在圣宗逝世后，能真正掌控新皇帝的乃元妃萧耨斤而非皇后菩萨哥。据《辽史·兴宗本纪》记载，圣宗崩于太平十一年（1031）六月，就在当月二十五日，自立为皇太后的萧耨斤虽未立即把菩萨哥杀害，但也已把她的亲属萧锄不里与萧匹敌赐死，萧延留等七人弃市，并将菩萨哥本人迁于上京囚禁。②据《续资治通鉴长编》记载，契丹告哀使在七月初一来到开封宋廷，元妃自立为太后之事，也必连同圣宗逝世、兴宗即位的消息一起，正式通知宋朝。③

所谓兔死狐悲，刘太后与萧菩萨哥可谓同病相怜，又岂会不为其事感到惊惧呢？宋绶上书请刘太后把部分权力归还仁宗，即遭刘太后力行贬责，这正是刘太后内心恐惧的反映。她深知自己远比菩萨哥幸运，因为真宗为她保守了仁宗并非亲生的秘密。她能够稳操皇权，处理大政，乃因仁宗一直以为她是他的亲生母亲，故受到亲情与孝道的束缚。然则真宗死后，刘太后又如何继续保守这一秘密呢？李焘明确指出此中原因，乃"人畏太后，亦无敢言"④。人们何以"畏太后"，乃因太后手操实权。倘若刘太后真如宋绶所言，让出部分权力，则其专制权威从此打开缺口，她也未必能再有效控制仁宗。仁宗身边遭刘太后禁遏的内侍甚多，若他们为讨富贵，趁太后权力减弱，把此重大秘密告知仁宗，甚至怂恿仁宗立李氏为太后而废刘氏，则刘太后与菩萨哥的下场亦相去不远矣。从这个角度看，刘太后跟李遵勖说"我非恋此，但帝少，内侍多，恐未能制之也"，恐怕也是担心仁宗年少，容易受内侍蛊惑，利用此事对她这个养母进行打

---

① 〔宋〕叶隆礼撰，贾敬颜、林荣贵点校：《契丹国志》卷一三《后妃传》，第144页。
② 〔元〕脱脱等：《辽史》卷一八《兴宗纪一》，第211~212页。
③ 〔宋〕李焘：《续资治通鉴长编》卷一一〇，天圣九年七月丙午，第2563页。其实刘太后不必等到正式的官方报告便能知道契丹国内的这场宫廷政变。据《续资治通鉴长编》记载，雄州于六月二十三日便把圣宗逝世的消息送到开封，可见宋朝在契丹派有间谍和探子，随时报告对方动向。见〔宋〕李焘：《续资治通鉴长编》卷一一〇，天圣九年六月己亥，第2563页。
④ 〔宋〕李焘：《续资治通鉴长编》卷一一一，明道元年二月丁卯，第2577页。

击，让其晚年不得善终。① 正是因为有了菩萨哥的前车之鉴，刘太后才会在天圣九年（1031）以后力保自己垂帘听政的地位不动摇，而对敢于请求其还政的大臣予以沉重打击。然而，在朝中大臣看来，太后是越来越恋栈权位了。为了不让唐代武氏代立之事再次出现，他们要求太后还政的呼声越来越高，甚至不惜利用明道元年（1032）的皇宫大火，说"火失其性，由政失其本"②，对太后的执政加以彻底否定。刘太后方面，面对各种天灾以及朝廷内外反对她的声音，她的挫败感是非常强烈的，而作为老年人，负面情绪不断增加，人也开始变得固执，甚至偏执，于是她在明道二年（1033）上演了服衮冕祭祀太庙的大戏③，目的是彰显女性的权力与地位。但在男性士大夫看来，这又是对传统皇权的一种挑战，他们对女主"专权"的恐惧又进一步加深，反对太后的力度也随之加大，双方进入一个恶性循环。

---

① 这一判断并非无理推测，事实上，在刘太后死后，仁宗曾一度听信谗言，派兵包围刘氏府邸。据《默记》记载，告诉仁宗真相的是杨太妃，但她只是见仁宗为太后之死伤心过度，才告诉他"此非帝母，帝自有母宸妃李氏，已卒，在奉先寺殡之"，然而仁宗却立即派兵包围太后娘家府邸，并启棺验尸，"知非鸩死"，才撤兵。仁宗知道李妃"非鸩死"，即说明有人对仁宗说李妃乃被刘太后毒杀，但那个人显然不是杨太妃。《宋史·李宸妃传》认为此语乃燕王所言，燕王者，太宗幼子元俨也。但元俨本身是"深自沉晦"之人，且刘太后对他眷顾浓浓，他似乎并非说是非者。再者，若刘太后毒杀李宸妃罪成，则刘氏满门必定遭罪，然而四年之后，刘太后之侄刘从广娶元俨女为妻，可见两家关系不错，他没有陷害刘家的动机。据《续资治通鉴长编》记载："或言太后（李氏）死非正命"，这意味着李焘在编写《长编》时，也不确定是谁说李宸妃死于非命的。笔者认为，说李妃死于非命者，应为仁宗左右曾受刘太后遏制的宦官。刘太后自己虽重用宦官，但对仁宗身边的宦官多有约束，故他们在太后垂帘之时并不得志，此时媒蘖太后，一则可以逢迎仁宗伸张权力之志，二则可以借机以图进取。不但宦官如此，朝中官员跟红顶白者甚多，太后一旦失势，起而攻讦者大有人在。太后驾崩后，就有不少官员在仁宗面前诋毁她，后来还是范仲淹为她说了一句"掩其小故以全大德"的公道话，才平息了这些争议。见〔宋〕王铚撰，朱杰人点校：《默记》卷上，中华书局1981年版，第9页。〔元〕脱脱等：《宋史》卷二四二《李宸妃传》，第8617页；卷二四五《赵元俨传》，第8706页。〔宋〕李焘：《续资治通鉴长编》卷一一二，明道二年四月甲辰，第2610页；明道二年五月癸酉，第2616~2617页；卷一二〇，景祐四年三月庚子，第2825页。

② 〔宋〕李焘：《续资治通鉴长编》卷一一一，明道元年八月丁卯，第2588页。

③ 其实刘太后所服并非真正衮冕，乃比衮冕略有裁减的服饰，见〔宋〕李焘：《续资治通鉴长编》卷一一一，明道元年十二月辛丑，第2595页；卷一一二，明道二年二月甲辰，第2605页。

五、宸妃之葬

其实，在刘太后与仁宗的关系中，最关键之人物，应是仁宗生母李氏，她在真宗朝并未如萧耨斤那样，对皇后咄咄相逼。① 真宗逝世，仁宗即位，刘太后让李氏"从守永定陵"，而李氏在仁宗朝，也是"嘿处先朝嫔御中，未尝自异"。② 由此可见，刘太后与李氏已形成一种默契，王曾所说的"后厚于太子，则太子安，太子安，乃所以安刘氏"③ 的道理，不仅刘氏明白，李氏也相当清楚，她深知自己的地位与实力根本无法与刘氏相比，而作为母亲，她的愿望是儿子能够健康成长，并成为一代明君；刘太后显然能够为她实现这一愿望，但作为交换条件，李氏必须默默处于先朝嫔御之中，更不能道出她与仁宗关系的秘密。明道元年（1032）二月，李氏被晋封为宸妃，当天她即逝世，年四十六岁。李氏逝世后，"三宫发哀，成服苑中。赠妃曾祖应已及祖金华主簿延嗣为光禄少卿，父左班殿直仁德为崇州防御使，母董氏为高平郡太君。攒涂于嘉庆院，葬于洪福院之西北隅"。如此风光大葬，乃宰相吕夷简力争的结果，《续资治通鉴长编》记载：

> 始，宫中未治丧，宰相吕夷简朝奏事，因曰："闻有宫嫔亡者。"太后瞿然曰："宰相亦预宫中事邪？"引帝偕起。有顷，独出，曰："卿何间我母子也！"夷简曰："太后他日不欲全刘氏乎？"太后意稍

---

① 萧耨斤于圣宗在世时，已咄咄进逼齐天皇后菩萨哥，意图觊觎后位，据《续资治通鉴长编》记载："齐天善琵琶，通琵琶工燕文显、李有文，元妃屡言其罪，隆绪不治。又为蕃书投隆绪寝中，隆绪得之，曰：'此必元妃所为也。'命焚之。"而据《辽史》记载，萧耨斤更在圣宗弥留之时，当面对身为皇后的菩萨哥出言不逊曰："老物宠亦有既耶！"见〔宋〕李焘：《续资治通鉴长编》卷一一〇，天圣九年六月丁丑，第2559~2560页；〔元〕脱脱等：《辽史》卷七一《仁德萧皇后传》，第1202页。

② 见〔元〕脱脱等：《宋史》卷二四二《李宸妃传》，第8616页。

③ 此乃王曾在天禧末年通过刘太后外戚钱惟演之口，向她传达之语，目的在于说服她保扶太子，莫谋倾侧之念，见〔宋〕李焘：《续资治通鉴长编》卷九六，天禧四年闰十二月乙亥，第2233页。

解。有司希太后旨，言岁月未利，夷简黜其说，请发哀成服，备官仗葬之。时有诏欲凿宫城垣以出丧，夷简遽求对，太后揣知其意，遣内侍罗崇勋问何事，夷简言凿垣非礼，丧宜自西华门出。太后复遣崇勋谓夷简曰："岂意卿亦如此也！"夷简曰："臣位宰相，朝廷大事，理当廷争。太后不许，臣终不退。"崇勋三反，太后犹不许，夷简正色谓崇勋曰："宸妃诞育圣躬，而丧不成礼，异日必有受其罪者，莫谓夷简今日不言也。"崇勋惧，驰告太后，乃许之。①

从史料中可以看出刘太后欲低调处理李宸妃的丧事，她对此事其实甚为谨慎，不想让仁宗太过关注这位先朝嫔御。这一点从她与吕夷简的对答中可以看出，当吕夷简问起宫嫔死亡之事时，太后即作瞿然之状，所谓瞿然者，即惊视之态，太后之所以惊视吕夷简，是怕他引出仁宗身世的秘密。随即，她把仁宗带进内宫，然后独出面对吕夷简，并说他欲间其母子之情。这些言语举动，正流露出太后心中的惶恐与不安——这是她心头最大的秘密，而知道这个秘密的人却又不在少数。此后，刘太后在宸妃丧礼上力图从速从简，目的即欲利用自己掌握的权力，让此事尽快过去，也希望仁宗身世的秘密与李宸妃一起长埋黄土。但她最后还是听从吕夷简的意见，从厚处理宸妃丧事，因为吕夷简最后通过罗崇勋向刘太后暗示出一个道理：太后手中现有的权力，当然可以保证仁宗身世的秘密不被泄露出去，但太后能控制自己身后的状况吗？显然不能，到时仁宗知道真相，必定会清算太后过往种种，而生母丧不成礼，正是一个很好的借口。刘太后乃聪明之人，深通历史的她也知道过往当权女主死后的种种下场，她并不能长生不老，永远控制大宋朝廷，所以她必须为自己身后刘氏家族的利益作一番打算，有感于此，她才会同意吕夷简的意见。

在天圣七年（1029）以后，吕夷简表面上依附、顺从刘太后，也正因如此，他才能在中书独相两年多。他力谏太后从厚处理宸妃丧事，太后派罗崇勋对他说"岂意卿亦如此也"，表明她想不到作为她心腹的吕夷简

---

① 〔宋〕李焘：《续资治通鉴长编》卷一一一，明道元年二月丁卯，第2577页。

竟会做出一些对她不利的事情。然则吕夷简真的不能体会太后心意吗？显然不是。他之前说"太后他日不欲全刘氏乎"，正揭示出他乃为刘氏日后考虑。此外，他还教罗崇勋以后服殓葬宸妃，并"用水银实棺"①，这些都是太后自己没有想到的。刘太后逝世后，仁宗立即得知自己身世，并派人查验李宸妃的梓宫，得见宸妃"容貌如生，服饰严具"，他才叹曰："人言其可信哉！"乃于大行神御前焚香，泣曰："自今大娘娘平生分明矣！"② 可见一切如吕夷简当初所料，而吕夷简在此事上，也确实能真正体会太后之意，并为太后解忧。然则吕夷简真的全心全意为刘太后服务吗？其实并不尽然。他之所以力请太后从厚处理宸妃丧事，更多是为自己将来打算。他也很清楚，仁宗身世一定会随着刘太后去世而被揭开，若李宸妃真的丧不成礼，仁宗除了会追究刘氏族人，当时身为宰相的他估计也不能幸免。此点并非揣测，实有例证：宸妃死后，晏殊奉诏作墓志铭，当时刘太后尚且在世，故他在铭中并未提及宸妃生育仁宗一事。后来他当上宰相，即因此事之揭发而被罢相。③ 由此可见，吕夷简确实有先见之明。再者，宸妃之丧礼，按其身份，以一品之服殡葬，即便仁宗日后追究，也不能说刘太后未尽其礼。吕夷简瞒着太后，嘱咐罗崇勋以后服殓葬宸妃，实乃讨好仁宗之举。邵伯温对此事作评论："使仁宗孝德、章献母道两全，文靖公先见之明也。"④ 其实吕夷简只是摸准了仁宗与太后的心态，并周旋于二者之间，用其操术，为自己谋求最佳利益罢了。

保守秘密本来就是很痛苦的事情，更何况这是一个很多人都知道的秘密，再加上政治上的各种压力，刘太后其实已经心力交瘁。明道二年（1033）三月，刘太后驾崩，年六十五岁。正是因为吕夷简当初的部署，仁宗并没为人所惑，听信李宸妃死于非命的谣言而诬罪太后。四月十八

---

① 〔元〕脱脱等：《宋史》卷二四二《李宸妃传》，第 8617 页。
② 〔宋〕李焘：《续资治通鉴长编》卷一一二，明道二年四月甲辰，第 2610 页。
③ 见〔元〕脱脱等：《宋史》卷三一一《晏殊传》，第 10197 页。
④ 〔宋〕邵伯温撰，李剑雄、刘德权点校：《邵氏闻见录》卷八，中华书局 1983 年版，第 77 页。

日,"上大行太后谥曰庄献明肃,追尊太后谥曰庄懿"①;十月五日,"祔葬庄献明肃皇太后、庄懿皇太后于永定陵";十七日,"祔庄献明肃太后、庄懿太后主于奉慈庙";二十五日,"奉安庄献明肃太后神御于慈孝寺彰德殿、庄懿太后神御于景灵宫广孝殿"。②至此,刘太后与李宸妃的葬礼可算告一段落。③

六、余论

尽管刘太后驾崩了,但她对宋朝的影响并没有就此消失。正如武则天去世后唐朝陆续出现了上官婉儿、韦皇后、太平公主等以夺权称帝为目的的女性政治家一样,刘太后身后的宋朝也有一批与她相似的女主,她们虽然并不想篡夺赵宋的皇权,但也想借助皇权来一展政治抱负。在北宋,英宗高皇后备受赞誉,被士大夫称为"女中尧舜"④,颇有作为。而南宋女

---

① 〔宋〕李焘:《续资治通鉴长编》卷一一二,明道二年四月癸亥,第2615页。《宋史》云:"庆历中,礼官言,'孝'字连太祖谥,'德'字连太宗谥。遂改'庄'为'章',以连真宗谥云。"故章献、庄献者,俱为刘太后,而章懿、庄懿俱指李宸妃。《石林燕语》云:"母后加谥自东汉始。本朝后谥,初止二字;明道中,以章献明肃尝临朝,特加四字。至元丰中,庆寿太皇太后上仙,章子厚为谥议请于朝,诏以太皇太后功德盛大,四字犹惧未尽,始仍故事,遂谥慈圣光献。自是宣仁圣烈与钦圣宪肃,皆四字云。"见〔元〕脱脱等:《宋史》卷二四二《潘皇后传》,第8611页;〔宋〕叶梦得撰,〔宋〕宇文绍奕考异,侯忠义点校:《石林燕语》卷一,中华书局1984年版,第5页。

② 〔宋〕李焘:《续资治通鉴长编》卷一一三,明道二年十月丁酉,第2637页;明道二年十月己酉,第2639页;明道二年十月戊午,第2640页。

③ 其实刘太后与宸妃之事并未因她们的葬礼完成而结束,因为这里涉及一个"祔庙"的问题,刘太后乃以继室为皇后,李宸妃则是以仁宗生母的身份被追尊为皇太后,哪位应该配祔真宗于太庙呢?早在明道二年(1033)四月,钱惟演为求自保,即提出让刘太后与李宸妃一同配祔太庙,但此前真宗章穆郭后已祔太庙,如此一帝三后之制,实与礼法不符。故仁宗别建奉慈庙祔刘太后与李宸妃的神主,以示优遇于其他祔于后庙的皇后,但又有别于祔于太庙的皇后,其实乃一折中的办法。然而,仁宗并没有放弃使生母配祔太庙的努力,后来经过一番争议,至庆历五年(1045),始将刘太后与李宸妃同配祔于太庙,形成一帝三后之现象。关于此事的来龙去脉及相关议论,可参见赵冬梅:《先帝皇后与今上生母——试论皇太后在北宋政治文化中的含义》,张希清等主编:《10—13世纪中国文化的碰撞与融合》,上海人民出版社2006年版,第388~407页。

④ 〔元〕脱脱等:《宋史》卷二四二《高皇后传》,第8627页。

主代表当属宁宗杨皇后,她自幼在宫廷长大,极有政治理想,并在诗作中表达了"总揽权纲求治理,群臣臧否疏屏风"① 的政治志向,而后来,她不但在宁宗朝参与朝政,更在理宗朝垂帘听政。此外,北宋仁宗曹皇后、神宗向皇后、哲宗刘皇后,以及南宋光宗李皇后、理宗谢皇后,都曾积极参与朝政②,她们当中有人成功,也有人失败,甚至招致杀身之祸③,但无论如何,她们始终没有突破赵氏皇室的法统,做出倾覆王朝的事情。她们有这种共同的执政心态,其原因当然与宋朝当时的政治环境有关,但刘太后长达十一年的执政,也给她们制定了一种模式,毕竟政治追求的是一种平衡的合理性,如果能达到既定的目的,那又何必打破既有的范式呢?④ 当然,高皇后也好,杨皇后也罢,抑或是其他一些参与政治的皇后,她们的经历跟刘太后都很不一样,因此,她们各自都有自己统治的心态和意识,不能一概而论。要窥见宋代女主政治之全貌,还得做更多的个案分析。

(作者系湖北大学历史文化学院副教授)

---

① 〔明〕毛晋编:《二家宫词》卷下《杨太后》,《景印文渊阁四库全书》第 1416 册,台湾商务印书馆 1986 年版,第 712 页。

② 若以垂帘听政算,还有哲宗孟皇后和高宗吴皇后,但她们相对都比较被动。

③ 哲宗刘皇后就因过分干预朝政,在哲宗驾崩第二年即被迫自缢,见〔元〕脱脱等:《宋史》卷二四三《刘皇后传》,第 8638 页。

④ 光宗李皇后则是最为典型的例子,她在光宗朝干预朝政,却落得非常差的名声,其原因在于她一直离间孝宗与光宗的父子关系,甚至使得孝宗丧不成礼。而她之所以这样做,乃因孝宗迟迟不同意光宗立自己与李皇后的亲生儿子为太子。后来朝臣策划了绍熙内禅,李皇后在得知爱儿能够继位后,即对朝臣做出妥协,交出皇帝玉玺,没有为自己既得的权力作太大的反抗。关于这次内禅,可参见〔元〕脱脱等:《宋史》卷三六《光宗纪》,第 710 页;卷三七《宁宗纪一》,第 714~715 页;卷二四三《吴皇后传》,第 8646~8648 页;《李皇后传》,第 8653~8655 页。〔宋〕周密撰,张茂鹏点校:《齐东野语》卷三《绍熙内禅》,中华书局 1983 年版,第 37~45 页。〔宋〕叶绍翁撰,沈锡麟、冯惠民点校:《四朝闻见录》甲集《宪圣拥立》,中华书局 1989 年版,第 12~13 页。

系省钱与两宋军政后勤

张 勇

两宋时期，财政支出的很大部分都和军政相关联，而地方财政又是维持军政运行的重要来源。系省钱是地方财政中的组成部分之一，是指存贮于州军和转运司，所有权归属中央，不经中央允许不可擅动的资财，其来源于常赋、课利和一些杂征。黄纯艳认为它就是州军财政经费①，王曾瑜认为黄纯艳的观点似可商榷②，他不认为只是州军经费，送使的那一部分和朝廷有一部分也属于系省钱③。包伟民认为它体现了中央集权财政体制的特性。④ 汪圣铎认为州军系省钱是州军官兵军饷主要开支来源。⑤ 杨倩描认为它是国家正常预算范围的收支钱。⑥ 系省钱不是直接来源于人户纳

---

① 黄纯艳：《宋代财政史》，云南大学出版社 2013 年版，第 242 页。
② 王曾瑜：《宋朝系省、封桩与无额上供钱物述略》，《中国经济史研究》2018 年第 6 期。
③ 王先生认为此处应是户部系省钱，但笔者认为此处虽说是户部系省钱，但并不代表户部也有此钱。
④ 包伟民：《宋代地方财政史研究》，上海古籍出版社 2001 年版，第 49 页。
⑤ 汪圣铎：《两宋财政史》，中华书局 1995 年版，第 533 页。黄纯艳也认为系省钱主要用于地方军资官俸，参见黄纯艳：《宋代财政史》，第 242 页。
⑥ 杨倩描：《从"系省钱物"的演变看宋代国家正常预算的基本模式》，《河北学刊》1988 年第 4 期。

税，它有自己的赋税窠名。① 它不同于上供钱，上供钱一般是指州县送纳于朝廷指定位置，所有权和使用权皆不属于地方的资财，系省钱虽然所有权属于中央，却是州军和转运司的经常性开支。② 为何要把这么一批资财的所有权系于中央？显然是国家为控制地方财政而设。本文拟从系省钱这一名称出发，对其如何支持两宋军政的运行、系省钱在什么层面支持军政等相关问题展开探讨。不足之处，敬请方家批评指正。

一、系省钱的窠名

我们之前说系省钱，认为其并非直接来源于人户，而是隶属中央，并且用于转运司和州军财政的窠名，系省钱显然是立足于这些赋税窠名基础上的一批资财，黄纯艳为这一批财赋命名为种类窠名。③ 当然，它也可能再次上供，用于军需开支。此官方财政用语最初产生于后唐同光三年（925）：

> 新定四京及诸道副使判官已下俸料，请降敕，各下逐处支遣，兼除所置副使、判官、掌书记、推官外，如本处更安排检置官员，即勒本道节使自备请给，不得正破系省钱物。④

至于系省钱的赋税窠名，后晋天福元年（936）记载：

> 应诸道州府所征百姓正税斛、斗、钱、帛等，除关系省司文帐外，所在州府，并不得裹私增添，纽配租物。⑤

---

① 黄纯艳：《南宋财政窠名与窠名分隶》，《社会科学战线》2021 年第 10 期。
② 黄纯艳认为系省钱主要用作地方军资官俸，参见黄纯艳：《宋代财政史》，第 242 页。
③ 黄纯艳：《南宋财政窠名与窠名分隶》，《社会科学战线》2021 年第 10 期。
④ 〔宋〕王钦若等编：《册府元龟》卷五〇八《邦计部·俸禄第四》，中华书局 1960 年版，第 6097 页。
⑤ 〔宋〕王钦若等编：《册府元龟》卷四八八《邦计部·赋税第二》，第 5841 页。

可见，五代时期两税、折帛钱等皆是来源，都可以成为系省钱的一部分。到了北宋开国后，太祖命令地方州军的公使钱也要申账，超过地方开支的部分一律为户部所有。如：

> 开宝六年八月乙已，令诸州旧属公使钱物尽数系省，毋得妄有支费。以留州钱物尽数系省始于此。淳化五年十二月二十一日，初置诸州应在司，具元管新收已支见在钱物申省。熙宁五年十月九日，专置司驱磨天下帐籍，继以旁通目子，而天下无遗利，而公使钱始立定额。①

朝廷在州军设置应在司，专门管理州军物资账籍问题。这显然也是中央对地方强化掌控的必要手段。

王曾瑜曾经对台州的系省钱窠名进行过阐述。当时台州系省钱的赋税窠名有头子钱、三分竹木税钱、四分酒本钱、六分税钱和折盐二税钱。②商税五分钱、增税三分钱、契税五分钱、浮盐旧价钱、砂地钱、契纸息钱等也是系省钱的赋税窠名。③具体到各州府，如庆元府，六分商税为系省钱，"正钱七十六贯九百二十三文……六分四十一贯五百三十九文归系省"④。绍兴三十一年（1161），各州人户典卖田宅契税钱，七分隶经、总制钱，三分系省钱。⑤本税属于田宅交易税正税。"庆元五年，中书舍人陈傅良因进故事及之。本府元催身丁钱一万八千七十八贯六百二十二文，

---

① 〔宋〕王应麟辑：《玉海》卷一八六《宋朝三司使淳化总计使熙宁会计司》，广陵书社2016年版，第3404页。

② 〔宋〕黄𦈛、〔宋〕齐硕修，〔宋〕陈耆卿纂：《嘉定赤城志》卷一六《财赋门》，《宋元方志丛刊》本，中华书局1990年版，第7414页。

③ 〔宋〕梁克家纂修：《淳熙三山志》卷一七《财赋类》，《四库全书》本。

④ 〔宋〕胡榘修，〔宋〕方万里、〔宋〕罗濬纂：《宝庆四明志》卷五《叙赋上》，《宋元方志丛刊》本，中华书局1990年版，第5052页。

⑤ 〔元〕脱脱等：《宋史》卷一七四《食货志上二》，中华书局1985年版，第4223页。

内四分充籴本，六分充系省支遣"①，人户缴纳身丁钱属于免役钱的一种，其中六分系省。

> 分桩诸司窠名余剩些小系省钱，只可应副得本县批支土军、铺兵，及过往官兵外，只有一色秋税苗米，豁去被贼残破逃田等数，实催二万五千四百六十余硕。②

可见，系省钱的征收窠名不少，有夏秋二税等常赋。

"建炎元年增置弓手，二年民户役钱更增敷三分，以赡□□□，三年罢。"③ 免役钱是常赋的重要组成部分，大部分上供中央，剩下的成为系省钱的组成之一。庆元府奉化、象山、鄞县的盐袋息钱存于军资库，它也是窠名之一。④

"隶给州郡及系省房廊、地利、坊场、河渡、支酬衙前不尽者，尽归本州。"⑤ 楼店钱、坊场河渡钱也都是系省钱的窠名。黄纯艳认为坊场河渡钱是独享税种。⑥ 他举潮州例，认为其完全归属中央享有，但这里已经系省了，显然并非中央独享，只是所有权归属中央，但实际上是地方使用，如不出意外，基本属于地方独享税。

"行在所以酒税、楼店务、坊场课利、牙契系省钱内拨充。其后，废横林、望亭、奔牛三税务及以村坊改为犒赏库，牙契归朝省，所拨分数比

---

① 〔宋〕胡榘修，〔宋〕方万里、〔宋〕罗濬纂：《宝庆四明志》卷六《叙赋下》，第5060页。
② 〔宋〕李纲著，王瑞明点校：《李纲全集》卷七五《已拨益阳财赋应副鼎州来年财赋取自指挥奏状》，岳麓书社2004年版，第778页。
③ 〔宋〕陈傅良著，周梦江点校：《陈傅良集》卷二一《转对论役法札子》，浙江古籍出版社2022年版，第303页。
④ 〔宋〕胡榘修，〔宋〕方万里、〔宋〕罗濬纂：《宝庆四明志》卷六《叙赋下》，第5064页。
⑤ 〔宋〕章如愚：《群书考索》续集卷四四《兵制门》，书目文献出版社1992年版，第1180页。
⑥ 黄纯艳：《南宋财政窠名与窠名分隶》，《社会科学战线》2021年第10期。

旧正放貌全然不及。"① 牙契钱也是系省钱一窠名，但不是所有的牙契钱都归州军使用，也有纳入朝廷钱物的。

"朝廷设意欲宽民力，极为利便。契勘洪州见有系省酒务两所，内东酒务系旧比较酒务。本州见行遵禀，将本务见在酒数拨入都酒务，趁办课额，截拨总制司钱回买所有曲米。"② 酒税不只是上供中央，也有一部分属于州军使用。

就笔者目力所及，系省钱的窠名有头子钱、三分竹木税钱、四分酒本钱、六分税钱、折盐二税钱、商税五分钱、增税三分钱、契税五分钱、浮盐旧价钱、砂地钱、契纸息钱、田宅契税钱、身丁钱、夏秋两税、免役钱、盐袋息钱、楼店钱、坊场河渡钱、牙契钱等。

二、系省钱与北宋军政后勤

（一）北宋地方的养兵

"（开宝）六年，（太祖）令诸州旧属公使钱物尽数系省，毋得妄有支费。以留州钱物尽数系省始于此。"③ 对于地方财政名目，太祖首先针对的是公使钱，公使钱绝大多数都是不系省钱，只有正赐的公使钱方才属于系省钱，登记文账申报朝廷。北宋时期，系省钱是地方财政中的重要构成部分，地方上养兵不少，北宋地方军种有厢军、乡兵、蕃兵、土兵、弓手等。其中弓手为县尉管理。厢军、乡兵、土兵都辖于路州。蕃兵多位居边疆路州。

如代州繁峙百姓冀荣等做弓手时租种的是系省官庄土地。④ 弓手是县

---

① 〔宋〕史能之纂修：《咸淳毗陵志》卷二四《财赋》，《宋元方志丛刊》本，中华书局1990年版，第3173页。

② 〔宋〕李纲著，王瑞明点校：《李纲全集》卷一〇五《申省乞存留回易酒库状》，第1001页。

③ 〔宋〕马端临著，上海师范大学古籍研究所、华东师范大学古籍研究所点校：《文献通考》卷二三《国用考一》，中华书局2011年版，第693页。

④ 〔清〕徐松辑：《宋会要辑稿》兵四之二二、二三，中华书局1957年版，第6831页。

的重要治安力量，授予系省田土租种。分布在边境的蕃兵，北宋王朝常按照不同部落兵数给予不同的公使钱，直接分上下半年从系省钱内开支。①公使钱又名公用钱，充作地方上的办公经费，它本来大多属于不系省钱，就是说它的所有权不属于户部，但前述史料中这部分公使钱是由系省钱转变而来的，故此公使钱就属于系省钱，可见此蕃兵的军费开支来源于系省钱。绍圣年间，朝廷令转运司在系省钱里支取三千贯修庙，调厢军、工匠来实行。②厢军本身就是役兵，各种劳务和修筑少不了他们。河东麟州一些军寨，如静羌寨、星最朗、木瓜铺地等，周围多数是系省田。③麟、府二州，远在河外，还是对西夏用兵的重要地方，北宋在此布防重兵，同时屯田于此，可部分解决运饷之劳。

又如："其内郡守倅兼治一州民兵，转运使兼总一路财赋，其税赋、榷酤、商税、茶盐、坑冶、山泽之利，各以分数。隶给州郡及系省房廊、地利、坊场、河渡、支酬衙前不尽者，尽归本州。有军资库贮经费，有公使库备知通泛用。厅遂州置军营指挥，大郡有十数指挥，中郡有五七指挥，小郡不下三五指挥。凡指挥四五百人。是时，虽罢方镇，而守倅犹得分兵财之权，备非常也。"④具体兵种史料叙述不明，既然说是州兵，那必定不是禁军这样的正规军，如此则属于州下辖的非正规军范围内。按照北宋指挥定额，大州五千，中州三千五，小州一千五到二千五百人左右。

另外，庆历年间朝廷给河北州军士兵口粮，以不系省头子钱来供应，若不足，则以系省头子钱来补充。⑤按前所述，头子钱是系省钱窠名之一。以不系省钱来供应士兵口粮，可通过截取地方财政的方式来提供士兵的军饷，减少了中央财政的支出，其实也是体现了中央财政是整个国家财

---

① 〔宋〕李焘撰，上海师范大学古籍整理研究所、华东师范大学古籍整理研究所点校：《续资治通鉴长编》卷三三七，元丰六年七月壬戌，中华书局2004年版，第8129页。
② 〔宋〕孔传：《东家杂记》卷上，北京图书馆出版社2006年版，第26叶b。
③ 〔宋〕李焘：《续资治通鉴长编》卷二八七，元丰元年闰正月丁丑，第7023页。
④ 〔宋〕章如愚：《群书考索》续集卷四四《兵制门》，第1180页。
⑤ 〔清〕徐松辑：《宋会要辑稿》职官三六之三八，第3090页。

政的核心，以地方财政的开销来确保中央财政的完全之特性。

另有元丰元年（1078）鄜延路经略使吕惠卿请求用回易收入来赡军，还不能使用公使钱，如小事就使用系省钱。① 如此，则监司的系省钱也成为边路军俸的开支来源。

（二）北宋地方军的安抚与激赏

以上都是直接养兵的事例，北宋地方政府直接给田、给钱物，只是不同兵种待遇有差别。除了按年月给付的待遇，单兵还有各种激赏和安抚钱物。弓手在执行任务的过程中因公死伤，可以按照条例给付绢绸来抚恤，同时给以现钱，重伤者给付一半，从系省钱中支取。② 弓手是县中的治安力量，地方政府依靠系省钱来养兵，此外，系省钱也是重要的抚恤金来源。除了弓手，还有耆长、壮丁、百姓都可因维持治安以系省钱安抚。③

运输上供纲运的水手基本上都是由州军负责招募，然后自行运输纲运到达真扬楚州下卸。④ 邵武军运输盐货，也是出系省钱来雇佣兵夫。⑤ 政和四年（1114）四月二十六日，江湖四路将收取的系省钱物作为招收纲运士兵的本钱。⑥ 可见纲运队伍中，兵稍、军大将都是地方部队的一员，都需要系省钱物的供养。

"诏官军出寨，募能发掘西贼窖谷，将官验受，分给人马充食，粮每斗支钱一百五十文足，马料每斗支钱一百文足，并给系省钱。"⑦ 抢自敌方的粮食，以系省钱支给，算是激励。

地方大火，如军人知情举报，可受赏，赏赐的钱可从系省钱里开

---

① 〔清〕徐松辑：《宋会要辑稿》职官四一之七六，第 3204 页。
② 〔明〕黄淮、杨士奇编：《历代名臣奏议》卷三三一《御边》，上海古籍出版社 1989 年版，第 4293 页。
③ 〔清〕徐松辑：《宋会要辑稿》兵一一之一六，第 6945 页。
④ 〔宋〕李焘：《续资治通鉴长编》卷四七五，元祐七年七月庚戌，第 11332 页。
⑤ 〔宋〕李焘：《续资治通鉴长编》卷二九四，元丰元年十一月甲午，第 7172 页。
⑥ 〔清〕徐松辑：《宋会要辑稿》职官四二之五〇，第 3259 页。
⑦ 〔宋〕李焘：《续资治通鉴长编》卷四七〇，元祐七年二月丁卯，第 11225 页。

支。① 此外，朝廷下令让南京动用系省钱雇二三百厢军劳役，修盖事材场。② 厢军主体上不属于作战之兵，基本留存于地方州军用作劳役。虽然也偶尔有厢军转变为作战的禁军，待遇和受重视程度非之前可比，但大体上变化不大。

（三）北宋地方军的后勤军需

京师修筑事宜，派工匠役兵来提供修筑劳务，并令应天府出系省钱作为经费。③ 应天府的系省钱必定有一部分是作为报酬给予厢军的，因此可作为后勤军需来看待。宣和五年（1123），江浙州县地方军军营大多被农民起义战火毁坏，转运司使用系省钱购买物料和招募人工来修复。④ 这一场农民战争显然是方腊起义余波，转运司的系省钱也用于后勤事宜。仁宗天圣五年（1027），开封府地方军队办公经费从系省钱内支给。⑤ 县尉的办公地建立在地理位置比较重要的地方，和巡尉离得较近，巡尉率领的队伍就在附近建有营房，可以出系省钱修造。⑥《石林奏议》载："教习人数既多，合用军器。县量所管人数于知县厅置甲仗库，各令以系省钱置造，□□牒甲赴州作院制造外，余枪刀之属令知县厅躬亲监勤制造。"⑦ 系省钱也可以用作制造地方军兵器的经费。

三、系省钱与南宋军政后勤

系省钱为州军主要的运转经费之一，由于南宋财政开支的绝大部分都围绕军政来展开，所以系省钱也主要围绕州军军政开支运行。"拘留州钱

---

① 〔清〕徐松辑：《宋会要辑稿》兵三之二，第6802页。
② 〔宋〕张方平撰，郑涵点校：《张方平集》卷二五《奏请修南京内殿门阙事》，中州古籍出版社1992年版，第377页。
③ 〔宋〕苏颂著，王同策等点校：《苏魏公文集》卷一九《奏乞增修南京大内》，中华书局1988年版，第260~261页。
④ 〔清〕徐松辑：《宋会要辑稿》兵六之一六，第6862页。
⑤ 〔清〕徐松辑：《宋会要辑稿》职官四八之一〇，第3460页。
⑥ 〔宋〕叶梦得：《石林奏议》卷四《奏措置招募弓手状》，《续修四库全书》第474册，上海古籍出版社2002年版，第404页。
⑦ 〔宋〕叶梦得：《石林奏议》卷四《奏措置招募弓手状》，第404页。

为系省，无得妄费，比较诸州征等钱，不得欺隐，自朝臣监税，止不得欺隐事，并系太祖时，凡以为民，亦为养兵故也。"① 这说得很清楚，系省的原因之一是养兵，而且不得挪作他用，主要就是为了能够专用。

（一）系省钱与南宋地方军

1. 地方养兵

南宋各州军有非正规军驻扎，这些军队除了作战，作用不同。"今郡县之兵，有禁兵，有厢兵，有弓兵，系于厢者，郡可私以役使。而禁兵、弓兵之籍见在帅司，以备宣抚、征伐、攻战之役。所谓兵者，特兵籍而已。一郡之财，有赡军，有系省，有上供。为系省者州可留。"② 除以上兵种，还有土兵和铺兵。虽然各有作用，但是养兵支出也很庞大，以致成为州军财政沉重的负担。"……而州郡以其自当用度者，尽以养厢、禁、土兵……不减厢、禁、弓手、土兵，州郡力不宽。"③ 另有寨兵，如"寨官寨将员数：每一寨置寨官一员，令借补资秩为之主宰，每十寨置寨将一员，令系省特差，以为之提督"④。各寨军由系省钱供给军饷，其实也是州财政经费的重要开支。系省钱是维持南宋地方军政运行的主要资财。黄纯艳认为系省钱主要负担的是军饷。"大州四五千人，中州三千人，小州二千人"⑤，"分桩诸司窠名余剩些小系省钱，只可应副得本县批支土军、铺兵，及过往官兵外，只有一色秋税苗米，豁去被贼残破逃田等数，实催二万五千四百六十余硕"⑥。可见这些系省钱虽然不能专养庞大的正规军系统，赡养州军兵还是能够做到的。每一州军皆设有军资库，存贮钱物。

---

① 〔宋〕章如愚：《群书考索》续集卷四四《兵制门》，第1181页。
② 〔宋〕林駧：《新笺决科古今源流至论》前集卷之七《郡守》，北京图书馆出版社2005年版，第13叶a~b。
③ 〔宋〕黄震著，张伟、何忠礼主编：《黄震全集》卷六八《厢禁军弓手土兵》，浙江大学出版社2013年版，第2055页。
④ 〔宋〕章如愚：《群书考索》别集卷二三《边防门》，第1424页。
⑤ 〔宋〕叶适著，刘公纯等点校：《叶适集·水心别集》卷一二《厢禁军弓手土兵》，中华书局2010年版，第785页。
⑥ 〔宋〕李纲著，王瑞明点校：《李纲全集》卷七五《已拨益阳财赋应副鼎州来年财赋取自指挥奏状》，第778页。

"奉化、象山、鄞县收买，赴太府寺交引库，其钱会于军资库系省钱，盐仓别纳袋息钱，各支一半。"①

至于单兵供给支出记载如下，南康军有禁军名额五百人左右，一直只有二百人，缺额三百人，计划增兵百人，一年开支米一千八百石、钱五百多贯、绢五百匹、棉一千五百两。②"添招禁军三百人，每年合用粮米五千四百石，料钱八百六十四贯文省，春冬衣绢一千三百五十匹，绸一百五十匹，绵四千五百两，衣钱七百六十五贯。"③ 如上分析，大概一名禁军，年消耗粮食18石，钱2.8至5贯左右，绢4.5至5匹左右，棉15两。④"今照都昌为邑百余里，见有棠阴、四望、松门、楮溪、大孤山五寨土军，额管四五百人，县郭又有弓手八十人，足可弹压盗贼。"⑤ 都昌县一县平均每个军寨有兵将近百人，该县又有弓手八十人。

州军财政大概有一半是军事开支。⑥"至于一郡，则尽行军制……惟帑库独推曰军资库，盖税赋本以赡军，著其实于一州官吏与帑库者，使知一州以兵为重，咸知所先也。"⑦ 州设军资库，存放赡军物资，而且一州财政，出发点是军饷优先。如南宋汀州军资库有十一个子库：夏税库、免丁库、免役库、盐钱库等。⑧ 尽管如此，地方财政政策执行的时候，也未必都能执行到位。州县有时候还侵夺地方部队官兵的军饷，导致现役官兵

---

① 〔宋〕胡榘修，〔宋〕方万里、〔宋〕罗濬纂：《宝庆四明志》卷六《叙赋下》，第5064页。

② 〔宋〕朱熹撰，刘永翔、朱幼文校点：《晦庵先生朱文公文集》卷二〇《论都昌创寨札子》，朱杰人等主编：《朱子全书》第21册，上海古籍出版社、安徽教育出版社2002年版，第908页。

③ 〔宋〕朱熹撰，刘永翔、朱幼文校点：《晦庵先生朱文公文集》卷二〇《乞住招军买军器罢新寨状》，朱杰人等主编：《朱子全书》第21册，第901页。

④ 王曾瑜对南宋地方军的薪俸进行了一个比对，大致和笔者的推论相差不多，详见王曾瑜：《宋朝军制初探》（增订本），中华书局2011年版，第292页。

⑤ 〔宋〕朱熹撰，刘永翔、朱幼文校点：《晦庵先生朱文公文集》卷二〇《乞住招军买军器罢新寨状》，朱杰人等主编：《朱子全书》第21册，第902页。

⑥ 马蓉等点校：《永乐大典方志辑佚·湟川志》，中华书局2004年版，第2592页。

⑦ 〔宋〕陈傅良：《历代兵制》卷八《本朝》，《丛书集成初编》本，中华书局1985年版，第52~53页。

⑧ 马蓉等点校：《永乐大典方志辑佚·临汀志》，第1315页。

俸禄不能按时足额发放。"使州县捃摭系省租赋,侵夺官兵廪食,空竭府库,以求趣办。"① 这里的官兵,显然是所属州赡养的地方军。地方财政具有供养本地所属军队的义务。同时地方上由于招兵数量过多,系省钱发放数量过多,导致系省钱也不足以维持各种开支。② "臣窃见比年官兵既冗,而归正养老之人发下州郡者又多,州郡系省钱大率不足以自供。"③

"又措置慈溪县,系省官酒务岁收息钱七万三千贯文,总两项为钱三十五万七千贯文……则就本府醋酒库息钱内支拨。庶几利之弛于民者,可以遍及海陬,而养士饷军之需又不至于违误,而为庆元一郡经久之计。"④ 庆元府慈溪县官方酿酒机构卖酒取得息钱,而息钱就是卖酒利润,可转为系省钱,这是养兵的来源之一。

绍兴十三年(1143)十月二十六日"诏:令临安府,每员各支折食钱十贯文,系省钱内支拨。仍令本府日下于见管将兵或厢军内,每员差拨兵士二人随逐祗应(后皆仿此)"⑤。厢军劳务费用,包括口粮都从系省钱内开支。此外,边境州军还用系省钱来作为地方巡检、寨兵之类军卒的激赏,不只用于平常军饷,这样可以提升士气。⑥

《庆元条法事类》中规定了巡历官员走山险之路时,可以用系省钱雇佣厢军和铺兵。⑦ 可见,厢军和铺兵有辅助官员巡历的义务,不只是担负劳役和搬运之责。

"奉圣旨,特差臣卢某、臣蒲某充都大提举修筑,仍支公使钱一万

---

① 〔宋〕晁公溯:《新刊嵩山居士文全集》卷三五《上汪制置》,《宋集珍本丛刊》第 45 册,线装书局 2004 年版,第 723 页。
② 黄纯艳认为系省钱用来维系官兵军饷,但实际上不只如此,修筑营房、制造军器甚至挪作他用也不鲜见。
③ 〔明〕黄淮、杨士奇编:《历代名臣奏议》卷五〇《治道》,第 675 页。
④ 〔宋〕吴潜修,〔宋〕梅应发、〔宋〕刘锡纂:《开庆四明续志》卷八《乞蠲砂租奏请》,《宋元方志丛刊》本,中华书局 1990 年版,第 6009 页。
⑤ 〔清〕徐松辑:《宋会要辑稿》礼一之二二,第 408 页。
⑥ 〔宋〕司马光著,李之亮笺注:《司马温公集编年笺注》卷六三《密院咨目》,巴蜀书社 2009 年版,第 99 页。
⑦ 戴建国点校:《庆元条法事类》卷七《职制门四》,杨一凡、田涛主编:《中国珍稀法律典籍续编》第 1 册,黑龙江人民出版社 2002 年版,第 120 页。

贯，余并依奏札，付庞某施行。臣等只奉圣训，即时至梓州会议，鸠工度材，下遂宁府等七州，划刷厢军，止及若干。"① 朝廷正赐公使钱一般都是系省钱，所以这部分公使钱和大部分州军公使钱不同，可用于劳役厢军来修筑工程。

绍定元年（1228）八月"壬申，李知孝奏：'州县铺兵俸给，乞令诸路漕臣严督所部州军，于系省钱截支，岁具已支实数申台省。'从之"②。地方军中的铺兵是专为递铺服务的兵种，其薪俸也是由系省钱里开支的。"诏：令临安府，每员各支折食钱十贯文，系省钱内支拨。仍令本府日下于见管将兵或厢军内，每员差拨兵士二人随逐祗应（后皆仿此）。"③ 临安府所属厢军，其收入也在系省钱内开支。"高宗建炎二年（1128）二月四日，诏：许支系省钱顾人代接送兵士旨挥勿行。先是，儒林郎冯迪德言：昨降旨挥，应合差破接送兵士内厢军阙，许支系省钱顾人。今州郡更不差破兵士，一概以和顾为名，并支系省钱，暗损财计，欲望改正，故有是诏。"④ 如果厢军士兵员额缺乏，需要雇人代替，也从系省钱内开支。乾道八年（1172）十二月"二十七日，诏知平江府吴江县邵䩠降一官放罢，坐不支递铺请受及冬衣绵绢。仍令本府于系省钱内按月支给"⑤，官员因为不肯为递铺兵请受军饷而受到降职的惩罚。地方上，特别是沿边地区，征招义兵的军饷开支也来源于系省钱，战时作战，平时教阅。⑥ 沿海地方州军，多招募厢军，不宜军民杂处，如温州招募诸多厢军，有威捷、雄威、节三十三、崇节三十四、牢城等六营，修盖营房，进入军营。⑦

---

① 〔宋〕李新：《跨鳌集》卷一三《进潼川府修城图状》，《景印文渊阁四库全书》第1124册，台湾商务印书馆1986年版，第502~503页。
② 汪圣铎点校：《宋史全文》卷三一《宋理宗一》，绍定元年八月壬寅，中华书局2016年版，第2643~2644页。
③ 〔清〕徐松辑：《宋会要辑稿》礼一之二二，第408页。
④ 〔清〕徐松辑：《宋会要辑稿》仪制四之二七、二八，第1912页。
⑤ 〔清〕徐松辑：《宋会要辑稿》方域一一之二五，第7512页。
⑥ 〔清〕徐松辑：《宋会要辑稿》兵一之二七，第6767页。
⑦ 〔清〕徐松辑：《宋会要辑稿》兵六之二六，第6867页。

2. 地方军队的调动和驻扎

地方上的军队调动，其开支也从系省钱内划拨：

> 契勘庆元府在城都酒务有监官六员，内文资四员，武职二员。若据向来置比较务、赡军系省三务各立二员，分管酒额，固不为冗……所谓六监官因循到今，不曾减省，委为赘滥，及照得本府西门外有都巡检一寨，额管军兵一百二十人……此来欲乞从朝廷札下本府，于城下都巡检寨分拨土军五十名，移屯战埼。只就开禧年间踏逐到漂溪职租地，起盖军房。①

系省酒务息钱成为土军移屯、新盖营房的资金来源，虽然不在原地，但依然需要出资修筑新驻地。

> （乾道五年）九月八日，措置两淮官田徐子寅言：得旨，于农隙时官支钱米，将本路诸州军已籍山水寨伍民兵应三丁以上主户，选取壮丁，赴州教阅一月。今相度，欲令诸州军自十月十五日拘集民兵上教，至十一月初五日住教，仍每日于辰时、未时两教。如遇雨雪，权免。所教民兵，本司差官比较拍试，武艺精熟之人令州军优与犒赏。谓如射箭上帖，每只支犒钱一贯文省，中红心每只支犒钱二贯文省，枪手刺赢者每人支犒钱三百文省。所有合用钱物，乞依已降指挥，于合发赴户部窠名并本州军系省钱米内，各取一半应副支散。从之。②

系省钱也是维系两淮山水寨民兵成军最主要的资财来源之一。山水寨民兵是屯驻两淮防御刘豫南犯的重要力量。他们都是隶属州军的非正规军部

---

① 〔宋〕胡榘修，〔宋〕方万里、〔宋〕罗濬纂：《宝庆四明志》卷一四《官僚》，第5180页。

② 〔清〕徐松辑：《宋会要辑稿》兵一之二八、二九，第6767~6768页。

队，不属于屯驻大军和驻泊军，也不属于三衙军队，故国家层面不太可能为其提供军饷。

> （乾道四年）十一月四日，诏令两淮守臣，以户口多寡，于三丁取其强壮者一名，籍为义兵，于农隙教阅。自十月为头，正月终放散。每人日支破钱一百文、米二升，总首日支钱二百文、米三升。合用钱米，于合发赴户部窠名内取拨一半，诸州军于系省钱米内自认一半，应副支遣。①

两淮地区除却山水寨民兵，还有义兵。这种地方军，其实是战时为兵，闲时为民，本质上是兵农合一的组织，可弥补屯驻大军、驻泊军等正规军数量上的不足，并且可最大限度动员全国的武装力量来对抗金、元南侵。

> （淳熙）十三年正月六日，枢密院言：温州申，本州僻在海隅，军民杂居，动辄生事。军人无营可归，多是在外赁屋居止。所有威捷、雄威、节三十三、崇节三十四、牢城等六营屋十阙八九。已拨系省钱收买木植盖造，将军人尽拘入营教阅。从之。②

系省钱不只为非正规军发军饷军俸，还是温州当地禁军修葺营房的资金来源。禁军要在当地驻扎，就必须有基本的生存条件，系省钱开始成为必要的军费开支。

> （绍兴）二十六年八月十五日，户、兵部言：珍州遵义寨沿边管界同巡检杨诠以蕃马十匹，令男震诣阙进贡，所有合得回赐，乞下本路漕司以系省钱参酌一面回赐。诏依，杨震补进武校尉。③

---

① 〔清〕徐松辑：《宋会要辑稿》兵一之二七、二八，第6767页。
② 〔清〕徐松辑：《宋会要辑稿》兵六之二六，第6867页。
③ 〔清〕徐松辑：《宋会要辑稿》蕃夷五之九六，第7814页。

地方上的系省钱还承担赏赐地方巡检的义务。

3. 地方军需

四川地区成都、潼川府、夔州三府路取禁军阙额系省钱,制造军器和铠甲。① 地方上的系省钱成为供给军需的经费来源。王炎看见湖州造甲经费来源于系省钱,请求用其他方法筹集经费,希望能缓解民力。②

"请以淮西诸州县系省不系省钱,一得以便宜调度。朝廷尚难之,公重谢不敏。寻得旨,以见钱米一万缗二万石,行不足用。"③ 系省钱按照处事便利与否来使用。乾道年间,朝廷下令在各州系省钱里开支造弓弩和刀甲的费用。④

(二) 系省钱物与屯驻大军

1. 屯驻大军的军饷

屯驻大军,是指国家层面上的军队,以驻守在大江一线的大军为主,也包括屯驻各地隶属于国家的各式水军。这些都是国家的正规军。如庆元府沿海制置司水军,每年要发给他们各种券食、春冬衣钱。发下去的资财虽然来自于州军截留,但是它的所有权属于中央,所以需要申报朝廷账目,所有权归属朝廷,应属于系省钱。⑤

"然昨屯驻荆南,系四川财赋赡养,今本路州县财赋以应副岳侯大军,已为窘迫。须得指挥转运司以系省、不系省、上供等钱米桩簇应副,乃可不致缺乏。亦具申禀,敢乞垂念。"⑥ "所有本路诸州应诸色上供、经

---

① 〔宋〕李心传撰,辛更儒点校:《建炎以来系年要录》卷一九九,绍兴三十二年四月甲戌,上海古籍出版社 2018 年版,第 3605 页。
② 〔宋〕王炎:《双溪类稿》卷二二《上宰执论造甲》,《景印文渊阁四库全书》第 1155 册,台湾商务印书馆 1986 年版,第 679 页。
③ 〔宋〕陈傅良著,周梦江点校:《陈傅良集》卷五一《右奉议郎新权发遣常州借紫薛公行状》,第 664 页。
④ 〔清〕徐松辑:《宋会要辑稿》兵三之二六,第 6814 页。
⑤ 〔宋〕胡榘修,〔宋〕方万里、〔宋〕罗濬纂:《宝庆四明志》卷七《制置司水军》,第 5069 页。
⑥ 〔宋〕李纲著,王瑞明点校:《李纲全集》卷一二四《与张相公第六书》,第 1196 页。

制、折帛、系省不系省等钱，一切尽系漕司拘桩，指定科拨充岳飞大军等支用除外，别无支使不尽窠名宽剩钱物。"① 以上两条史料说明，地方上的系省钱已经成为月桩钱，送往屯驻大军驻地供大军使用。按照史料记载，这是南宋前期的状况，当时岳飞统领湖广大军，驻扎鄂州。荆南府的供应当时还依赖四川输送，这显然是延续了北宋的状态，到了绍兴三十年（1160），此种格局就被打破了，荆湖北路成为荆南府大军的粮食物资供应地，而驻扎鄂州的屯驻大军基本上依靠荆湖南路和江西路运来的物资。

"开禧用兵，军旅所需，天下骚然，与之独买以系省钱。吏告月解不登，曰：'宁罢去。'和籴令下，与之独以时贾籴，令民自概。"② 开禧北伐时，月桩钱依然存在，系省钱也不断被抽调供军。可见系省钱作为月桩的窠名，已经是定制。

四川地区的系省钱购买米来供给绵、渠州、潼川府屯驻的大军。③ 各转运司储存的系省钱也可以拿来供应屯驻的御前大军。④ 由以上可知，系省钱供应大军，已经基本推广到整个国家疆域。

  高宗绍兴五年，李光言：陛下驻跸东南，江浙实为根本之地。自兵兴以来，科须百出，民力既殚，理宜优恤。今州县纲运，漕司既不任责，转输之职，趣办州县。乞求旧例，应州县上供及军粮、钱帛，并令漕司计置纲运，专差使臣专纲起发。其水脚糜费等钱，乞依条将直达系省头子钱桩充，漕司不得互用。⑤

州县纲运运输上供，各项开支从系省头子钱里支出，可见系省钱也是可以

---

① 〔宋〕李纲著，王瑞明点校：《李纲全集》卷八六《乞将赡给邱赟军钱粮充申世景支遣奏状》，第860页。
② 〔元〕脱脱等：《宋史》卷四〇六《崔与之传》，第12257~12258页。
③ 〔清〕徐松辑：《宋会要辑稿》食货六三之一三，第5993页。
④ 〔清〕徐松辑：《宋会要辑稿》职官四一之五八，第3195页。
⑤ 〔宋〕佚名：《群书会元截江网》卷六《漕运》，《中国古籍珍本丛刊·广东省立中山图书馆卷》，国家图书馆出版社2015年版，第236页。

作为漕运水脚钱的。这些上供多是为屯驻大军等正规军军粮运输服务。

"今来如蒙圣慈许截留本军，在本路防托使唤，即乞下本路都转运司，将系省不系省并上供钱米，应副赡给王彦一军。伏乞睿旨施行。"①王彦大军也是需系省钱供养，只是系省钱只承担他这支大军的部分给养。

绍兴三十二年（1162）四月二十七日，广南西路经略、安抚、提刑司申："本路转运判官邓酢言，广西琼、雷、化、钦、廉等州自来不曾置水军，遇有海贼冲犯，如蹈无人之境。今欲招募水军四百，于琼州白沙海港岸置寨屯驻，差主兵官一员。合用先锋战船六只，面阔一丈六尺，又大战船四只，面阔二丈四尺，从沿海逐州以系省钱置造。逐司详所陈事理，除依旧存留雷州已置水军二百人、统领一员在雷州驻札，欲琼州招置二百人，就于本州驻札。经略司准备将领兼海南水陆都巡检一员，于白沙港岸置寨，统辖水军，弹压盗贼。"②

按照前文所述，水军绝大部分属于屯驻大军，其军饷也是系省钱内支出，这些水军并不是用来抵御北方少数民族政权的南侵，而是防御海盗和维护沿海治安。

这样来看，江浙、两湖、四川的系省钱都成为屯驻大军的经常性资财来源，而且时段比较长，可见，屯驻大军已经对州和监司的系省钱产生了依赖。这和北宋完全不同。

2. 屯驻大军的军需补充

> 壬申，诏以御前激赏库钱七万缗赐殿前司，造平江府牧马瓦屋，诸军旧有厩屋数千区，茨以茅竹，岁一更葺，而财与力皆出于民。至是，命本府以系省钱改造，才及二千五百间而已。③

殿前司是三衙的重要组成部分，其麾下军队也是三衙军的主体，可见

---

① 〔宋〕李纲著，王瑞明点校：《李纲全集》卷八八《小帖子》，第 874 页。
② 〔清〕徐松辑：《宋会要辑稿》方域一八之二，第 7610 页。
③ 〔宋〕李心传撰，辛更儒点校：《建炎以来系年要录》卷一七九，绍兴二十八年正月壬申，第 3136 页。

其麾下诸军在平江府的营房是用系省钱来修筑的。广南西路沿海水军使用的战船来自系省钱里开支，防备海盗来犯。①此外，"盖缘本路诸州每年所发上供银，除减放外，总计钱一十五万二千一百六十九贯文省，自来均下一十四州府，于岁入系省等钱内置场买银起发。后缘诸州累经盗贼，人户逃移，赋入无几，诸州遂将所买上供银科敷人户买纳"②。广南东路各州军从系省钱支出买银，至于上供物资送到哪里，史无明文。广南东路和东南六路不一样，东南六路上供的主体物资是粮食，广南东路则是金银。但南宋实行总领所制度，两广都要供应荆湖大军，像这种金银也应该送往鄂州。"诸县军马经由，支过系省钱斛，多不肯豁除。坊场亏欠课利，委非侵欺，无缘补发。"③ 大军所过之地，各县都要支给经费，这些经费多从系省钱中支出，但留下很多棘手问题。淳熙十年（1183）正月二十八日，"诏沿海制置司于系省钱拨二万贯修整海船，仍自今须制置司与水军同共任责，稍有损坏，随即修整，毋致积压，重费官钱"④。海船需要修理费用，这属于军用物资折旧，必须配备相应的损耗开支。"使客人稍稍较计道路之费，肯就建康入纳。如其不然，即乞容建康务场略仿行在体例，量行优润，招致商贾。其所优润之数，仍乞朝廷许于系省钱内正项销豁。所贵入纳渐敷，不致有误大军支遣。"⑤ 建康屯驻大军花费众多，全部依赖行在务场茶盐收入，为了让更多的盐商来请盐，需要让利于盐商，不至于让大军开销成为麻烦。

（三）转运司需求

"客贩既盛，而漕计有余。州郡系省之钱，可以支拨，岁造百艘以供漕运，诚一时之利也。尔后本司自有船场，又近地如明州、华亭亦皆造

---

① 〔清〕徐松辑：《宋会要辑稿》方域一八之二，第7610页。
② 〔宋〕蔡戡：《定斋集》卷一《乞代纳上供银奏状》，《常州先哲遗书》本，南京大学出版社2010年版，第3叶b。
③ 〔宋〕李光：《庄简集》卷一一《乞蠲二浙积欠札子》，《宋集珍本丛刊》第34册，线装书局2004年版，第14页。
④ 〔清〕徐松辑：《宋会要辑稿》食货五〇之二八、二九，第5670~5671页。
⑤ 〔宋〕蔡戡：《定斋集》卷三《乞依行在场务优润状》，第5叶b~6叶a。

船,足以供转输之用。今则山林大木绝少,客贩不多,系省不足以给费,本司亦知其难办。岁脧月削,每年止造十船,而一司尚存,凡费如故。"①转运司为了造船,以供转输之用,用系省钱作为制造经费,但是因为山林木头有限,系省钱也不足以使用,故转运司减少了制造数量。"诸军须河防物,并预先约度,支系省钱置场,或差衙前,许于出产处计会官司收置。如须至科率,即申转运司相度,于形势之家及第叁等以上户税租内折纳。仍即时具科买、折纳名数及人户姓名榜示。"②转运司修造河防物件场所,用系省钱开支。"闻今使者必相携持,聚城邑仰食于县,官卒有累万之众,将安取给?且请以淮西诸州县系省、不系省钱一得以便宜调度,朝廷尚难之公,重谢不敏。"③用系省钱养兵开支巨大,且调度便利。

"国初,一路赋税、榷酤、商税、茶盐、坑冶之利,转运得以衰多益寡,以给边郡。其二税定例分数,隶属州县,及系官廊税以地利、坊场、河渡支酬衙门不尽者,尽归本州。其系省经费、钱帛贮之军资库,转运总之。若属州县之财,别有州府库贮藏。听知通备用非常。其犒馈燕设,则有公使军,仍许回易息支。费其量分方镇财用付郡守,其者远哉。州郡足以聚人率众,屏翰王室,皆有其资。是故为三司者,不敢敛州县之财,以厚公帑;为漕使、郡守者,不敢辇州郡之财,以入京师。"④转运司掌握系省钱,供养大军。绍兴三十二年(1162)二月二十八日,"诏建康、镇江府、太平、江、池州屯戍军兵,近来多有疾疫之人。令逐路转运司支破系省钱物,委逐州守臣修合要用药饵,差拨职医分头拯救。务在实惠,不得灭裂。荆襄、四川准此"⑤。朝廷令转运司以系省钱来解决大军疾疫问题。

---

① 〔宋〕楼钥撰,顾大朋点校:《楼钥集》卷二〇《乞罢温州船厂》,浙江古籍出版社2010年版,第408页。
② 戴建国点校:《庆元条法事类》卷四八《赋役门二》,杨一凡、田涛主编:《中国珍稀法律典籍续编》第1册,第659页。
③ 〔宋〕薛季宣:《浪语集》卷三五《宋右奉议郎新改差常州借紫薛公行状》,《景印文渊阁四库全书》第1159册,台湾商务印书馆1986年版,第580页。
④ 〔宋〕林駉:《新笺决科古今源流至论》续集卷三《州县财》,第5叶b。
⑤ 〔清〕徐松辑:《宋会要辑稿》食货五九之三七,第5857页。

三、系省钱对于军政后勤影响、变化原因

与"系省"连缀的官方财政用语还有"系省上供钱""系省经费"等。北宋时期,系省钱主要是为州军所属军队提供军饷,如厢军、弓手、蕃兵、土兵、乡兵等兵种。北宋时虽然也有"系省上供钱"等名目,但实际上并不能说明这样的上供成为定制,只是到了南宋,系省钱成为月桩钱固定寡名,且多次供四川的屯驻大军使用,方才成为屯驻大军军饷的固定来源。正如包伟民所说,月桩钱的出现实际上是侵削了地方的财政经费。① 尽管如此,作为月桩钱的寡名,系省钱毕竟是州军财政的主体,作为州军财政的重要组成部分,却要拿出一部分维系屯驻大军这种国家层面上的军事开支,所以系省钱的使用对于军政来说,出现了向上流动进入国家层面的趋势。其实在北宋时期,国家亦有权力挪用系省钱进入国家层面使用,但这种现象极少出现,几乎没有表现出来。但到了南宋,这种现象越来越多,而且成为固定模式,屯驻大军的军饷,不只来源于川陕、京湖两广、江浙福建三地区的上供物资,每个州军的系省钱都成为重要来源。

发生这种转换的原因,首先,两宋财政体制的转变是一个重要因素,北宋时代实行发运司体制,全国的物资都是这种体制下转运的对象。通过发运司体制,北宋将国家物资运往需要的地方。到了南宋,总领所体制下,整个国家除了都城及其所需物资来源地,全国由四个总领所及其管辖州军来掌控,总领直接管辖所部州军,可直接要求地方上将钱物送往大军驻地,以供军需。

其次,就南宋疆域来看,几乎被压制在淮河、秦岭、大散关一线以南。金朝之后,元朝继续给予南宋以压力。而且,元朝给南宋的压力显然是要远远强于金朝的。南宋只有背海立国,建设强悍的水军以应对这种压力。

(作者系河北大学宋史研究中心副研究员)

---

① 包伟民:《宋代地方财政史研究》,第148页。

"承上制下"与"从左转右":
北宋"物资转输区域"的互动[*]
——以东南地区为中心

张 勇

物资转输是历史时期维持国家正常运转的必备方式之一。按照运输方法不同,可更细致分为陆运、漕运和海运。由于漕运最为节省经费,所以在古代,漕运是最为常见的运输方式。自20世纪张家驹先生开创宋代漕运研究[①]以来,这一领域的研究得到了很大的推进,物资转输路线、转运

---

[*] 本文原发表于《安徽史学》2021年第1期,今有所改动。
[①] 张家驹:《宋室南渡前夕的中国南方社会》,《食货》(半月刊)第4卷第1期,1936年。

物资的数量变化、押纲、物资转输沿路城镇都已经得到了进一步的研究①，以现状来看，选取角度展开是必要的，亦是可行的。我们的做法是将物资转输路线与行政区域结合起来，选择具有共同特色的行政区，以国家作为尺度来展开研究。虽然目前已有学者着手进行②，但以地方作为尺度则成为深化该研究的趋势。因此我们划定这些区域的办法可以府、州或者州级军为基本单元，比如共有的运输路线、共有的下卸地、皆有转般仓等，并将之归入同一范围内，形成新的虚拟区域，可称之"物资转输区域"，然后对区域间的理路进行考察，从行政区域的角度切入物资转输研究。至于运输的物质，粮食是宋廷最为关切的，涉及军事、财政等一系列问题，可作为研究标的物。

太祖为巩固政权，在地方部队中选拔有武力的士卒纳入中央军队③，主要集中在京城，用于监督地方。这种大规模的供养，需要地方提供大量的粮食及军备材料，故粮食物资转运常年维持在六百万石上下。④

---

① 全汉昇：《唐宋帝国与运河》，商务印书馆1944年版；陈峰：《试论唐宋时期漕运的沿革与变迁》，《中国经济史研究》1999年第3期；吴琦：《中国历代漕运改革述论》，《中国农史》1996年第1期；李治亭：《中国漕运史》，文津出版社1997年版；潘镛：《隋唐时期的运河和漕运》，三秦出版社1987年版；付志方：《刘晏与唐代漕运》，《学术月刊》1982年第6期；张荣强：《初唐时期的江淮漕运》，《中国社会科学院研究生院学报》2005年第1期；漆侠：《宋代经济史》，中华书局2009年版；周建明：《论北宋漕运》，《中国社会经济史研究》2000年第2期；汪圣铎：《两宋财政史》，中华书局1995年版；高荣盛：《两宋时代江淮地区的水上物资转输》，《江苏社会科学》2003年第1期；高荣盛：《宋代江苏境内漕运工程考述》，《江苏社会科学》1997年第2期；袁一堂：《南宋的供漕体制与总领所制度》，《中州学刊》1995年第4期；柴静：《宋代两淮地区的水利和漕运》，《华东冶金学院学报》（社会科学版）2000年第2期；王兴文：《北宋漕运与商品经济的发展》，《学术交流》2004年第7期；[日]青山定雄：《唐宋時代の交通と地誌地圖の研究》，吉川弘文館1963年版；[日]斯波义信著，方健、何忠礼译：《宋代江南经济史研究》，江苏人民出版社2001年版；[日]斯波义信著，庄景辉译：《宋代商业史研究》，浙江大学出版社2021年版。

② 余蔚：《两宋政治地理格局比较研究》，《中国社会科学》2006年第6期。

③ [宋]李焘撰，上海师范大学古籍整理研究所、华东师范大学古籍整理研究所点校：《续资治通鉴长编》卷六，乾德三年八月戊戌，中华书局2004年版，第156页。

④ [宋]王辟之撰，吕友仁点校：《渑水燕谈录》卷五《官制》，中华书局1981年版，第60页。

"承上制下"与"从左转右":北宋"物资转输区域"的互动

宋初,朝廷设置江淮荆浙发运司于淮南①,发运司长官为发运使或副使,最早见于北宋建隆二年(961),其职能为"掌经度山泽财货之源,漕淮、浙、江、湖六路储廪以输中都,而兼制茶盐、泉宝之政,及专举刺官吏之事"②。自993年真州置司,此后几十年里时废时设。北宋末年,发运司又置一司于泗州。③ 发运司督促东南物资源源不断地转输京师,便于供给集中于边地的精锐军队。朝廷在沿运河的泗州、楚州、扬州、真州设置了转般仓④,并实施转般法运输粮食物资。

就北宋东南漕运格局来看,大江是重要基础,不仅是东南各州军物资输送京师的重要通道,还沟通了东南六路主要水系。无此,东南漕运则无法形成一个整体,也就没有东南六路物资转输地理格局的形成。不过东南六路并非全部州军都沿河流分布,有一部分内陆州军除了可通过陆运上供京师,余下部分可通过陆运运输至沿河州军,再装船输送至真、扬、楚、泗州,通过水运上供京师。

一、"承上制下":真泗运河区的提领

真、扬、楚、泗这四个州转般仓的设置,使得四州具有了三种功能,其一是和籴,其二是代发:"顷者,发运司以钱一百万贯,为籴粜之本,每岁于淮南侧近趁贱籴米,而诸路转运司上供米至发运司者,岁分三限……违限不至,则发运司以所籴米代之而取直于转运司,几倍本路实价。"⑤ 其三是转般:"东南诸路斛斗自江、湖起纲,至于淮甸以及真、

---

① 〔宋〕孙逢吉:《职官分纪》卷四七《淮南浙江荆湖路都大发运使·副使·都监》,中华书局1988年版,第839页。
② 〔元〕脱脱等:《宋史》卷一六七《职官志七》,中华书局1977年版,第3963页。
③ 〔宋〕汪应辰:《文定集》卷二一《徽猷阁直学士、右大中大夫向公墓志铭》,学林出版社2009年版,第232页。
④ 汪圣铎近些年对转般仓有详细的论述,参见汪圣铎:《宋代转般仓研究》,《文史》2011年第2辑。笔者认为转般仓是运河沿岸州军的转般功能存在之重要构件。
⑤ 〔宋〕苏辙著,陈宏天、高秀芳点校:《苏辙集》卷三七《论发运司以粜籴米代诸路上供状》,中华书局1990年版,第656~657页。

扬、楚、泗，建置转般仓七所，聚蓄粮储，复自楚、泗汴纲般运上京。"①四州在物资转输上都具有此三种功能，不是其他州军所能比拟的，故而可以组成一个整体，因其北接泗州，南达真州，可以称之真泗运河区。

这一个物资转输区域，还因为发运司先后设置于此，可秉承朝廷旨意发号施令。因此对于其他物资转输区域来说，它是唯一的，居于主导地位，且对其他物资转输区域具有制约作用：不断督导其他物资转输区域把粮食运往本区内下卸贮存。至于荆湖地区，归、峡之物资转输②，荆州、岳州之纲运③，因共有运路，形成汉水大区、荆江大区和湘水大区三个物资转输区域。明道二年（1033）六月甲申，"臣至淮南，道逢羸兵六人，自言三十人自潭州挽新船至无为军，在道逃死，止存六人，去湖南犹四千余里，六人比还本州，尚未知全活"④。赣水大区之所以形成，跟江南西路沿赣水运送物资这一条共有路线相关，如虔州上供米截留赈济⑤，洪、吉上供物资⑥。而皖江大区则和今天安徽境内的大江相关，"……或于旁郡不废纲运州郡，如舒、蕲、信、歙等州抽坝应用"⑦。至道二年（996）八月，诏："荆湖般粮赴真州等处卸纳，回脚千料船或装盐回，并依例破十分人力，空船即破八分人力。如千料已下船，并依此比附分数。"⑧ 这表明汉水大区、荆江大区和湘水大区粮食物资运抵真泗运河区下卸。

真泗运河区具有对各物资转输区域缴纳的粮食进行收纳、督察、保管的责任。天圣三年（1025）十月十二日，"应辖下州军每遇装发粮纲，先勒押纲人员入敖看验斛斗，如是凉冷，即责纲众结罪文状装发。若斛斗发

---

① 〔清〕徐松辑：《宋会要辑稿》食货四三之一三，中华书局1957年版，第5579页。
② 〔宋〕李心传编撰，胡坤点校：《建炎以来系年要录》卷七，建炎元年七月丙午，中华书局2013年版，第210页。
③ 〔清〕徐松辑：《宋会要辑稿》食货四五之四，第5596页。
④ 〔宋〕李焘：《续资治通鉴长编》卷一一二，明道二年六月甲申，第2624页。
⑤ 〔宋〕李焘：《续资治通鉴长编》卷一一五，景祐元年十月辛酉，第2702页。
⑥ 〔元〕脱脱等：《宋史》卷二七七《许骧传》，第9436页。
⑦ 〔宋〕王令：《广陵集》卷二七《答王介甫书》，《景印文渊阁四库全书》第1106册，台湾商务印书馆1986年版，第541页。
⑧ 〔清〕徐松辑：《宋会要辑稿》食货四六之三，第5605页。

热,即仓司并役人力般腾出敖,就廊屋滩浪,冷定后装发"①。对于发运司的要求,地方一般只能无条件服从,不能抗拒。这些物资转输区域通过输送上供军粮直接对真泗运河区产生影响,而真泗运河区对这些物资转输区域所具有的一个重要职责就是不停催促。如天圣时,催纲是发运司下属官员不断催促纲船行进。②

真泗运河区掌握了其他物资转输区域进行漕运活动的经费来源。淮东地区有四五个州军是盛产淮盐的,其中楚州、泰州、通州沿海地方皆是重要的淮盐产区。楚、通、泰州的盐就近进入真州盐仓,海州盐进入涟水军盐仓。"参知政事王隋建言:'淮南盐初甚善,自通、泰、楚运至真州,自真州运至江、浙、荆湖……'"③而这些盐,都是可资地方上实施漕运的经费,因此,真泗运河区其实是控制住了其他物资转输区域漕运的经费。没有淮盐,这些物资转输区域就无法完成上供任务。北宋末年,盐法更易,没有盐利就没有了转般法实施的经费来源,转般法再也无法维持④,真泗运河区对于其他物资转输区域的提领力也无法维系。淮盐到达地方进行销售对地方盐市也有影响。"尝遣职方员外郎黄炳同转运使冯浩及广南转运使参议,浩等请禁岭南盐至虔州,稍减虔盐价,而更择壮舟团为十纲,差使臣部押运通、泰盐,乘春水涨时至,凡民有税钱百则岁与二斤,官收其直,诏从其请。"⑤

真泗运河区权力来源是什么?首先是朝廷赋予该区域在物资转输上的一系列权力,朝廷将转般仓设置于此,使得真泗运河区具有了转般、代发职能,又将盐利储备于此,使得返程上供舟船可以载盐以归,用作经费,

---

① 〔清〕徐松辑:《宋会要辑稿》食货四二之一〇,第5566页。
② 〔宋〕孙逢吉:《职官分纪》卷四七《淮南浙江荆湖路都大发运使·副使·都监》,第839页。
③ 〔宋〕李焘:《续资治通鉴长编》卷一一三,明道二年十二月戊申,第2654~2655页。
④ 周建明认为由于盐法更易,转般法无法继续下去,见周建明:《论北宋漕运转般法》,《史学月刊》1988年第6期。
⑤ 〔宋〕李焘:《续资治通鉴长编》卷二一三,熙宁三年七月辛丑,第5178页。

另将江淮荆浙发运司置于此。① 笔者认为它是一个介于中央与地方之间的机构：秉承上峰意志，提点地方。这又使得真泗运河区具有了对其他物资转输区域不断催督的能力。

其次，地理位置与自然条件因素也决定了这一区域的特殊性。本区地处平原，可蓄水以作运河行船之用，从路途上看，设置有转般仓的下卸地基本可以认为是漕运路线上的枢纽，而枢纽的形成一般跟气候、地理有一定的关系。诸如北宋在淮南路辖下的真、扬、楚、泗州设置转般仓的主因是气候和地理，每年到了气候寒冷的时月，运河结冰期不能再前行，从东南运过来之粮食物资若未到京师，就地建仓存贮，等来年再前行即可，且押纲士卒皆有假期。嘉祐三年（1058）"至十月，放牵驾兵卒归营，谓之放冻"②。真、扬、楚、泗诸州正好在漕路的中间点上，而且所处位置地势低下，扬楚运河与龟山运河能够保有一定的蓄水量，从地理上看这些地方适合作枢纽。如楚州转般仓："转般仓，在（山阳县）运河西岸。唐漕江淮等道米，于此转送关陕，北有神堰，周世宗始置满浦闸，以通水运。"③ 泗州转般仓：元丰二年（1079）冬十月辛丑，"权江、淮等路发运使沈希颜言：'淮南转般仓，泗州最为近便，虽有南北两仓，才可贮谷一百五万余石。扬州废仓三百余间，约贮谷百万石，乞徙置泗州。'从之"④。扬州转般仓：元丰三年（1080）八月丁巳，"权发遣司农寺都丞吴雍言：'淮、浙连岁丰稔，昨尝乞存留扬州转般仓充淮、浙常平都仓，欲乞委提举司辟官一员专管勾。每年广谋收籴，除年计外，常积万石，及受纳两浙转般粮斛与发运司上供额斛斗兑换。'从之"⑤。真州转般仓：真州

---

① 李晓认为它是一个中央派出机构，参见李晓：《宋朝江淮荆浙发运司的政府购买职能》，《中国社会经济史研究》2004年第2期。
② 〔清〕徐松辑：《宋会要辑稿》食货四二之一九，第5571页。
③ 〔宋〕王象之：《舆地纪胜》卷三九《淮南东路·楚州》，中华书局1992年版，第1652页。
④ 〔宋〕李焘：《续资治通鉴长编》卷三〇〇，元丰二年十月辛丑，第7307页。
⑤ 〔宋〕李焘：《续资治通鉴长编》卷三〇七，元丰三年八月丁巳，第7471~7472页。

"转般仓,旧在宁江门外,属发运司,今废"①。以上转般仓,全部沿扬楚运河与龟山运河分布,属于沿河州军。

尽管上供路线非常明晰,但路途非常遥远。政和二年(1112)"十月八日,尚书省言……江南四路地理遥远,更差大使臣以上武臣一员,往来催促检察。其请给理任,依本资序,仍别给驿券"②。因路途遥远不能按期到达是经常现象,如不能按期到达,发运司采取补救之法,只是补救的代价对于地方来说不菲:"而诸路转运司上供米至发运司者,岁分三限。第一限自十二月至二月,第二限自三月至五月,第三限自六月至八月。违限不至,则发运司以所籴米代之而取直于转运司,几倍本路实价。"③所以选择一个合适的位置进行粮食物资的转移交接也是必不可少的。

就运路来看,浙西运河、扬楚运河与龟山运河、汴河、浙东运河这四条运河段本是政府需关注之路段,特别是扬楚运河与龟山运河,可以说是北宋东南地区实施转般法之下漕运最重要的路段。为何这样说?诸如荆湖粮运出现问题,尚可有浙西、淮南之资可以北运,浙西运河被阻,还有江湖之资可以补充。这一路段不出问题则大安无事,否则,足以影响到北宋全国的政治、军事、财政诸多方面。

二、"从左转右":物资转输区域的相互影响

"左"是相对于"右"来说的,是指上供物资需要一个可以起到转换作用的州军,在物资到达这个州军前,输送路径是一种方式,诸如陆运;到达之后,物资继续输送,从这个州军开始又是另外一种方式,比如漕运。前者可以"左"来意指,而后者则可用"右"来表达。

广南东路物资通过陆路北运,到达赣水大区的虔州后转江运,这预示着运输路径的变化,若是陆运转水运,则表明运输成本的降低。咸平

---

① 〔宋〕王象之:《舆地纪胜》卷三八《淮南东路·真州》,第1622页。
② 〔清〕徐松辑:《宋会要辑稿》食货四三之七,第5576页。
③ 〔宋〕苏辙著,陈宏天、高秀芳点校:《苏辙集》卷三七《论发运司以籴米代诸路上供状》,第656~657页。

"五年七月，诏户部判官凌策与江南转运使同计度，罢省自京至广南香药递铺军士及使臣计六千一百余人，皆陆运至虔州，然后水运入京"①。从这一点来看，赣水大区显然起到了一个运输方式转换器的作用。"先是，岭南输香药，以邮置卒万人，分铺二百，负檐抵京师，且以烦役为患。诏策规制之，策请陆运至南安，泛舟而北，止役卒八百，大省转送之费。……广、英路自吉河趣板步二百里，当盛夏时瘴起，行旅死者十八九。策请由英州大源洞伐山开道，直抵曲江，人以为便。"② 考察这里的转换，广东物资沿陆路翻越大庾岭，可达南安军，由水路到达虔州，再继续走水路进京，也可以由广东陆路翻越大庾岭，抵达虔州，再走水路进京。也就是说，南安军和虔州所在物资转输区域都可以成为转换地。广州上供的多是香药等外来物资，天圣六年（1028）"二月，虞部员外郎苏寿言：'近年少有舶船到广州，其管押香药纲使臣端坐请给，欲乞抽归三班院别与差使。自今遇有舶船起发香药纲，即具马递申奏，下三班院逐旋差使臣往彼。'从之"③。天圣八年（1030）"十二月二十一日，三司言：'左班殿直赵世长先差广州押香药纲上京，三运了当，各有出剩，合依敕酬奖。'诏减一年磨勘"④。元丰六年（1083）"四月丁未，入内高品曾处厚言：'准朝旨往韶、惠等州根磨内藏库上供钱。'"⑤ 从始兴江沿流运输的乃是广州和韶州，因此就物资转输之共性来看，这两州似可划入同一个物资转输区域内，我们可命名为广韶区。元丰四年（1081）三月戊子朔，"广州水行十有六日至南雄州，度大庾岭至南安军不百里，舟行顺流用四日至虔州"⑥。在虔州通过赣水进入大江，到真州后进入运河，最终送达京师。这是广韶区的运输路线。广韶区的物资均通过赣水大区运达真泗运河区，其地理格局如下：广韶区→赣水大区→真泗运河区。

---

① 〔清〕徐松辑：《宋会要辑稿》食货四二之三，第 5563 页。
② 〔元〕脱脱等：《宋史》卷三〇七《凌策传》，第 10128 页。
③ 〔清〕徐松辑：《宋会要辑稿》食货四二之一二，第 5567 页。
④ 〔清〕徐松辑：《宋会要辑稿》食货四二之一八，第 5570 页。
⑤ 〔宋〕李焘：《续资治通鉴长编》卷三三四，元丰六年四月丁未，第 8043 页。
⑥ 〔宋〕李焘：《续资治通鉴长编》卷三一一，元丰四年三月戊子，第 7548 页。

四川地区的物资转运则是另一种情形：

> （天圣八年）五月六日，上封事者言："普、遂等州诸般纲运，州县差借人夫般担，至梓州方有递铺兵士转递。伏缘川中时物常贵，差借人夫山路遥远，不支口食，亦甚不易。窃知资、简等州差借人夫般担纲运至益州，自来官给米日二升。欲望应川中不置递铺、权差借人夫般担纲运去处，每日官支口食。"诏下益、梓、利、夔四路转运司相度，皆言其便。复诏三司："今后四路州军差借人夫般运上京并河东、陕西路州军纲运，即每日人支口食米二升；止转般邻近州军官物，即不支。"①

由此可知，普、遂、梓、资、简等州均提供物资纲运，故可划入同一个区域内，称为水陆运输区。

再看成都府路，仁宗天圣二年（1024）"五月，诏：蜀州四县折纳夏秋税布，从来止令本州打角，差夫般往新津县堆贮，候交与押纲人员、使臣入船，下往嘉州合并起发。所差人夫倍多，扰费民力。自今止令新津县置库受纳，候及数目，就彼计纲打角，支与水路纲运起发。合销库屋下蜀州修盖，逐年依条差专副，只委新津知县、监押同受纳"②。

包伟民认为，州军财政收入的主体是本地区的赋税，一般都由属县负责催科，入纳后上缴州军仓库。③ 上述那些县均归属蜀州管辖，故可认为蜀州也是上供物资提供州。又如天圣六年（1028）"八月十五日，三司言：益州路转运司奏，'据邛州状：每年起拨上京等处纲运……今知邛州万可观奏，乞相度邛、蜀州差兵级般担上京纲运至益州……'省司欲依转运司所奏施行。从之"④。"绍兴二年，都转运司于东西两川敷对籴米岁六十余万石，即合州置转船仓，舟船篙挽，悉从官雇，委官部送。凡嘉、

---

① 〔清〕徐松辑：《宋会要辑稿》食货四二之一七，第 5570 页。
② 〔清〕徐松辑：《宋会要辑稿》食货四二之九，第 5566 页。
③ 包伟民：《宋代地方财政史研究》，上海古籍出版社 2001 年版，第 51 页。
④ 〔清〕徐松辑：《宋会要辑稿》食货四二之一三，第 5568 页。

眉、泸、叙之米，沿蜀外水至重庆……"① 以上史料记载时间是南宋初年，但说的是北宋以来的事情。依此，成都府路辖下这几个府、州、军都通过蜀江转输物资，因此形成特定的物资转输区域，可命名为蜀江区。进入蜀江区，嘉州提供另一部分人力来帮助运输。起始区域发出物资，中转区域即派出人力来协助输送。之所以派出人力来护送，显然也是应朝廷的命令。因此北宋四川地区出现以下运转模式：水陆运输区→蜀江区→荆江区。

除了提供人力，有的中转区域设置有库房，以备存贮。天圣七年（1029）六月"二十五日，三司言：臣僚起请两川四路物帛绫罗、锦绮、绢布、绸绵每日纲运甚多，递铺常有积压，其余药物更有水路纲运，不可胜纪。……夔州路收买黄药子，每于匹帛纲内附载往荆南，转附赴京，今药密库各有见在。欲自今于每年买数十分中量减二分。从之"②。

又如天禧"五年八月，三司使李士衡言：'京西、河北转运司元规度于河东晋州发斛斗三十万赴滑州，山路艰险，虑或稽期，欲止于滑州、通利军入中，优给其直。'从之"③。在此实施"入中"制度，很容易招致商人汇集于此，换取盐钞等票据，然后获得更多的利益，这是商人追逐利益的本性决定的。这是起始区域对中转区域正面、积极的影响。

同时，有学者认为黎阳因物资转输也变得繁荣起来。④ 如河北，"臣勘会河北路州军自来赏给茶货等，以至沿边榷场要用之物，并自黄河运至黎阳出卸，转入御河，费用止于客军数百人添支而已。向者，朝廷曾赐米河北，亦干黎阳或马陵道口下卸，倒装转致，费亦不多"⑤；"宋人河北漕运往往于黎阳或马陵道口装卸，盖津要所关矣"⑥。因此，设置有黎阳仓

---

① 〔明〕解缙等奉敕纂：《永乐大典》卷一五九四八《宋漕运六》，中华书局1986年版，第3446页。
② 〔清〕徐松辑：《宋会要辑稿》食货四二之一五，第5569页。
③ 〔清〕徐松辑：《宋会要辑稿》食货四二之七，第5565页。
④ 详见李月红：《北宋时期河北地区的御河》，《中国历史地理论丛》2000年第4期。
⑤ 〔宋〕李焘：《续资治通鉴长编》卷二八二，熙宁十年五月庚午，第6912页。
⑥ 〔清〕顾祖禹撰，贺次君、施和金点校：《读史方舆纪要》卷一六《北直七·大名府》，中华书局2005年版，第702页。

的通利军可独为一区，不妨称之安利区。而大名府的马陵道口亦是下卸物资的地方，因此大名府亦可自成一区。四个区域的关系是：汴京→安利区→大名府区→沿边区。

五代时期吴越钱俶保境安民，北宋将吴越纳入王朝版图，使它逐渐成为宋廷主要财赋来源地。就其位置来看，浙西运河在杭州连接起浙东运河和钱塘江，温、台、处三州无漕运，一般是海运，至明州再换漕船。仁宗天圣四年（1026）"十一月，诏：温州所支纲运兵梢、纲官转海至明州添支米，人日一升半，元破四十五日。内有船或遇便风时月，别无阻滞，及军稍用心搀驾，转海行运，不约日限到明州本镇……"① 润州、常州、苏州、秀州、湖州等州通过浙西运河将物资运至真泗运河区域，然后运达扬州。淮南路转运判官向子諲奏："转般之法，寓平籴之意，江、湖有米，可籴于真，两浙有米，可籴于扬，宿、亳有麦，可籴于泗。"② 因此，官方非常重视浙西运河的畅通与否。庆历七年（1047）九月二十九日，发运使柳灏言：

> 淮南、两浙路运河久失开陶，颇成堙塞，往来纲运常苦浅涩。今岁夏中，真、扬两界旋放陂水，仍作坝子，仅能行运。久积泥淤，底平岸浅……欲乞应运河经历州县，委逐处官吏预计合用工料，开去浅淀……每二年一次，准此开淘。从之。③

钱塘江是两浙路境内的大型河流，入杭州湾，这条大河及其支流经过睦、婺、衢三州。浙东运河串联起明州和越州。钱塘江和浙东运河在杭州汇

---

① 〔清〕徐松辑：《宋会要辑稿》食货四六之九、十，第5608页。
② 〔元〕脱脱等：《宋史》卷一七五《食货志上三》，第4259页。这条史料没有提到楚州接收的是来自何地的米麦，陈峰认为接收的是淮东的上供物，参见陈峰：《北宋东南漕运制度的演变及其影响》，《河北学刊》1991年第2期；日本学者西奥健志认为接收的是淮南路的漕米，参见〔日〕西奥健志：《宋代大运河的南北物流》，《东洋学报》第89卷第1号，2007年。就淮东的上供物资来看，海州应是就近输送物资于楚州，且其隶属于淮南东路。
③ 〔清〕徐松辑：《宋会要辑稿》食货四二之一八，第5570页。

集，然后通过浙西运河北上。对于两浙路来说，浙西运河的畅通是两浙物资顺利北运的重点。两浙路的这四个区域可分别命名为浙西运河区、浙东钱江区和浙东运河区、浙东海陆运输区。

杭州北接浙西运河，南连钱塘江和浙东运河，为方便起见，可将杭州划入浙西运河区。另外，润州、常州、苏州、秀州、湖州皆可划入浙西运河区。在这里，浙西运河是它们共有的运路。明州和越州共有浙东运河，通过浙西运河北上。因此，这两州均可划入浙东运河区。同理，浙东钱江区和浙东海陆运输区也可这样形成，其转输模式为：浙东海陆运输区→浙东运河区→真泗运河区。

这种中转区域目前来看有不少，诸如虔州所在之赣水大区、通利军所在之安利区、荆南所在之荆江大区、嘉州和益州所在之蜀江区、明州所在之浙东运河区等。这些区域对应的往往不是一两个地方州军，而是以路为依托的众多物资转输区域。

对于两个物资转输区域来说，相互之间有无关系？有无互动？或者说有没有互相影响？

首先，中转区域改变了起始区域物资上供的路径，多数情况下是陆运转水运，某种程度上可以说是降低了成本。包伟民认为宋代的物资转输中陆运成本过高，只能是一种辅助性的形式，当时东南地区财赋征调进京，主要依靠水运。①

起始区域的物资在中转区域转换路径，这并非中转区域的要求，而是朝廷的指令，中转区域只是在回应上峰的命令。

另外一种是先走海运，然后上岸，走另外一种水运方式，其运输成本也有所减轻。天圣四年（1026）"十一月，诏：温州所支纲运兵梢、纲官转海至明州添支米，人日一升半，元破四十五日。内有船或遇便风时月，别无阻滞，及军梢用心挍驾，转海行运，不约日限到明州本镇，其余日添支米旧合回纳，自今与免克算填官，一例消破"②。

---

① 包伟民：《宋代地方财政史研究》，第229页。
② 〔清〕徐松辑：《宋会要辑稿》食货四二之一一，第5567页。

其次，从起始区域来看，它把物资转送中转区域，其实是增加了中转区域的运输负担。如赣水大区，若不转输广韶区的粮食物资，只需要转运本区域的粮食物资即可，无须增加运输量。

三、结语

在北宋发运司制度下，几乎所有的东南物资都要服从真泗运河区的调度，包括四川、两广地区。从地理上看，真泗运河区位居淮东地势较为低下的地方，可存贮一定的水量，又设置了若干转般仓，具有一定的物资存贮能力，可以不停催促纲运的行进，也可以通过盐运来制约之。这样来看，东南地区没有任何一个物资转输区域可以与之相比拟，它对于任何其他物资转输区域都有约束力，其他物资转输区域只能按时并在确保质量的基础上把物资转运至真泗运河区指定的地方。如若不然，自有法令惩罚之。这种互动"发起者"是真泗运河区，其他物资转输区域因之而动。

对于真泗运河区之外的其他物资转输区域来说，它们之间也不是没有关联。中转区域改变了起始区域输出物资的上供路径，降低了一部分运输成本。起始区域加重了中转区域的负担，中转区域提供了更多的存贮设施，也付出了更多的劳力来应对本区域之外的物资，但并不是全部起始区域都有害无益，其对中转区域的经济繁荣也有促进作用。

对于物资转输区域互动的研究有必要继续展开，从区域的角度出发去研究物资转输是视角之一。多角度、多侧面去研究物资转输，是把该研究推向深入的必要步骤。

（作者系河北大学宋史研究中心副研究员）

浅析宋代自杀女性身后之事*

陆 溪

自杀研究主要有三种理论传统,即哲学传统、社会学传统和精神病学传统①,学界对中国古代自杀问题的研究主要继承社会学研究取向。宋人认为自杀属于"非理死",属于非正常死亡的一种。关于宋代自杀女性身后之事问题,学界主要有两种相关研究范畴值得关注。

其一,运用女性视角和社会学研究方法研究女性自杀问题,并深入挖掘女性自杀问题与社会和文化之间的联系。欧美学者的研究成果主要集中在《男女:中华帝国的男性、女性与社会性别》杂志2001年第1期的"明清女性自杀研究专刊"②,这五篇文章后来结集出版为《烈女:中国帝制晚期的女性自尽》一书,分别考察了明清时期的女性节烈自杀、诗歌与女性自杀的关系、自杀烈女与清朝统治政策的演变、明清小说中对贞烈自杀女性的描述和自杀女性绝命诗的文化意义,这一系列文章虽考察面向

---

* 本文原与杨果老师合署发表于《河南大学学报》(社会科学版)2012年第2期,今有所改动。

① 参见刘燕舞:《自杀研究:困境表述、理论检视与进路转换》,《中国农业大学学报》(社会科学版)2010年第3期;杨果、陆溪《宋代女性自杀原因初探》,《兰州大学学报》(社会科学版)2008年第5期。

② Paul S, *NAN NÜ*: *Men, Women and Gender in Early and Imperial China*, Vol. 3, No. 1, 2001.

各有区别，但均重点关注了女性自杀和文学、政治、意识形态的关系。①该书作者之一 Janet Theiss 还考察了十八世纪的自杀女性与国家政权的关系。②另外 Weijing Lu 也关注到明清时期"贞女"的自杀问题，并考察了与贞女自杀相关的家庭冲突、国家政策和思想变迁。③中国学者也在女性自杀的深度研究方面进行了探讨，如台湾学者李咏仪的《明代妇女自杀——伦理学研究的进路》从伦理学的角度考察了明代社会对女性自杀的道德评判与认同问题④，刘卫英则主要关注了中国古代记述中女性自杀死后复仇问题⑤，而朱文利的硕士学位论文《明末清初战争中女性自杀研究》涉及了女性死后的评论问题⑥。

其二，宋金时期自杀现象的研究。宋金时期自杀群体研究主要集中在忠义自杀方面。贾志扬在《天潢贵胄：宋代宗室史》中讨论了北宋和南宋末年大量宗室自杀殉国问题，考察了宋代道德指向变化对个人忠义行为的影响，指出宋末忠义行为对后世的模范影响。⑦戴仁柱所撰《十三世纪中国政治与文化危机》将南宋灭亡之际宋人忠义自杀问题置于宋季政治、学术、文化的广阔背景下，揭示了忠义行为和自杀情节之间的关系，以及"忠义于朝廷"这一宏大叙事下隐藏的各种私人意愿。⑧与戴仁柱书中认

---

① Paul S. Ropp, Paula Zamperinl, Harriet T. Zurndorfer, *Passionate Women: Female Suicide in Late Imperial China*, Leiden: Brill, 2001.

② Janet Theiss, "Female Suicide, Subjectivity and the State in Eighteenth-Century China", *Gender & History*, Vol. 16, No. 3, 2004.

③ Weijing Lu, *True to Her Word: The Faithful Maiden Cult in Late Imperial China*, Stanford: Stanford University Press, 2008.

④ 李咏仪：《明代妇女自杀——伦理学研究的进路》，《中外医学哲学》2001 年第 2 期。

⑤ 刘卫英：《弱者反抗的最后一着——古代文学复仇主题中的女性》，《文史杂志》1999 年第 6 期；刘卫英：《万般无奈下的有效抗争——古代女性以自杀行复仇的文化意义》，《中国文化研究》2000 年冬之卷。

⑥ 朱文利：《明末清初战争中女性自杀研究》，暨南大学硕士学位论文，2006 年。

⑦ [美] 贾志扬著，赵冬梅译：《天潢贵胄：宋代宗室史》，江苏人民出版社 2005 年版。

⑧ [美] 戴仁柱著，刘晓译：《十三世纪中国政治与文化危机》，中国广播电视出版社 2003 年版。

为金朝忠义之士少见这一观点不同①，杨宇勋则考察了金末官员自杀殉国行为，以证实各族臣民对金朝的国家认同②。杨宇勋另撰有关于宋人自杀基本状况的《宋人自杀方式与地点》一文。③ 邱志诚的《宋代官员自杀研究》一文则从宋代官员的自杀概况、自杀原因、自杀未遂的救治和官员尽节自杀的文化意义等方面研究了宋代官员自杀的各个侧面。④

以死亡缘由是否符合社会主流价值观为标准分类，宋代自杀女性可分为虽"不幸而处不可两全之地"⑤，却为维护社会主流价值观而死的节烈女性，和因个人情感或利益矛盾"才有小忿便辄轻生"⑥的因私自杀女性。前者因成就节烈而被社会主流意识认可，后者则因违背了乐生恶死的传统观念而被否定与遮蔽。在宋人观念中两类性质迥然的死者的身后之事有何区别？又折射出宋人价值观怎样的传播和深化方式？本文拟从死后异象、尸体处置、死后影响等方面对上述问题做一探讨。

一、宋人记述中的自杀女性死后异象

灵魂和身体的共一性是中国传统身体观的重要特点之一。宋人曾论："气形盛则魂魄盛，气形衰则魂魄亦从而衰。魂随气而变，魄随形而上，故形存则魄存，形化则魄散。"⑦ 人的身体死亡后，灵魂逐渐消散，"魂阳

---

① [美] 戴仁柱著，刘晓译：《十三世纪中国政治与文化危机》，第29~30页。
② 杨宇勋：《从自杀殉国来看各族官员对金朝的认同感》，《汉化、胡化、洋化：中国历史文化的质变与多元性格国际学术研讨会论文集》，台湾中正大学历史学系2005年；并见台湾宋史座谈会编：《宋史研究集》第35辑，台湾兰台出版社2005年版，第369~425页。
③ 杨宇勋：《宋人自杀方式与地点》，《中国中古史研究》第4、5期合刊，台湾兰台出版社2005年版。
④ 邱志诚：《宋代官员自杀研究》，四川师范大学硕士学位论文，2009年。
⑤ 〔宋〕吕祖谦编著：《左氏博议》卷一二《子圉逃归》，黄灵庚、吴战垒主编：《吕祖谦全集》第6册，浙江古籍出版社2008年版，305页。
⑥ 〔宋〕黄榦：《勉斋先生黄文肃公文集》卷三七《禁约顽民诬赖榜文》，《宋集珍本丛刊》第68册，线装书局2004年版，第771页。
⑦ 〔宋〕鲍云龙撰，〔明〕鲍宁辨正：《天原发微》卷五下《鬼神》，《景印文渊阁四库全书》第806册，台湾商务印书馆1986年版，第280页。

而魄阴，故魂之尽曰散（散而上也），魄之尽曰降（降而下也）"①。但在宋人记述中，部分自杀女性在尸体和灵魂两方面呈现异象。

部分女性会在死后呈现出尸体特异状况。目前所见记录中，社会所认同的自杀女性所现异象基本集中于尸体异常，具体表现为死后身体尊严和节烈遗迹的保存。如郑贞娘用剃刀自刎，"仆于床，手犹执刀甚坚。时君老在外，亦为贼所伤，及苏而归，见贞死……欲殓之，乃舒手释刀于地，人咸异之"②。又如刘元妻周氏在投水后七日"尸浮倚于石，衣裾整然"③。她们的节烈感应天地而成异象："天不忍暴其尸，地不忍露其体。乃命山中鬼魅运石棺之，以示宠荣。"④

多见于记述的是自杀女性死后的灵魂显现。有些女性的鬼灵出现是对生者有所要求。如韩希孟死后，"长兴州判官沈思安尝托刘元履者丐赵松雪为书其诗，元履诺而未言。一夕梦一妇人云：'趣为我求书，庶因大人君子之笔，发摅幽愤。'"⑤《夷坚志》中胡一姊死后无人为之做法事而灵魂无法托生，因此现形求助。⑥ 另一些女性鬼灵现形则是因为内心怨愤未平。如郎岩的妻子因丈夫与娼妓同居而自杀，葬后鬼魂仍在自杀地点"数为影响"，导致无人敢居住。⑦ 另如邓氏的妻子因丈夫宠爱侍妾自杀，死后灵魂作祟让家中不得安宁。如此状况到邓妻埋葬后才停止。⑧

---

① 〔宋〕朱熹撰，刘永翔、朱幼文校点：《晦庵先生朱文公文集》卷四七《答吕子约》，朱杰人等主编：《朱子全书》第22册，上海古籍出版社、安徽教育出版社2002年版，第2180页。

② 〔明〕黄仲昭纂修：弘治《八闽通志》卷七二《列女》，《北京图书馆古籍珍本丛刊》第34册，书目文献出版社1988年版，第1024页。

③ 〔明〕戴璟、张岳等纂修：嘉靖《广东通志初稿》卷一五《烈女》，《北京图书馆古籍珍本丛刊》第38册，书目文献出版社1988年版，第293页。

④ 夏日璈、张良楷等修，王韧等纂：民国《建德县志》卷一四《列女》，《中国地方志集成·浙江府县志辑》第9册，上海书店出版社1993年版，第347页。

⑤ 〔明〕陈霆：《两山墨谈》卷三，《丛书集成初编》本，中华书局1985年版，第26页。

⑥ 〔宋〕洪迈撰，何卓点校：《夷坚志》夷坚三志辛卷第九《焦氏见胡一姊》，中华书局1981年版，第1456页。

⑦ 〔宋〕洪迈撰，何卓点校：《夷坚志》夷坚丁志卷第二〇《郎岩妻》，第701页。

⑧ 〔宋〕洪迈撰，何卓点校：《夷坚志》夷坚支景卷第二《邓富民妻》，第890页。

影响更大、后果更严重的是自杀者的鬼灵复仇。前人将鬼灵复仇的形式分为三种，"一是冤魂直接出面（显形）杀死仇人；二是冤魂向有关人员（一般为清官）求助或提供破案线索；三是冤魂借助'冥法'阴诛，使仇主在冥世的正义和严法面前遭到应得的惩治诛罚"①。或许由于女性自杀事件大多并非刑事案件，因此缺失清官破案的类型，大多采取显形或借助"冥法"阴诛方式向仇人或其家庭复仇。如倡女廿二娘死后诱惑路人，请求其协助自己前往负心人杨生家乡复仇，杨生在廿二娘到达当日"七窍流血而死"②。也有一些女性自杀后，向仇人全家复仇。如翟八姐报复仇人王氏全家，"王衰颓愁苦而终，妻贫饕饿死，暴尸不克葬，屋庐入于宗人之家"③。翟八姐的报复不仅止于鬼怪异象，更具有"因果"意蕴。王家家破人亡的命运应看作在翟八姐鬼灵引导、推动下，家庭内外矛盾集中爆发的必然结果。又如《夷坚志》所记朱司法妾因主母虐待自杀，死后向主人报仇，朱家迅速家破人亡。④ 可见自杀女性的鬼灵报复范围之广、程度之酷烈。

从节烈自杀女性记载基本没有灵魂异象可以看出，时人观念中节烈自杀的女性基本没有内心怨愤，这或因她们虽处于死生不易之地，但选择自杀是出于对节义的追求，是"安于死者"。出现灵魂异象的多是因私自杀的女性："人有不伏其死者，所以既死而此气不散，为妖为怪。如人之凶死，及僧道既死，多不散。"⑤ 其中感情纠纷多采用鬼灵直接报复方式，普通人际纠葛和家庭矛盾主要通过"冥诉"的方式实现。另外，节烈女

---

① 参见王立：《冥法与复仇——复仇主题中"冥法"对阳世之法的补弊纠偏》，《中国文学研究》1994年第1期。
② 〔宋〕洪迈撰，何卓点校：《夷坚志》夷坚丁志卷第一五《张客奇遇》，第666~667页。
③ 〔宋〕洪迈撰，何卓点校：《夷坚志》夷坚支乙卷第一《翟八姐》，第802~803页。
④ 〔宋〕洪迈撰，何卓点校：《夷坚志》夷坚支乙卷第七《朱司法妾》，第847~848页。
⑤ 〔宋〕黎靖德编，王星贤点校：《朱子语类》卷三《鬼神》，中华书局1986年版，第39页。

性的灵魂安息，与她们的葬礼和身后祭祀密切相关。

二、宋人记述中自杀女性的丧葬之事

关于自杀者丧葬问题，《礼记》中曾记"死而不吊者三：畏、厌、溺"①。后人解释因死者"不成其所终之命也"②、"轻身忘孝也"③。"凡不得正命而死者皆不吊，或能杀身成仁者又不可不吊也"④，可见传统观念中自杀这样非正常死亡行为因其"轻生"和"不孝"两点不可谅解，丧葬仪式与普通死亡者亦有所不同，但如果死者是为"仁义"而死又有所区别。在宋人丧葬仪式中，节烈自杀和因私自杀女性有何区别？

宋时对非正常死亡有着严密的核查制度，自杀者死后需先经官府核查方可收埋。凡死者亡故时没有亲人在身边，理论上均应报官府核查。宋慈在《洗冤集录》中对异常死亡的死后验看程序、自杀与他杀区别等问题有详细论述。官府到来之前尸体由家人或里保四邻看守，如洪迈《夷坚志·句容人》中载："村民七八辈围守一尸，云：'是人自缢于此室，吾曹乃里正及邻保，惧为虫鼠所坏，故共守以须句容尉之来。'"⑤

宋人对节烈女性死后丧葬问题记载数量较少（119 例中仅有 12 例），且记载均较简单。这或有以下几方面原因：其一，收葬的环境所限。宋代节烈女性大部分因外敌入侵或贼寇横行不屈而死，因其自杀方式的选择（情急之下投水或投崖而死），尸体很难寻到归葬处。其二，殉夫而死的节妇大多属于"夫死自杀以殉"的情况，一般采取夫妻合葬的方式，不需再详述。其三，与记述方式有关。节烈女性自杀事迹大多记述在正史和

---

① 〔清〕孙希旦撰，沈啸寰、王星贤点校：《礼记集解》卷七《檀弓上第三之一》，中华书局 1989 年版，第 182 页。

② 〔宋〕黄伦：《尚书精义》，《丛书集成初编》本，商务印书馆 1936 年版，第 400 页。

③ 〔清〕孙希旦撰，沈啸寰、王星贤点校：《礼记集解》卷七《檀弓上第三之一》，第 182 页。

④ 〔明〕章潢：《图书编》卷一一〇《三不吊》，《景印文渊阁四库全书》第 972 册，台湾商务印书馆 1986 年版，第 351 页。

⑤ 〔宋〕洪迈撰，何卓点校：《夷坚志》夷坚丁志卷第五《句容人》，第 576 页。

地方志中，目的是彪炳贞节以激励后人，重点记述贞烈女性的自杀原因和死前言行，对女性死后丧葬问题涉及较少。

虽然有以上因素影响，但节烈女性的丧葬仍得到了社会的重视。很多女性自杀时已无亲族，但无论官府还是乡里都为其收葬。如章氏因全家疫亡自杀，"邑令捐金瘗之"①。王氏姊妹为免侮辱投海自杀后，家人"得尸葬海岸，今有'双女冢'"②。一些自杀女性甚至得到了敌人的敬重，如雍氏与丈夫赵卯发死后，元丞相伯颜"为具棺衾合葬于池上，祭其墓而去"③。可见，即使在节烈自杀女性尸体收葬困难、亲族凋零的情况下，仍有官员、邻里乃至敌人为她们举行葬礼，以她们的坟墓为所在地命名，并有后人记载流传。

因私自杀女性的丧葬之事一般被忽略。宋代丧礼包括初终、小殓、大殓、成服、吊赙、出殡等程序④，但非正常死亡的完整丧仪似少有明确规范。现有关于因私自杀女性的记载均来自于笔记小说或官员判词，在这些对死亡事件描写往往较为详细的史料中，死者丧葬情况却只能从偶尔出现的侧面描写中管中窥豹。自杀者丧葬方式与普通丧葬具有一致之处，如邓妻自缢而死后，其夫"召墓师两人为卜葬"⑤，这与宋时丧葬重风水的风尚相合。宋人对自杀者的停灵时间也没有特殊要求，如孙氏女自杀后，其父母"呼其邻郑三者告之，使治丧具。郑以送丧为业，世所谓仵作行者

---

① 〔清〕金铉修，〔清〕郑开极等纂：康熙《福建通志》卷五五《列女三》，《北京图书馆古籍珍本丛刊》第 35 册，书目文献出版社 1988 年版，第 2518 页。该影印本无邑令捐金事，仅说缢死，捐金事见四库本雍正至乾隆时所修《福建通志》，〔清〕郝玉麟等监修，〔清〕谢道承等编纂：乾隆《福建通志》卷五五《列女二》，《景印文渊阁四库全书》第 530 册，台湾商务印书馆 1986 年版，第 69 页。

② 〔明〕陆钺等纂修：嘉靖《山东通志》卷三五《列女·莱州府》，《天一阁藏明代方志选刊续编》第 52 册，上海书店 1990 年版，第 768 页。

③ 〔元〕脱脱等：《宋史》卷四五〇《赵卯发传》，中华书局 1985 年版，第 13260 页。

④ 〔宋〕郑居中等撰，汪潇晨点校：《政和五礼新仪》卷二一八《凶礼·庶人丧仪上》，《中华礼藏·礼制卷·总制之属》第 3 册，浙江大学出版社 2017 年版，第 1267 页。

⑤ 〔宋〕洪迈撰，何卓点校：《夷坚志》夷坚支景卷第二《邓富民妻》，第 890 页。

也,且曰:'小口死,勿停丧。'即日穴壁出瘗之"①。孙氏女的父母要求当日埋葬女儿,主要因为死者的年龄较小。《政和五礼新仪》与《内外服制通释》等宋人著作中均记载未成年人死亡的"三殇"丧仪丧服制度,而无自杀丧仪。可见在丧葬仪式中,死者身份和年龄比死亡方式更为重要。

虽然自杀者的丧葬礼仪并无明显异常,但在葬地选择方面显示出特殊性。如小红姊妹家住无锡西门,死后葬于"隙地",葬处又被他人营造房屋。② 裴氏自杀于林中,葬于自杀之处。③ 这些自杀女性均由亲人主持丧事,且裴氏的丈夫和孙氏女的父亲均是读书人,但这些自杀女性不仅未葬在家族墓地中,反而葬地相当随便,或葬于死处,或随便更改葬地,或可因他人言语而迁移。

宗教仪式在因私自杀女性丧葬中具有重要地位。一般认为宋人丧葬时做道场是基于"天堂地狱"的观念④,自杀者死后进行宗教仪式的目的则不限于此。宋人认为自杀者的灵魂较之常人更难以忏拔,灵魂超度成为困扰自杀者的重大问题之一。如女鬼胡一姊所述:"故为张大夫妾……遂自缢于此室中。至今未得托化,所以累次现形。觊望娘子慈悲,与少善缘,使之脱去。"⑤ 除了灵魂超度,宗教仪式还可消除死者心中怨愤。如王魁在桂英鬼魂前来时祈求:"为汝饭僧,诵佛书,多焚纸钱,舍我可乎?"⑥ 宋人所行宗教仪式大多为佛教仪式。如胡一姊现身求助后他人"中元节

---

① 〔宋〕廉布撰,汤勤福、张丽整理:《清尊录》,上海师范大学古籍整理研究所编:《全宋笔记》第4编第3册,大象出版社2008年版,第113页。
② 〔宋〕洪迈撰,何卓点校:《夷坚志》夷坚丙志卷第一九《饼家小红》,第522页。
③ 佚名:《异闻总录》卷一,《丛书集成初编》本,商务印书馆1937年版,第12页。
④ 张邦炜:《两宋时期的丧葬陋俗》,《四川师范大学学报》(社会科学版)1997年第3期。
⑤ 〔宋〕洪迈撰,何卓点校:《夷坚志》夷坚三志辛卷第九《焦氏见胡一姊》,第1456页。
⑥ 〔宋〕罗烨:《醉翁谈录》辛集卷二《王魁负心桂英死报》,古典文学出版社1957年版,第94页。

永宁寺塔院建水陆大斋，当为设位荐拔"①。民间信仰活动和道教也会有所作用。如奴婢多喜自缢后，家人"遍祷里社丛祠"，多喜因此见"一人著紫公服，一人著绿公服，同语曰：'放去放去，他家既相祷，如何不周旋。'"②虽无自杀者丧葬时举行道教仪式实例，但宋时有专用超度自缢者、溺水者的符咒③，道教法事所用《普请文》中也有为自杀自伤者解脱的内容④，可知宋时道教仪式也应用于自杀者丧葬仪式中。

由上可见，宋人笔下的节烈自杀女性丧葬少有独特仪式记载，大多按照宋人普通丧葬习俗收埋，只因其死亡特殊性，更关注收葬者和葬地命名，大多有后人祭祀。因私自杀女性丧葬在葬地选择、宗教仪式方面表现出特殊性，这与她们的死亡缘由和宋人"怨魂"观念密切相关。同时，节烈女性与因私自杀女性的丧葬区别，与她们死后影响的差异亦有关系。

三、自杀女性的死后影响

宋代自杀女性的死后影响，可以分为"观念评价"和"实际影响"两方面。

在观念评价方面，节烈女性得到了很高的社会评价。在"女子生长环堵之中，能著美行垂于汗青，岂易得哉"⑤的背景下，节烈自杀女子事迹被正史、地方志和家传记载和传播，说明了社会主流价值观对她们行为的认同。节烈自杀女性获得了国家、士人和乡里多层次褒扬。即使在南北宋之交和宋末这样局势混乱的情况下，国家仍封赠旌表自杀女性，如王氏赠和义郡太夫人、刘氏封彭城县君等；又如项氏、康氏、彭氏等均得到

---

① 〔宋〕洪迈撰，何卓点校：《夷坚志》夷坚三志辛卷第九《焦氏见胡一姊》，第1456页。
② 〔宋〕洪迈撰，何卓点校：《夷坚志》夷坚志三补《张婢神像》，第1813页。
③ 如解释自缢魂符："咒曰：滞魄灵灵，上应天庭。冤缢自害，身没幽冥。准此符命，和释超升。急急如律令。"见〔宋〕佚名：《灵宝玉鉴》卷三五《解释自缢魂符》，《道藏》第10册，文物出版社、上海书店、天津古籍出版社1988年版，第379页。
④ 〔宋〕郑思肖：《太极祭炼内法》卷上《普请文》，《道藏》第10册，第446页。
⑤ 〔元〕脱脱等：《宋史》卷四六〇《列女传》，第13478页。

"旌表其门"的荣誉。① 士人也为节烈女性赋诗作传，褒扬美德。节烈自杀女子也得到了社会舆论的认同，如郝节娥死后，"乡人谓之'节娥'"②；谢枋得女"闻枋得与其母李氏死节，遂出奁资作桥，桥成，投水死，邑人义之，故名（孝烈桥）"③。

因私自杀女性获得的评价则大相径庭。在宋代官方文件中，因私自杀往往被定性为"顽民习见一死可以赖人，才有小忿便辄轻生"④。还要求非有确凿证据，自杀案件不得诉官。"不许县道轻受，其自缢、自溺、自刑、自害、掐死、撷死小儿女与将久病死人称被吓杀诸般抵赖，既非被杀，皆不应作大辟事施行，为吏人通同胁诈之计。"⑤ 自杀官司原告须有死者直系亲属出面，否则将被视作诬陷他人的刁民。文人关注因私自杀女性则一般集中在因女性过于嫉妒、妇德有缺而自杀⑥和男女因情自杀的风流韵事方面⑦。

在实际影响方面，节烈女性自杀产生的实际影响，有死后祭祀和影响他人行为两方面。节烈女性死后被当地官员、士人和民众祭祀的情况屡见不鲜。如临海王氏死后"郡守立石祠岭上，易名曰清风岭"⑧；何用年妻甘氏自杀后，"主簿黄桂开嘉其节，为立祠潭上，每岁春秋二仲命社长一

---

① 国家对节烈女性类似自杀行为的表彰，得到封赠的基本均为士人阶层女性，平民女性大多得到旌表门户的荣誉。
② 〔元〕脱脱等：《宋史》卷四六〇《郝节娥传》，第13479页。
③ 〔明〕李贤等撰，方志远等点校：《大明一统志》卷五〇《饶州府·关梁》，巴蜀书社2017年版，第2228页。
④ 〔宋〕黄榦：《勉斋先生黄文肃公文集》卷三七《禁约顽民诬赖榜文》，第771页。
⑤ 〔宋〕黄震：《黄氏日抄》卷七九《公移二·交割到任日镂榜约束》，张伟、何忠礼主编：《黄震全集》，浙江大学出版社2013年版，第2232页。
⑥ 如蔡郝妻、郎岩妻等，出自〔宋〕洪迈撰，何卓点校：《夷坚志》夷坚丁志卷第一四《蔡郝妻妾》、卷第二〇《郎岩妻》，第659、701页。
⑦ 如陶师儿王生殉情事件就有《癸辛杂识》《清波小志》等记载，参见〔宋〕周密撰，吴企明点校：《癸辛杂识》别集上《陶裴双缢》，中华书局1988年版，第222页；〔清〕徐逢吉辑：《清波小志》卷下，《丛书集成初编》本，中华书局1985年版，第21页。
⑧ 〔元〕脱脱等：《宋史》卷四六〇《王贞妇传》，第13490页。

人主其祭。后人名其潭曰'妹资潭'"①。类似事例还有南丰乐氏女、赵淮二妾、徐氏二女等八位女性。在宋人笔下，节烈女性的自杀行为不仅完善自身道德，还会感化他人。女性节烈自杀有时会使行凶为害的人放下屠刀，如詹氏女为保护家人而死，"贼相顾骇叹而去"。也有女性节烈自杀后，其夫感动而终身不娶，如泰和某氏女和郭丙妻王氏。对他人影响最显著的是贝州赵氏女，她不愿嫁贼为妻，自杀后，"贼之亲信自杀者三人，缒城逃者七十四人，惧为贼所鱼肉也。自此贼焰渐衰，以至于败"②。将赵氏女自杀视为王则败亡的直接原因，可见在宋人观念中节烈的重要意义和巨大影响。

因私自杀女性主要是影响他人生活，其对他人产生的直接影响主要表现在女性死后冤魂"冥报"。女性鬼灵现身报仇前文已述，更多女性通过阴间法律雪冤报仇。如小红姊妹被继母虐待而死后，"人曰：'汝坐后母以死，胡不求报耶？'曰：'已诉于天，既报之矣。'"③可见在时人观念中，自杀死后"冥报"合乎情理。还有一些女性为死后赴阴司诉冤而自杀，如宋徽宗时一宫嫔因刘娘子致罪，"小嫔知之，乃多取纸笔焚之，云：'我且上诉于天帝也。'即自缢而死。不逾月，两刘娘子同日而亡"④。桂英得知王魁负约后"乃往海神祠中，语其神曰：'我初来，与王魁结誓于此，魁今辜恩负约，神岂不知？既有灵通，神当与英决断此事，吾即自杀以助神。'乃归家，取一剃刀，将喉一挥，就死于地"⑤。自杀女性死后引起家庭争讼、主人被弹劾等属于对他人的间接影响。《名公书判清明集》

---

① 〔清〕章振萼纂修：康熙《上犹县志》卷九《人物志·贞烈》，《日本藏中国罕见地方志丛刊》本，书目文献出版社1992年版，第360页。
② 〔明〕陆楫等辑：《古今说海·说略部·谐史》，巴蜀书社1988年版，第456页。
③ 〔宋〕洪迈撰，何卓点校：《夷坚志》夷坚丙志卷第一九《饼家小红》，第522~523页。
④ 〔宋〕何薳撰，储玲玲整理：《春渚纪闻》卷一《两刘娘子报应》，朱易安、傅璇琮等主编：《全宋笔记》第3编第3册，大象出版社2008年版，第177页。
⑤ 〔宋〕罗烨：《醉翁谈录》辛集卷二《王魁负心桂英死报》，第94页。

中所记《自撰大辟之狱》即婢女张惜儿自杀身亡后导致主家诉讼①，北宋陈执中被弹劾与家中婢女海棠不堪虐待自缢也有关系②。

可见，节烈自杀女性和因私自杀女性均在观念舆论和实际生活层面产生影响。节烈自杀女性因符合社会主流价值观而意义更大，影响更广泛，而因私自杀女性死后主要对相关人员产生影响。

四、自杀女性身后之事的社会传播循环

宋代自杀女性身后事宜的处置、记载与传播渠道也可反映出节烈自杀女性和因私自杀女性的区别。节烈自杀女性的身后事宜主要记录在朝廷旌表诏令和士人文集等较正式的文本中，如《宋史》中专列《列女传》和士人所撰墓志铭等。因私自杀女性的身后事宜则主要通过笔记、小说、戏文等非正式渠道传播，如前文所述"王魁负桂英"这一故事便在宋元之际以多种文学方式表现："宋夏噩有《王魁传》，无名氏有《王魁歌》……元柳贯也有《王魁传》……。此外戏剧，宋官本杂剧有《王魁三乡题》一本，见《武林旧事》。戏文有宋元无名氏《王俊民休书记》一本，明无名氏《桂英诬王魁》一本，俱见《南词叙录》。杂剧有元尚仲贤《负桂英》一本，见《录鬼簿》。"③

宋代自杀女性身后之事的记述和传播存在多层次表现形式的内在循环。在国家层面，对于女性美德尤其是女性节烈的嘉奖不仅体现了国家和政府对民众道德的引导④，也是稳定社会秩序的方式之一。如北宋占领四川后便征召节妇等民间道德典范进行旌表，"先贤丘陇，不得樵采；古来

---

① 中国社会科学院历史研究所宋辽金元史研究室点校：《名公书判清明集》卷一三《自撰大辟之狱》，中华书局1987年版，第491~492页。

② 〔宋〕李焘撰，上海师范大学古籍整理研究所、华东师范大学古籍整理研究所点校：《续资治通鉴长编》卷一七八，至和二年二月庚子，中华书局2004年版，第4310页；〔宋〕赵抃：《赵清献公文集》卷六《奏状论宰臣从人捶杀妇人乞下开封府勘鞫》，《宋集珍本丛刊》第6册，线装书局2004年版，第762页。

③ 钱南扬：《宋元戏文辑佚·王魁负桂英》，中华书局2009年版，第43页。

④ 铁爱花：《论宋代国家对女性的旌表》，《历史教学》（下半月刊）2008年第12期。

庙宇，咸与修崇。其余节妇义夫、顺孙孝子有堪旌赏，当议举明"①。官员则多因节烈自杀女性"有功于风俗"②而将祭祀表彰节烈女性作为移风易俗的方式之一。赵景纬在台州任上便以提高百姓道德水平为重要施政内容："至郡，以化民成俗为先务……取《孝经·庶人章》为四言咏赞其义，使朝夕歌之，至有为之感涕者。……旌孝行，作《训孝文》以励其俗。"③而在民间观念方面，宋人认为冥界有"节义判官"专司节烈女性孝顺子孙的死后善报，如宋代杨洵梦见叔叔灵魂归来："问何之，曰今为忠孝节义判官矣，所主人间忠臣孝子义夫节妇事。"④不仅女性节烈自杀反映国家、官员和大众的观念传递，对因私自杀女性的态度也存在民间和政府的互动，福建固有"闽俗多自毒死以诬仇家，官司莫能辨"⑤这样自杀寻仇的风俗，因此官方文书中才会提到不许地方轻易接受审理自杀官司。

五、结语

宋人对待女性不同原因自杀所表现的态度，是其主流价值观的体现。由宋人关于死亡女性记述可见，宋人所期待的女性理想形象，既有"妇女低头守巾帼，男儿嚼齿吞刀锯"⑥的贞节壮烈，又有"孝女、顺妇、慈母、贤妻"⑦的刻板模式；宋人在言论和实践中表达出对因家庭或情感矛盾而轻生女性的否定，表现出对妒忌之妻、争宠之妾、淫奔之女的指责和贬低。

---

① 〔宋〕袁说友等编，赵晓兰整理：《成都文类》卷一七《曲赦蜀川诏》，中华书局 2011 年版，第 358 页。
② 〔宋〕晁说之：《嵩山文集》卷一六《成州同谷县杜工部祠堂记》，《四部丛刊续编》本，上海书店 1985 年版，第 34 叶 b。
③ 〔元〕脱脱等：《宋史》卷四二五《赵景纬传》，第 12673 页。
④ 〔宋〕晁补之：《济北晁先生鸡肋集》卷六三《广州推官杨府君墓表》，《四部丛刊初编》本，上海书店 1989 年版，第 986 页。
⑤ 〔元〕脱脱等：《宋史》卷三〇二《吴及传》，第 10022 页。
⑥ 〔宋〕文天祥：《文天祥全集》卷一四《指南后录·言志》，中国书店 1985 年版，第 350 页。关于文天祥与南宋末年士人群体的自杀情节，参见〔美〕戴仁柱著，刘晓译：《十三世纪中国政治与文化危机》。
⑦ 杨果：《宋人墓志中的女性形象解读》，《东吴历史学报》2004 年第 11 期。

同时，宋人记述中的自杀女性身后事宜也深化和再造了以上价值观。首先，在内容方面，死后异象表达了节烈自杀女性的天地感应与因私自杀女性的灵魂难安；丧葬礼仪习俗表现了节烈自杀女性的死后哀荣与因私自杀女性处置的草率和被忽略；女性的死后影响说明与因私自杀女性相比，节烈自杀女性对自己和他人的意义更为深远。其次，在推广形式和观念表现方面，国家通过旌表、制定丧葬制度和官员公开祭祀等途径促使国家意志下传，与社会主流观念相融合；士人对不同女性的记载、节烈女性事迹的传播和丧葬实践等活动，响应和传递国家意志，传播至社会各阶层；普通民众则作为客体通过丧葬活动、灵验故事传播被影响教化；此外，民众和士人又通过传播故事、形成风俗等行为反馈和再传播着主流价值规范，社会各阶层主流价值观因此而逐渐融合和凝聚。

[作者现就职于腾讯科技（上海）有限公司]

历史叙事的不同维度：疾病、医药与治疗

——评《疾之成殇》和《中国医药与治疗史》

柳雨春

叙事是按照一定的顺序和话语结构讲述事件，从而被人们理解、接受并赋予意义。叙事探究从文学、语言学领域出发，被广泛应用于社会学、心理学、人类学、教育学等众多领域。历史学与叙事有着天然的联系，"讲故事"是史学表述的重要方式。历史叙事在史学理论发展的过程中备受挑战，不断发展。① 中国医疗史经过几十年的发展与沉淀，不再是一个

---

① 随着新文化史、微观史的发展，近二三十年，中西方史学界有一种研究方法的转向和回归，王笛结合自身的研究经历认为"新文化史把普通人作为研究的主要对象，同时也从过去现代化理论流行时代的社会科学和科学的方法，转向讲究叙事和细节的人文的历史学方法"。这样的过程是被一些学者认可并实践的，柯志明很早便倡议"社会科学的历史解释应纳入叙事作为更多样而成熟的选择"。彭刚更是将西方史学理论向叙事的转向进行了全面梳理。学者对于叙事方法的应用更加丰富饱满，在医疗史的研究中也是如此，如果细加考量，就会发现叙事方法的应用仍是有区别的，因此本文结合《中国医药与治疗史》和《疾之成殇》两本著作试图呈现叙事的不同维度。[美]王笛：《从计量、叙事到文本解读——社会史实证研究的方法转向》之《导言·三十年的学术探索》，社会科学文献出版社2020年版，第16页；柯志明：《历史的转向：社会科学与历史叙事的结合》，《台湾社会学》2005年第10期；彭刚：《叙事的转向：当代西方史学理论的考察》，北京大学出版社2017年版。

新兴的研究方向，谓之预流也不为过。但是医疗史要如何寻找新的增长点，如何发展，牵引着学者、学科发展的神经。① 尤其是 2020 年至今，这种焦虑伴随着新冠疫情的一波三折让世界众人有着更深刻的体悟，也使我们更能以理解之同情读史阅世。但是医疗史的研究，从哪里开始说起，又采用何种讲述方式，仍需要不断思考。《中国医药与治疗史》（插图版）（下文简称《中国医药与治疗史》）和《疾之成殇——秦宋之间的疾病名义与历史叙事中的存在》（下文简称《疾之成殇》）从叙事的不同维度拓展了医疗史研究的广度和深度。笔者学力不足，不揣浅陋，对比读之，简作如下评述。

一、历史叙事中的叙述与解释

历史叙事的基本功能包含三种维度：叙述、解释和对叙事的解释，以期理解、辨别史料以后构成对历史的还原与再创作。时间是历史叙事的重要线索。《中国医药与治疗史》和《疾之成殇》的叙事风格不同，但都将考察的问题放在更长的时段中，以不同类型的问题带动叙事的推进，在长叙事中寻找短叙事难以表达的延续性。

首先，历史叙事的叙述，重点之一在于呈现历史中的细节是什么及其发展过程。《中国医药与治疗史》是由欧美学界中国医学史方面的专家学者撰写，主要面向对中国医学史感兴趣的读者，是一部具有教材性质的著作。全书的内容是自商周秦时期医、巫之间的区隔不断明显，汉代形形色色的治疗方法等构成多姿多彩的医疗环境，唐宋元明时期中国传统医学的全面发展，再到清朝民国时期中西医的互动，以及现代全球视野下中医的

---

① 众多学者长期关注或从事医疗史的研究，并积极思考发展方向等。冯尔康先生是在整个人类生态环境史、医疗社会史背景下对生命本身进行更有益的思考，梁其姿、李建民、余新忠、祝平一、皮国立、于赓哲等学者都有相关著述，此处不一一列举。冯尔康：《从群体史、生活史到生命史的研究（提纲）》，《历史教学》（下半月刊）2020 年第 9 期；余新忠：《在对生命的关注中彰显历史的意义——当今中国医疗史研究的新思考》，《江淮文史》2020 年第 3 期；余新忠：《中国传统瘟疫叙事中的灾疫文化初探》，《史学集刊》2021 年第 2 期。

适应和活力,最后部分是中医在海外各地的现状及发展。以第四章宋金时期为例,书中提炼了宋金时期新的疾病问题和医学的进展,分六个问题阐释,包括医事管理、制度建设、医书的刊印、改革南方的疾疗风俗、身份结构与医学、医学遗产。此书还将该时段研究中的新进展,写作者的专长、关注点和学术热点,一些有趣的议题或者是史料作为专题加以补充,以此激发大众的阅读兴趣,如该章补充了瘟神崇拜、女道传奇、宋代医学刊本与中古日本医学的相关内容。

整体来看,该书是围绕核心问题进行叙事,可以大致呈现该时段的特征,加之不同学者的关注点、侧重点不同,使叙事的层面更加丰富,但是这种叙事的呈现方式很难深究一个问题的来龙去脉。

其次,历史叙事在后现代主义的冲击下产生了新的诉求,就是在阅读历史文本的时候,怎么呈现和解释史料中的叙事的形成,对史料的叙事进行分析和叙述。历史叙事应该具有解释功能,探寻历史为什么会呈现如此场景,其中的细节如何变化及被塑造,包括词义的变化。《疾之成殇》的叙事方式就是这种类型,从概念和名称入手,追问中国古代历史疾病和身体的名称如何成为实体,又是如何进入国家的视野,并不断被修正,作者以"癃"为例,解释为什么其在户籍和法律上的含义不同于医药文书。在疾病传播的年代,疾病传递着信仰和知识,又在特殊的语境场合形成独特的表述,在这个过程中病人和治疗者完成了身份的塑造。最后,疾疫给个人和群体都带来了若隐若现的创伤,关于群体性创伤的文化表述又不断塑造个体的感受、认知和记忆。疾病、个体在文本、知识、权力中交织在一起,如何在留白的历史空间之中,呈现个体的生命历程呢?作者以抽丝剥茧式的解读完成了叙事的递进。

那么为什么两书的叙事风格如此不同?这也是我们想说的叙事功能的第三个维度。

二、历史叙事中的理论与现实

历史叙事的第三层功能,是对叙述的解释,是作者选取研究方法的初衷。历史叙事中对叙述的解释,是解读著述的立意所在,或者作者意图达

到的目标。不可避免的是，每个研究者的主观认识都有特长和局限性，因此得到的结论也会有所差异。需进一步追问研究者为什么采用这样的叙述方式，这样的叙述方式可能造成怎样的偏差。因此，也可以将叙述的解释理解为著述者的观念体系。理解作者的史观，更有助于理解医疗史切入点的选择。

（一）医疗史中的理论焦虑

医疗史作为新史学的一部分，天然地具有多学科交叉的背景，那么在医学、社会学、人口学甚至是语言学等众多学科和领域中可以对哪些理论和知识进行取舍及应用已然成为一个难点。借鉴学科理论的差异往往成为众多学者相互批评的立场。因此，在医疗史的发展过程中，既有形成独立成熟专门史的困难，也有寻找自身生长点的焦虑。

研究者在应对医疗史的多元取向的时候，自然而然就会产生理论的焦虑，理论要不要用？采用何种理论？要怎么用？得到的结论符不符合史实？理论、范式会不会产生一个问题，就是遮蔽的比解释的更多？这也是作者组织叙事的背景。理解他们的史观，更有助于理解医疗史。《中国医药与治疗史》和《疾之成殇》两书为了应对医疗史叙事中的理论焦虑，更好地处理追寻细节所带来的遮蔽，采用了不同的处理方法和尝试，既有共性也有一些有趣的对比。

《中国医药与治疗史》对于理论的应用给出了自身的判断，"我们没有在书中运用某些概念框架，虽然它们曾经引导早先的医学研究，但是后来发现它们遮蔽的比阐明的更多"。编者进一步解释中国文化的特殊性，"除了最近极少数的活动，很难把中国的哪一种治疗归入二分法中的神圣或世俗、科学或宗教的某一方。许多概念在人类历史上的大多数社会中都没有准确的对应词，而且甚至也常常不适用于现代生物医学，后者常被当作世俗的医学科学的范式"[①]。从 19 世纪开始，科学技术飞速发展，也影响了历史学家对于世界的认知，他们惊叹于时代的发展。到 20 世纪中叶

---

① ［美］艾媞捷、［美］琳达·巴恩斯编，朱慧颖译：《中国医药与治疗史·导言》（插图版），浙江大学出版社 2020 年版，第 5 页。

时，人文学者对于新技术、新发明的认识趋于平静，开始反思这个世界上到底什么才是真正的"进步"。若以今天对待现代、科学的标准去审视历史往往有失公允。虽然由于历史上一些细节的存在和变化形成了现在的历史，但是以现代医学、西方的话语体系和经验范围的偏好代入，或以所谓的科学性反观历史，都会产生新的偏差，也可能使读者离中国历史更远。

编者为了避免曲解理论，尽可能呈现历史的原貌，在完成全书的时候采取了一些方法。第一，用广度寻找知识的融合点，产生新的火花。就像本书的书名所呈现的，以医药和治疗作为主要的研究对象，尽可能地涵盖医史学者与人类学者的研究成果，把目光放得更宽广一些，涉及更多的方面，形成关于医疗发展的种种线索，包括医疗中医患关系，疾病与政治、经济、社会之间的关系等，以此呈现医疗史的广袤图景。例如，第三章《六朝与唐》提到新型治疗者的产生和时代变化对医疗产生的影响，涉及士族门阀、官员、商人、学生、使节同佛、道教和医疗机构之间的相互作用。因此，作者更倾向于呈现历史叙事的叙述功能，以把握不同时期的历史特点，这也使得本书内容广博，深入浅出，兼顾传统和前沿课题研究。

第二，谨慎使用概念和术语。"为了避免以现代人和局外人的视角造成的曲解，我们密切注意人们如何用他们自己的语言理解自己的行为：根据他们自己对知识和功效的表述；根据彼时情境之下他们对个人和公共之'好'的评价。因此在本书中我们对中国的概念进行直译，而不是比附现代生物医学术语。"① 该书虽然作者较多，但是在编纂成书的时候，风格尽量一致，避免滥用各种现代术语。

第三，以图证史。本书注意图像史料的运用，从不同的侧面反映历史，使叙事更加丰富和充实。正如本书英文版的副标题 An Illustrated History 所强调的，图像资料的阐释是本书的另一条线索，得益于作者的多元学术背景，该书大量引证了多国博物馆、图书馆的藏品。如由纽约赛克勒基金会提供的公元前5—前4世纪的楚国《帛书十二月神图》，图中的文

---

① ［美］艾媞捷、［美］琳达·巴恩斯编，朱慧颖译：《中国医药与治疗史·导言》(插图版)，第5页。

字和图画描述了宇宙和时间的创造①，可以辅助解释古人因为认为疾病同时间、祖先等之间存在着种种联系，因此采用特殊有针对性的疗法。还有相当多的图像来自于作者个人的摄影或收藏，如敦煌莫高窟（第77页）、唐代长安华清宫中的温泉（第80页）、陕西韩城宋代墓葬医药图（第111页）。还有近现代非常珍贵的影像资料，如老式教会医院的病房和现代教会医院的病房的对比照片（第226页）。

简言之，该书使用多学科、多主题、多手段、多层面的研究方法，尽量避免理论的陷阱。

《疾之成殇》则采用了截然不同的方式回应理论的困境，作者直面理论的局限性，试图消解理论，呈现历史叙事的层层叠加。

第一，以疾病为叙事的主体，用对知识的形成和变化的追问"回溯诊断"的始终。作者认为"对'疾病的历史'的写作者而言"，"廓清'我们从哪里开始思考'的关键性问题，甚至成为一种焦虑"。② 这种焦虑来自于疾病的命名，它影响着对疾病的认知。在医疗史的研究方法和理论中，回溯诊断是一种方式，该方法大致是考察古代的疾病相当于现在的何病，追查层层文本所叙述的疾病的范畴，有何应对医方、医方是否变化、如何治疗等。

《疾之成殇》指出："回溯诊断随着全球史、生物技术的演进和出土文献的发现而回归，似乎带来了一种方法论上'令人惊恐的倒退'。"③ 并说明回溯诊断的局限性，"在回溯诊断的历史叙事中诞生的疾病实体却已经逐渐碎片化"，结果就是如果没有古代疾病与现代疾病的对应名称，便无法去解读古代的疾病和社会环境。要理解回溯诊断下的中国古代疾病，就需要多重反思。第一重反思，古代医学文献中的疾病叙述谱系是如何建立起来的？第二重反思，被现代医学裹挟的古代疾病其原状究竟如何？第

---

① ［美］艾媞捷、［美］琳达·巴恩斯编，朱慧颖译：《中国医药与治疗史》（插图版），第20页。

② 陈昊：《疾之成殇——秦宋之间的疾病名义与历史叙事中的存在》，上海古籍出版社2020年版，第6页。

③ 陈昊：《疾之成殇——秦宋之间的疾病名义与历史叙事中的存在》，第82页。

三重反思，现代医学是以西医为基础的，那么如何看待中医同现代医学的联系？

作者为了破开层层迷雾，深入其中，追问医学知识语义的形成、变化和关联来展示相关的社会、信仰等复杂关系。例如在第二章中作者并没有寻找"癃"的现代病名，而是讨论"癃"在同时期的不同文类文本如法律户籍文书、医药文书中的含义差异，在东汉之后医书中由"癃"到"淋"产生变化，其中语义、语境和知识运作的变化背后是国家统治对医学知识的掌握和变通，对身体的关切和判定的不断实践。

第二，用史料呈现不同层次的医疗史。本书"选择"的文本包括大量的出土文献，使之与医学文献和史书等形成关联，意图构建有医学的医疗史。医疗史采用交叉学科的研究方法，纯历史分析的研究往往被医学界称为没有医学的医学史。该书第六章仔细分析从《诸病源候论》到《玄感传尸方》或崔知悌骨蒸方的病因理论转变，梳理了其他的疾病理论等，并将城市与疾病理论联系起来。本书还意图构建有个体的生命史，这是医疗史研究中的另一个突破点，避免见疾病而不见患者，见医疗而不见生命关怀。在第八章、第九章，作者尝试分析书写方式和叙述中的"沉默"，揭开了一场被墓志所记载，但在正史中几不可见的疾疫和饥馑。在这四方墓志背后，个体的生命历程、情感、信仰等历史的情境怎样被书写者记述、筛选，又是如何被遗忘的，由此反思知识塑造下的自我、群体和历史的关系。

（二）医疗史中的全球视野

对于叙事的解释还有另一个重要的层面，是研究的视野取向。学术界既有破除了"中心—边缘"的传统历史叙事模式的自觉，也有全球转向的潮流。因此，在全球史视野下如何体现中国的历史，如何回顾研究中的"欧洲中心化""西方中心主义"等问题同样体现在医疗史研究中。

全球史的视野为中国医疗史提供了更广阔的研究范畴，如不同文化的对比、冲击和吸引力，但是也带来了新的难点和焦虑，主要表现在三个层面：在研究内容方面，因为正如前文所说现代医学是以西医为背景的，如

果以现代医学作为全球史的切入点,很难真正深入解读中国古代医学史,有隔靴搔痒的嫌疑;另外,医学史本身也是一个载体,联系国家政治、宗教观念、社会习俗、日常生活等领域,如果对医学史存在误读,很可能无法较为准确地把握各种联系。从研究的起点来看,中国医疗史的兴起和发展受到海外研究的影响,就像逐渐成年的孩子开始追求独立一样,中国的医疗史研究者也在寻找学术独立和平等的对话。近些年还有现实的投射,在这两本书出版之际,刚好是新冠疫情开始,虽然两书的作者并没有想到这场疫情蔓延如此之广、如此之久,但是他们在解读过去的灾难瘟疫、思考古人是如何一次次应对灾异的时候,提供了一种理解现在的思路。

以全球化的视野进行比较史研究,是对自身文化的深层次检视。《中国医药与治疗史》将这种异文化的记叙和对比当作该书的一条线索,在书中前五章通过对日、朝、越南等邻国医学交流的关注和史料的鉴别考证,体现了古代医学知识、书籍和文化的流转。如第五章介绍了元明时期业医者之间不断的交流,像明朝廷里的越南僧医,还有朝鲜医学汇编的出现等。第六章描绘了全球的医学交流地图,包括中国医学随着贸易向欧洲的传播,传教士将欧洲的医学流布到东亚,揭示中外医学思想交流的悠久历史。

世界卫生组织正式确认了中医和相关的医疗实践为世界的医学传统。该书对于目前中国医疗在世界的传播和兴盛的研究相对有限的方面加以突破,梳理了中医在全世界的传播途径,试图解释在一些国家颠覆了中医分科之间的平衡关系,仅"把针灸当成了中医的门脸"[①]后中医依然兴盛并具有一定市场的原因。对于海外的中国移民来说,中医是身份识别、重构的因素。针灸及其他中医的医学实践在全球的复杂传播,在不断遭受挑战的同时,逐渐融入常规的医学实践,并参与到现代医学的种种变化之中。

现代社会里,中医的从业者在不同国家输出时主动塑造和调试,包括秘而不宣的家族技艺或者宗教传统,以及对西方医疗系统的适应配合,在

---

① [美]艾媞捷、[美]琳达·巴恩斯编,朱慧颖译:《中国医药与治疗史》(插图版),第 301 页。

传统和现代之间找到属于自己的联结方式,也成为认识现在世界各地华人族群的一个切入点。

《疾之成殇》在全球史的视野下,对于中国疾病史的研究提出了从哪里开始的焦虑,于是在全书中秉持既保持学术独立,又有中西方文化沟通的自觉信念。例如,作者在第一章中分析疾病何以成为历史的时候,以"脚气病"为例,说明医学的交流对历史地理病理学产生复杂的影响,外来文化通过知识结构的建构、语言的传递成为内化的认识,重新塑造了医学,从而思考"西方现代医学的疾病实体及其相关知识和治疗技术"在中国文化、医学的构建发展等方面所起到的作用。不止于此,对于全球史的发展和现代技术的蔓延,我们需要警惕在回溯诊断的回归中,借以此名使中国古代医学又一次丧失主体性。在研究中,作者基于交流对话的立场,充分回顾西方的学术史并给予回应,用细节的追寻,建立起对于古代疾病、社会和国家的认知,不断提醒我们在全球史视野下,自我定义的重要性。

两书还有一个共同的关注点,即对于近代中国中西医之间关系的关注,《中国医药与治疗史》对近代中国中西医从统一到单一医疗体系中存在的问题进行了讨论,《疾之成殇》讨论了近代中国医学界对于西医的概念、医史的接纳和融合。那么既然中西医疗方法思路不同,二者是否存在沟通交流的可能性?其实,现今中西医的结合和屡次争论都是相似的问题。

三、余论

诚然,《中国医药与治疗史》与《疾之成殇》使医疗史的研究在知识结构、学术实践等方面更为丰富,但也有一些地方值得商榷或思考。其中,《中国医药与治疗史》中有些翻译可能需要审订,也有一些观点需要进一步追问。如:

第一,有些翻译可能不够准确。如译著第4页,"学者们逐渐认识到,在他们对科学发现产生兴趣时,他们经常把自己的科学观投射到过去,而忽视参与者们自身对其所作所为的认识,小看许多过去有影响但已不符合现代科学模式的事物,高估一些名不见经传者的重要性。这些无名小卒的观点曾饱受漠视,但在某种程度上重塑了现代的

理论",原文为 They had ignored actors' own understandings of what they were doing, had minimized many things that had been influential in past times but which did not fit modern scientific models, and had overstated the significance of obscure figures whose ideas had been largely disregarded but in some way prefigured modern theories①。其中"actors"应该是指历史中的那些亲历者;"重塑"在原文中对应的单词是"prefigured",是指暗合或者预示、印证了后来的现代理论。所以笔者理解为并不是这些"无名小卒"重塑了现代理论,而是学者们夸大了那些思想被基本忽略但在某种程度上预示着现代理论的不知名人物的意义。

译著第 48 页,"汉代的医家在论述身体系统时,一般不区分性别,相反他们对男女一视同仁。例如,男女都有'精',表现为与生殖有关的液体:男人的精液,女人的月经……"。此处英文原文是 rather, the physical differences were seen as equivalents,可以理解为汉代的医家在论述身体系统时,不是倾向于消除男性和女性的区别,而是更愿意将男女身体上存在的差异理解为是相互对应的。

译著第 55 页,"通常的分析是绵阳小雕像反映了马王堆出土医书中的医学理论",原著第 50 页用的是 manuscripts,应该不是特指马王堆出土医书,而是后文引述资料的张家山汉墓竹简。

第二,有些解释和注释不宜删除。如译著第 18 页,"战国时期的文本也谈及'性',它可以为身体活动或礼乐舞蹈所'动'——这些活动可以上溯至商代(McCurley 2005)"。原著是用"human nature (xing)",可能保持原文的格式更为妥帖。

译著第 48 页,"有趣的是,绵阳小雕像没有生殖器",删去了原文里的图表注释指引,"见图 2.5—2.6(see Figures 2.5—2.6)",保留为好。

同样,译著第四章删去了原书第 98 页辽宋夏金的地图,亦是保留为好。

---

① T. J. Hinrichs and Linda L. Barnes, *Chinese Medicine and Healing*: *An Illustrated History*, Cambridge, Mass.: Belknap Press of Harvard University Press, 2013, p. 3.

第三，译著第 217 页的观点或可商榷。作者认为"明清武侠小说确实把被称为'江湖'的边缘世界中的医学与武术联系了起来"，并举例认为"这个例子也阐明了文人精英常常不愿耗费笔墨的民间社会阶层中行医与练武之间的联系"。此处文人精英对于行医和练武之间的联系的认知和记述可能不是如此简单。

第四，译著第 174 页 "1940 年鸦片战争爆发时"，应为 1840 年。

《疾之成殇》使读者看到医疗史中疾病、知识、语义的变与不变，层层追问，也引发了更多的思考，例如：

第一，作为当代社会的人，我们不可能摆脱自身对疾病的认知，例如我们所知的因维生素 B 缺乏导致的脚气病，已经作为一种常识深入知识体系，难免会有代入在里面，那么作为史学写作的实践者如何处理这种认知呢？

第二，有趣的是，作者强调避免回溯诊断，要形成对于中国传统医学的独立认识；但是当还原到历史之中进行分析的时候，难免借用"知识考古学""场域""仪式""实体"等概念作为分析工具。作者也为自己使用各种理论、概念进行了澄清，大有以彼之道还施彼身的意思。这就产生了一个有趣的现象，既想要保持研究对象的相对独立，又在研究中依赖于现代的概念体系。当我们回到历史研究的大背景中，如何建立自己的研究范式或者理论体系，仍然需要不断思考和锤炼。

此外，既是该书的特长，也是很难权衡之处，作者对于某一知识点的详尽梳理与回应，让读者可以知道某一观点是如何形成的，但是影响了文章的可读性。

如上所述，《中国医药与治疗史》和《疾之成殇》在历史叙事的不同维度上刚好形成了一种对照。前者是西方背景的学者对于中国医学史的关注，力图摒弃理论，呈现历史风貌，从中国医学出发看待它在世界的适从；后者是为了保持学术的独立性，深入剖析现代理论对于中国医疗史产生的影响，从病名、病史的追寻来看知识、叙事的变革。二者为了更好地呈现中国医疗史中的种种脉络和联系做出了有益的尝试。

我们可以看到，不管采用何种方法切入医疗史，两书仍存在一些共

性。例如，避免"欧洲中心论""中心—边缘"的方法之一，就是回到最基本的史料，从各种遗存中不断发掘。无论是从知识史、科学史、身体史、社会史、全球史哪一种视角出发，都要立足于历史本身，对史料、史实有深刻的理解，才会有优秀的历史叙事，而不至于陷于理论的游戏。

医疗史的中外研究不应该是一味地趋同，也不是此消彼长的关系。保持文化研究的多样性，会使成果越来越丰富。中国医疗史发展至今，逐渐成熟，虽有突围之困，但是仍大有可为。一方面，对于广大学者来说，如何在医疗史研究中建立自身的研究范式和研究特色是历久弥新的课题，不可能通过重复西方理论的逻辑，寻求中国历史研究的独立性，甚至把握中国历史的脉络。另一方面，疾病的世界史是医疗史的奋斗目标之一，疾病命名中语言、概念和文化的差异依然存在，需要被尊重和不断沟通，才有可能不断接近这个奋斗目标。

（作者系武汉科技大学马克思主义学院副教授）

宋代黔州知州群体考述*

——兼论夔州路官员的叙用、迁转诸问题

刘兴亮

黔州是宋代西南重镇，巴蜀要防。宋人谓黔州一带"北扼栈道，黔阳南控溪洞，皆要藩也"①。因地处边陲，早在隋唐时期，黔州境内就广设羁縻州县，而宋承唐制，在沿袭既往政策的同时，则更注重主政官员——知州的选任。笔者据存世史料统计，宋代的黔州知州及后来升府后的绍庆府知府共计23人。对于该群体，目前研究尚无专题展开，而现已出版的几部考察宋代官员迁转、叙用方面的著作，如吴廷燮《北宋经抚年表 南宋制抚年表》②、李昌宪《宋代安抚使考》③以及李之亮《宋川陕大郡守臣易替考》④等，也均不涉及对黔州官员群体的探讨。此外，现

---

* 本文原发表于《长江文明》2018年第3期，今有所改动。

① 〔宋〕洪咨夔著，侯体健点校：《洪咨夔集》卷二一《李艮孙知隆庆府李仲熊知绍庆府制》，浙江古籍出版社2018年版，第522页。

② 吴廷燮撰，张忱石点校：《北宋经抚年表 南宋制抚年表》，《二十四史研究资料丛刊》本，中华书局1984年版。

③ 李昌宪：《宋代安抚使考》，齐鲁书社1997年版。

④ 李之亮：《宋川陕大郡守臣易替考》，巴蜀书社2001年版。

存正德《夔州府志》①、乾隆《夔州府志》②、雍正《四川通志》③、嘉庆《四川通志》④，以及康熙、光绪时所分别纂修的《彭水县志》⑤、《黔江县志》⑥等地方史籍虽有职官、名宦等门目记载宋时黔州名宦诸事，然有关知州史料仍极少。有鉴于此，本文在爬梳现存文献的基础上，试图综合考察该群体的任职情况及基本特点，并以此为线索对夔州路知州的叙用、迁转等情况加以探讨。

一、宋代黔州的建置沿革

黔州之名肇始于南北朝时期，据唐人《元和郡县图志》载："宇文周保定四年，涪陵蛮帅田恩鹤以地内附，因置奉州，建德三年改为黔州。"⑦至隋大业三年（607），炀帝在全国范围罢州设郡，改黔州为黔安郡。唐武德元年（618），唐高祖李渊又改黔安郡为黔州；天宝元年（742），唐玄宗再改黔中郡；肃宗乾元元年（758）复为黔州。五代时期，黔州先后为前、后蜀所据，行政建置基本一如前朝，只是"以道路僻远就便近"之故，"移黔南就涪州为行府"。⑧北宋乾德三年（965），宋廷发兵两路攻灭后蜀，夺取包括黔州在内的巴蜀之地。宋初黔州建置悉遵五代之制。"太平兴国三年因延火烧爇公署；五年却归黔州置理所，仍辖黔内思、南、费、溱、夷、播六州，只从黔州差衙前职员权知。"⑨至宋真宗咸平四年（1001），始分巴蜀为四路，其中夔州路总领夔、施、忠、万、开、

---

① 〔明〕吴潜修，〔明〕傅汝舟纂：正德《夔州府志》，明正德刻本。
② 〔清〕崔邑俊修，〔清〕杨崇纂：乾隆《夔州府志》，清乾隆十一年刻本。
③ 〔清〕黄廷桂等修，〔清〕张晋生纂：雍正《四川通志》，清雍正十一年刻本。
④ 〔清〕常明等修，〔清〕杨芳灿纂：嘉庆《四川通志》，清嘉庆二十一年刻本。
⑤ 〔清〕陶文彬纂修：康熙《彭水县志》，清康熙四十九年刻本。
⑥ 〔清〕张九章修，〔清〕陈藩垣纂：光绪《黔江县志》，清光绪二十年刻本。
⑦ 〔唐〕李吉甫撰，贺次君点校：《元和郡县图志》卷三〇《江南道六·黔州》，中华书局1983年版，第735页。
⑧ 〔宋〕乐史撰，王文楚等点校：《太平寰宇记》卷一二〇《江南西道十八·黔州》，中华书局2007年版，第2394页。
⑨ 〔宋〕乐史撰，王文楚等点校：《太平寰宇记》卷一二〇《江南西道十八·黔州》，第2394页。

达、渝、黔、涪、云安、梁山、大宁，共计十二州、军、监。据《太平寰宇记》载，北宋黔州领"彭水、黔江、洪杜、洋水、信宁、都濡"六县；"控临蕃落种"十五，分别为牂牁、昆明、柯蛮、桂州、提光、蛮蜒、葛獠、没夷、巴、尚抽、勃傩、新柯、俚人、莫猺、白虎；另节制柯州、袭州、峨州、蛮州、邦州、鹤州、劳州、义州、福州、鼓州、儒州、鸾州、令州、郝州、普宁州、总州、郁州、勋州、邛州、敦州、侯州、晃州、茂龙州、整州、悬州、乐善州、契州、抚水州、延州、双城州、训州、乡州、添州、思源州、逸州、殷州、南平州、卢州、姜州、稜州、鸿州、和武州、晖州、亮州等四十四州洞内羁縻州。

其州境"西北至东京三千八百六十五里。西北至长安三千六百五十里，取万州路二千五百七十里。西北至西京三千四百四十五里。东至澧州一千五百六十四里。南至夷州六百里。西至涪州五百五十里。北渡江山路至忠州六百里。东南至思州三百里。西南至播州八百里。西北水路至涪州武龙县二百七十里。东北至施州七百四十里"①。嘉祐八年（1063），宋廷"废洪杜、洋水、都儒（濡）、信宁四县入彭水"②。南宋绍定元年（1228），以黔州为理宗潜藩之所，又因"以庆云见于境"③，升黔州为绍庆府。开庆元年（1259）西南战事吃紧，归、峡、施、黔、南平、绍庆六州镇抚使向士璧移司绍庆，此后绍庆府成为六州镇抚使司驻地直至宋亡。

由以上建置沿革情况可知，黔州（包括绍庆府）终于宋世，皆为宋廷直接管辖，其中设州263年，升府51年。为求行文方便，本文所述黔州亦包括绍庆府，黔州知州也涵盖了后来的绍庆府知府，不拟细加区分。

---

① 〔宋〕乐史撰，王文楚等点校：《太平寰宇记》卷一二〇《江南西道十八·黔州》，第2395页。

② 〔宋〕马端临著，上海师范大学古籍研究所、华东师范大学古籍研究所点校：《文献通考》卷三一九《舆地考五》，中华书局2011年版，第8711页。

③ 〔明〕曹学佺撰，杨世文校点：《蜀中广记》卷五三《蜀郡县古今通释第三》，上海古籍出版社2020年版，第576~577页。

二、史料所载宋代历任黔州知州

对于黔州，曾贬居于此的北宋名臣黄庭坚有这样的感叹，"黔州风俗夸陋，士人绝不知学，每思荆州多士大夫，大是乐国耳"①。又，《太平寰宇记》载其风俗，"杂居溪洞，多是蛮獠，其性犷悍，其风淫祀，礼法之道，故不知之"②。因此，在这种整体文化生态背景之下，终宋之世，黔州人几乎没有能够通过科举博得官爵者。③ 正是基于以上因素，黔州知州（绍庆府知府）基本为外调之官。据笔者统计，两宋时期的黔州知州前后共计有 23 人，人物情况大体如下表：

表 1　宋代历任黔州知州（绍庆府知府）统计表

姓名	籍贯	任职时间	离任去向	史料来源
邓雅	平江人	天圣元年（1023）左右	知全州	光绪《湖南通志》卷一六四
王良	不详	庆历至至和间（1041—1056）	不详	《彭城集》卷二一
杜该	福州人	熙宁元年至熙宁三年（1068—1070）	除名	《淳熙三山志》卷二五
卢政	太原人	元丰三年（1080）	马军殿前都虞侯	《宋大诏令集》卷一〇一
苗授	上党人	元祐五年（1090）左右	保康军节度、知潞州	《栾城集》卷三三

---

① 〔宋〕黄庭坚著，刘琳等点校：《黄庭坚全集》别集卷一五《书简》，中华书局 2021 年版，第 1621 页。
② 〔宋〕乐史撰，王文楚等点校：《太平寰宇记》卷一二〇《江南西道十八·黔州》，第 2395 页。
③ 据傅璇琮主编《宋登科记考》所作统计，终于宋世，无一例黔州籍登科者；相似统计另可见程民生：《宋代地域文化》，河南大学出版社 1997 年版，第 215~258 页。

(续表)

姓名	籍贯	任职时间	离任去向	史料来源
曹谱	不详	绍圣元年（1094）左右	提举淮东茶盐公事、知郴州	《张右史文集》卷六；《后山诗注》卷五；《瀛奎律髓》卷四三
黄旦	蒲城人	绍兴元年（1131）左右	知钦州	《宋会要辑稿》职官四八之九〇
王宗道	建州人	绍兴初	除名	《建炎以来系年要录》卷七六
刘光弼	不详	绍兴四年（1134）五月始任	贵州刺史、知叙州	《建炎以来系年要录》卷七六
成镛	开封人	淳熙初	瞿塘峡口驻扎兵马监押	《楼钥集》卷三〇
□□□	不详	淳熙八年（1181）左右	不详	《宋会要辑稿》兵二九之四一
蒋介	吴郡人	淳熙十一年（1184）左右	知夔州，后除名、勒停	《宋会要辑稿》职官四八之一三二；《文忠集》卷一九五
高师颜	不详	绍熙至开禧间（1190—1207）	不详	《楼钥集》卷三〇
蔡南	平阳人	嘉定六年（1213）五月前	放罢	《宋会要辑稿》职官七四之四二
李整	北人	嘉定十年（1217）五月前	放罢	《宋会要辑稿》职官七五之一五

（续表）

姓名	籍贯	任职时间	离任去向	史料来源
李仲熊①	蜀人	端平元年（1234）左右	湖北路转运判官	《洪咨夔集》卷二一；《梅野集》卷七
赵翰	不详	端平年间（1234—1236）	不详	《宋史全文》卷三二
黄登	吉水人	端平元年（1234）左右	除名	《续文献通考》卷二二〇
王□□	不详	淳祐八年（1248）左右	不详	《字溪集》卷六
金□□	不详	淳祐时期（1241—1252）	不详	《字溪集》卷一一
阳枋	合州人	宝祐二年（1254）前	秩满居休	《字溪集》卷一二
赵汝廪	开封人	宝祐时期（1253—1258）	知涪州	《字溪集》卷一二
向士璧	常州人	开庆元年（1259）左右	湖南制置副使	《宋史》卷四四

以上就是笔者据史料所作的一些统计，当然此处仍需作如下说明：第一，上表所列数据并不全面，比如宋真宗朝及之前知州任职情况就因史料原因不得其详。第二，本表中所列众人的任职时间，由于史书少有明确的记载，因此大多为笔者据文献内容所作推断。如蒋介，有史料记载："淳

---

① 南宋徐元杰撰《梅野集》卷七载有《李仲熊授湖北转运判官制》，其褒李仲熊云："仲熊西蜀儒艾，见谓典刑。荐历州麾，遍仪郎省。亦既参究乎天理节文而为民彝计，遽辞以疾，何哉？然明分有兼足之理，尚此搏节调度。往将使指，足食足兵，祗若予采。钦哉！"据此，李仲熊为蜀人无疑。见〔宋〕徐元杰：《梅野集》卷七，《宋集珍本丛刊》第83册，线装书局2004年版，第747页。

熙三年进士。绍熙四年,閤门宣赞舍人,明州观察使,充贺金万寿副使,知利州。"①《宋会要辑稿·职官》部分又记载:"(淳熙十二年)十一月十三日,权发遣黔州蒋介言:'本州兵官巡检、驻泊、捉贼三阙,并系大使臣窠阙。七八年来,久无正官。'"②从以上记载蒋介登科时间及所历官职,本文认为两处蒋介实为一人,其任职黔州时间应为淳熙十二年前后。又如高师颜,其人《宋史》无传,其余官方史料中也少有记载。然南宋楼钥所撰《楼钥集》卷三〇收录有《成都府路第二将高师颜制置使司奏举知黔州》一文,从文体来看,此文当是楼钥出任翰林学士兼知制诰一职时所撰的制文,而据《宋宰辅编年录》及《楼钥集》所载,楼钥担任此职时间大约为淳熙十六年(1189)至开禧三年(1207)。据此推断,高师颜知黔州时间当在此时间段内。③第三,表中人物排序大体以任职时间早晚划定,但由于时间多非确数,故同一时段内任职诸人只能以所记史料前后顺序分排。比如端平时期任职的黄登、赵翰二人即属此类。第四,特别需要说明的是,上表所列诸人中,有三人姓名已不可具考,然现存史料对其任职黔州知州(绍庆府知府)之事,又足可论定。如淳熙八年左右出任黔州知州的"□□□",《宋会要辑稿》载:"(淳熙)八年七月十八日,知黔州卑牧言:'泸、叙一带皆接蛮夷,叙州管下石门、马湖生蛮赴官中卖蛮马,常操舟顺流,直抵叙州城下。朝廷以此遂置横江一寨,蛮江口置锁水巡检,南溪县置兵马都监,江安县置都巡检,各有戍

---

① 〔清〕陆心源编撰,徐旭、李建国点校:《宋诗纪事补遗》卷五四《蒋介》,山西古籍出版社1997年版,第1255页。

② 〔清〕徐松辑,刘琳等校点:《宋会要辑稿》职官四八之一三二、一三三,上海古籍出版社2014年版,第4395页。

③ 《宋宰辅编年录校补》卷一九有载,绍熙五年(1194),前宰相史浩卒,宋光宗以"浩身居极品,又系至尊潜藩旧学,赠恤之典礼,宜优异特。追封会稽郡王。宁宗皇帝登极,赐谥文惠,御书'纯诚厚德元老之碑'以赐焉。诏翰林学士楼钥状其行",见〔宋〕徐自明撰,王瑞来校补:《宋宰辅编年录校补》卷一九《光宗皇帝》,中华书局1986年版,第1268页。宁宗继位为绍熙五年七月,据此可知,至晚于此时楼钥已出任翰林之职。又,《楼钥集》卷四四载有《赐右丞相钱象祖褒语》一文,文尾自注"开禧三年十二月二十四日翰林学士知制诰臣楼钥",见〔宋〕楼钥撰,顾大朋点校:《楼钥集》卷四四,浙江古籍出版社2010年版,第831页。因此,足可认定至开禧三年(1207)楼钥任此职。

兵，上下相接，控扼蛮人，甚为良法。比年以来，所差正官多差出他处，至任满就赏批罢。权官不为久计，是致职事废弛。乞自今逐处正官不得辄有抽差，其余沿边州军亦乞依此。'"① 此处所谓卑牧非指人名，而是当时地方官员的一种谦称。经笔者查证，淳熙时期出任黔州知州的官员中，有名姓可考者为成镛、蒋介二人。据《楼钥集》所载楼钥制词时间及《宋会要辑稿》淳熙五年（1178）记事下有关成镛出任夔州瞿塘峡口驻扎兵马监押之史实，成镛任职黔州当在淳熙初。而蒋介，"淳熙二年乙未榜武举"② 出身，至乾道八年（1172）尚居京师为"右监门卫中郎将"③。因此，淳熙八年（1181）任黔州知州者，还当另有其人，只因暂无法考证名姓，本文姑以"□□□"代之。此外，据阳枋《字溪集》所载三文《代绍庆王守上余制置军前札》《通新绍庆守王座主札》《寿绍庆金守》，淳祐时期另有王姓、金姓知州任职该地，亦当无疑。

三、宋代黔州知州（绍庆府知府）的特点

正如前文所言及，终于赵宋一朝，黔州知州具体人数已难确考。这主要是因为，一方面黔州作为蛮荒军州，不但经济文化落后，其地瘴疠亦很严重，故至黔州为官，多被士大夫们视作险途，有政治资本者，除非贬谪，绝不愿到此为官，这就在客观上将黔州塑造成了一处文化上的边缘地带。值得玩味的是，越是边缘则越容易被人为忽略。因此，宋朝官方所修正史也好，时贤俊才所纂私家记录也罢，均很少留意黔州史事，历任黔州知州能够入各类史传者亦为数寥寥。另一方面就史料记载来看，作为地方史料的黔州方志，赵宋一朝虽屡有纂修，如佚名《黔州旧图经》、《黔州图经》、冉木《潜藩武泰志》，但都已散佚无存。④ 故上述情况的出现，必

---

① 〔清〕徐松辑，刘琳等校点：《宋会要辑稿》兵二九之四一、四二，第9258页。
② 〔宋〕梁克家撰，王晓波等点校：《淳熙三山志》卷三〇《人物类五》，《宋元珍稀地方志丛刊》甲编，四川大学出版社2007年版，第1021页。
③ 〔宋〕楼钥撰，顾大朋点校：《楼钥集》卷二八《琐闼蠢言》，第498~499页。
④ 相关辩证及考述详见顾宏义：《宋朝方志考》，上海古籍出版社2010年版，第485~486页。

然影响到统计数据的准确性。当然，这里需要指出的是，统计虽存缺憾，但并不干扰作为群体研究的黔州知州的类型化分析。利用上表所列史料信息并结合其他一些记载，我们仍不难看出，赵宋一朝仕宦黔州的知州群体主要有如下特点：

（一）行伍出身者居多，科举得位者少

众所周知，宋朝实行重文抑武政策，从宋初开始朝廷即逐渐选派文臣赴各地任知州，并渐趋形成制度。这种措施有效防范了地方割据势力的滋生，维护了中央政府的集权统治地位，但是在边远军州武职知州仍然存在。对于这种现象，何玉红教授《武将知州与"以文驭武"——以南宋吴氏武将知兴州为中心》① 一文曾有专题分析，本文姑不具论。专就黔州历代知州来看，如上表所列，出身行伍者就占到了总人数的78.4%，可以说武职知州居于绝对的主流。比如，仁宗天圣时期知黔州的邓雅，据光绪《湖南通志》载，其字彦正，平江（治今湖南岳阳）人，"身长八尺，博览史传，尤精《孙吴兵法》。张咏镇蜀，辟与俱往。王均反，（邓）雅分兵攻取，所向辄克，授供奉官，累迁知黔州。黔南蛮反，招降二千八百户，移知全州，官至御史中丞，封安定郡侯。年九十卒，赠太子太保"②。又如苗授，史书记载其初以恩荫，累迁供备库副使。后随名将王韶取镇、洮等州，克珂诺城（治今甘肃广河），尽取河湟之地。败鬼章有功，知河州。破羌人于露骨山（甘肃定西境内），俘大酋长冷鸡朴，羌族十万多帐归附，威震洮西。拜龙神卫四厢都指挥使，徙知熙州，后又因功徙黔州。黔州任上，他剿抚蛮夷，恩威并施，颇受神宗赏识，随即因功出知忠州。元祐三年（1088）其迁武泰军节度使、殿前副都指挥使，知潞州，并卒于任。此外，诸如北宋时期的王良、杜该、卢政、曹谱等人，南宋时期的黄旦、王宗道、刘光弼、成镛、高师颜、赵翰、黄登等也均为行伍出身。

---

① 何玉红：《武将知州与"以文驭武"——以南宋吴氏武将知兴州为中心》，《中国史研究》2011年第4期。
② 〔清〕李瀚章、〔清〕裕禄等编纂：光绪《湖南通志》卷一六四《人物志五》，岳麓书社2009年版，第3089页。

明确因科举入仕出知黔州（绍庆府）者，只有蒋介、李仲熊二人，但蒋介仍是武举出身，《宋会要辑稿·选举一八》载：淳熙元年（1174）三月二十三日，孝宗"御幄殿阅试武举弓马。……拟到武举进士正奏名蒋介以下四十一人推恩：第一名补秉义郎，第二、第三名补保义郎，策入优等七名，平等三十一人，内三十人与承节郎"①。真正以文资而获用的也就仅李仲熊一人而已，据《宋会要辑稿·选举七》载，嘉定六年（1213），宁宗以"进士李仲熊已下四百七十五人，诸科廖舜元已下二百一十七人，并赐同出身、本科出身，试监簿、诸州文学、长史、助教"②。而从后来的履历来看，李仲熊虽以文资出身，然多历巡检、州都监等武职，这在当时士大夫群体中也是不多见的，其出知绍庆府主要原因之一，也是被公认为"以骏迈之器，养融显之望，趣绾黔绂，发利刃于新硎"③，颇有英武之气，有利于维持边疆地区的稳定。

（二）外籍官员占主政官员的主流

早在隋唐时期，为防止官员结党营私、盘踞植势，就在任职中实行了地域回避制度，"主要限制官员在本州、本县或邻县任官"④。入宋后，有关官员的任职地域回避制度更加完善，回避范围已不仅仅限于本州、本县。从太宗朝开始，江南地区就已广泛实行州郡长、贰官员不在本路任职的制度，即"应见任文武官悉具乡贯、历职、年纪，著籍以闻，或贡举之日解荐于别州，即须兼叙本坐乡贯，或不实者，许令纠告，当置其罪。自今入官者皆如之，委有司阅视。内有西蜀、岭表、荆湖、江、浙之人，不得为本道知州、通判、转运使及诸事任"⑤。此后这一政策措施逐渐在各地推行。宋神宗以后，朝廷又规定地方官不能在田产所在地及长期居住地

---

① 〔清〕徐松辑，刘琳等校点：《宋会要辑稿》选举一八之一、二，第5605页。
② 〔清〕徐松辑，刘琳等校点：《宋会要辑稿》选举七之二一，第5400页。
③ 〔宋〕洪咨夔著，侯体健点校：《洪咨夔集》卷二一《李艮孙知隆庆府李仲熊知绍庆府制》，第522页。
④ 苗书梅：《宋代官员选任和管理制度》，河南大学出版社1996年版，第320页。
⑤ 〔宋〕李焘撰，上海师范大学古籍整理研究所、华东师范大学古籍整理研究所点校：《续资治通鉴长编》卷二三，太平兴国七年十二月戊寅，中华书局2004年版，第531页。

为官。针对川蜀及广南诸路，朝廷特别规定，严禁带家属赴任。直到北宋后期，出于减轻边远地方官调任旅途之费及官府吏卒护送之费的需要，才下令"转运司立格就注，免其赴选"①，对官员任职的地域回避制度渐趋放宽，但也仍强调本路人只可以在本路的其他州县为官，"不许官本贯州县及邻境"②。就历任黔州知州（绍庆府知府）的籍贯来看，正鲜明地反映了宋代官员任官回避制度的以上特点。

据上表统计，从仁宗天圣至理宗开庆的两百余年间，除了端平元年（1234）的李仲熊明确可证为川蜀之人，其余有籍贯可查的13位知州、知府悉数来自川蜀之外，他们占到总人数的一半还多。当然，不容回避的是，统计所得信息的确尚不完善，但从统计学和概率学的视角来看，其余9人籍贯虽待定，但只要有一人为外籍，都足以提升外籍官员所占比重。另外，进一步考察黔州知州群体籍贯还可以发现，历任黔州知州中，北方籍官员略多于南方籍官员。如以北、南宋为界进行划分，则北宋时期北方籍贯占优，南宋以后南方籍贯者则独树一帜。笔者以为以上情况的出现主要是宋代北人"尚武好战"、南人"轻巧擅文"的地域文化性格，造成了北方科举登第人数远少于南方。时人就有所谓"东西南北人，志向各有在。一言契所适，纠缠胡可解"③，当然这里所说的南方人长于为文主要还是指江南地区。史载，太宗朝取士"所得率江南之秀"④。另据程民生先生《宋代地域文化》一书所作统计，黔州（绍庆府）所在的夔州路，全路出仕为官者，北宋无一人，南宋也仅一人。⑤ 总之这种文化性格上的差异所造成的入仕数量的不平衡，最终使黔州南方籍贯知州多于北方籍贯者也就不足为奇了。至于

---

① 〔元〕脱脱等：《宋史》卷一五九《选举志五》，中华书局1977年版，第3722页。
② 〔元〕脱脱等：《宋史》卷一五九《选举志五》，第3722页。
③ 〔宋〕李廌：《济南集》卷一《谷隐饮中以采菱渡头风起策杖村西日斜为韵探得采头二字》，《宋集珍本丛刊》第30册，线装书局2004年版，第652页。
④ 〔宋〕王明清撰，燕永成整理：《挥麈前录》卷三《国初取士极少无逾宣和之盛》，《全宋笔记》第57册，大象出版社2019年版，第32页。
⑤ 参见程民生：《宋代地域文化》，第133~134页。

南宋以后南方籍贯独树一帜，则是南宋偏居江南一隅，北方疆土大量陷落，北人多失造成的结果。

(三) 仕途多不顺遂，有作为者不多

一般认为，"重文抑武"是宋代普遍实行的国策，宋代士大夫阶层地位之尊崇，制禄之丰厚，几乎成就前无古人后无来者之势。在这种状况下，武将地位自然就远逊于文臣。日常政务运作中，不但文臣可处处节制武将，而且武职官员在待遇、升迁、荫补等方面也均不及文臣。因此，从北宋时起，官场就一直存在"文不换武"的说法，也就是说"文臣中普遍存在着以从军为耻的观念，少有愿意改换武职者"。对于这一独特现象，西北大学陈峰教授曾发文《从"文不换武"现象看北宋社会的崇文抑武风气》，专就北宋时期的"文不换武"诸问题予以论述，认为"文不换武"，强化了文官的主导地位，为武职官员的日趋边缘化埋下了隐患。① 至于南宋时期是否依然存在这种现象，目前学术界尚少有人予以专门研究，因此本文不敢妄有定见。

这里需要表明的是，无论"文不换武"在南宋是否真实存在，但有一点则确定无疑，那就是与"文不换武"相衍而生的"武不及文"思潮是一直存在的。应当说南宋以后武官群体虽有所崛起，但依然无法撼动文官所主导的政治架构与行政运行体系。在这种浓厚的尊古氛围中，两宋武职官员仕途多不如文臣显达。本节之所以作如上铺垫与分析，正是意在表明两宋黔州知州（绍庆府知府）因大多以武人兼任，自难逃此窠臼。上表专列官员"离任去向"一项，用以统计黔州官员离任后之转官情形。然就所得线索来看，除有5人情况暂不得其详，其余诸人中平职调动者有10人，占到总人数的43%；放罢或除名6人，占到26%；任满致仕者及升迁者仅有2人，分别为北宋神宗时期的卢政和南宋末的阳枋。另外，就整个仕宦经历来看，全部23人中，事迹得以入列《宋史》者仅向士璧1人，最终有大郡守丞经历者也仅有3人，即曹谱、苗授、黄旦。这里值得

---

① 陈峰：《从"文不换武"现象看北宋社会的崇文抑武风气》，《中国史研究》2001年第2期。

注意的是，遭到贬斥的知州、知府主要集中于南宋时期，且贬斥理由各有不同。例如，淳熙时期黔州知州蒋介，转任夔州不久即因"四川宣谕使吴猎言其趋伪召于逆贼，拜伪诏于公堂"之故，遭"追毁出身以来文字，除名勒停"①。而蔡南放罢，则是由于"四川制置大使安丙言其纵田、冉两族人入省地劫掠，又受田祖周等沙板，违法造筏"②。又，嘉定时期知黔州的李整，"以其贪叨傲慢，毒害于民"，而遭"放罢，永不与州郡差遣"③。此外还有如王宗道以畏事无行受罚，至于北宋时期的卢政则是以贪墨获罪。至于那些转官异地的知州、知府，虽无大错大恶，但就史书记载来看，除了刘光弼于南宋末坐镇绍庆指挥与元军作战，保卫一方生灵，其余有功可陈者为数寥寥。

可以说以上情况的出现，确与宋代重文臣而轻武将的一贯政策有关，但是与武官知州本身的文化素质不高，行政治理能力有限，以及黔州作为边远军州少受中央瞩目，有才华者不愿至此为官，也不无关系。如早在蒋介事发之前，有关其不法之事宋孝宗就屡有所闻，为此他曾专门垂谕中书省，言"黔州蒋介所传不佳，果否？谁可代卑牧耶？"④但朝廷选材近一年，仍不能有属意人选，最终竟不了了之。

四、余论

以上就是笔者据现存史料，对宋代黔州知州（绍庆府知府）群体整体情况所作的几点初步探讨。通过个体梳理与群体的解读，我们对这一群体的人数、出身、任职情况以及整体特点有了直观的了解。这里还需要补充的是，本文所述虽仅限于黔州一地，考量群体也只为黔州知州（绍庆府知府）群体，但不可否认，黔州作为夔州路之核心地带，同时具有很强的代表性，足可反映临近施（治清江，今湖北恩施）、忠（治临江，今

---

① 〔清〕徐松辑，刘琳等校点：《宋会要辑稿》职官七四之二七，第5057页。
② 〔清〕徐松辑，刘琳等校点：《宋会要辑稿》职官七四之四二，第5066页。
③ 〔清〕徐松辑，刘琳等校点：《宋会要辑稿》职官七五之一五，第5079页。
④ 〔宋〕周必大撰，王瑞来校证：《周必大集校证》卷一九五《留仲至丞相》，上海古籍出版社2020年版，第2994页。

重庆忠县)、涪(治涪陵,今重庆涪陵区)、达(治通川,今四川达州)、珍(治乐源,今贵州贵安西南)等夔州路诸州军在主政官员叙用方面的一般情况,那就是夔州路这种所谓的西南"极边"之地①,任官方面存在一种"常例"与"特例"并行的现象。所谓"常例",即遵从中枢拟定的诸种差遣、轮迁之法选用官吏,固定其任期,规范其考课,并在"祖宗之法"的影响下,注重对该地域的防范与节制。所谓"特例",则是在川东、黔西等区域内的官员叙用上,并不悉遵通制。如任命方面可由武将兼领州府长、贰之职;考课方面,通行之考监司七事,即"一曰劝农桑,治荒废;二曰招荒亡,增户口;三曰兴利除害;四曰劾有罪,平狱讼;五曰失案察;六曰屏盗贼;七曰举廉能"②,在上述地区只强调屏盗贼、举廉能等几项,至于劝农桑、增户口、平狱讼等并不着力强调。总之,"近边"之地,只要无贼寇之扰,即可听之任之。在这种政策背景之下,也才有了宁宗时果州(治今四川南充)、阆州(治今四川阆中)守臣"逃遁而进职",知遂宁府李炜"足迹不至边庭而受赏"的情况发生。③ 当然对于上述"常例"与"特例",两宋朝廷由于社会现实不同,政策的指向也有一定的差异。具体而言,北宋时期"特例"明显多于"常例",而南宋以后"特例"与"常例"之间的差距有明显的缩小。笔者以夔州路所辖诸州军监为统计对象,以《宋会要辑稿》之职官部分所载人物为线索,经梳理认为,北宋夔州路内夔、万、黔、施、忠、开、通、涪、渝、珍等州,云安、南平二军,以及大宁监共有知州、知军、知监121人,其中以文官士大夫统领州、军、监事者,仅有23人,占总人数的19%,且主要集中于夔州、万州、渝州等经济条件相对较好的地区,其余多为武将兼领州事。如据史载,宣和七年(1125)八月十日,泸南沿边安抚使黎揆即言"本路沿边施、黔等州皆系武臣知州,即珍州与施、黔州事体一般,欲

---

① 裴一璞、张文:《宋代西南"极边"地理认知与国朝应对》,《思想战线》2014 年第 2 期。
② 〔清〕徐松辑,刘琳等校点:《宋会要辑稿》职官一〇之二〇,第 3290 页。
③ 〔元〕脱脱等:《宋史》卷四〇八《吴昌裔传》,第 12303 页。

望将珍州守臣依黔州守臣〔差〕武臣"[1]。不久，徽宗即批复准奏，将近边各州俱改用武臣。又，北宋夔州路内守臣秩满，且考课合格而升官者有17人，约占14%，因故罢职者有51人，占到总数的42%。南宋时期夔州路境内有官员79人，除14人情况不详，其余诸人中，文职官员领州事者有31人，占到总人数的39%，武职官员兼领或直接任知州、军者有34人，约占43%，满任并经考课而调职者42人，占总人数的53%。不可否认，或因统计口径的不同，或因史料记录的多寡，以上统计数据并不能够做到绝对的真实，但是从概率学"加法定理"[2]的角度来看，它仍足以反映夔州总体的变化情况。在笔者看来，北、南宋之间之所以有如此微妙的变化，最关键的因素还在于这期间两宋统治区域的变化；南宋统治政策重心南移，军事重心西移；当然与夔州路本身经济条件改善、文化环境向好也不无关系。

总之，宋代以黔州（绍庆府）为代表的夔州路各州军知州、知军，因夔路特殊的地理环境及政治情势，的确形成了某种群体态势，鲜明体现了宋代巴蜀边地官员选任方面的一些特点。限于篇幅，本文所讨论的还仅限于黔州知州为代表的夔州路官员选任、迁转、考课等几个方面的问题。至于该群体之政治实迹、姻缘关系、心态状况等则仍少有涉及。此外，知州、军、监之外，其他官员的出身及叙用情况如何？夔州路官员与中枢决策层的交流与互动如何展开？两宋政府治夔有无区别？夔州路文人与流宦的关系怎样？以上问题，作为当前地域史研究的一种新视角同样值得关注，冀望本文写作能引起诸同仁之兴趣，将巴蜀区域研究议题逐一引向深入。

（作者系重庆中国三峡博物馆研究员）

---

[1] 〔清〕徐松辑，刘琳等校点：《宋会要辑稿》职官四七之二〇，第4276页。
[2] 概率学"加法定理"认为，当某种事件出现时，另一种事件就被排除，这样的事件又被称为"互斥事件或交互事件"，而这种互斥事件出现的概率是它们各自概率之总和。参见王梓坤：《概率论基础及其应用》，科学出版社1976年版，第24页。

清末民初碑拓的购藏与市场交易*

刘兴亮

碑拓购藏，是中国传统士大夫文化的一项重要内容。作为一种古欢雅玩，其自兴起之日就随之出现购藏与交易，并随着传统金石学的演进和商业市场的形成而逐渐发展、完善，进而在清末民初时期达到鼎盛。彼时无论是碑拓交易之规模还是市场化的程度，抑或是交易的管道等，都远胜过往。对于其中的某些变化，程章灿先生曾撰文指出："兴起于嘉道年间的碑学，至晚清臻于鼎盛，碑拓市场的高度繁荣是其表现之一。碑拓买卖不仅活跃于北京琉璃厂，在苏州、南京等文化古城甚至上海这样的新兴城市，也盛极一时。其中不仅有金石学家、书画家以及众多文人学者的积极参与，也有书估、碑估、拓工以至外国人忙碌的身影。"[1] 惜该文所及，仅就士风、学风的变化视角来考察碑拓流通诸群体及于学术研究与思想变化的新趋势，并未涉及此一阶段市场交易的过程本身。与此同时，有观点认为晚清碑拓流通主要有赠送、市场买卖、交换、集资访拓等方式[2]，概括可谓全面。但疑问在于，赠送、交换、集资访拓等历代以来就是碑拓流

---

* 本文原发表于《书法研究》2023 年第 3 期。
[1] 程章灿：《玩物：晚清士风与碑拓流通》，《学术研究》2015 年第 12 期。
[2] 白谦慎：《拓本流通与晚清的艺术和学术》，《美术史研究集刊》第 42 期，2017 年。

通的重要方式，而晚清以后兴起的专业化市场才是这一时期最应关注的变化所在。然碑拓市场交易如何进行？它与一般私人间流通有何区别联系？碑拓价格与市场间的关系如何确定？诸如此类问题，仍有必要作进一步讨论，方能对中国传统金石文化有更为具体的认知。①

需要指出的是，碑拓文化之盛，虽于晚清为最，但清民易代，购藏活动并未因此戛然而止，时风波及之下，民国初期碑拓交易仍与晚清无二，故本文将此一阶段亦纳入研究视野，试作一长时段观察，由此当更能窥得市场变化之轨迹。②此外，因传统正史于碑拓名目多系于人物本传或艺文一门，而官修方志更唯古迹、金石门下保有只言片语，于交易活动略而不载，故时人信札、日记、拓片题跋、笔记杂说、诗文、金石著录等就成为相关研究可资利用的重要史料，姑予说明之。

一、碑拓市场规模变化与交易主体

碑拓作为一种物质文化遗产，其产生与造纸技艺之成熟关系密切。目前对于传拓活动产生的时间，大体有两种认识：一种认为传拓之技始于唐代；一种则认为魏晋时期即已有之，依据是中唐时代史家窦臮对魏《三体石经》拓本的记载，"蔡邕字伯喈，陈留人。终后汉左中郎将。今见打本《三体石经》四纸。石既寻毁，其本最稀，惟《棱隽》及《光和》等碑，时时可见"③。因《三体石经》被认为已于隋代以前遭毁损，所以窦臮能够见到的四纸拓片，那就一定是之前所拓了。上述观点孰是孰非姑且不论，但从

---

① 除了程、白二文，目前学界亦有文章涉及这一时期碑拓流通情况，如刘玉苓：《清末民初至建国前西安的文物市场》，《文博》1995年第1期；梅松松：《市肆游艺——窥探晚清士人的玩古风》，《艺术市场》2012年第3期；石莉：《清末民初海上书画市场形成探微》，《国画家》2017年第3期；陶小军：《清末民初书画市场的社会背景考察》，《艺术探索》2018年第3期；赵秋嘉：《从晚清拓片价格观照文人审美倾向与金石活动——以〈缘督庐日记钞〉为例》，《中国书画》2020年第2期等。但因并非立足专题、专论，故上述诸文于碑拓市场交易问题牵涉甚少。

② 本文讨论的民国初期为国民政府统一之前，亦即北洋时期（1912—1927），但针对具体问题，特别是对代表性人物的关联史料的利用上，则在此基础上略作周延。

③〔唐〕窦臮撰，〔唐〕窦蒙注：《述书赋》，栾保群编：《书论汇要》（上），故宫出版社2014年版，第177页。

史料记载频次和范围来看，有一点可以肯定，那就是唐时传拓活动主要出于书法传承的目的，且因技术条件之限制，拓藏群体不大，交易范围有限。

这种情况入宋后发生了明显的变化，随着士大夫阶层的崛起，在崇尚三代风气的波及之下，宋人金石文化活动逐渐成形，碑拓的购藏群体不但迅速扩大，而且开始出现了市场化的影子，产生了一些以传拓为业的拓工和公开且固定的文玩交易店铺，其中碑拓售卖自是主营业务之一。《东京梦华录》在记载开封东角楼街巷时说："以东街北曰潘楼酒店，其下每日自五更市合，买卖衣物书画珍玩犀玉。"① 而相国寺内万姓交易，于庭中设有义铺，"皆书籍玩好图画及诸路罢任官员土物香药之类"②。这里所谓的图画，就包括了碑刻拓片。另外，《容斋随笔》中曾有描述李清照与赵明诚在开封购买碑拓的场景，"每朔望谒告出，质衣取半千钱，步入相国寺，市碑文果实归，相对展玩咀嚼"③。

除了固定的集市店铺，至晚在南宋时，鄽肆中也有碑拓出售，这是店铺交易的一种重要补充形式。所谓鄽肆，就是由朝廷准许经营，无固定摊位，但需定期抽税的交易模式，其于唐代即已存在，时有所谓"鄽肆之兴，用存交易，山泽之利，事属贸迁"④。据记载，岳珂所得《米元章鉴远前诗帖》于"嘉定戊辰，官鬻于鄽肆"，初由"德清李氏得之"，其则"赎之李氏"⑤。

此外，当时边境榷场贸易中也有碑拓贸易的存在，辽金商人椎拓本国古碑到榷场交换南宋茶叶、丝绸等物。时人曹士冕所记："吾家收宣政间所拓（《大观帖》）前十卷，字画有锋芒，且无损缺。开禧以后，有榷场中来者，已磨去亮字矣。"⑥

---

① 〔宋〕孟元老：《东京梦华录》卷二，古典文学出版社1956年版，第14页。
② 〔宋〕孟元老：《东京梦华录》卷三，第19页。
③ 〔宋〕洪迈撰，孔凡礼点校：《容斋随笔·容斋四笔》卷五《赵德甫金石录》，中华书局2005年版，第685页。
④ 〔唐〕郭正一：《对鄽肆策》，周绍良主编：《全唐文新编》第1部第3册，吉林文史出版社2000年版，第1954页。
⑤ 〔宋〕岳珂：《宝真斋法书赞》卷二○，《景印文渊阁四库全书》第813册，台湾商务印书馆1986年版，第796页。
⑥ 〔宋〕曹士冕：《法帖谱系》，商务印书馆1939年版，第3页。

市场形成的同时，作为交易中介的牙人也在碑拓交易中出现，为市场的拓展起到了积极作用，但是客观地说，自两宋历经元明两朝，及至清中期，碑拓交易规模虽有成长但都不大。之所以如此，是由碑拓收藏本身的特性决定的，碑拓自诞生起一直作为一种精英阶层的雅好，是一项流行于士大夫书斋里的鉴赏活动，难以普及化、大众化，故其交易传统上是依附于书画或古物行中进行的，未形成专门、独立的收藏市场。这种千年不变的状况一直延续至清末才开始出现突破性的转变。

清末以后，随着洋务运动、维新变法的相继展开以及各地通商口岸的开放，中国的工商业经济迅速萌发，一些地区在短短几十年的时间里获得飞速发展。商业的成功同时刺激着社会文化领域的变革与转向，一些经济发展较好的地区，文化精英随之聚集，碑拓需求同步增长，受此影响出现了一些以制售碑拓为业的专营店铺，并渐趋形成了一些碑拓交易的热点地区。

北京因贵为京师，碑拓市场最为成熟，金石学家叶昌炽描述当时盛况："四方珍奇之货，聚于辇毂，珠玑象贝，不胫自至，惟碑亦然。疆臣述职而来者，举子之与计吏偕者，选人之赴部者，骚人墨客游食于兹者，莫不携其乡之名迹以当羔雁。故有穷荒绝徼、著名难得之碑，厂肆时或见之。余在羊城，欲求东莞《资福院石塔》及乳源云门寺南汉两碑，悬金以购，皆不可见，先后于厂肆遇之。张丹叔中丞抚粤西，其子幼丹司马拓《智城山碑》见贻，以为至宝。后在厂肆见一本，有陈恭甫手跋，即载于《左海集》者也。去岁避地归，又以百钱得一通。他如南诏《德化碑》、西夏《感通塔碑》，乡曲好古之士远莫能致者，屡见不一见矣。故欲网罗古刻，非至都门，终为坐井观天。"① 琉璃厂一带是此时北京专营碑拓铺最早出现，也是最为集中的场所。据《琉璃厂小志》记载，琉璃厂最早专营碑拓的铺子是隶古斋法帖铺，因专一经营，售卖品种极多，在业界有较高声誉。

---

① 〔清〕叶昌炽撰，姚文昌点校：《语石》卷二《直隶四则》，浙江大学出版社2018年版，第38～39页。

为牟厚利，碑帖商人多与金石学家相交，于碑拓鉴定眼光独到。隶古斋法帖铺的张彦生，早年学徒出身，掌握碑帖拓裱技能，与汪大燮、梁启超、于右任、张伯英等名家多有往来，自己独自开店后在全国各地收购碑拓，故又结识柯昌泗、郭沫若、陈叔通等人。① 再如宜古斋拓铺有李云从者"幼习碑贾，长益肆力于考据"，与端方、潘祖荫等过从甚密，端方"访厂肆之精于碑版者，得之云从，朝夕讨论，购宋明拓本无数，又购碑碣无数"，而潘祖荫更是对其"所售，辄如数以偿"。② 《杶庐所闻录》记载，有袁回子者，"亦精于鉴别碑帖，某拓本多字、某拓本少字，背诵如流"③。民国后，琉璃厂一带专门的碑帖铺更是兴盛一时。

瞿兑之《北游录话》记载，民国初的"琉璃厂铺有两三种不同之性质，一种乃旧缙绅卖闱墨，替新科翰林卖字，替会试举子制办书籍文具者，此种铺家，一自科举废而帝国亡，于是改贩教育用品，于是变成一种不新不旧、不伦不类奇异现象"；另外一种是真正卖旧书和碑帖者，"某某碑帖，是宋拓抑是明拓，是原刻抑是翻刻，曾见于某书中著录，某字阙，某字不阙，彼辈如数家珍。寻常外省学士大夫之初来京者，往往为若辈所轻视"④。据张岚《鲁迅和碑帖研究》一文统计，当时，仅鲁迅造访过的碑拓铺就有"震古斋、肆古斋、宜古斋、访古斋、德古斋、敦古斋、师古斋、式古斋、富华阁、仪古斋、耀文堂等十几家之多"⑤。这些拓铺所售，不但有所豢拓工椎取之新品，亦有私家转售或曾流于公府中之旧拓。外观形式上有整拓，也有裱本或册页，辅以木制夹版或锦缎封衣，可谓精美绝伦。名人题跋拓本一直是碑拓售卖的一大噱

---

① 《北京百科全书·宣武卷》编辑委员会编：《北京百科全书·宣武卷》，奥林匹克出版社2002年版，第213页。
② 小横香室主人撰，浊尘点校：《清朝野史大观》卷一一《清代述异》，中央编译出版社2009年版，第1098页。
③ 瞿铢庵：《杶庐所闻录》，沈云龙主编：《近代中国史料丛刊》第12辑，台湾文海出版社1967年版，第62页。
④ 孙殿起：《琉璃厂小志》，上海书店出版社2011年版，第11~12页。
⑤ 张岚：《鲁迅和碑帖研究》，上海鲁迅纪念馆编：《上海鲁迅研究2005·夏》，上海文艺出版社2005年版，第142页。

头，此时则有拓铺专门邀请金石学家题跋落款以牟厚利，而翻刻拓本以及影印法帖也是较受藏家欢迎的商品。

除了此时兴起的专营碑拓铺，一些古玩铺中也仍有碑拓出售，且这种铺面为数还不少，如缪荃孙所藏《司马元兴志》原石拓本，即得于路北山西人崔氏所开书业堂。①

琉璃厂之外，北京东华门、东四牌楼等区域也是碑拓铺较为集中的地方。一些庙会书摊如慈仁寺、护国寺、隆福寺也有拓本经营，沈子培于此地曾得《马天祺造像》原石拓本，但是至民国初，随着局势变动，加之"价廉于厂肆。近无此事，店亦无矣"②。

北京之外，此时上海也成为碑拓交易的重要地区之一。伴随着各地通商口岸的开放，以上海所受影响为最大。这一时期上海的经济快速发展，新的具有收藏能力和较高文化水准的市民阶层开始出现，大量洋商聚集，以及原本居住在不同地区的购藏名家、士绅阶层往来沪地交游，这些因素共同促成海上金石热潮，专营拓铺亦应运而生。如晋古斋、金才记等都是上海碑拓市场中名声、影响较大的铺面。据缪荃孙回忆，其在上海期间，即经常流连于各处碑铺，每见新品辄赏鉴购买，所费甚巨。他在写给收藏家徐乃昌的一封信中，曾向其抱怨寻赵姓碑拓商不得之憾，"赵姓碑估闻是常州人，开在何处？雨阻不能遍访，闷甚"③。后来缪荃孙所藏部分碑拓，亦是在上海经碑拓铺得以售出。

再比如故都西安，早在咸同时期就有著名的苏兆年、苏亿年兄弟以售卖陕西出土石刻精拓而闻名天下，时金石学家陈介祺远在济南，尚常雇人向其代购④，但苏氏兄弟售拓只为兼营，所贩卖者更多为青铜、金玉等物。至光绪后期以后，随着古碑刻出土日多，加之此时市场行情较好，碑

---

① 〔清〕缪荃孙著，张廷银、朱玉麒主编：《缪荃孙全集·诗文一》，凤凰出版社2014年版，第652页。
② 孙殿起：《琉璃厂小志》，第79页。
③ 〔清〕缪荃孙著，张廷银、朱玉麒主编：《缪荃孙全集·诗文二》，第395~396页。
④ 相关记载详见于重庆中国三峡博物馆藏陈介祺致苏兆年、苏亿年书札（藏品编号：GJ000432）。

林附近形成了一批专门经营拓本的铺面。其中，比较有名的如友石斋、翰墨堂等，销售规模都很大。据叶昌炽《语石》记载："友人自关中来者，为言碑林中拓石声当当，昼夜不绝。"① 拓者多为碑估，交易之盛，由此可见一斑。除了以上三地，在南京、杭州、成都等文化、商业较为发达地区，也都产生了一些碑拓经营市场，所长多以本地石拓为主。

应当说，碑拓市场规模的扩大固然与这一时期商品经济的快速发展密不可分，但洋务、维新、革命等政治活动的此起彼伏，使中国社会面临百年未有之大变局，传统金石文化此时俨然已成为传统学术整理国故的重要突破口，某种程度上担负起了与各种外来思潮相抗衡的使命。加之此时的西学各派亦愿用金石材料重检历史，冀求用以突破陈规，故在知识精英的引领下，碑拓的收藏、交易、研究多措并举，一时大兴自在情理之中。另一重要原因则是，此时社会动荡难平，政府管控力减弱，盗墓活动猖獗，出土石刻数量更多，一些一度受到保护的刻石在此时也得以任意椎拓。以洛阳为例，"清末民初，战事频繁，村民之穷贫者，或盗掘，或辟墓为田。又以民十七八年前后，准许人民自由掘墓，所余古墓，几被盗尽。今者，即有墓亦多为空墓，墓之存者，亦寥寥矣"②。当时有农民刘宗汉在自家地中掘得北魏墓志三方，转售碑拓商，"志石售价与地价埒"③。百姓有利，碑拓商人所获更多。时旅华日本学人内藤虎记述："频年赤州俶扰，其士大夫与巨商大贾，并乘时无纲纪，竞输宝器于海外，以为射利之具。于是地中之宝，日月出世而地不穷；关洛之郊椎埋载途……三古名物，流出欧美诸邦，沛然若水之就下，可胜浩叹。"④ 大肆盗掘之下，拓碑风潮随之而起，以往名碑巨石多为地方官府严禁椎拓，缪荃孙就说"游山访碑，均极雅事，然不借官势，往往有不能畅者"⑤。然此时碑扑石损，任

---

① 〔清〕叶昌炽撰，姚文昌点校：《语石》卷九《碑石拓损受病不同一则》，第301页。
② 李健人：《洛阳古今谈》，史学研究社1936年版，第325页。
③ 郭玉堂访记：《洛阳出土石刻时地记》，国家图书馆出版社辑：《地方金石志汇编》第58册，国家图书馆出版社2011年版，第71页。
④ ［日］梅原末治：《日本搜储中国古铜精华》，山中商会印行1959年版，第4页。
⑤ 〔清〕缪荃孙著，张廷银、朱玉麒主编：《缪荃孙全集·诗文二》，第338页。

意拓取贩卖已成普遍之势。

碑拓市场的交易商品中除了原石、拓本，还有一个重要的品类，那就是各种类型的印本。拓本因本之于原石，可最大程度呈现石刻原貌，但是拓碑极易造成石面损伤，故同一石刻，诸拓本往往精劣不一，如著名的《好太王碑》，"碑初出时，人争拓之。土人以其践踏禾苗，以牛粪泥其上，用火烧之，故剥蚀乃尔"①。此时随着清末西方石印技术的传入，大量过去不易为人所见的珍贵拓本得以以石印方式呈现，通过等比例复制，精心装裱，几可以假乱真。

当然，普通的石印拓本与原拓相比，因"大幅须割拓"，还是"终不如原本"②，但由于价格低廉，仍算是碑拓市场中的新宠，广受藏家喜爱。如缪荃孙在给端方的信中就说，"前年屺怀自鄂归，以尽得尊藏拓本相夸耀，荃孙但求石刻并金石目，石印本如承颁赐，衔感无既"③。

尤需注意的是，此时金石学家杨守敬自日本引入碑拓缩印技术，并在国内初步利用，已经在很大程度上解决了拓本剪裱的烦恼，还原了刻石初貌，市场潜力巨大。杨氏缩印的《寰宇贞石图》，缩印历代名拓二百七十种，"以原拓原文照相影印，生面别开，后来居上"④，在拓铺最为抢手。目前该缩印本已绝难见到，与传世拓本价值无二。可以说，印刷技术的革新，客观上对清末民初碑拓市场的业务拓展起到了极大的助推作用。

二、碑拓市场的价格问题

专营店铺的出现，碑拓市场的扩大，带动了市场的繁荣，进而影响到碑拓价格的变化。拓本作为一种收藏雅好，它的价格虽然主要取决于市场

---

① 〔清〕杨守敬：《高句丽广开土好太王谈德碑跋》，转引自傅世金纂著：《宜都文史》第 24 辑《杨守敬集概览》，宜都市政协学习和文史资料委员会 2014 年，第 130 页。
② 〔清〕缪荃孙著，张廷银、朱玉麒主编：《缪荃孙全集·诗文二》，第 438 页。
③ 〔清〕缪荃孙著，张廷银、朱玉麒主编：《缪荃孙全集·诗文二》，第 379 页。
④ 沈勤庐、陈子彝：《寰宇贞石图目录·弁言》，《近代著名图书馆馆刊荟萃》第 6 册，北京图书馆出版社 2003 年版，第 633 页。

对石刻文字、纹饰本身的接受程度,但作为一种商品,很大程度上也受制于市场供求关系的影响。以缪荃孙购藏金石为例,缪氏生活时代正好在清末民初,作为金石学家,出于鉴赏与著述之需要,本人与碑拓市场联系紧密,所作《艺风老人日记》记事起于光绪戊子(1888),终于1919年,其间多有关于碑拓交易情形及价格的记载。本文现就该日记所见拓价列表如下:

表1 《艺风老人日记》所见拓价

碑拓名	价格	数量	时间
关胜诵德碑、杨君铭	八金	2幅	1890年
清初拓圣教序(同州本)	十元	1幅	1890年
清拓麓山寺碑	十五金	1幅	1890年
袁回回志铭	三两四钱	17种	1892年
东平、沛宁、宁阳、河四地金石	四十六金	未详	1893年
龙藏寺碑	三十元	1幅	1912年
太平某碑	一金	2幅	1912年
汉石经拓本(黄小松藏、孙渊如藏)	四千元	2幅	1913年
桐城各碑	四十二元三角	不详	1913年
李玄靖墓志	八元	4幅	1917年
钟铭拓本	十二元	2幅	1918年
江阴金石、罗汉名号碑等	一千五百余元	3500幅	1919年
重分碑拓本	一千元	3包	1919年

上表统计的是缪荃孙日记中所记载的部分拓片的市场价格。其中碑拓价格的计量单位,有"两""金""元"之别,为便于直观对比,有必要先对此略作说明。清制,一金中的"金",主要指白银,所谓"以白银一

两为一金"①。而"元",在清末民初专指银圆。光绪银圆版别虽较为复杂,但一元折银普遍在七钱三分左右。② 表中所列黄小松(易)、孙渊如(星衍)旧藏汉石经拓本两幅价格为四千元,其余拓本价格普遍合钱十几元至几十元不等。如著名的《龙藏寺碑》拓本,只有区区三十元,而江阴金石《罗汉名号碑》等,数量有三千多幅,价格也只有一千五百余元,平均一幅拓本价格不足一元。考虑到这一时期因社会动荡,外国商品冲击,物价涨幅较快,与一般民力消费相比,缪荃孙所记拓本价格实际并不算高。时有徐珂编《康居笔记汇函》一书,谈光绪二十六年(1900)之前三十年中物价变动状况云:"光绪二十六年以前,夏剑丞奉母家居,岁入为恒产之息金,书院之膏火,可银币六百元,裕如也。庖人供膳并薪米,以月计之,每人出制钱一千五百文。其母夫人给以房用银二两,房中给事之女佣,工价月五百文,即取给于此二两中也。时银一两兑制钱一千二百文,观此可知三十年前之物力民生,大异于今矣。"③ 而宣统以至1925年物价变化更是触目惊心,"昔者辛亥也,今者乙丑九月也,皆以制钱计,铜币一枚合制钱十文。物价之以升计者,米昔六十今六百,苞谷昔三十今四百。以斤(凡斤皆十六两)计者,麦面昔二三十今四百,园麻昔七八十今九百,煤昔一文零一二今八,块昔六十今六百,火酒(苞谷所酿)昔四十今七百,桐油昔五十今六百,菜油昔七八十今五百,麦醋昔上等三文,普通一二文,蕀椒昔七八十今六七百(七星椒一千文),红糖昔三四十今五百,糖霜昔八九十今一千,牛肉昔四十八今四百四十,猪肉,曰和身滚昔七十四,曰净肉今七百四十,曰带头今六百四十,鸡昔四十八今六百。……至于银价,昔之每两易制钱一千五六百,今五十二千。今昔相同者制钱一千文,扣底钱六文,铜圆百枚扣一枚。学正且云,夏日

---

① 马振亚、张振兴编著:《中国古代文化概说》,吉林大学出版社1988年版,第407页。
② 中国人民银行总行参事室金融史料组编:《中国近代货币史资料》第1辑,中华书局1964年版,第632~633页。
③ 徐珂著,孙安邦、路建宏点校:《康居笔记汇函》(二),《民国笔记小说大观》第3辑,山西古籍出版社1997年版,第342页。

米昂，故物工价资因以腾贵，今米价减半，而物价工资既贵不复贱矣"①。可见，只要将拓本价格变化与上述所引日用品价格略作对比，就可看出作为收藏品的拓本与日常用品相比并没有绝对的价格差。当然，需要指出的是，缪荃孙所记的碑拓更多为新拓，其他一些旧藏拓本则均非绝品，故上述拓本价格或仅可代表碑拓市场交易的一般价格状况。那么这一时期前代旧拓、传世孤品、名人旧藏情况又是如何呢？下面我们再来看罗振玉所藏旧拓出售情况。民国初，罗振玉曾以所藏碑拓珍品举办展销拍卖，并与承办方商定底价，今据它书见载，引录所售宋拓本如下②：

表2　罗振玉所藏宋拓拍卖价

碑拓名	价格	数量	备注
宋拓隋舍利塔铭拓本	五百元	1	张叔未题字
宋拓唐沈传师罗池庙碑拓本	六千元	1	—
宋拓雁塔唐贤题名拓本	三千元	1	有翁方纲题字
宋拓黄庭坚七佛偈拓本	一千元	1	
宋拓汉王稚子阙拓本	一千二百元	1	黄易藏本
宋拓汉石经拓本	二百元	1	宋翻刻碑
宋拓三段碑拓本	二千元	1	宋拓孤本
宋拓皇甫明公碑	二千元	1	明库装本
宋拓麓山寺碑拓本	七百元	1	王文敏公藏本
宋拓唐中兴颂拓本	六百元	1	王文敏公藏本
宋拓八关斋记拓本	九百元	2	—

据上表所列可以看出，罗振玉所藏宋拓本价格明显较缪荃孙所记的新

---

① 黄濬著，霍慧玲点校：《花随人圣庵摭忆》（一），《民国笔记小说大观》第4辑，山西古籍出版社、山西教育出版社1999年版，第309~310页。
② 详参杨代欣：《中国书画收藏与鉴赏》，巴蜀书社1999年版，第404~405页。

拓高。以二人均曾购售的《麓山寺碑》拓本为例，缪荃孙所购清拓本花费十五金，折合银圆价格也就是二十元上下，而此碑罗振玉所藏宋拓本则为七百元，两者相差三十多倍，价格可谓悬殊。而罗振玉所售宋拓《唐沈传师罗池庙碑》，原为金石学家叶昌炽旧藏，因世称沈传师所书与欧阳询、虞世南、褚遂良、柳公权等并称妙品，且世间所存仅此一拓，故罗振玉定价即达六千元，后亦以此价成交。曾有研究显示，1912年粳米价格每石为9.47元，"1925年的最高价每石为12.67元，两者相比，上涨达33%强"①。而同一时期，文职京官俸禄，最高正从一品岁给银180两，每月合15两，俸米90石，每月合7.5石。最低从九品，岁给银31两5钱，每月合2.6两，俸米15石7斗5升，每月合1.3石左右。②除了以上正俸，另有养廉银、公费、陋规等项，数目亦不少。③而民国初期官员年俸，以河北永定县知事为例，就达2400元。④因此名品碑拓价格固然相较于普通拓本而言已然很高，但与作为碑拓市场主流消费人群——精英、仕宦阶层的收入，以及大众消费的必需品粳米价格相比较，其价格并不离谱。

从总体上看，清末民初碑拓交易较以往更为活跃，市场化程度也远非前代可比，但价格基本平稳，主要表现出如下特征：

一是随着碑拓铺的大量出现，市场供需已成为一般拓片价格形成的重要因素，但作为市场交易的参与者，碑拓商群体因文化程度普遍不高，对拓本的解读、认知能力有限，因此并不能完全垄断市场议价权。而乐于收藏的金石学家、名家大儒、达官显宦，则往往通过垄断学术话语进而获得

---

① 朱镇华：《中国金融旧事》，中国国际广播出版社1991年版，第221页。
② 吴官正主修，张伊总纂，江西省地方志编纂委员会编：《江西省志·江西省人事志》，江西省新闻出版局1992年，第49页。
③ 有关这一时期的精英阶层收入问题，可参张仲礼：《中国绅士研究》，上海人民出版社2008年版。该书下编即重点分析"中国绅士的收入"，认为不光高官群体，实际整个绅士阶层（即本文所谓精英阶层）收入均较为可观，完全可承担日常消费及文化娱乐的支出。
④ 永定县地方志编纂委员会编：《永定县志》，中国科学技术出版社1994年版，第659页。

市场话语权，一些金石大家更在市场定价中起到关键性作用。如书画家陶濬宣好藏拓，凡至铺见有欲得者，皆由缪荃孙把关，而碑估闻有缪氏定价，则往往信服，辄以此价为定例。二人往来书札中此类事例比比可见，当时新拓《曹恪碑》，缪荃孙定之十千之内，《嵩高灵庙碑》则议价五千，"张石州二种，价给票十三千"①。此后数年相关拓本果以此价成交。又如著名的《淳化阁帖》，清末以后价格陡涨，光绪七年（1881），翁同龢见三册，初拓商自索价八千金，其日记中记载："赴荫轩之招，陪张子青、李兰生观《阁帖》三册，即今正所见山东人持来索八千金者也，余不谓然，而李相颇矜许。"② 翁同龢之所以做出如此判断是有所依据的，在此之前，有拓铺中所售《淳化阁帖》旧拓本，索价甚高，经其鉴审，铺主已减至八十金，而山东商人要价"八千金"，可谓极其悬殊，后果然无法出售，只得价从于翁氏。

二是旧拓、精拓、名家递藏题跋本价格普遍较高。从前列缪荃孙、罗振玉购售碑拓表中就可以看出，凡旧藏，特别是宋拓，往往因其与原石差异较小，故为购藏者所宝，价格相对较高，前所云《麓山寺碑》的宋拓本与清拓本的价格差异就是最为明显一例。又如，顾文彬《过云楼日记》载，光绪五年（1879）二月十八日，"赴网师园，坐客少仲、退楼、仲复、救闲。见香严新押之《醴泉铭》，张小华旧藏，帖之边纸，翁覃溪精楷题满，固是宋拓佳本，尤以翁题增重"，又云"数年前曾许过五百元，未成交"。③ 此《醴泉铭》为宋拓本，又有翁方纲题跋，故顾文彬出价五百金，对方仍嫌少而未成。至于精拓本，《语石》云："拓本虽以先后为别，然后拓之精本，竟有胜于旧拓者"，"宋拓《化度寺铭》，剥落极矣，而殊耐人寻味，不如今之翻刻虽清朗而一览无余也"。④ 精拓本价格较高

---

① 〔清〕缪荃孙著，张廷银、朱玉麒主编：《缪荃孙全集·诗文二》，第332页。
② 〔清〕翁同龢著，翁万戈编，翁以钧校订：《翁同龢日记》，中西书局2012年版，第1693页。
③ 〔清〕顾文彬著，苏州市档案局（馆）、苏州市过云楼文化研究会编：《过云楼日记》（点校本），文汇出版社2015年版，第488页。
④ 〔清〕叶昌炽撰，姚文昌点校：《语石》卷九《近拓胜旧拓一则》，第301页。

除了摹拓清朗，还有一个重要的原因是拓制较为复杂，数量稀少。缪荃孙在《题吴清卿前辈手拓彝器卷》中就有诗赞曰："断楮零缣敦古欢，传形精拓世称难，晁陈欧赵均同例，一样烟云过眼看。"① 一些名家题跋精制旧拓，因多重因素叠加，价格更是惊人。正是看中了这一商机，一些碑拓商或购藏者，在得到比较中意的拓本后，往往会邀集名家题跋，以作提价之资，而题跋者则会据所题字数得润笔之费。现存缪荃孙《艺风老人日记》中就记载有很多为碑拓商有偿题跋的故事。杨守敬在写给他的信中直接道破这一商机，"尊藏海内稀有之本，固有《艺风碑目》可考，然非专门金石家所能洞悉，则何如普示天下学者，或石印或双钩。必有题跋，溯所从来，声价必当愈增"②。

三是孤拓本、未损本霄壤悬绝。孤拓往往是各种原因造成原石已毁或失，而拓本在流传过程中所存日稀，终成孤品。也有些虽是新近拓本，但碑帖商或刻石保有者为牟求厚利，人为将原石毁坏，造成完品甚稀。孤本往往价格不菲，普通藏家难以承受，因此拓铺多以石印装裱，以低价吸引藏家，借以逐利。而未损拓本，一字之差，价格往往迥异。仍以《曹全碑》为例，罗振玉所藏"悉"字不坏本号称可卖现洋200，而当时的"悉"字已坏本，在拓铺普遍定价10至15元之间，商人唯有通过广拓多贩而获利。王懿荣在写给缪荃孙的信中就说，《曹全碑》拓本在当时已有千数纸多，虽泐字残拓间存，用纸亦不甚精，但仍较为畅销。对于这种收藏购销中一味追求未损的做法，叶昌炽颇不以为然，认为前人名迹，固以摹拓过多致损，然受病亦有不同。"鲁公《东方朔画赞》，余曾见一南宋拓，虬筋槃结，波磔飞动，与今颜书绝异。以明拓本校之，字固未损也，而苍秀之气不逮也。"③

四是名人名拓价格不俗。所谓名人名拓一般是指如颜真卿《多宝塔碑》、柳公权《玄秘塔碑》、苏轼《园池诗碑》等受历代藏家推崇的拓本，

---

① 〔清〕缪荃孙著，张廷银、朱玉麒主编：《缪荃孙全集·诗文二》，第69页。
② 顾廷龙校阅：《艺风堂友朋书札》，上海古籍出版社1981年版，第661页。
③ 〔清〕叶昌炽撰，姚文昌点校：《语石》卷九《碑石拓损受病不同一则》，第301页。

此类拓本因长期椎拓，传世本字口、石花情况差异较大，旧拓、新拓价格更是悬殊，即或清末民初拓本，因藏家多有名人情节，铺中此类拓片多为镇店之宝，价格往往最能随风看涨。一些商人甚至专门造伪以牟利。如缪荃孙就曾对徐乃昌所购四种汉碑持怀疑态度，认为"汉碑四种均不确，四幅者以为莒州出《定略碑》，花边者以为《仓龙碑》，二种曾见，余二种未见，实则东人伪造也"①。徐乃昌当时购此四碑共耗费近千元，得知伪品后直言"初以为名公所书"②，懊悔不已。除以上所列，诸如拓本完残程度、装裱状况、拓工水准、用纸用墨、存世数量等也都是碑拓市场价格的决定要素。

总体而言，清末民初，历经数次内外战乱，备受冲击的收藏市场一直未得完全恢复，碑刻拓本大体仍处于较低价位。只是随着新技术的引进，以及金石学本身的发展，加之市场化交易已成常态，各种拓本价格的分化更趋明显，也更为复杂。

三、市场交易方式举隅

这一时期虽然各类碑拓店铺大量出现，但是客观地说，私人间有价转让、拓片交换仍较为常见。如缪荃孙在给王秉恩的信中就曾托其从刘某手中转购拓片，其云："刘处门口有一上拓，弟不便经手，张刘无之。菊生、聚卿，兄能送呈否？弟处无人故也。"③ 他也曾将自己所藏的碑拓副本售予他人以作周转，在给好友金武祥的信中就说："迩时宋四碑止绍兴四年《罗汉名号碑》已碎，余二碑无恙。今一已碎。宣和。移至书院，一砌入小房内。政和。《渊禅师记》。大观。在其阴，两面刻也。后寻得罗汉碑四碑，石在荃处。真可惜，邑人不知好古，使其零落若是。弟拓本须寻出，再释文无副本。去年碑目编成十八卷，共做木箱二十只，依次收藏，尚易取也。副本亦三千余，已售与聚卿。再副五百，余售与安徽丁姓。共

---

① 〔清〕缪荃孙著，张廷银、朱玉麒主编：《缪荃孙全集·诗文二》，第384~385页。
② 徐乃昌撰，西南大学图书馆整理：《徐乃昌日记》第8册，国家图书馆出版社2015年版，第214页。
③ 〔清〕缪荃孙著，张廷银、朱玉麒主编：《缪荃孙全集·诗文二》，第306页。

得乙（一）千五百余元。"①

除直接作价出售，也有藏家通过拓本交换来调剂收藏余缺，如吴大澂居京期间，曾以所藏与潘祖荫交换《沙南侯获碑》，在给潘祖荫的信中，他说道："吾师所藏沙南石刻有三本，如蒙捡赐一本，当以潘宗伯题名及朱拓《石门颂》（皆止一本，无副本）二种仰报厚意，想必鉴其忱，不终秘之也。"②《沙南侯获碑》虽属新出石刻，但精拓稀少，吴大澂为得完璧，情愿将所存朱拓《石门颂》孤品与潘祖荫交换，并最终如愿。

需要注意的是，一些藏家在经济状况窘迫的情况下，不愿意出售拓片，更愿意采用质押的方式来缓解压力。如缪荃孙在光绪二十四年（1898）七月三十日日记中就有说："又为硕卿借百五十元，以小碑四箱作押。盛杏荪招饮，瞿耕莆、徐仲虎、沈淇泉、何梅生同席。诣耕莆处话别。壬刻上船。还申甫一百元、硕卿廿元。"③ 碑拓质押皆大欢喜，一方面让抵押人获得了急需的资金周转，另一方面出资人则往往会借以赚得一些孤拓、善拓，足增识见。此外，也有藏家因本身收藏有原石，可随时椎拓，或所蓄有拓工，拓本随时可得，因此往往会索取拓资，为他人代拓。对于这一问题，白谦慎先生曾发文详述④，本文在此不作赘述。

私人间交易之外，新兴拓铺在交易上则既沿袭了以往古玩界藏品流通中的某些成熟做法，同时也吸收并适应着商品市场的一般规则。如过去私人间于碑拓的置换、质押，在碑拓铺中都有采用。一般古玩行中通行的"坐商"，专为大户人家送货上门的"侍购"，店铺间互通交易的"窜货"等也都能在碑拓购藏过程中见到。此外，诸如预售、寄售、拍卖等方式，在大时代共性下，又显示出浓厚的碑拓行业特色。

---

① 〔清〕缪荃孙著，张廷银、朱玉麒主编：《缪荃孙全集·诗文二》，第279页。
② 详见故宫博物院藏吴大澂致潘祖荫札第二十五通。此处转引自白谦慎：《晚清官员收藏活动研究——以吴大澂及其友人为中心》，广西师范大学出版社2019年版。
③ 〔清〕缪荃孙著，张廷银、朱玉麒主编：《缪荃孙全集·日记一》，第530页。
④ 白谦慎：《拓本流通与晚清的艺术和学术》，《美术史研究集刊》第42期，2017年。

(一) 预售

因碑拓商人熟悉各处藏石情况，一般又能与原石保有者联系紧密，加之大部分从业者如京师李云从、陕西李子俊等与金石学者相熟识，不但会手定碑目，而且善于利用学者所编金石资料，按图索骥，有备无患。凡有求拓者，但需开目定样，即可议价往拓。据记载，李云从所在拓铺，只要购藏者有需，付足定金，他即裹粮往拓，其足迹遍及陕西、山西、山东、辽宁、吉林等地。光绪初，《好大王碑》现世，李云从闻之，广告预售。于是，潘祖荫等人付资，委其往拓，"历尽艰险，得五十本，一时贵游，争相购玩"。见有利所图，加之此次所拓不精，李云从遂再欲筹资，往拓更多，然终因"道远工巨而止"①。直至光绪十五年（1889），方再得盛昱等人所定，孤身而往，辗转数千里，始得精拓。叶昌炽《语石》曾载此事云："光绪己丑宗室伯羲祭酒（盛昱）始集资令厂肆碑估李云从裹粮往拓，于是流传稍广。"② 此次预购者另有叶氏同门王颂蔚，王颂蔚后将所订拓本赠叶昌炽一份，光绪十四年戊子（1888）六月廿九日叶昌炽于日记中记此事："得芾卿（王颂蔚）书，为余至奉天拓好太王碑。又续得经幢，可感也。"③ 收拓后，他终日校对拓本，并受潘祖荫所托释读文字，撰成跋文一篇，文章公开后，更掀起此碑预售热潮。

有些碑刻，因藏家欲求最佳者，订购时往往不计成本，但会对拓铺拓工提出具体要求。如吴大澂购陕西石门碑拓，以拓铺"拓手本不佳"，"屡以厚值给之"，并亲自"教以用墨之法"，终使所得"《西狭》《耿勋》，稍胜前拓也"。④

需要指出的是，碑拓预售所开之目，一般是新见之碑，因拓取困难，成本往往较高。为了保证贩售的利润，拓铺往往在集合大量定金、认准买

---

① 辽宁省人民政府地方志办公室整理：《辽宁旧方志·奉天通志》卷二五四，辽宁民族出版社2010年版，第5718页。
② 〔清〕叶昌炽撰，姚文昌点校：《语石》卷四，第116页。
③ 〔清〕叶昌炽：《缘督庐日记抄》卷五，上海蟫隐庐1933年石印本。
④ 〔清〕吴大澂：《愙斋尺牍》，顾廷龙：《吴愙斋先生年谱》，哈佛燕京学社1935年版，第49页。

家后才启程往拓。如碑估李云从就曾同时接受梁杭叔、叶昌炽、缪荃孙、潘祖荫合资，"往拓顺天、易州、宣化、定州、真定碑刻，大半前人所未见，即辽刻得一百六十种"①。得手后，剔除不合者，再逐一据订单分配。

除了预售现拓这种方式，还有拓铺如西安敏古堂因提前掌握旧拓本流向，且与藏家先行"勾兑"，特编出预售旧拓目录，凡客有购求之意，翻目付资即可由其斡旋成交，赚取差价。如姚觐元及其子姚慰祖先后去世，所遗旧拓本众多，而后人无此雅好，遂有拓铺广告其名目，于店中预售，坐享利润，获利颇多。

（二）寄售

虽然碑拓的私售管道自金石文化兴起以来就不曾断绝，但是因个人交易，往往囿于资讯不畅，买卖双方始终无法有效交流，无论是流通规模还是拓本交易的种类都非常有限。而清末以后，随着市场的活跃，商业机制的建立，藏家们开始尝试将拓本携往铺中寄售。这一方面是因为碑拓铺掌握了更多的商品交易资讯，能够保证拓片快速、及时出手；另一方面则是因为碑拓铺熟悉各种拓片的交易价格，能够保证寄售者利益的最大化。如鲁迅于1915年11月27日到式古斋购买拓片，所得即日人寄售品，其云"往留黎（琉璃）厂式古斋视拓本，得《薛山俱、薛季训、薛景、乡宿二百他人等造像》拓本四枚，云是日本人寄售，原石已出中国，索价甚昂，终以六元得之"②。又如，吴大澂在陕西寻得拓本后，致信王懿荣说："昨由褒城拓工送到《西狭》《耿勋》《郙阁颂》，各检一本，寄呈赏鉴。《耿勋》额甚难拓，《西狭》额及题名均已全拓，差可当意。尚有拓工寄售《西狭》十分，亦均有额有题名，常纸墨拓亦尚精好，已寄胡子英代售，都中金石家想必争先快睹也。"③ 这里所提到的拓工，据白谦慎考证，当

---

① 〔清〕缪荃孙：《艺风堂金石文字目自序》，《石刻史料新编》第1辑第26册，台湾新文丰出版社1977年版，第19521页。

② 《鲁迅文集全编》编委会编：《鲁迅文集全编》补遗及书信日记卷《乙卯日记》（1915年），国际文化出版公司1995年版，第2592页。

③ 〔清〕吴大澂著，陆德富、张晓川整理：《吴大澂书信四种·吴愙斋赤牍》二六，凤凰出版社2016年版，第152页。

是张茂功①。张氏本身是石门一带人，又是碑估出身，长于传拓，自然备受吴大澂垂爱，其所拓制者，余品由吴大澂介绍寄售于同样是碑估的胡子英处，不但扩充了与自己联系紧密的碑拓商人的货源，同时还让自己推崇的石门拓本走出地域，让更多藏家所熟知，可谓一举而多得。

目前笔者所掌握史料中，有关拓片寄售收费问题，尚无直接线索，但据当时古玩市场的通行规则来看，寄售抽例应该已是普遍存在的事实了。如谭嗣同致汪康年札中，提到一般店铺寄售物品之抽例，"商店等代售处所售至十分以上，每年没分只交三元"，又言"每收十元提二元为经费"。② 由此推断，碑拓寄售抽例恐怕也与此不相上下，利润当很可观。

除了寻碑铺寄售，一些藏家也会通过私人寄售。缪荃孙日记中就有约请王息尘（秉恩）、徐乃昌（积余）、况周颐（夔生）等人寄售碑拓的记载。如光绪二十一年（1895）记事云："检旧书旧搨碑版交夔生代售。"③ 光绪二十四年（1898）日记称，常姓碑估售拓"还银乙（一）百五十元，又借五元去"；又称"徐积余交四十五元"，乃其所寄售"太仓、常熟、松江金石"所得。④ 民国七年（1918）九月廿四日日记云："送元明板书、旧拓碑帖与王息尘代售。"⑤

（三）拍卖

中国拍卖活动最早起源于同治十三年（1874），时有英国人在上海开设鲁意斯摩拍卖公司，专门经营高档日用品拍卖。之后，已经在上海颇有盛名的英国瑞和洋行、法国三法洋行、日本新泰洋行等纷纷兼营拍卖业务。从此，拍卖活动日趋流行，涉及业务领域众多，渐成商业交易的方式之一。但是截至民国之前，对于碑拓等文物的专场拍卖仍不多，包括琉璃

---

① 白谦慎：《吴大澂和他的拓工》，海豚出版社2013年版，第48页。
② 上海图书馆编：《汪康年师友书札》，上海书店出版社2017年版，第2973页。
③〔清〕缪荃孙著，张廷银、朱玉麒主编：《缪荃孙全集·日记一》，第373页。
④〔清〕缪荃孙著，张廷银、朱玉麒主编：《缪荃孙全集·日记一》，第527页。
⑤〔清〕缪荃孙著，张廷银、朱玉麒主编：《缪荃孙全集·日记四》，第98页。

厂在内的许多重要的流通场所，拍卖活动更多是依附于其他日用品交易，时人即谓"文玩者，多杂于他途而竞拍得售"①。进入民国，随着拍卖活动的方兴未艾以及文物交易活动的增多，涉及文物的专场拍卖开始大量出现。如1922年，清室为维持逊位后开支，决定拍卖故宫文物，并制定拍卖办法："一、宫内银库所藏各项物品，拟分别陈列，庶各商家易于鉴别，自能充足估价。所有出售之物，略分四类：古物陈列类：朝带、碧玉盅、碧玉爵、青玉碗、黄绸袷幔、乌银杯、各色回子刀、火镰、玉柄、玉花瓶、玉磬、乌玉镜、玛瑙笔架、玛瑙香炉、水晶香炉、水晶走兽、珐琅文房四宝、铜掐丝珐琅八吉祥钟……共一百三十八款。宝石料件类：猫睛、大小碟子、大小红宝石、大小蓝宝石、珊瑚数珠、琥珀珠、玛瑙、水晶、玳瑁、紫英石……共七十一款。金质器皿类：生金、三等金折盂、三等金铙碗、八成金匙、八成金瓶、金盘、金碟、金葵花……共六十四项。镀金银器类：茶桶、折盂、银漏子、小盘、大碗、抢碗、镀金银钟、银火壶、合卺银壶、银满达、银宝瓶、银卤锦、银香盒、银镀金印……共一百零一款。二、投标商号必须是殷实之家，看物之前须交保证金三万元，然后由内务府发给标纸。三、每项古物以封价最高者为得标之家。"② 这些拍品中虽然未见有碑拓参拍，但从中仍可以对当时行业拍卖流程，如编目、展陈、质押、排标、定约等窥得一二。

实际上，此时社会上有关碑拓的拍卖也已经出现，如前文所引罗振玉售卖碑拓时，即采用了拍卖方式。其云："生计日枯，已谋售书事，既到津沽，欲斥长物为食，乃势有所不可者。"此时正值河南各地连年灾厄，民生困顿，故他欲以所藏碑拓拍卖之资，分作救灾之用。在《集殷虚文字楹帖》跋中，他又说："自客津沽，人事旁午，读书之日，几辍其半。去冬奔走南北，匍匐振灾，四阅月间，益无寸晷。昨小憩尘劳，取殷契文字可识者，集为偶语，三日夕，得百联，存之巾笥，用佐临池，辞之工

---

① 〔清〕吴昌绶：《梦碧簃石言评语》，〔清〕顾燮光：《梦碧簃石言》，上海古籍出版社2020年版，第343页。

② 秦国经：《逊清皇室轶事》，紫禁城出版社1985年版，第80~81页。

拙，非所计也。"① 1920年秋，他"检所藏书画金石数百品，托金颂清于京师江西馆开'雪堂金石书画义赈即卖会'，三日间共得资20000元，以18000元为'京旗生计维持会'基金，2000元赈豫灾"②。前文列表中已有罗氏针对此次拍卖的碑拓价格，而从拍卖结果看，大多数碑拓溢价不少，如宋拓汉石经拓本，原定200元，后经拍卖以2300元售出，扣除佣金，所得仍较为可观。

四、结语

总体而言，嘉庆、道光以来，在碑学复兴的大背景下，碑拓活动已然非常活跃，并逐渐走向成熟，而这种成熟蕴含着拓制技艺以及收藏观念、市场规模等多方属性，从某种程度上看，这实际是金石学发展的一种必然趋势。彼时金石学虽处新旧学之夹缝，但金石一门本身的学术延展性以及材料直观性，使其一方面得以有效避免陷入学术政治化的泥沼，仍得继续为传统文化圈之古欢；另一方面西学各派甚至西方汉学家利用金石碑拓来证史、疑古的学术实践，则广开新材料利用之先河。再加上此时随着易代前后社会经济结构变化，中国市场商业活动整体向现代转型，碑拓交易乘此机缘，遂愈发活跃，几成购藏之巅峰，具体表现可归为两点：其一，市场的交易主体已脱开知识精英阶层，呈现出大众收藏与精英收藏并行的趋势，涵括官员、学者、乡绅，以及古董商、碑拓商、各行业雅好书法或金石收藏的市民阶层。其二，碑拓市场交易的机制渐趋稳定，交易已走出私人间购售的狭小圈子，出现固定的交易商业店铺及大量兼营碑拓的古玩铺，这就使得碑拓流通既有了相对独立、稳定的交易集散地，也有了相对成熟的市场竞争和价格形成机制。凡此种种，足以说明这一时期碑拓市场既继承前代，又有别于以往。

---

① 罗振玉撰述，萧文立编校：《雪堂类稿·乙·图籍序跋》，辽宁教育出版社2003年版，第17页。

② 刘正成主编：《中国书法全集》卷七八《近现代编》，荣宝斋出版社1993年版，第208页。

同时，需要指出的是，这种市场交易的成熟与兴盛，实际上也为以碑拓整理为代表的金石学术的发展提供了动力，相关成果至此源源不绝，产生了诸如陆增祥、缪荃孙、姚觐元、况周颐、马衡等一大批卓有成就的学者，可以说，二者之间是互为因果、互相助推的。

文物商品因其历史价值、艺术价值而产生使用价值，而使用价值的存在则带来市场交易的价值，但由于艺术价值与历史价值本身很难形成某种近乎一致的体认，故交易价值往往千差万别，这一点在碑拓交易中显得尤为明显。然因本文对碑拓交易之讨论更多为整体状况的分析，交易价格、形式以及管道、主体等则多关注通行规则，虽然某种拓本价值及价格会因市场主体间不同认知、南北地域收藏文化的不同差异、拓本的精善程度、原石的存世与否、用墨情况、存字多少、拓工价格等多种因素作用而出现各种不同的判断与呈现，但是作为宏观视角的考察，对拓本价格形成的一般方式及高低状况的整体评判则是足可借以窥测的，这一点无疑具有重要的指标意义。

民国中期以后，随着政局趋稳，大量公立收藏机构建立，致使新旧碑拓渐归公藏，加之抗战爆发，战事日迫，收藏市场整体沉沦。而在学术层面，碑拓购售借以傍身的金石学，随着现代学术体系的建立，日趋边缘化，以上诸因素最终造成该市场活动转衰，逐渐成为收藏市场长期的冷门。

（作者系重庆中国三峡博物馆研究员）

从家祭礼看宋代的礼制、礼学与秩序构建*

李 旭

本文拟以家祭礼为研究对象,据此观察宋代礼制与礼学之间的关系。本文的分析主要限定在一个问题上,即宋朝政治高层与一般知识阶层在对家祭礼的议定、修撰过程中分别呈现了怎样的秩序关怀。

对于家祭礼制的研究,学界已积累了一定的成果,主要是对制度及其具体运作作细致的考察,这为本文的写作奠定了基础。① 本文考证及解释

---

* 本文原载于邓小南、杨果、罗家祥主编:《宋史研究论文集(2010)》,湖北人民出版社2011年版。

① 关于宋代家祭礼的研究,朱瑞熙在讨论宋代家族组织时曾论及,该研究勾勒出家祭场合从家庙到祠堂的变迁线索,见朱瑞熙:《宋代社会研究》,中州书画社1983年版,第98~114页。又有黄敏枝:《宋代的功德坟寺》,《宋史研究集》第20辑,"国立"编译馆1990年版,第257~326页;王善军:《宋代宗族和宗族制度研究》,河北教育出版社2000年版,第86~105页;赵旭:《唐宋时期私家祖考祭祀礼制考论》,《中国史研究》2008年第3期;[日]远藤隆俊:《宋元宗族的坟墓和祠堂》,《中国社会历史评论》第9卷,天津古籍出版社2008年版,第63~77页。此外,甘怀真从权力秩序角度论礼,见甘怀真:《唐代家庙礼制研究》,台湾商务印书馆1991年版;井上徹对程、朱宗法观的辨析,见[日]井上徹著,钱杭译:《中国的宗族与国家礼制——从宗法主义角度所作的分析》,上海书店出版社2008年版,第87~110页,均对笔者有重要启示。

的重点与此前的研究略有不同，概括起来说，是更注重探讨国家制度制定过程中的权力结构，和诸私家礼书的渊源关系及思想底蕴。

一、皇权秩序视角下的仁宗、徽宗朝议家庙制

《礼记·王制》曰：

> 天子七庙，三昭三穆，与大祖之庙而七。诸侯五庙，二昭二穆，与大祖之庙而五。大夫三庙，一昭一穆，与大祖之庙而三。士一庙。庶人祭于寝。①

《王制》一篇当是七十子后学对宗周封建制理想化的结果，未必客观反映史实，但深刻影响了后世的观念。以"天子七庙"章而言，后世讨论庙制即多以此为据，这一庙制系统所呈现的秩序性，即便在官僚制趋于成熟的宋代，仍为士大夫所承认。如司马光在《资治通鉴》起首的一段"臣光曰"：

> 臣闻天子之职莫大于礼……何谓礼？纪纲是也。……夫以四海之广，兆民之众，受制于一人……岂非以礼为之纪纲哉！是故天子统三公，三公率诸侯，诸侯制卿大夫，卿大夫治士庶人。贵以临贱，贱以承贵。……然后能上下相保而国家治安。②

《通鉴》无疑是从皇权角度立论，天子经由礼而涵摄臣民的层层关系在此得到理想化的陈述，据以比对《王制》"天子七庙"章，我们不妨这样理解：庙制系统正是皇权秩序在祭礼上的一个缩影。宋人在议家庙礼时屡引此章为据，正是从皇权立场出发对秩序的强调。通过这一视角，下文将着

---

① 〔汉〕郑玄注，〔唐〕孔颖达疏：《礼记正义》卷一二《王制》，李学勤主编：《十三经注疏》（标点本），北京大学出版社1999年版，第382页。

② 〔宋〕司马光编著，〔元〕胡三省音注：《资治通鉴》卷一《周纪一》，威烈王二十三年，中华书局1956年版，第2~3页。

重讨论北宋仁宗、徽宗朝议订家庙制度的过程。

仁宗朝第一次议家庙礼，《续资治通鉴长编》言之较详：

> 丙寅，祀天地于圜丘。……大赦，改元。诏蠲陕西来年夏租十之二，麟府州今年夏秋租及来年夏租、保安军今年秋租尽蠲之。诏："元昊背惠以来，屡求归附，然其欲缓我师，专为谲诈，是以拒而弗授。况河西士民素被王化，朕为之父母，岂不悯伤！自今仰边臣但谨守封疆，精练军伍，非因战斗，毋得枉杀老幼及熏烧族帐。国朝将帅之臣，素有捍边勋名者，委中书、门下求访其子孙，特与录用。今功臣不限品数，赐私门立戟，文武臣僚许立家庙，已赐门戟者仍给官地修建，令有司检详制度以闻。"①

据此可略知宋廷第一次诏臣僚立家庙的具体背景，其时西夏犯边，郊祀呈现出明显的稳定秩序的色彩。此条材料下有小注曰："《张方平传》云录用功臣后，加赉戍边守将，功臣立私庙、赐戟，凡九事，皆方平建白。"张方平在西夏问题上多有建言，庆历元年（1041）即曾上《平戎十策》。②他此时提议"功臣立私庙、赐戟"，只是针对守边功臣而言③，而诏书中为"文武臣僚许立家庙"，则是进一步将其提议扩展为对所有官僚的恩赐，其间皇权的主动性值得注意。中外文武官并许立家庙，这一规定在郊祀之后提出，而郊祀前一日必先祭太庙，可见从天子到臣僚的祭礼系统在此得到强调。

仁宗朝第二次议家庙礼，据《宋会要辑稿》记载：

---

① 〔宋〕李焘撰，上海师范大学古籍整理研究所、华东师范大学古籍整理研究所点校：《续资治通鉴长编》卷一三四，庆历元年十一月丙寅，中华书局2004年版，第3198~3199页。

② 〔宋〕李焘：《续资治通鉴长编》卷一三一，庆历元年三月丁卯，第3112页。

③ 〔宋〕张方平撰，郑涵点校：《张方平集》卷二〇《郊禋赦书事目》，中州古籍出版社2000年版，第284页。

> 皇祐①二年十二月，宰臣宋庠言："庆历郊祀赦书，许文武立家庙……而有司终不能推述先典，明喻上仁，因循顾望，遂逾十载……"②

据叶梦得所言"皇祐二年，初祀明堂，宋莒公为相，乃始请下礼官定议"③，则此事与祀明堂有关联，考《续资治通鉴长编》曰：

> 先是，宋庠建议，以今年当郊而日至在晦，用建隆故事，宜有所避，因请季秋大飨于明堂。乙亥，帝谓辅臣曰："明堂之礼，自汉以来诸儒议论不同，将安适从？"文彦博对曰："此礼废久矣，俟退而讲求其当，自圣朝行之。"④

立明堂之制与议立家庙在时间上比较接近，有必要联系起来理解。明堂与郊祀在礼仪上成内外互补的关系⑤，当时要讨论重建明堂制度，是由于"当郊而日至在晦"，故其时祀明堂是郊祀的变态。对皇帝而言，郊祀天地与祭祖是内涵一致的活动。⑥综合此数层关系而论，则群臣家庙虽与皇帝祀典有差等之杀，但同属一个祭礼系统。宋庠此时

---

① 本作"至和"，据《续资治通鉴长编》卷一六九及宋庠"遂逾十载"之语，当为"皇祐"之误，见〔宋〕李焘：《续资治通鉴长编》卷一六九，皇祐二年十二月甲申，第4071页。
② 〔清〕徐松辑：《宋会要辑稿》礼一二之一，中华书局1957年版，第566页。
③ 〔宋〕叶梦得撰，〔宋〕宇文绍奕考异，侯忠义点校：《石林燕语》卷一，中华书局1984年版，第8页。
④ 〔宋〕李焘：《续资治通鉴长编》卷一六八，皇祐二年二月乙亥，第4034页。
⑤ 《朝野类要》卷一《郊祀大礼》曰："京城之外大祭祀，皆谓之郊祀。……明堂则就内中，谓之明堂大礼。"该条内容主要述祀典，及末而述及明堂，既说明二者空间上的内外关系，也表明二者性质一致。见〔宋〕赵升编，王瑞来点校：《朝野类要》卷一，中华书局2007年版，第24页。
⑥ 《玉海》卷九六《皇祐大飨明堂》"皇祐二年二月十八日乙亥，上谓辅臣曰：'孝莫大于严父，严父莫大于配天。今冬至日当亲祀圜丘，欲以季秋有事于明堂，行飨帝飨亲之礼，以极孝恭'"可以为证。见〔宋〕王应麟辑：《玉海》卷九六，江苏古籍出版社、上海书店1987年版，第1740页。

再度提出制定家庙制度，良亦有由。

据宋庠所言，他认为庆历郊祀赦书，许文武立家庙，乃是"上仁"，明确指出庆历议礼过程中皇权的主动性，而在后文又谓："臣尝因进对，屡闻圣言，谓诸臣专殖第产，不立私庙。宁朝廷劝戒有所未孚，将风教颓陵终不可复？睿心至意，形于叹息"，所述仁宗对家庙制度的关切之意跃然纸上，宋庠此议也是以庆历赦书为指导，又称"若制下之日，或在立庙之科，愿买地一廛，悉力经始"①，作为宰臣的这一反应，与徽宗朝以后的情形截然不同，详后文。由此可见仁宗朝的两次议家庙礼，皇权始终处于主导地位。

但两次议礼所定的制度颇有区别，第一次是"文武臣僚许立家庙"，无品级之别而涵盖面非常广；第二次则较为明确："官正一品平章事以上，立四庙；枢密使、知枢密院事、参知政事、枢密副使、同知枢密院、签书院事以上，见任同，宣徽使、尚书、节度使、东宫少保以上，皆立三庙；余官祭于寝"②，范围较前已有收缩。既如前所论，两次议礼皆出于仁宗宸衷，其用意当无大别，就时间而论，第一次议礼当更是仁宗初衷，即试图将官僚阶层纳入其祭礼系统中，以申明其皇权秩序。而第二次制礼的变更，则是现实的限制所致，须重定制度。虽然如此，礼制仍难与现实相配合，即以重定之礼而言，"既如奏，仍别议袭爵之制，其后终以有庙者之子孙或官微不可以承祭，又朝廷难尽推袭爵之恩，遂不果行"③。但当时仍有个别士大夫努力建置家庙，典型的例子是文彦博，这里需要特别指出的是文彦博与皇祐二年（1050）议明堂礼的关系，据前引《续资治通鉴长编》皇祐二年二月乙亥条，仁宗提出明堂之礼的问题，文彦博对："此礼废久矣，俟退而讲求其当，自圣朝行之。"《玉海》卷五七《皇祐大飨明堂记》：

---

① 〔清〕徐松辑：《宋会要辑稿》礼一二之一，第566页。
② 〔清〕徐松辑：《宋会要辑稿》礼一二之一，第566页。
③ 〔宋〕李焘：《续资治通鉴长编》卷一六九，皇祐二年十二月甲申，第4072页。

> 二年九月，亲祠明堂，制度损益，多由上裁酌。十月，诏宰臣文彦博、宋庠，参政高若讷，史馆王洙编修《大飨明堂记》。三年二月五日丙戌，彦博等上二十卷，目录一卷。彦博言："编修起三月戊子降诏，迄季秋辛亥礼成。"①

此事由文彦博、宋庠领衔，最后由文彦博主持总其成，可见他积极参与初祀明堂一事，这与他首请立家庙不无内在的联系。换言之，天子郊祀明堂与士大夫家庙，乃是同一礼仪系统的不同差等，群臣对于家庙的讨论与响应，其实反映出士大夫对这一礼仪系统的认同与否。《宋会要辑稿》曰：

> 神宗元丰七年二月十七日，文彦博言："先立家庙，岁八祭用酒，以臣随行公使酒供办。今臣致仕，不欲沽酒以祭，乞于河南府公使库逐祭寄造酒拾石。"从之。②

文彦博之所以请公使库供给祭祀家庙之酒，当不是出于经济上的考虑，此事的象征性在于明白显示了家庙不仅是士大夫的私人祭祀，而且属于国家祭祀系统的一部分，唯其如此，方可坦然要求公给祭祀用酒。《续资治通鉴长编》曰："太常博士周常言，国家庙室之制犹有未备，士大夫丧祭之仪犹有未明，愿令近臣诸儒与有司考求得失。诏礼部、太常寺讲议以闻。"③以士大夫丧祭之仪与国家庙室之制连言，正表明了家庙的性质。据此可略见仁宗朝所定家庙制度在神、哲二朝的反响。而至徽宗朝，家庙之议再兴，但制度背后的皇权结构已起了微妙的变化。

徽宗朝对于家庙制度的讨论，始于大观二年（1108），从《政和五礼新仪·卷首》所载议礼情况看来，此次议礼乃是由议礼局与"御笔"双

---

① 〔宋〕王应麟辑：《玉海》卷五七《皇祐大飨明堂记》，第1097页。
② 〔清〕徐松辑：《宋会要辑稿》礼一二之二，第566页。
③ 〔宋〕李焘：《续资治通鉴长编》卷五〇二，元符元年九月壬戌，第11961页。

方进行，这与仁宗朝两次议家庙制的程序是很不同的。① 徽宗朝的"御笔"有其特殊之处，《宋史·蔡京传》曰：

> 初，国制，凡诏令皆中书门下议，而后命学士为之。至熙宁间，有内降手诏不由中书门下共议，盖大臣有阴从中而为之者。至京则又患言者议己，故作御笔密进，而丐徽宗亲书以降，谓之御笔手诏，违者以违制坐之。事无巨细，皆托而行，至有不类帝札者，群下皆莫敢言。②

熙宁时期，王安石虽相权独尊，可绕过中书门下的"共议"，但神宗的皇权仍保持其独立性，元丰改制即其明证。至徽宗朝，"御笔"已具"制度"的地位，且"不类帝札"群臣亦"莫敢言"，可见此时皇权已渗入"大臣"的权力因素。本文所讨论的皇权秩序的变化，正与此密切相关。

同时，议礼局的政治立场也值得推敲。议礼局的设置，其目的在编修《政和五礼新仪》。③ 据《直斋书录解题》卷六："《政和五礼新仪》二百四十卷、目录五卷。议礼局官知枢密院郑居中，尚书白时中、慕容彦逢，学士强渊明等撰。"④ 郑居中、白时中、慕容彦逢、强渊明皆与蔡京关系密切。议礼局成员既与蔡京有如此关系，所降御笔复为蔡京所利用，其所定制度虽然从文本上看与仁宗朝礼制无明显不同，实则其中皇权结构已移

---

① 〔宋〕郑居中等撰，汪潇晨点校：《政和五礼新仪》卷首《御笔指挥》，《中华礼藏·礼制卷·总制之属》第 3 册，浙江大学出版社 2017 年版，第 6～56 页。张方平《乐全集》卷三四有《武成王庙试举人策问三道》，第一道曰："问属者天子幸加惠复古制，听卿大夫营立家庙，方诏有司考定旧典。夫庙之制，杂见礼篇及历代之书，皆多士所尝讲也。若其堂室之位、祭享之仪、田禄之差、器服之用，自前代沿革之法逮诸异同之论，略为条著，冀效诸朝"，当时在策问中涉及此事，可见其讨论是广泛的，见〔宋〕张方平撰，郑涵点校：《张方平集》，第 559 页。

② 〔元〕脱脱等：《宋史》卷四七二《蔡京传》，中华书局 1977 年版，第 13726 页。

③ 〔元〕脱脱等：《宋史》卷九八《礼志一》，第 2423 页。

④ 〔宋〕陈振孙撰，徐小蛮、顾美华点校：《直斋书录解题》卷六，上海古籍出版社 1987 年版，第 185 页。

位换形，其所申明的皇权秩序因而截然不同了。议礼局与"御笔"的这种对话格局，是徽宗朝议家庙礼的基本模式。

关于家庙制度的详细讨论出现在大观四年（1110），其具体内容详见《宋会要辑稿》礼一二之二。① 其中最值得深思的是，议礼局强调礼的差等性，尤其突出执政官："请自执政官以上，自高祖而下祭亲庙四，余通祭三世，庶几有尊统流泽之差焉。"但以此议与现状相比，几无改变，不过是突出执政官的尊贵，请祭四世而已。而这正是徽宗朝议立家庙的实质所在。这一祭礼系统从后来的定制来看，手诏对议礼局的建议也有更改，进一步挑明庙制的差等，故有三世、二世之祭，但其反复申论的内容实为："今以执政官方古诸侯，而止祭四世，古无祭四世之文；又侍从官以至士庶，通祭三世，无等差多寡之别，岂礼意乎？古者天子七世，今太庙已增为九室，则执政视古诸侯以事五世，不为过矣。"细绎其言，重点仍在执政。至于"流俗之情"，是不予考虑的。随后议礼局又补充了若干建议，一部分是关于具体实行的技术性问题的讨论，此外有一条值得注意：

> 同日议礼局言："谨按《礼记·王制》，诸侯五庙，二昭二穆，与太祖之庙而五。所谓太祖者，盖始封之祖，不必五世，又非臣下所可通称。今高祖以上一祖未有名称，欲乞称五世祖。"从之。②

"五世祖"之名称，正是针对执政祭五世而设。《王制》记载诸侯五庙，其始封之祖称太祖，这是先秦宗法封建制的名称，秦以后皇帝集权，太祖之名唯天子庙制有之。此时执政官在礼制上比拟诸侯，但皇帝集权体系是不可以动摇的，所以执政官高祖以上一祖必须规定其名号。这一方面说明皇权在名义上仍然独尊，另一方面又反映了当时执政者已参与到皇权结构之中，相当于周制中天子与诸侯宗法相维的关系。这样的皇权结构是特殊的。

---

① 〔清〕徐松辑：《宋会要辑稿》礼一二之二，第566页。
② 〔清〕徐松辑：《宋会要辑稿》礼一二之三，第567页。

而在这一时期所定庙制中出现了一个前所未有的条例，即赐祭器。这条规定与徽宗时期权臣参与皇权结构这一事实密切相关。《宋会要辑稿》礼一二之三：

> 政和六年九月二十五日，礼制局言："太庙乞尽循周制，笾豆各二十有六，簠簋各八，群臣五庙、三庙所用之器以此为等降之数。"从之。先是，诏造祭器颁赐宰执，下礼制局，故有是诏。……时太师蔡京、太宰郑居中、知枢密院事邓洵武、门下侍郎余深、中书侍郎侯蒙、尚书左丞薛昂、尚书右丞白时中、权领枢密院事童贯并以次给赐。①

礼制局设于大观二年（1108）。政和六年（1116）议祭器，表面上是讨论群臣家庙祭器，然其事始于"诏造祭器颁赐宰执"，而具体实施，据官方记载，不过是落实到蔡京等寥寥数人头上而已，可见仍以宰执为重点。另有一个细节可注意，讨论祭器，目的虽在尊崇宰执，但首先乞太庙"尽循周制"，可见祭礼系统依然是制礼诸臣所重视的。而这次议礼，确实拟定了一个有着分明差等的庙制体系，即"文臣执政官、武臣节度使以上祭五世，文武升朝官祭三世，余祭二世"②，但如果我们稍微留心这次议礼的政治背景即可发现，皇权在这一家庙制度的制定中并未表现出如仁宗朝的主动性，相反，皇权性质已因权臣的介入而变异，这次的家庙制度的重心实在申明宰执大臣在权力秩序中的地位。至于家庙制度的宽泛界限，由于制礼重点在突出"大臣"，对于其余官员在此庙制中的位置反不甚措意。而在祭器讨论中首言太庙，一方面是皇帝制度下的论述套路，另一方面也是强调承受祭器之赐的"大臣"与天子同属一个祭礼系统。然则比较仁宗、徽宗两朝议家庙过程中的皇权动向，仁宗朝最后拟定的制度涵盖面虽较窄，但其制礼的动机其实在形成一个宽广的涵摄秩序；徽宗朝制度

---

① 〔清〕徐松辑：《宋会要辑稿》礼一二之三，第567页。
② 〔清〕徐松辑：《宋会要辑稿》礼一二之二、三，第566~567页。

涵盖面虽较宽，但其制礼动机反见收缩，扭曲为突出一二"大臣"的权力形态。

值得注意的是，徽宗朝所定的祭礼系统，在南宋得到延续。据《宋会要辑稿》《文献通考》《宋史·礼志》等文献记载，立家庙诸人有秦桧、韩侂胄、史弥远、贾似道、杨存中、吴璘、韩世忠、刘光世等，或为权臣，或为大将，皇权对这些人的倚重是不言而喻的，可见家庙此时成为皇权肯定权臣的一种方式。然则祭礼系统所体现的由天子到庶民的皇权秩序，已经收缩乃至消泯。

臣僚家庙赐祭器，这在徽宗朝以前是不见载于制度的。而此制在南宋仍得延续，《宋会要辑稿》礼一二之六、七：

> （淳熙六年）臣僚上言："……今有以造人臣家庙祭器而欲假天子郊庙之器，准以为式，自古及今，有是理乎？臣观工部申明文思院铸造韩世忠家庙祭器事，欲下太常，各借一件充样，援乡者制造虞允文家庙祭器以为例。当时礼官不谨礼法，官失其守，以至君与臣同器，至今言之，不觉寒心，今复可以为例耶？"①

这一段批评相当敏锐，徽宗朝赐祭器之制，是在皇权结构发生变异的情况下产生的，"君与臣同器"本身标志着"皇帝—执政"祭礼系统的形成。而南宋家庙制度继承了这一特性，故其家庙制度也往往反映出皇权的特殊状态。

二、家祭礼与宋代士大夫的秩序关怀

上一节检讨北宋家庙制度的议定及其在南宋的延续，这是就政治上层的动向而言，而其中所产生的变异，或应在一个更具整体性的框架下理解。本文的后半部分着力分析一系列的唐宋家祭礼书，这类礼书贴近日用人伦，往往能适应社会的变迁，又承载了知识阶层调适经典、制度与风俗

---

① 〔清〕徐松辑：《宋会要辑稿》礼一二之六、七，第568~569页。

的努力，适可与上文所论比观。

以下的分析拟以《直斋书录解题·礼注类》中的一组书目为线索来展开：

《孟氏家祭礼》一卷（唐侍御史平昌孟诜撰。曰《正祭》《节词》《荐新》《义例》，凡四篇。）

《徐氏家祭礼》一卷（唐左金吾卫仓曹参军徐润撰。）

《郑氏祠享礼》一卷（唐侍御史郑正则撰。）

《范氏寝堂时飨礼》一卷（唐泾县尉南阳范传式、殿中侍御史傅正修定。）

《贾氏家祭礼》一卷（唐武功县尉贾顼撰。）

《新定寝祀礼》一卷（不知作者。《中兴馆阁书目》有此书，云前后有序，题太常博士陈致雍撰集。今此本亦前后有序，意其是也。致雍，晋江人，及仕本朝。）

《孙氏仲享仪》一卷（检校左散骑常侍孙日用撰。周显德中博士，后仕本朝。开宝时作此书。）

《杜氏四时祭享礼》一卷（丞相山阴杜衍世昌撰。）

《韩氏古今家祭式》一卷（司徒兼侍中相台韩琦稚圭撰。）

《横渠张氏祭礼》一卷（张载子厚撰。末有吕大钧和叔说数条附焉。）

《伊川程氏祭礼》一卷（程颐正叔撰。首载作主式。）

《吕氏家祭礼》一卷（丞相京兆吕大防微仲、正字大临与叔撰。）

《范氏家祭礼》一卷（范祖禹淳甫撰。）

《温公书仪》一卷（司马光撰。前一卷为表章、书启式，余则冠昏、丧祭之礼详焉。）

《居家杂礼》一卷（司马光撰。）

《吕氏乡约》一卷、《乡仪》一卷（吕大钧和叔撰。）

《高氏送终礼》一卷（礼部侍郎高闶抑崇撰。）

《四家礼范》五卷（张栻、朱熹所集司马、程、张、吕氏诸家，而建安刘珙刻于金陵。)

《古今家祭礼》二十卷(朱熹集《通典》《会要》所载,以及唐、本朝诸家祭礼皆在焉。)

《朱氏家礼》一卷(朱熹撰。)①

这组书目有"书仪""乡约""家礼"等类型,但家祭礼书占多数是一个明显的现象。且"书仪""家礼"中也含有祭礼的内容。然则为何在家庙制度式微的情况下,家祭礼书却大量出现?从唐到南宋,家祭礼书的性质是否有一些变化?

从时代来说,书目所载唐五代的礼书,其作者孟铣、徐润、郑正则、范传式、贾顼、孙日用诸人生平多不可考,从任职来看,他们并非礼官;陈致雍为南唐制礼名臣,但《新定寝祀礼》一书是否为陈致雍所作仍颇有疑问。因此诸书的性质、背景并无直接的史料可据以说明,但这个问题可从一个侧面加以考察,《文献通考·经籍考》这一类目中多据陈氏书目,但在此处补入"刘岳《书仪》"②一条,显然这是因为马端临认为此书与孟铣诸人的礼书性质相近。《册府元龟》曰:"后唐刘岳为太常卿,文学之外通于典礼,明宗天成中奉诏撰新《书仪》一部,文约而理当,至今行于世。"③可见宋初仍颇重此书。《新五代史·刘岳传》曰:"初,郑余庆尝采唐士庶吉凶书疏之式,杂以当时家人之礼,为《书仪》两卷。明宗见其有起复、冥昏之制,叹曰:'儒者所以隆孝悌而敦风俗,且无金革之事,起复可乎?婚,吉礼也,用于死者可乎?'乃诏岳选文学通知古今之士,共删定之。"④据此可见唐代"士庶吉凶书疏之式"与"家人之

---

① 〔宋〕陈振孙撰,徐小蛮、顾美华点校:《直斋书录解题》卷六,第186~188页。
② 〔元〕马端临:《文献通考》卷一八七《经籍考十四》,中华书局1986年版,第1599页。
③ 〔宋〕王钦若等编:《宋本册府元龟》卷五六四《掌礼部》,中华书局1989年版,第1630页。
④ 〔宋〕欧阳修撰,〔宋〕徐无党注:《新五代史》卷五五《刘岳传》,中华书局1974年版,第632页。

礼"颇盛行，至刘岳《书仪》虽有改作之意，仍多据俗礼为之。可以推想孟铣诸家礼书也不出此类。从《册府元龟》的态度来看，五代宋初对这类礼书仍颇认可。而真正的反思则始于欧阳修，欧阳修在《刘岳传》中接着写道：

> 岳与太常博士段颙、田敏等增损其书，而其事出鄙俚，皆当时家人女子传习所见，往往转失其本，然犹时有礼之遗制。其后亡失，愈不可究其本末，其婚礼亲迎，有女坐婿鞍合髻之说，尤为不经。公卿之家，颇遵用之。至其久也，又益讹谬可笑，其类甚多。①

而在《归田录》中，欧阳修再就此书加以批评，至其引申发挥之处，则尤为深切：

> ……其转失乖缪，至于如此。今虽名儒巨公，衣冠旧族，莫不皆然。呜呼！士大夫不知礼义，而与闾阎鄙俚同其习，见而不知为非者多矣。前日濮园皇伯之议是已，岂止坐鞍之缪哉。②

欧阳氏感触良深，最后以"濮议"为结，正是图穷匕见之笔。"濮议"是北宋中叶国家议礼的重要事件，欧阳修则是"濮议"的关键人物，参与这场论争的还有当时的名儒大臣如韩琦、司马光、吕大防、范纯仁等（据书目则此数人亦多撰有家祭礼书）。对于此事，本文无法深论，但欧阳修对刘岳《书仪》的批评最终归结到"濮议"，这至少可以说明：其一，当时的政治、知识精英已注意到这一类礼书；其二，对于这一类礼书的关注，不仅出于对民间家礼的关心，更与对国家礼制的关切有联系。

从诸书作者的身份来说，唐五代礼书作者为中下层官员，入宋则有杜衍、韩琦的著作，作者在政治上有重要地位，这是北宋前期礼书的一个特

---

① 〔宋〕欧阳修撰，〔宋〕徐无党注：《新五代史》卷五五《刘岳传》，第632页。
② 〔宋〕欧阳修撰，李伟国点校：《归田录》卷二，中华书局1981年版，第35页。

色,并延续到司马光的《书仪》。北宋中叶是礼学发生转折的重要时段,从书目来看,从北宋中叶的张载、程颐到南宋的朱熹,都撰有家祭礼书,这些人物在政治上或有贡献,但他们作为思想人物的特征更为明显。这两期礼书的性质,有待下文的分析。

在这一组书目中,至今可见者不过两三部,其余都仅存片段,其中完整而为人重视的,是司马光的《书仪》与朱熹的《家礼》,研究家祭礼的学者,往往以此二书为基本史料,描述其中的递嬗。但需要注意的是,二书所载家祭礼之间是否存在性质上的渊源关系。之所以提出这个问题,有两个比较直接的依据:一、温公《书仪》重在丧礼,祭礼其实只是被包含在丧礼之中,占其中的六分之一篇幅,而朱子《家礼》重在祭礼,故全书始篇《通礼》中首揭"祠堂"一目;二、朱子以前,温公同时,且有张载、程颐等儒者著有家祭礼书,故朱子家祭礼所可取材的对象当不只温公一家。因此,依据陈氏书目所提供的线索,在司马光、朱熹著作以外,衰集诸家家祭礼的零星材料,校其异同,明其系统,是一步必要的工作。

有学者注意到程、朱家祭礼间的关系[①],此下的分析拟从程颐入手,程氏家祭礼材料虽不多,但眉目疏朗,见于《河南程氏遗书》[②]。程氏礼含冬至、立春、季秋三祭与四时常祭两个层次,对于三祭的理解,详见后文。而四时祭区别于三祭的关键一点是"止于高祖而下",且三祭中始祖、先祖之祭无主,四时祭的基本要素则是"家必有庙""庙必有主"。为理解四时祭的礼意,有必要辨析程氏家祭礼中庙、寝、影堂、厅堂等概念,今将程氏礼中相关者摘录如下:

> 忌日,必迁主,出祭于正寝(原注1:今正厅正堂也),盖庙中尊者所据,又同室难以独享也。家必有庙(原注2:古者庶人祭于

[①] [日] 井上徹著,钱杭译:《中国的宗族与国家礼制——从宗法主义角度所作的分析》,第89~101页。

[②] 〔宋〕程颢、程颐著,王孝鱼点校:《二程集·河南程氏遗书》卷一八,中华书局1981年版,第240、241页。

寝，士大夫祭于庙。庶人无庙，可立影堂），庙中异位，庙必有主（原注3：既祧，当埋于所葬处，如奉祀人之高祖而上，即当祧也）。①

解读此节礼文，首先须判明程氏祭礼中所含古与今二层次。"古者庶人祭于寝"，此乃《王制》庙制，据原注1，古之"寝"相当于"今正厅正堂"。原注2又谓："庶人无庙，可立影堂。""影堂"这一概念最宜深究，程颐尝言："庶人祭于寝，今之正厅是也。凡礼，以义起之可也。如富家及士，置一影堂亦可，但祭时不可用影。"② 可见"影堂"与"正厅正堂"不是同一物。古礼中家祭场所有二：庙与寝，士以上祭于庙，庶人祭于寝。今提出士、庶皆可于"正厅正堂"以外祭于"影堂"，然则"影堂"实际上相当于古之"庙"，程氏礼是将古礼中"士—庙"与"庶人祭于寝"混为一制，消泯士、庶的界限，对二者皆给予"寝"以外祭于"庙"的可能性。士、庶界限的消泯，乃是社会结构变迁所致，程氏礼之不泥古，由此可见。但须进而辨明的是，程氏礼虽不泥古，亦不苟且于今俗，影堂本是当时家祭的一般场所，但程颐对影堂之"影"持严厉的批评态度："大凡影不可用祭。"③ 而拟以"主"代之，其提倡"主"之制度，一依古礼。④ 然则程氏家祭礼不泥古，不从俗，乃是当时非常独特的一种构想。这一构想的要素是"庙"（即"影堂"）与"主"，其所寓的礼意，须于"庙必有主"一语求之，原注3曰："高祖而上，即当祧也。"祧的前提即有庙有主。四时祭"止于高祖而下"，所强调者无他，正是古礼所谓五世而迁的小宗之法，但经由以上对"影堂""主"等要素的分析，可知程颐并非对古礼的简单回复，其"五世而迁"的特色，是在国家家庙制度士庶"祭于寝"的规定下，利用民间影堂之俗，注以古礼

---

① 〔宋〕程颢、程颐著，王孝鱼点校：《二程集·河南程氏遗书》卷一八，第241页。原注序号为笔者所加。
② 〔宋〕程颢、程颐著，王孝鱼点校：《二程集·河南程氏遗书》卷二二上，第286页。
③ 〔宋〕程颢、程颐著，王孝鱼点校：《二程集·河南程氏遗书》卷二二上，第286页。
④ 其《伊川程氏祭礼》首载"作主式"，此式尚存于《河南程氏文集》卷一〇中，且特别注明："用古尺"，见〔宋〕程颢、程颐著，王孝鱼点校：《二程集》，第627页。

"士一庙"之义而彰显出来的。

由于程氏礼用心颇深,所产生的影响也值得注意。南宋吕祖谦对庙制有一个总结:

> 《王制》:"士一庙。"(《祭法》:"适士二庙一坛。官师一庙。"王肃曰:"官师,中下士也。"横渠先生曰:"今为士者,而其庙设三世几筵。士当一庙,而设三世,似是只于祢庙而设祖与曾祖位也。便使庶人,亦须祭及三代。")《政和五礼新仪》:"文武升朝官,祭三世。"兄弟同居则合享,异居则分祭。杜祁公、韩魏公、司马温公、横渠张先生祭仪祀曾祖、祖、考三世。①

吕氏首述家祭礼之经典依据,次述国家制度,最后总结诸儒礼书的一般看法。杜、韩、司马在程颐之前,皆主祀三世,司马光《书仪》中影堂设影、祭及曾祖②,实与程氏礼有本质差异。张载现存的关于家祭礼的文字颇为芜杂,不易辨明其性质,但对于宗法的理解,张载与程颐有相当一致之处,详后文。值得注意的是,吕氏进而陈述其本人所定家祭礼,则是以程氏说为本:

> 伊川先生《祭说》:"家有庙,庙中异位,庙必有主。"庙制载在经史者,祧、埳、户、牖、碑、罍之属,品节甚众,今皆未能具。谨仿《王制》"士一庙"之义,于所居之左,盖祠堂一间两厦,以为藏主时祀之地,存家庙之名,以名祠堂,使子孙不忘古焉。③

---

① 〔宋〕吕祖谦编著:《东莱吕太史别集》卷四《家范四·祭礼》,黄灵庚、吴战垒主编:《吕祖谦全集》第1册,浙江古籍出版社2008年版,第347页。

② 〔宋〕司马光:《司马氏书仪》卷一〇《丧仪六》,中华书局1985年版,第113~122页。

③ 〔宋〕吕祖谦编著:《东莱吕太史别集》卷四《家范四·祭礼》,黄灵庚、吴战垒主编:《吕祖谦全集》第1册,第347~348页。

"庙必有主"一句后附有小注,为《程氏文集》本文所无,盖为吕氏所补,据上文所论,此句正是程氏礼关键之处,吕氏详考经传以明士大夫有主之义,可见其对程氏之说深有会心。而吕氏礼中提出祠堂设想,则是对程氏"影堂"论的发展。如前所述,程氏礼既判明古礼"寝""庙"之别,又提出今制可于"厅堂"外别立"影堂","影堂"须用"主",吕氏礼则将"所居"与"祠堂"相对,而祠堂为"藏主时祀之地",正与程颐之意合。又朱子《家礼》曰:"君子将营宫室,先立祠堂于正寝之东。为四龛,以奉先世神主"①,也是此意。然则程氏礼的基本要素为吕、朱所继承,其间渊源关系由此可见。

以上以程颐家祭礼为核心,就司马光、程颐、朱熹、吕祖谦诸家重要的家祭礼著作的渊源关系做了检讨,在此基础上,我们可以进一步讨论宋代家祭礼学的变化。

首先回到前文关于陈氏书目所载北宋前期著作性质的问题上,笔者认为司马光当与杜衍、韩琦为一期,理由是该期家祭礼基本上都是在国家制度框架下撰述私礼。杜衍、韩琦之书,一近古,一从俗。② 杜衍关于家祭礼的文字今不可见,而韩琦《安阳集》卷二二则有一篇《韩氏参用古今家祭式序》,大体上是说明他撰述的依据为唐五代的家祭礼书,从俗的特征颇明显。但这篇序值得注意的是其国家意识,首先提及仁宗朝第一次议家庙制度,再则说明自己私撰礼书不过是"使子孙奉而行之,非敢传于外",最后表示"他日朝廷颁下家祭礼,自当谨遵定制"③,可见韩琦家祭礼基本上是在朝廷家庙制度所强调的皇权秩序框架之下。需要进一步指出的是,司马光的家祭礼也属于这一类型,他在《文潞公家庙碑》中追述家庙制度的渊源,元元本本,进而叙述仁宗朝两次议家庙制度的经过,因

---

① 〔宋〕朱熹撰,王燕均、王光照校点:《家礼》卷一《通礼·祠堂》,朱杰人等主编:《朱子全书》第 7 册,上海古籍出版社、安徽教育出版社 2002 年版,第 875~876 页。
② 〔宋〕徐度撰,朱凯、姜汉椿整理:《却扫编》卷中,朱易安、傅璇琮等主编:《全宋笔记》第 3 编第 10 册,大象出版社 2008 年版,第 146 页。
③ 〔宋〕韩琦撰,李之亮、徐正英笺注:《安阳集编年笺注》卷二二《韩氏参用古今家祭式序》,巴蜀书社 2000 年版,第 745~746 页。

此对文彦博立家庙的努力表示钦敬。① 毫无疑问,他是认同朝廷家庙制度所欲延伸皇权秩序的。② 而张载、程颐的意向其实与此有相当差异。

那么张、程所引导出来的秩序关怀具有怎样的特质?以陈氏书目为线索逐一检索,可发现张、程、朱、吕诸家文集皆有关于宗法的讨论。唯有理解其宗法理念,才能揭示程氏以降家祭礼的底蕴,进而探明其秩序关怀。日本学者讨论程、朱家祭礼,关于其宗法是以大宗为旨归抑或以小宗为旨归,尚存疑义。③ 其中如何理解程氏礼中三祭的性质实为关键,笔者以为这一问题需联系张载的《西铭》始可获得较妥帖的解释。

《西铭》曰:

> 乾称父,坤称母;予兹藐焉,乃混然中处。故天地之塞,吾其体;天地之帅,吾其性。民吾同胞,物吾与也。大君者,吾父母宗子;其大臣,宗子之家相也。④

程、朱完全认同《西铭》的表达。程颐指出:"《西铭》明理一而分殊,墨氏则二本而无分。"朱熹也认为《西铭》与墨子兼爱"异以理一分殊。一者一本,殊者万殊。脉络流通,真从乾父坤母源头上联贯出来。其后支分派别,井井有条。"程、朱以"理一分殊"解释《西铭》主旨,这是形

---

① 〔宋〕司马光撰,李文泽、霞绍晖校点整理:《司马光集》卷七九《文潞公家庙碑》,四川大学出版社2010年版,第1602页。

② 赵旭通过司马光《书仪》卷一之首有"元丰四年十一月十二日中书札子据详定官制所修到公式令节文"字样,指出"这是司马光《书仪》与官方制度接轨的直接证据",这一分析点出了司马氏家祭礼与国家制度的关系。见赵旭:《唐宋时期私家祖考祭祀礼制考论》,《中国史研究》2008年第3期。

③ 井上徹引述牧野巽、清水盛光的看法,基本上认定程颐家祭礼的目的在于复兴大宗,但三祭与四时祭在仪节上的差异难以解释;井上徹又认为朱熹《家礼》的宗法观以复兴小宗为目的,但如何解释《家礼》中仍纳入程氏所设计的三祭则成为问题。见〔日〕井上徹著,钱杭译:《中国的宗族与国家礼制——从宗法主义角度所作的分析》,第93、100页。

④ 〔宋〕张载著,章锡琛点校:《张载集·正蒙·乾称篇第十七》,中华书局1978年版,第62页。

而上的、天理层面的说法，历来学者对其讨论已多。应该注意，《西铭》固然有极强的超越性，其表达却是经验化的，始终贯穿着宗法的纲维，这意味着解读《西铭》尚须注意其形而下的、血缘层面的指向。《西铭》通篇的主语乃是"吾"，含有极强的主体意识。"大君者，吾父母宗子"一句，含义其实相当微妙，对"大君"的界定，说"吾父母宗子"与说"吾宗子"是判然有别的，说"吾宗子"，则"吾"是被涵摄于"大君"一宗之下，说"吾父母宗子"则不同，"吾"乃父乾母坤，从朱熹的解释来看，是一本乎天，然则独立于"大君"一宗。"大君"既是吾父母之宗子，自为大宗，"吾"宗又如何界定？这在宗法上是极为特殊的情况。值得注意的是，程颐对《礼记·大传》"有小宗而无大宗者，有大宗而无小宗者，有无宗亦莫之宗者，公子是也"一节所做的解释，适可与《西铭》此句相互印证。首先回顾传统注疏的意见，郑《注》曰：

> 公子有此三事也。公子，谓先君之子，今君昆弟。

孔《疏》曰：

> 以前经明卿、大夫、士有大宗有小宗，以相继属，此经明诸侯之子，身是公子，上不得宗君，下未为后世之宗，不可无人主领之义，各依文解之。"有小宗而无大宗"者，谓君无适昆弟，遣庶兄弟一人为宗，领公子礼如小宗，是"有小宗而无大宗"。"有大宗而无小宗"者，君有适昆弟，使之为宗，以领公子，更不得立庶昆弟为宗，是"有大宗而无小宗"也。"有无宗亦莫之宗"者，公子唯一，无他公子可为宗，是"有无之宗"，亦无他公子来宗于己，是亦"莫之宗"也。"公子是也"，言公子有此三事，他人无，唯公子也。①

---

① 〔汉〕郑玄注，〔唐〕孔颖达疏：《礼记正义》卷三四《大传》，李学勤主编：《十三经注疏》（标点本），第 1009 页。

而程颐的解释与《注》《疏》大异：

> 凡言宗者，以祭祀为主。言人宗于此而祭祀也。"别子为祖"，上不敢宗诸侯，故不祭，下亦无人宗之，此无宗亦莫之宗也。别子之适子，即继祖为大宗，此有大宗而无小宗也，别子之诸子，祭其别子，别子虽是祖，然是诸子之祢，继祢者为小宗，此有小宗而无大宗也。有小宗而无大宗，此句极难理会，盖本是大宗之祖，别子之诸子祢之，却是祢也。①

《注》认为"公子有此三事"，《疏》进一步指出这三事皆基于"公子"这一基本身份，而其中分别又在于公子是今君之适昆弟或庶昆弟或公子唯一这三种情况。但程颐解释"此三事"，并不仅从"公子"的身份上讲，他认为"无宗亦莫之宗者"是别子（即"公子"），"有大宗而无小宗者"是别子之适子，"有小宗而无大宗者"是别子之诸子。这其中的关键区别在于，孔《疏》是在"今君"及其"昆弟"这一层面上讲，不涉及"祢"的问题，其中说得明白："身是公子……不可无人主领之义。"所以或以君之适兄弟一人为宗，或以君之庶兄弟一人为宗，不论是何种情况，都是君所遣所使，然则不论处于这三种情况中的哪一种，公子其实都没有独立于君的权力秩序以外。程颐则是从别子及其适子、诸子三者之间的关系上讲，这样一来，《大传》中的三种情况被解释为这三者分别所处，这其中的情况就刚好与《西铭》中涉及的"父母""大君""吾"三者相应。程颐特别提出"有小宗而无大宗"的情况，这就是《西铭》中"吾"的地位，"天"本是"大君"所承继的，但在"乾称父，坤称母"的情况下，"天"是"大宗之祖"，同时对"吾"而言"却是祢也"，从这个理解来讲，程颐的解释比孔《疏》更加彰显了小宗的独立性。

将《西铭》宗法观与程氏所解《大传》文联系起来考虑，不是刻意

---

① 〔宋〕程颢、程颐著，王孝鱼点校：《二程集·河南程氏遗书》卷一八，第242页。

的比附，一个有力的根据是朱熹回应林栗对《西铭》的诘难时，即曾就其中的宗法观做出辨析：

> 又论《西铭》，予曰："无可疑处，却是侍郎未晓其文义，所以不免致疑。其余未暇悉辨，只'大君者，吾父母宗子'一句，全错读了，尤为明白。本文之意，盖曰人皆天地之子，而大君乃其适长子，所谓宗子，有君道者也。故曰大君者，乃吾父母之宗子尔，非如侍郎所说'既为父母，又降而为子'也。"林曰："宗子如何是适长子？"予曰："此正以继祢之宗为喻尔。继祢之宗，兄弟宗之，非父母之适长子而何？此事它人容或不晓，侍郎以礼学名家，岂不晓乎？"林乃俯首无说而去，然意象殊不平。①

林栗关于《西铭》的质疑处甚多，朱熹"其余未暇悉辨"，而特别对"大君者，吾父母宗子"一句做出解释，足见此语关涉之大。这一段中林栗有一处诘问："宗子如何是适长子？"他并非不知宗子须由适长子充任，但依据汉唐旧解，宗法重兄道，宗子是在兄弟维度上理解，而非在父子维度上理解，故有此一问。但朱熹提出"继祢之宗"这一特例，其中"祢"处于关键地位，适子、诸子皆在其涵摄之下，宗子地位正是在父子维度上理解，这却使林栗一时语滞。这一特例的经典依据，正是程颐所解《大传》一节；此外，吕祖谦论宗法，也曾就《大传》此节画为图谱，详加讨论。② 诸家在宗法问题上的这种契合是值得注意的。

以上所论《西铭》所含宗法观的特质，概括言之，即小宗承天。这一观念相对于旧解，要义有二：一、宗法兼有血缘与天理两面；二、小宗相对独立于大宗。持此义反观程氏家祭礼，则其中三祭的性质或可得到理解。今将程氏礼相关部分摘出：

---

① 〔宋〕朱熹撰，刘永翔、朱幼文校点：《晦庵先生朱文公文集》卷七一《记林黄中辨易西铭》，朱杰人等主编：《朱子全书》第24册，第3407~3408页。

② 〔宋〕吕祖谦编著：《东莱吕太史别集》卷一《家范一·宗法》，黄灵庚、吴战垒主编：《吕祖谦全集》第1册，第296页。

> 时祭之外，更有三祭：冬至祭始祖（原注：厥初生民之祖），立春祭先祖，季秋祭祢。他则不祭。冬至，阳之始也。立春者，生物之始也。季秋者，成物之始也。祭始祖，无主用祝，以妣配于庙中，正位享之（原注：祭只一位者，夫妇同享也）。①

笔者以为，真正决定三祭性质的，应是三祭之首的始祖祭。关于始祖祭，有两条原注很值得注意。"厥初生民"一语出自《诗·大雅·生民》，《生民》一篇描述姜嫄"不康禋祀，居然生子"，传统的看法以为是感天帝之气而生后稷，是为周人始祖。《毛诗序》曰："《生民》，尊祖也。后稷生于姜嫄，文、武之功起于后稷，故推以配天焉。"② 程氏礼中既以始祖为"厥初生民之祖"，又曰"祭始祖，无主用祝，以妣配于庙中，正位享之"，其立意之本即在《生民》一诗，当无可疑。其中妣的地位相当于姜嫄，以配始祖，正是《毛诗序》所谓"推以配天"之意。然则三祭之首的始祖祭乃含有承天之意，结合四时祭所强调的小宗之法来看，小宗承天的观念在程氏礼中得到充分的发挥。

至此我们可以对程氏礼中三祭与四时祭的性质做一大致的分判：四时祭落足于血缘，而三祭则指向天理。当然，四时祭中含有天理的渗透，而三祭中也含有血缘性的表达，但四时祭在实际层面上，经过程颐苦心调和经典、制度与风俗，毕竟可以落实；而三祭虽非扩大大宗的设想，但终究是以承天为己任，隐然以天理秩序涵摄大宗秩序，在现实中，大宗即皇族，然则这一观念势必在政治层面造成一种紧张感。三祭性质之难于判定，正是由这种紧张感造成，不过我们结合《西铭》来看，小宗虽以天为祢，但也承认继天的"大君"的主干地位，不能据此认为三祭含有复兴大宗的意图。所以在现实层面，我们不能仅仅强调其独立于皇权的意识，也必须注意其承认、支持皇权的意识，实则在宗法的论述中，理学家

---

① 〔宋〕程颢、程颐著，王孝鱼点校：《二程集·河南程氏遗书》卷一八，第240页。

② 〔汉〕毛亨传，〔汉〕郑玄笺，〔唐〕孔颖达疏：《毛诗正义》卷一七之一《生民》，李学勤主编：《十三经注疏》（标点本），第1055页。

也表现出对"国"的高度关注。只是如前文所论证，朝廷庙制系统无法延伸其皇权秩序时，处于"别子之诸子"地位的小宗，自须承担其理想秩序的构建，所以朱熹在《跋古今家祭礼》中总结说：

> 诸家之书，如荀氏、徐畅、孟冯翊、周元阳、孟诜、徐润、孙日周等《仪》，有录而未见者，尚多有之。有能采集附益，并得善本通校而广传之，庶几见闻有所兴起，相与损益折衷，共成礼俗，于以上助圣朝敦化导民之意，顾不美哉！①

而《家礼序》则说：

> 庶几古人所以修身齐家之道、谨终追远之心犹可以复见，而于国家所以崇化导民之意，亦或有小补云。②

敦化导民之意，虽在尊重"国家"的语境中表达，但毕竟是在"大君"无法彰显此天理的处境下所凸显的一种"纲常自任"的秩序关怀。③

综合以上所论家庙制度与家祭礼书两个方面来看，宋代的政治高层与一般知识阶层在关注家祭礼的过程中，都呈现出一种对于秩序的关切。在繁复的礼仪条文、名物背后，有着权力结构的变异与知识信仰的递嬗：宋礼内部的不同趋向，由此可见一斑。

（作者系暨南大学中国文化史籍研究所副教授）

---

① 〔宋〕朱熹撰，刘永翔、朱幼文校点：《晦庵先生朱文公文集》卷八一《跋古今家祭礼》，朱杰人等主编：《朱子全书》第 24 册，第 3826 页。

② 〔宋〕朱熹撰，王燕均、王光照校点：《家礼》，朱杰人等主编：《朱子全书》第 7 册，第 873 页。

③ 元代大儒许衡尝言："纲常不可一日而亡于天下，苟在上者无以任之，则在下之任也"，见〔明〕宋濂等：《元史》卷一五八《许衡传》，中华书局 1976 年版，第 3717 页。笔者以为这一意识正是宋儒之余绪。

金代女真人"超迁格"考论*

闫兴潘

《金史·唐括安礼传》记载，大定十七年（1177）金世宗与尚书右丞唐括安礼曾就女真人独享的"超迁格"特权进行讨论：

> 上（金世宗）曰："除授格法不伦。奉职皆阀阅子孙，朕所知识，有资考出身月日。亲军不以门第收补，无荫者不至武义不得出职。但以女直人有超迁官资，故出职反在奉职上。天下一家，独女直有超迁格，何也？"（唐括）安礼对曰："祖宗以来立此格，恐难辄改。"①

研究者指出，在金朝的民族政策之下，不同民族基于与女真统治者的关系亲疏，其地位高低存在明显不同。② 而其中最显著的差别，则存在于女真

---

* 本文得到国家社科基金一般项目"金代女真人的族群身份与政治权利研究（23BZS055）"的资助，原以《论金代女真人的"超迁格"——民族关系影响下的职官制度变革》为题，发表于《历史教学》（下半月刊）2019 年第 9 期，后作较大补充和修改，形成此文。

① 〔元〕脱脱等：《金史》卷八八《唐括安礼传》，中华书局 1975 年版，第 1965 页。
② 刘浦江：《金朝的民族政策与民族歧视》，《辽金史论》，辽宁大学出版社 1999 年版。

人与非女真人之间，作为统治民族，女真人在金朝享有许多法定的特权。① 上引史料中金世宗所言的"超迁格"，即女真人在职官制度领域所享有的重要政治特权。而通过世宗的言论，可知"超迁格"主要在于使女真人获得"超迁官资（即散官）"的优待，相比较而言，非女真人则只能依照制度逐阶迁升官资；通过"超迁格"，即使是女真族亲军中无恩荫资格者（最低级官员或者平民的子弟），也能够比非女真人中出自阀阅之家担任奉职者更快的出职，获得职事官，从而使女真人保持仕进方面的优势。但关于女真人的"超迁格"，金代史料中并无具体记载。研究者虽然指出"超迁格"属于女真人所享有的政治特权②，但对"超迁格"的具体内容和作用，目前还缺乏专门的探讨。故笔者不揣浅陋，对这一问题进行初步分析，以请教于方家。

一、"超迁格"的基本内容

职官制度在金前期经历了逐步建立、完善的过程，而金朝的散官制度以大定十四年（1174）为界，前后存在显著的差异。李鸣飞博士不仅对该问题进行了深入的探讨，而且复原了金朝前期（大定十四年以前）散官表的具体内容③，为笔者对"超迁格"的讨论提供了重要前提。

现存史料关于"超迁格"的记载，最早出现在熙宗皇统八年（1148）。如关于省令史、译史的散官迁转，"皇统八年格，初考迁一重，女直人依本法外，诸人越进义，每三十月各迁两重，百二十月出职，除正六品以下、正七品以上职官"④。部令史、译史的散官迁转也有相近规定："部令史、译史，皇统八年格，初考三十月迁一重，女直人依本格，余人越进义，第二、第三考各迁一重，第四考并迁两重，百二十月出职八品已

---

① 闫兴潘：《论金代的"诸色人"——金代民族歧视制度化趋势及其影响》，《山西师大学报》（社会科学版）2012年第4期。
② 刘浦江：《金朝的民族政策与民族歧视》，《辽金史论》，第80~82页。
③ 李鸣飞：《金代前期散官表的发现及对金史研究的意义》，《史林》2015年第1期。
④ 〔元〕脱脱等：《金史》卷五三《选举志三》，第1173页。

下。"① 虽然《金史》中关于皇统年间女真人散官迁转规定的记载非常简单,且也未明言前者相对于非女真人有哪些具体的特殊待遇,但这里所言的女真人"依本法""依本格",并区别于非女真人,即说明当时对于女真人的散官迁转,已经有了区别于其他人的专门规定,这可能是"超迁格"的初期状况。

《金史》中有关女真人"超迁格"的内容,主要集中在海陵、世宗两朝,这是因为海陵朝是金朝政治制度基本确立之时,而世宗朝则对金朝前期的散官制度进行了较大改革。为便于分析,特列为下表:

表1　海陵、世宗朝女真与非女真官员初考所授武散官简表

相关职务	正隆二年格法	大定年间格法
省令史、译史	初考,女真迁敦武校尉,余人迁保义校尉	
枢密院令史、译史	迁考与尚书省同	
睦亲府和统军司令史、译史	迁考与御史台、六部同	
六部令史、译史	迁考与省右职令史同	
按察司书吏	迁加出职同御史台、六部（应在承安四年改提刑司为按察司后）	
太常寺检讨	初考,女真迁敦武校尉,余人迁进义校尉	
国史院书写	迁考出职同太常寺检讨（正隆元年定制）	
内侍御直	初考,女真迁敦武校尉,余人迁进义校尉	大定二年格与正隆二年格同

---

① 〔元〕脱脱等:《金史》卷五三《选举志三》,第1176页。

(续表)

相关职务	正隆二年格法	大定年间格法
护卫	初考，女真迁敦武校尉，余人迁保义校尉	大定二年格，初迁忠勇校尉。十四年格，初考，女真迁修武校尉，余人迁敦武校尉
符宝郎	同护卫	大定二年格，同护卫。十四年格，初考，女真迁敦武校尉，余人迁进义校尉[①]
奉御	同符宝郎	
奉职	初考，女真迁敦武校尉，余人历进义校尉	大定十四年格，初考，女真迁进义校尉，余人迁进义副尉
东宫护卫		大定二年格，初考，女真迁敦武校尉，余人迁保义校尉
阁门祗候	初考，女真迁敦武校尉，余人迁保义校尉	
笔砚承奉	初考，女真迁敦武校尉，余人历进义校尉	大定二年格，初考，女真迁敦武校尉，余人迁保义校尉
妃护卫	与奉职同	
尚衣承奉		大定三年格，初考，女真迁敦武校尉，余人迁进义校尉
知把书画	与奉职同	大定十四年格，与奉职同
随局内藏四库本把	与奉职同	大定二年格，长行，初考，女真迁敦武校尉，余人迁进义校尉

---

① 参见《金史》本条校勘记，〔元〕脱脱等：《金史》卷五三《选举志三》，第1184、1191页。

（续表）

相关职务	正隆二年格法	大定年间格法
东宫入殿小底	初考，女真迁敦武校尉，余人迁保义校尉（时间不详）	
侍卫亲军长行	初考，女真迁敦武校尉，余人迁进义校尉（金朝前期，具体时间不详）	
拱卫直		大定二年格，军使、什将、长行，初考，女真迁敦武校尉，余人迁进义校尉
司天长行	初考，女真迁敦武校尉，余人迁进义校尉	
太医	初考，女真迁敦武校尉，余人迁进义校尉	

说明：本表据《金史》卷五三《选举志三》改制。在《金史》卷五三《选举志三》中，对一些职务的初考所得散官仅记载了正隆年间格法，其后并未专门记载大定年间这些职务初考所得散官格法的内容，可能是这些职务的初考所得散官在这两个时期并无变化的缘故。

依据正隆年间的格法，上述职务中，女真人初授武散官为敦武校尉（从八品下），而非女真人初授武散官为保义校尉（正九品上）或进义校尉（正九品下）。① 即在"超迁格"的特权下，女真人初考所得武散官要比非女真人高一至二阶。金世宗大定年间虽然对官制进行了改革，导致上表中不同职务的初授武散官有所变化，但女真人仍然比非女真人所获散官高一至二阶。李鸣飞博士指出，上表所列《金史·选举志》中"超迁格"的记载，基本都是关于女真人初考所得散

---

① 武散官品级依据李鸣飞复原的金朝前期散官表，参见李鸣飞：《金代前期散官表的发现及对金史研究的意义》，《史林》2015年第1期。

官,但对"超迁格"的其他规定,则史料阙如。①

而寻绎相关史料,还可以发现其他关于"超迁格"内容的记载。大定初年,金朝击退南宋对陕西的进攻并与南宋达成和议后,对陕西地区将士的军功进行赏赉:

> 诏陕西将士,猛安,阶昭毅以下迁两资,昭武以上迁一资。谋克,阶六品以下迁两资,五品以上迁一资。押军猛安,阶昭武以上者迁一资,昭毅以下、武义以上迁两资,昭信以下,女直人迁宣武,余人迁奉信,无官者,女直人授敦信,余人授忠武。押军谋克,武功以下、忠显以上迁两资,忠勇以下,女直人迁昭信,余人迁忠显,无官者,女直人授忠显,余人授忠翊。正军,有官者迁一资,无官者授两资。②

这次军功赏赉,明确规定押军猛安"昭信以下,女直人迁宣武,余人迁奉信,无官者,女直人授敦信,余人授忠武";押军谋克"忠勇以下,女直人迁昭信,余人迁忠显,无官者,女直人授忠显,余人授忠翊"。依据李鸣飞复原的金朝前期散官表,押军猛安中,昭信校尉(从六品下)以下原本已有散官的将领,女真人迁至宣武将军(从五品下),升迁官资为七至十五阶,而非女真人仅能迁至奉信校尉(从六品中下),升迁官资只有一至九阶;无官的押军猛安,女真人授敦信校尉(从六品上),升迁官资为十二阶;非女真人授忠武校尉(正七品),升迁官资只有八阶。押军谋克中,忠勇校尉(正八品上)以下原本已有散官的将领,女真人迁至昭信校尉(从六品下),升迁官资为三至八阶,而非女真人仅能迁至忠显校尉(从七品),升迁官资只有一至六阶;无官的押军谋克,女真人授忠显校尉(从七品),升迁官资为七阶,非女真人授忠翊校尉(正八品下),升迁官资只有五阶。虽然赏赐军功不同于正常情况下的官资迁转,但此次

---

① 李鸣飞:《金元散官制度研究》,兰州大学出版社2014年版,第108页。
② 〔元〕脱脱等:《金史》卷八七《徒单合喜传》,第1944页。

大定初年赏赐陕西将士军功的规定中，女真人的武散官迁转，明显比非女真人要优渥许多，这显然是女真人独享的"超迁格"在赏赐军功中发挥作用的具体表现。而这次战功赏赉中关于女真人和非女真人所迁官阶的数量也值得关注（见下表）：

表2　大定初年赏赐陕西战功中女真与非女真官员所迁武散官官阶数量对比表

武官	原官阶	女真人所迁官阶数量	非女真人所迁官阶数量	女真人高于非女真人所迁官阶平均数量
押军猛安	昭信以下	七—十五阶	一—九阶	六阶
	无官者	十二阶	八阶	四阶
押军谋克	忠勇以下	三—八阶	一—六阶	二阶
	无官者	七阶	五阶	二阶

分析此表所列，可见这次赏赐军功女真人高于非女真人的所迁官阶平均数量，均是二阶的倍数。对比表1所列正常情况下女真人与非女真人初考所得武散官中，前者比后者高二阶的情况更为常见（正隆年间的格法和大定年间的格法均是如此），而前者比后者高一阶的，往往是比较重要的职务（如尚书省、枢密院、六部的令史和译史，以及护卫等）。由此推测，若正常情况下非女真人每考武散官迁一阶，则在"超迁格"之下，女真人每考平均可迁武散官三阶（比非女真人高二阶）。

而前引大定十七年（1177）金世宗和唐括安礼关于"超迁格"的讨论，也可以作为"超迁格"对女真人"超迁官资"作用的佐证。世宗曾以奉职和亲军进行比较，指出"皆阀阅子孙"担任的奉职，其出职速度还不如"无荫"的女真族亲军。由于亲军"不以门第收补"，其中一些出自于最低级官员和平民之家的女真人，不具有荫叙的资格，因此在被收补为亲军前他们是没有武散官官阶的。这些"无荫"的女真族亲军若要出

职，其武散官必须升至武义将军（金世宗和唐括安礼讨论女真人"超迁格"问题在大定十七年，适用的是大定十四年官制改革后的散官制度），而从最低级的进义副尉（从九品下）至武义将军（从六品上），有十四阶。① 根据制度规定，大定中后期奉职的出职年限为一百五十个月。② "无荫"的女真族亲军出职速度既然快于奉职，那么前者至少要在一百五十个月内由进义副尉升至武义将军。按当时"官资以三十月为考"③ 的规定，"无荫"的女真族亲军需要平均每考迁三阶，才能在一百五十个月内升至武义将军。"无荫"女真族亲军的武散官迁转速度，正与大定初年赏赐陕西战功中女真人的情况相同。这说明虽然大定十四年（1174）后的散官制度与金朝前期相比有很大差异，但"超迁格"所规定的女真人"超迁官资"的内容，可能并未变化。

以上对于金代"超迁格"问题的探讨，主要是基于相关制度的具体规定。但新刊布的黄幹窝鲁不墓志④显示，"超迁格"在现实政治的运行过程中应该更加复杂一些。黄幹窝鲁不的高祖在金太祖时期曾因功为世袭蒲辇，至窝鲁不之父先都时罢，成为普通女真人。窝鲁不"皇统三年，以良家子选属陕西元帅府，屯营部中"。正隆南征，窝鲁不随徒单合喜军由陕西攻蜀。世宗即位后，窝鲁不"以功补敦武校尉（从八品下）"。这是他初次获得武散官阶。其初获武散官的背景是大定二年（1162）刑部尚书苏保衡等奉世宗之命，"往河南、山东、陕西宣问屯田军人，有曾破大敌及攻城野战立功者，具姓名以闻。或以寡敌众，或与敌相当能先登败敌者，正军及擐甲阿里喜补官一阶，猛安谋克以功状上尚书省，曾随海陵军至淮上破敌者亦准上迁赏"⑤。可能由于窝鲁不属于"曾破大敌及攻城野战立功者"，所以获得了比其他正军更为优渥的官资赏赉。窝鲁不自身从

---

① 〔元〕脱脱等：《金史》卷五五《百官志一》，第1222页。
② 〔元〕脱脱等：《金史》卷五三《选举志三》，第1184页。
③ 〔元〕脱脱等：《金史》卷五二《选举志二》，第1158页。
④ 〔金〕武洞直：《金黄幹窝鲁不墓志》，齐运通、杨建锋编：《洛阳新获墓志二〇一五》，中华书局2017年版，第394页。
⑤ 〔元〕脱脱等：《金史》卷八九《苏保衡传》，第1974页。

军，正隆南征前只是被迁往陕西的普通屯田军，原本获得官资的可能性是比较小的。① 而他首次迁官，就"补敦武校尉"，参考表1所列正隆格法中女真人初考所迁官均为敦武校尉，可知他因军功而首次补官是与女真人的"超迁格"相关的。窝鲁不在"以功补敦武校尉"后，"寻加修武校尉（从八品上）"，迁官一阶。这次加官是基于世宗嘉奖陕西战功诏令中的"正军，有官者迁一资"的规定。宋金和议达成后，窝鲁不随军返回武亭县任村的原驻防地，并被任命为镇防军谋克，其后又"转□□武校尉"②。按窝鲁不墓志，墓主自大定五年（1165）再次屯留陕西后，并无任何其他功绩，所以他此次转官忠武校尉，应该不是因功或其他特殊成就。窝鲁不由修武校尉迁忠武校尉，所迁官阶为四阶③，显然属于"超迁官资"，但这与上文所言"超迁格"可使女真人平均每考迁官三阶不同，这是否是因为窝鲁不被复留至陕西屯戍、朝廷可能因而对留戍者有额外奖励，还是"超迁格"中有所规定，尚未可知。其后窝鲁不在陕西镇防军谋克任上"累迁武节将军"，于明昌七年（即承安元年，1196）正月去世。由墓志所载窝鲁不履历推测，他由忠武校尉至武节将军④，所用时间可能有十多年，不符合上文所言正常情况下女真人"超迁官资"的情况，不知何故。由于墓志所载内容过于简略，对这一问题的讨论还有待于材料的进一步发掘。陕西镇防军黄斡窝鲁不在金朝中期武散官的迁转情况，虽然具体显示了"超迁格"对女真族官员官资迁转的影响，但不尽符合上文所论"超迁格"平均每考迁

---

① 按墓志所载，窝鲁不自皇统三年（1143）被选屯田陕西，至大定初年补敦武校尉前，已从军近二十年，方才因功初得散官，可见正常情况下他若要取得散官阶，机会是相当渺茫的。

② 按大定十四年之前和之后的武散官官阶，修武校尉之上，只有"忠武校尉"一阶符合墓志中"□武校尉"的阙文，因此这次所转官资应为忠武校尉。参见李鸣飞：《金代前期散官表的发现及对金史研究的意义》，《史林》2015年第1期。

③ 窝鲁不此次转官忠武校尉的时间不详，据墓志内容推测，可能在大定前期。不过大定十四年官制改革之前和之后，忠武校尉均比修武校尉高四阶，只是品级有所变化。参见李鸣飞：《金代前期散官表的发现及对金史研究的意义》，《史林》2015年第1期。

④ 按大定十四年后的官制，为迁官六阶。

官三阶的规定，可见这一格法在实际的政治运行中，其内部状况应该更加复杂一些。

而从上文所言赏赐陕西军功的规定中还可以看出，金朝前期女真人的"超迁格"特权，并非适用于整个武散官系统，而是限定在一定品级之内。如押军猛安，"阶昭武以上者迁一资，昭毅以下、武义以上迁两资"，并不区分女真人和非女真人；自昭信校尉以下，才对两者的迁官进行差别性规定。《全辽金文》收录有一份金代《历任襄垣县县令碣》，记载了正隆四年（1159）至泰和四年（1204）襄垣县令的任期和散官官阶。[①] 其中有三位女真族官员的武散官迁转情况，也可以佐证"超迁格"的这种特点。温迪罕正臣于明昌二年（1191）四月以定远大将军（从四品中）到任，次年十一月迁安远大将军（从四品上）；温都德温于承安四年（1199）五月以安远大将军到任，当年十二月迁昭勇大将军（正四品下）；赤盏乌太于泰和元年（1201）九月以昭勇大将军到任，次年十月迁昭毅大将军（正四品中）。这三位女真族襄垣县令的武散官，均是在正常情况下的逐阶迁转，并没有出现"超迁格"的情况。这说明在大定十四年（1174）官制改革后的武散官系统中，至少在从四品和正四品的武散官中，女真人的"超迁格"是不适用的，他们的散官也须逐阶迁转。

外戚蒲察胡沙在金朝中期的散官迁转履历，也可以进一步说明上述"超迁格"的限定范围。驸马都尉蒲察胡沙"于大定二年创迁驸马都尉，定远大将军（从四品下）"，大定四年"迁安远大将军（从四品上）"，六年"迁昭毅大将军（正四品下）"，七年"覃迁昭武大将军（正四品上）"，十一年"覃迁镇国上将军（从三品下）"，二十九年二月"特迁（骠）骑卫上将军（正三品下）"，并于当月又"覃迁金吾卫上将军（正三品中）"，明昌五年"迁龙虎卫上将军（正三品上）"，承安元年"覃荣禄大夫（文散官从二品下）"，承安三年"覃迁光禄大夫（文散官从二

[①] 〔金〕贺允中：《历任襄垣县县令碣》，阎凤梧主编：《全辽金文》，山西古籍出版社 2002 年版，第 1533~1535 页。

品上）"，于泰和元年（1201）底去世。① 由蒲察胡沙的散官迁转可以看出，大定二年至六年（1162—1166），他由定远大将军序迁至昭毅大将军，共用了约五年时间，大致符合官资每三十月一考的规定，是正常情况下的逐阶迁转。其后大定七年（1167）、十一年（1171）两次覃恩，其武散官也是逐阶迁转。这与《历任襄垣县县令碣》所记载大定十四年（1174）官制改革后三位女真族官员的武散官逐阶迁转的情况是一致的。这说明大定十四年官制改革之前和之后，女真人的"超迁格"均不适用于从四品和正四品武散官官阶。

此后蒲察胡沙的武散官迁转，除了大定二十九年（1189）二月由镇国上将军"特迁"至骠骑卫上将军，而越过辅国上将军（从三品中）和奉国上将军（从三品上）外，其他也是逐阶迁转。蒲察胡沙此次"特迁"以及随后又在此月"覃迁金吾卫上将军"，与金章宗即位直接相关。章宗于大定二十九年正月的即位诏言"赐内外官覃恩两重，三品已上者一重"②。蒲察胡沙由骠骑卫上将军覃迁至金吾卫上将军符合"三品已上者一重"的规定，至于其为何在覃恩之前又由镇国上将军"特迁"三阶③，则原因不详，可能与其当时担任兵部尚书，或许在章宗即位过程中建有功劳相关。如李鸣飞所言，章宗明昌四年（1193）前，金朝制度规定，除了皇帝特恩，官员的散官已至三品者不可以再申请升迁散官。④ 明昌四年

---

① 齐心：《金蒲察胡沙墓志铭考释》，北京史研究会编：《北京史论文集》，北京史研究会1980年，第101~105页。蒲察胡沙的官阶迁转，经历了大定十四年散官制度改革前后的两个时期，因此文中所标注的他的武散官品级，与《历任襄垣县县令碣》中三位女真族官员的武散官品级存在差异。
② 〔元〕脱脱等：《金史》卷九《章宗纪一》，第208~209页。
③ 齐心：《金蒲察胡沙墓志铭考释》，北京史研究会编：《北京史论文集》，第102页。
④ 按蒲察胡沙从大定十一年覃迁镇国上将军，至大定二十九年二月特迁骠骑卫上将军，中间间隔十八年之久未有迁官记录，就是因为此时三品以上散官非皇帝特恩不许升迁。而据李鸣飞统计，在大定十一年覃恩至大定二十九年章宗即位覃恩之间，金朝恰未有因重大政事覃恩的记录。蒲察胡沙的这次迁官记载，正可以印证金朝散官制度的这一规定。参见李鸣飞：《金元散官制度研究》，第118~119页。

新制，散官达到三品的官员担任职事官者每五十个月可以迁一官资。① 蒲察胡沙于大定二十九年（1189）二月覃迁金吾卫上将军，至明昌五年（1194）已任职事官满五十个月②，符合明昌四年（1193）新制的规定，故其墓志铭中称"迁龙虎卫上将军"。蒲察胡沙在章宗时期的散官迁转情况，以及章宗明昌四年所定新制，说明至少在大定十四年官制改革后，女真人的"超迁格"也是不适用于从三品和正三品的武散官官阶的。而上文已经指出，无论是大定十四年官制改革之前还是之后，女真人的"超迁格"均不适用于从四品和正四品武散官官阶；那么大定十四年之前，"超迁格"也不适用于从三品和正三品的武散官官阶，是应有之义。如大定初年赏赐陕西战功，规定："猛安，阶昭毅（正四品下）以下迁两资，昭武（正四品上）以上迁一资。……押军猛安，阶昭武以上者迁一资，昭毅以下、武义以上迁两资。"③ 即使是赏赐战功，朝廷对于官阶已至昭武大将军及以上武散官的官员（包括女真人和非女真人）的赏赉，也只是"迁一资"而已；那么在正常的官阶迁转情况下，女真人自然更不可能在从、正三品武散官阶范围内享受"超迁格"特权。

蒲察胡沙的官资迁转跨越了大定十四年官制改革前后两个时期，非常具体地展现了女真族高级武散官官阶的迁转情况。结合《历任襄垣县县令碣》、章宗明昌四年新制和大定初年赏赐陕西战功的相关记载，说明无论大定十四年官制改革之前还是之后，从四品及以上的武散官官阶，正常情况下女真官员也要循阶序迁，他们的"超迁格"特权是不适用的。

在泰和元年（1201）金朝对于出任县令、丞、簿等职务的规定中，也反映出"超迁格"的作用，由此可以从另一个角度考察"超迁格"的适用范围。"泰和元年，以县令见阙，近者十四月，远者至十六月，盖以见格，官至明威者并注县令，或犯选并亏永人，若带明威人亦注，是无别

---

① 李鸣飞：《金元散官制度研究》，第 122 页。
② 齐心：《金蒲察胡沙墓志铭考释》，北京史研究会编：《北京史论文集》，第 102 页。
③ 〔元〕脱脱等：《金史》卷八七《徒单合喜传》，第 1944 页。

也。遂令曾亏永及犯选格,女直人展至广威,汉人至宣武(威?),方注县令。"① 即按照正常的格法,武散官至明威将军者可注授县令,但泰和元年对这一制度做出了更改,规定如果官员"曾亏永及犯选格"(即曾任监当官时课额有亏和曾经任官时有犯罪等不良记录),他们的武散官需要迁升至明威将军(正五品下)以上,其中女真人需达到广威将军(正五品上)、非女真人需达到宣威将军(正五品中),分别比明威将军高出二阶和一阶,方能出任县令。这一关于"曾亏永及犯选格"官员注授县令的新规定中,对女真人的武散官要求高于非女真人,这正是在"超迁格"的特权下,女真人散官升迁比非女真人要快的缘故,这说明"超迁格"是适用于正五品武散官官阶的。另外,泰和元年还同时规定,"诸右职正杂班……昭信(即昭信校尉,正七品下)以上拟诸司除授,仍两除一差",但是"曾亏永及犯选格"者,则须"女直人迁至武义(即武义将军,从六品上),汉人诸色人武略(即武略将军,从六品下),并注诸司除授,皆两除一差"。② "曾亏永及犯选格"的官员获得"诸司除授",其

---

① 〔元〕脱脱等:《金史》卷五三《选举志三》,第1179页。"汉人至宣武",笔者认为"宣武"应为"宣威"之误。按照原本的格法,官员"官至明威者并注县令",朝廷为了缓解由此带来的员多阙少、待阙时间长问题,遂要求其中"曾亏永及犯选格"者出任县令,须达到比明威将军更高的散官官阶。明威将军为正五品下,"亏永及犯选格"的女真官员,武散官须至比明威高两阶的广威将军(正五品上)方能出任县令;若"亏永及犯选格"的汉人至宣武将军(从五品下)出任县令,则反而比明威低三阶,属于降低了对其散官官阶的要求,与诏令的目的不符。同时,此条诏令又言"依见格官至宣武、显武、信武者合注丞簿,遂命但曾亏永,直至明威方注丞簿",则正常情况下,散官至宣武将军者,仅能出任县丞、主簿,而如果曾亏永,散官更需要达到明威将军方能出任丞、簿。这说明按照新的诏令,"亏永及犯选格"的汉人,是不可能以宣武将军出任县令的。同时,此条又载,在正常情况下"诸右职正杂班,皆验官资注授",其中"明威注下令,宣威注中令,广威注上令",但是"若但曾亏永及犯选格……女直人迁至广威,汉人、诸色人迁至宣威者,皆两任下令,一任中令,回呈省"。明确规定"亏永及犯选格"的官员,女真人迁至广威,非女真人迁至宣威,方能出任县令,与朝廷修改后的出任县令的格法相符。另外,《金史》卷五四《选举志四》"功酬亏永之制"条(第1210~1211页)载,"泰和元年,制犯选及亏永者,右职汉人至宣武将军从五品、女直至广威将军正五品,方注县令",所述与本文上面所引史料为同一事,其中的"宣武将军"也应作"宣威将军"。

② 〔元〕脱脱等:《金史》卷五三《选举志三》,第1179页。

武散官需要高于昭信校尉,其中女真人要达到武义将军,非女真人要达到武略将军,对女真人的官阶要求比非女真人高一阶,这也是女真人"超迁格"特权的具体反映。上述情况表明,在大定十四年官制改革后,正五品及以下的武散官官阶,也在"超迁格"的适用范围内。而本文表1所列及上文讨论的大定初年赏赐陕西战功问题时已经指出,大定十四年之前,"超迁格"是适用于从五品及以下的武散官官阶的。由此说明,无论是大定十四年官制改革之前还是之后,女真人"超迁格"特权的适用范围很可能均为正五品及以下的武散官阶。

从上述分析看,作为女真人武散官迁转特权的"超迁格",至晚在金熙宗末年就已经出现,不过相关史料中对该制度的记载相当简略,仅能通过一些散碎的记载,略窥其对女真人武散官升迁的作用。据相关史料推测,在正常的官阶迁转情况下,女真人凭借"超迁格"每考平均迁升官资可能为三阶,这就是金世宗所言的"超迁官资"。大定十四年官制改革前后,金代的武散官官阶系统发生明显变化,但从相关记载看,"超迁格"适用的官阶品级范围可能均为正五品至从九品(大定十四年之前为正九品)的武散官。自从四品武散官而上,正常情况下女真人也需要逐阶升迁,"超迁格"是不适用的。"超迁格"的这种适用范围,无论在大定十四年官制改革之前还是之后,都没有发生过变化。

研究者指出,金代散官官阶达到三品及以上的高级官僚,享有许多特殊优待,因而金朝政府对于散官升至三品,有严格的限制。① 而女真人通过"超迁格"比非女真人更快地达到一定的官阶后(可能是正五品),改为逐阶升迁,这就可以有效限制女真人升至三品的速度和数量,防止高级官员过多的现象出现,这可能是"超迁格"只适用于中下品级武散官官阶的重要原因。从这一角度而言,女真族官员在从四品和正四品武散官官阶范围内逐阶升迁,则起到了迟滞他们散官升迁至三品的缓冲作用。在制度层面上,"超迁格"与从正四品逐阶升迁相结合,既可以保障女真人在仕进方面享有特权,又可以防止朝廷中三品及以上高级官员过多过滥现象的

---

① 李鸣飞:《金元散官制度研究》,第121~122页。

出现，是相当周密的制度设计。同时，对于女真人而言，"超迁格"除了正常情况下能够使女真人比非女真人更快地升迁官阶，在赏赐军功、有过犯官员的职事官注授等特殊状况中，也是能够对女真人的仕途产生影响的。

另外，如上文所言，相关史料中关于"超迁格"的记载，仅涉及金代的武散官系统，而不见其对文散官系统的影响。金朝制度规定："凡进士则授文散官，谓之文资官。自余皆武散官，谓之右职，又谓之右选。"① 研究者指出，金人获得文散官的途径，基本只有进士、诸科举人和同进士，但金代通过这几个途径入仕者数量有限，因此带文散官官员的数量要远远少于带武散官者。② 而且直至大定十三年（1173）金世宗设立女真进士科③，女真人才可能开始有获得文散官的途径。因此于金朝前期设立的"超迁格"仅与武散官系统相关，也是可以理解的了。但也有史料显示，在金朝中后期，同样出身的女真人和非女真人在获得文散官时，也有所区分。大定二十九年（1189），章宗敕令："今后凡五次御帘进士，可一试而不黜落，止以文之高下定其次，谓之恩榜。女直人迁将仕（即将仕郎，正九品下），汉人登仕（即登仕郎，正九品上），初任教授，三十月任满，依本格从九品注授。"④ 同为恩榜出身，女真人所获文散官相较于非女真人不但没有"超迁官资"的特权，反而比后者还低一阶。

事实上，章宗这一诏令中的"恩榜"，并不是指女真人和非女真人参与同一场恩榜考试，而是指在女真进士科（即策论进士科）、词赋进士科、经义进士科考试中分别设立恩榜（经义进士科在贞元二年被罢，大定二十八年恢复⑤），通过三种恩榜的女真人和非女真人，均为恩榜出身。⑥ 女真进

---

① 〔元〕脱脱等：《金史》卷五二《选举志二》，第1157页。
② 李鸣飞：《金元散官制度研究》，第60~76页。
③ 〔元〕脱脱等：《金史》卷五一《选举志一》，第1140~1141页。
④ 〔元〕脱脱等：《金史》卷五二《选举志二》，第1163页。
⑤ 都兴智：《辽金史研究》，人民出版社2004年版，第30、36页。
⑥ 女真进士科中的恩榜，可参看《女真进士题名碑》这一具体例子。参见金光平、金启孮：《女真语言文字研究》附录《〈女真进士题名碑〉译释》，文物出版社1980年版，第319页。

士恩榜初授文散官低于其他两科恩榜，可能与女真进士科本身的发展和制度建设有直接关系。女真进士科由世宗创设，大定十三年（1173）进行了第一次考试，得徒单镒等二十七人。当时"（徒单）镒授两官，余授一官，上三人为中都路教授，四名以下除各路教授"①。而当时的词赋进士科及第者，其迁官情况为"旧制，状元授承德郎（从六品中上，迁官十一阶），以十四年官制，文武官皆从下添两重，命状元更授承务郎（从七品上，迁官十阶），次旧授儒林郎（从七品，迁官七阶），更为承事郎（正八品下，迁官七阶）。第二甲以下旧授从仕郎（从八品下，迁官三阶），更为将仕郎（正九品下，迁官三阶）"②。按照大定十四年（1174）官制改革前的制度，女真进士科状元徒单镒所迁官阶数，还不如词赋进士科第二甲以下进士所迁官阶数量。大定二十五年（1185），金朝又将女真进士及第者官阶的升迁调整为"上甲甲首迁四重，余各迁两重"③。这虽然比徒单镒等女真进士所迁官阶数有明显提高，但相较于上面所列大定十四年后词赋进士科及第者所迁官阶数，仍然是居于劣势的。不过对于女真进士及第者的职官注授和散官迁转，《金史·选举志》又言"后皆依汉人格"④，说明女真进士的文散官迁转，其后应该又有所改变。一个具体的例子是贞祐三年（1215）四月，宣宗下诏："自今策论词赋进士，第一甲第一人特迁奉直大夫，第二人以下、经义第一人并儒林郎，第二甲以下征事郎，同进士从仕郎，经童将仕郎。"⑤宣宗此诏，是对进士及第者给予的优待。由诏令内容可以看出，此时女真进士和词赋进士及第所迁散官已经完全相同（其中的"同进士从仕郎"即包含了三种恩榜在内⑥）。由上述情况推测，大定二十五年至贞祐三年之间，金朝统治者可能逐渐提高了

---

① 〔元〕脱脱等：《金史》卷九九《徒单镒传》，第2186页。
② 〔元〕脱脱等：《金史》卷五二《选举志二》，第1161页。
③ 〔元〕脱脱等：《金史》卷五二《选举志二》，第1163页。
④ 〔元〕脱脱等：《金史》卷五二《选举志二》，第1163页。
⑤ 〔元〕脱脱等：《金史》卷一四《宣宗纪上》，第309页。
⑥ 《玉堂嘉话》引李世弼《金登科记序》："明昌初，五举终场，入直赴御试，不中者别作恩榜，赐同进士出身。"参见〔元〕王恽撰，杨晓春点校：《玉堂嘉话》卷五《金登科记序》，中华书局2006年版，第130页。

对女真进士初授散官的品级，并最终将女真进士（包括恩榜）所迁散官调整至与词赋进士相同。①

从女真进士散官迁转的变化可以看出，最初该科及第者所得文散官是低于词赋进士的，之后经过逐渐调整提升，方才与词赋进士获得同等对待。因此大定二十九年刚刚设立的恩榜的迁官规定中，女真进士科恩榜所得散官低于其他两科恩榜一阶，是与女真进士初授散官制度的调整密切相关的。而大定年间女真进士及第所授文散官明显低于词赋进士，可能与当时女真进士科初设不久、自身制度建设尚未完善有关。金世宗就曾言："今虽立女直字科，虑女直字创制日近，义理未如汉字深奥，恐为后人议论。""女直进士设科未久，若令积习精通，则能否自见矣。"② 女真进士科初创，制度不够完善，以及金世宗"（女真字）义理未如汉字深奥，恐为后人议论"的忧虑，使得金世宗时期女真进士科仅向皇家亲属、宰执之子和女真学学生这一非常有限的群体开放，直至章宗即位，才向金朝境内所有民族开放该科考试，显见当时女真统治者在推行女真进士科时的审慎态度。③ 结合女真进士科制度发展的这一背景分析，在世宗时期，女真进士及第初授文散官明显低于词赋进士，以及大定二十九年规定女真进士恩科初授文散官低于其他两科的恩科，应该也是统治者对女真进士科持审慎态度的一种表现。至章宗时期，女真进士科制度建设趋于成熟，女真进士及第初授文散官调整至与词赋进士相同，应该就发生在这一时期。

从女真进士散官迁转的制度变化以及贞祐三年宣宗颁布的诏令可以看出，在文散官系统内，女真进士及第后的初授散官，最终也只是能够与词

---

① 明昌年间，金章宗就曾对大定十四年进士及第授官制度做出了调整，改为"状元授一十一官（承直郎，正七品下），第二、第三人授九官（儒林郎，从七品下），余皆受三官（将仕郎，正九品下）"，参见〔元〕王恽撰，杨晓春点校：《玉堂嘉话》卷五《金登科记序》，第130页。女真进士及第授官调整至与词赋进士相同，可能即在此时。
② 〔元〕脱脱等：《金史》卷五一《选举志一》，第1141~1142页。
③ 闫兴潘：《金代女真进士科非"选女直人之科"考辨》，《湖北民族学院学报》（哲学社会科学版）2013年第1期。

赋进士享受同等迁转待遇，而没有"超迁格"特权。① 而进一步分析可以发现，女真人在武散官系统中所享有的"超迁格"，是与其民族身份直接联系的，即只要是女真人，就可以在仕途中"超迁官资"。而文散官系统中，女真进士科及第者初授散官最初低于词赋进士，主要是与女真进士科本身的制度发展相关，而与参加考试者的民族身份无甚联系；即只要是女真进士科及第者，无论其民族身份是否为女真人，其初授文散官均低于词赋进士，只不过恰好这一时期参与女真进士科考试者均是女真人，因而形成了受这种授官制度影响者也只有女真人的状况。该时期女真进士科的这种实际情况，使得大定二十九年章宗对恩科的敕令中，径称"女直人（实际应指女真进士恩榜）迁将仕，汉人（实际应指词赋、经义进士恩榜）登仕"。而也正是由于有金一代参加女真进士科考试和及第者绝大多数是女真人，金朝统治者在完善了相关制度之后，将该科及第者的初授散官逐渐提高，并最终与词赋进士相一致，也是很自然的。② 至于通过科举等途径获得文散官的女真人，在此后的文散官系统迁转中是否与非女真人有差别性的政策，还有待于资料的进一步发掘。③

---

① 需要说明的是，金代参与女真进士科考试者虽然绝大多数是女真人，但如上文所言，该科在章宗即位后即向所有人开放，如通过正大元年（1224）女真进士科考试者，就有三位非女真人，参见金光平、金启孮：《女真语言文字研究》附录《〈女真进士题名碑〉译释》，第 317~318 页。参加词赋、经义两科考试的虽然绝大多数是非女真人（包括契丹、奚、渤海、汉族等），但女真人也可以参加这两科考试，参见都兴智：《辽金史研究》，第 62、65 页。

② 与此相应的，大定年间女真进士科及第者低级职事官的初授和迁转，也逐渐与词赋进士科缩小差距，至大定二十六年（1186），格法规定的女真进士科及第者低级职事官的初授和迁转，已经与词赋进士科比较接近。参见〔元〕脱脱等：《金史》卷五二《选举志二》，第 1161~1163 页。

③ 笔者认为，在文散官系统中，金朝可能未针对女真人设置"超迁格"。如上所言，女真人绝大多数应是通过女真进士科获得进士出身，进而获得文散官的。而直至章宗时期，女真进士科及第所授散官可能方才与词赋进士同等对待，上引贞祐三年（1215）宣宗优待进士及第者的诏令中，女真进士与词赋进士的授官待遇也是相同的，这不同于武散官系统中女真人初授武散官官阶即可"超迁官资"。

二、"超迁格"适用民族范围的变化

金代史料中关于女真人"超迁格"的最早记载，是在金熙宗皇统八年。金世宗在和大臣唐括安礼讨论"超迁格"问题时，后者曾言"祖宗以来立此格"①。唐括安礼为完颜亮的妹婿，"极能文知兵"②。他不仅学问优秀，"好学，通经史，工词章，知为政大体"，而且在海陵王贞元年间，就"累官临海军节度使"③，则他很可能在熙宗朝就已经入仕。但唐括安礼面对金世宗的质疑，也仅是以"祖宗以来立此格"的含混回答来应对，这说明前者对于"超迁格"具体何时设立，可能也不甚了然。研究者指出，太宗末期和熙宗前期，金朝均曾仿照汉制制定、颁行官制。④ 结合金朝前期制度建立的过程，以及唐括安礼对"超迁格"设立时间的不确定态度，说明虽然金代史料中关于"超迁格"的最早记载是皇统八年，但这一格法的设立，其时间应该更早。

如金世宗对唐括安礼所言，"超迁格"是一种为女真人所独享的政治特权。研究者指出，金世宗是一位以维护女真传统旧制为己任的统治者⑤，他虽然声称"天下一家，独女直有超迁格，何也"⑥，但也仅限于表达不满而已，并未对此制采取限制或取消的措施。即使是倾慕汉文化，"每事专效汉人"的唐括安礼，他虽然强调金朝治下各族"今皆一家""皆是国人""圣主溥爱天下，子育万国，不宜有分别"，在政治理念上与金世宗明显不同，两人也因此在政治上多有矛盾冲突。⑦ 但安礼对于女真

---

① 〔元〕脱脱等：《金史》卷八八《唐括安礼传》，第1965页。
② 〔宋〕徐梦莘：《三朝北盟会编》卷二四五《炎兴下帙一百四十五》，上海古籍出版社2008年版，第1763页。
③ 〔元〕脱脱等：《金史》卷八八《唐括安礼传》，第1963页。
④ 王曾瑜：《金熙宗"颁行官制"考辨》，姜锡东、李华瑞主编：《宋史研究论丛》第6辑，河北大学出版社2005年版。
⑤ 陶晋生：《金代中期的女真本土化运动》，《边疆史研究集——宋金时期》，台湾商务印书馆1971年版，第50~63页。
⑥ 〔元〕脱脱等：《金史》卷八八《唐括安礼传》，第1965页。
⑦ 〔元〕脱脱等：《金史》卷八八《唐括安礼传》，第1964~1965页。

人的"超迁格"特权，也认为"祖宗以来立此格，恐难辄改"①，显见由于"超迁格"涉及整体女真人的政治利益和政治特权，即使金世宗和唐括安礼君臣对此偶有不满，也不敢有所触动。

事实上，金世宗对于女真人的"超迁格"特权，是持维护态度的。大定二十五年（1185），宰臣完颜元宜（契丹人，本姓耶律氏，其父在金初因功获赐完颜氏。海陵王时期，元宜奉命改回本姓，大定初年复获赐完颜氏）之子、符宝祗候习涅阿补"乞依女直人例迁官"，金世宗却说"赐姓一时之权宜"，不仅拒绝了习涅阿补的请求，还"令习涅阿补还本姓"。②获赐完颜氏的习涅阿补请求"依女直人例迁官"，即希望能够获得"超迁格"的特权。金朝初年为了笼络入金的渤海、契丹、汉族等非女真族官员，统治者对其中一些人曾有赐予女真姓氏之举。③但在天德三年（1151），海陵王下诏"前后赐姓人各复本姓"④。因此大定初年完颜元宜及其子再次获赐完颜氏，在非女真人中应该属于特殊情况。⑤而即使对于习涅阿补这样一个特殊的个案，世宗还是断然拒绝了他的请求，并剥夺了后者的完颜氏赐姓。另外，上文曾论及大定年间官员初考所得武散官的规定，仍和此前制度一样严格区分女真人与非女真人之间的差别，以保障女真人的"超迁格"特权。而大定末年习涅阿补"乞依女直人例迁官"的请求被金世宗拒绝，则进一步说明"独女直有超迁格"的规定在世宗时期并未发生变化，"超迁格"仍然仅是女真人专享的特权，即使是获赐女真姓氏的非女真人，也没有享受"超迁格"的资格。由此更可以看出，金世宗对"独女直有超迁格"仅是偶有不满而已，防范如习涅阿补等非女真人侵犯女真人的政治利益、捍卫女真人的特权地位，才是其真实的政

---

① 〔元〕脱脱等：《金史》卷八八《唐括安礼传》，第 1965 页。
② 〔元〕脱脱等：《金史》卷一三二《完颜元宜传》，第 2829~2832 页。
③ 陈述：《金史拾补五种》第三种《金赐姓表》，科学出版社 1960 年版，第 179~185 页。
④ 〔元〕脱脱等：《金史》卷五《海陵纪》，第 98 页。
⑤ 陈述：《金史拾补五种》第三种《金赐姓表》，第 179~185 页。陈述先生曾对金代赐非女真人以女真姓氏的情况进行了详细统计，其中金世宗至卫绍王时期的赐姓现象仅完颜元宜家族一例。

治态度，而这也正与其维护女真旧制的统治政策相一致。

但至章宗时期，"超迁格"为女真人所独享的状况发生了变化。泰和元年（1201）四月，章宗专门"诏谕契丹人户，累经签军立功者，官赏恩例与女直人同"①，即允许立有战功的契丹人，也可以在官阶迁转方面和女真人一样享受"超迁格"的待遇。金章宗特别将"超迁格"向契丹人开放，其主要目的是缓和金朝政权与契丹人之间的紧张关系，对契丹人进行拉拢和安抚。这是由于在正隆末、大定初移剌窝斡叛乱事件后，契丹人和金朝政权之间的关系严重恶化。② 为了防范和压制契丹人，世宗采取了诸如废止契丹人的猛安谋克组织、将西北沿边参与叛乱的契丹人强制迁徙至上京地区等措施。③ 虽然世宗也多次表示，希望被迁徙的契丹人能够"与女直人杂居，男婚女聘，渐化成俗"，通过"与女直人相为婚姻"④，达到使契丹人"不生异意"⑤ 的目的，但金世宗并未在缓和与契丹人关系方面采取更多措施。承安元年（1196）十月，左丞相完颜襄率军北讨阻䩨之际，"（特满）群牧契丹德寿、陁锁等据信州叛，伪建元曰身圣，众号数十万，远近震骇"⑥。虽然德寿叛乱很快被完颜襄平定，但此事件无疑更加凸显了契丹人与金朝政权的紧张关系。泰和元年的诏令中，金章宗除了向契丹人开放"超迁格"，还废除了世宗时期"括买契丹马匹"⑦ 的政策，允许契丹人"存养马匹"，同时还可以重新"得充司吏译人"⑧。显然，章宗采取这些对契丹人有利的政策，正是为了减少后者与金朝政权之间的矛盾，缓和双方的紧张关系。但向契丹人开放"超迁格"的措施，直接触犯了女真人的特权和利益，因此当时受章宗宠信的大兴府长官纥石

---

① 〔元〕脱脱等：《金史》卷一一《章宗纪三》，第 256 页。
② 刘浦江：《金朝的民族政策与民族歧视》，《辽金史论》，第 72~75 页。
③ 〔日〕外山军治著，李东源译：《金朝史研究》，黑龙江朝鲜民族出版社 1988 年版，第 74~80 页。
④ 〔元〕脱脱等：《金史》卷八八《唐括安礼传》，第 1964 页。
⑤ 〔元〕脱脱等：《金史》卷四四《兵志》，第 995 页。
⑥ 〔元〕脱脱等：《金史》卷九四《完颜襄传》，第 2089 页。
⑦ 〔元〕脱脱等：《金史》卷九〇《完颜兀不喝传》，第 1999 页。
⑧ 〔元〕脱脱等：《金史》卷一三二《纥石烈执中传》，第 2833 页。

烈执中"格诏不下",坚决反对此命。章宗斥责道:"汝虽意在防闲,而不知朝廷自有定格,自今勿复如此烦碎生事也。"这一政策方才得以"下诏行之"①。章宗责备纥石烈执中的"汝虽意在防闲"之语,既从反面说明此诏确实是为了改善与契丹人的关系,同时也显示出女真族官员对于本族独享的"超迁格"特权被侵犯的戒备与警惕。

到了宣宗初期,"超迁格"适用群体的范围进一步扩大。宣宗即位初,内部刚刚发生纥石烈执中废卫绍王的政变,外部则面临蒙古军队的大举进攻,金朝政权处于危急的境地。贞祐元年(1213)九月宣宗即位后,十月便正式下诏:"应迁加官赏,诸色人与本朝人一体。"②笔者曾指出,该诏令中"诸色人"指的是金朝治下的非女真人,"本朝人"则指女真人。③则依据这一诏令,金朝内部的所有非女真人,都可以在"迁加官赏"方面享受女真人的"超迁格"特权。相较于章宗泰和元年(1201)的诏令,宣宗此诏不仅使"超迁格"所涵盖的民族范围大大扩展,而且还取消了章宗末年要求契丹人"累经签军立功"方才能享受"超迁格"的规定。即按照宣宗此诏,无论是正常情况下的官资迁转,还是因功绩赏赉,非女真人和女真人在"超迁官资"方面均享受同等的待遇。宣宗甫一即位,就给予非女真人如此重要的优待,正是与金朝所面临的内外交困的政治军事局面直接相关。允许非女真人享受"超迁格",可以增强他们对金朝政权的拥护和向心力,缓和内部矛盾,有利于在危急形势下团结各族人共同抵御蒙古军队的进攻。但对于女真人而言,此前章宗允许契丹人中"累经签军立功"者享受"超迁格",就已经触犯了自身的特权;宣宗此诏使女真人和非女真人在"迁加官赏"方面都适用"超迁格",实质上是取消了原本由本族独享的这项政治特权,这显然更是难以接受的。贞祐三年(1215),户部郎中奥屯阿虎即向宣宗汇报:"诸色迁官并与女直一

---

① 〔元〕脱脱等:《金史》卷一三二《纥石烈执中传》,第2833页。
② 〔元〕脱脱等:《金史》卷一四《宣宗纪上》,第302页。
③ 闫兴潘:《论金代的"诸色人"——金代民族歧视制度化趋势及其影响》,《山西师大学报》(社会科学版)2012年第4期。

体，而有司不奉，妄生分别，以至上下相疑。"① 可见宣宗虽然已经下诏，但吏部并不奉命执行，说明统治集团中的女真人宁可公然抗拒诏令，也不愿放弃自身的政治特权，导致诏令成为具文。面对这种状况，宣宗不得不再次下诏重申："诸色人迁官并视女直人，有司妄生分别，以违制论。"② 宣宗以违制之罪处罚不执行诏令的相关机构和官员，说明"诸色人迁官并视女直人"政策的推行，阻力确实是相当大的。其后宣宗此诏是否得到有效执行，则史无明文。

宣宗不顾女真统治集团的强烈反对，将"超迁格"的适用范围扩及金朝境内的各族人。除了上文所言的团结内部各族共御外敌的原因，此时散官迁授日益泛滥也是重要的因素。在宣宗时期，国事繁殷、战事频仍，但"国家兵不强，力不足以有为，财不富，赏不足以周众"，因而只能"独恃官爵以激劝人心"③，逐渐导致散官滥授。贞祐四年（1216），监察御史陈规向宣宗进言，要求朝廷"重官赏以劝有功"，并指出"陛下即位以来，屡沛覃恩以均大庆，不吝官爵以激人心，至有未满一任而并进十级，承应未出职而已带骠骑荣禄者，冗滥之极至于如此"，致使当时"散官动至三品"。④ 兴定元年（1217），徒单顽僧也指出，"兵兴以来，恩命数出，以劳进阶者比年尤多。贱职下僚散官或至极品，名器之轻莫此为甚"⑤。在这样的政治状况下，"超迁格"对于女真人的实际意义和价值，已经明显下降。这可能也是宣宗不顾本族反对向所有非女真人开放"超迁格"的原因之一。

从上述分析可见，虽然史料所见"超迁格"的最早记载是皇统八年（1148），但这一格法实际产生的时间可能更早。在章宗以前，"超迁格"是金代女真人独享的政治特权，即使是获赐女真姓氏的非女真人，也无法获得这一权利。章宗时期，为了缓和契丹人与金朝政权之间的矛盾，最高

---

① 〔元〕脱脱等：《金史》卷五四《选举志四》，第1196页。
② 〔元〕脱脱等：《金史》卷一四《宣宗纪上》，第306页。
③ 〔元〕脱脱等：《金史》卷一〇〇《完颜伯嘉传》，第2212页。
④ 〔元〕脱脱等：《金史》卷一〇九《陈规传》，第2407页。
⑤ 〔元〕脱脱等：《金史》卷五四《选举志四》，第1201页。

统治者特别向契丹人开放了"超迁格",允许"累经签军立功"的契丹人享受与女真人同样迁转官资的特权。宣宗时期,为了缓和内部各民族的矛盾、集中力量应对蒙古军队的军事压力,宣宗即位之初便立刻下诏向所有非女真人开放"超迁格"。"超迁格"所适用民族范围的这种变化,均与金朝统治政策和民族政策的调整以及内外局势的演变等关键政治因素相关,这显示出"超迁格"在金代职官制度和最高统治者心目中的重要性。同时,如上所言,维护本族旧制和女真人的特权地位是金世宗的一贯政策。① 他虽然对"独女直有超迁格"偶有不满之言,但在如获赐完颜氏的契丹人习涅阿补请求享受"超迁格"时,世宗则显示出其真实的政治态度,断然拒绝习涅阿补的请求,坚决捍卫女真人的特权。而章宗和宣宗向非女真人开放"超迁格"时,也招致了女真人的激烈反对。这均说明这一制度对于女真人而言,确实属于他们的核心政治利益。另外,李鸣飞博士指出,相较于唐代前期的散官和宋代的寄禄官,金代散官的地位和实际作用已经显著下降②,这一判断是符合金代散官制度发展的现实状况的。但就"超迁格"的内容以及金朝君臣对"超迁格"的态度看,散官还是为当时的官僚集团所相当看重的(如上面提到的"无荫"女真族亲军须迁至武义将军方能出职,官员的武散官迁至明威将军方可注授县令、迁至昭信校尉方可拟诸司除授,说明散官关系到金朝官员职事官升迁等核心政治利益),以至于与散官制度直接相关的"超迁格"可以被最高统治者作为调整内部民族关系和统治政策的重要手段。

三、结论

"超迁格"是金代武散官系统中一项独具时代和民族特色的制度,是女真人政治特权的具体表现和重要内容。在正常情况下,"超迁格"能够使女真人在武散官官阶迁升方面获得"超迁官资"的特殊待遇,相较于

---

① 刘浦江:《女真的汉化道路与大金帝国的覆亡》,《松漠之间——辽金契丹女真史研究》,中华书局 2008 年版,第 253~264 页。
② 李鸣飞:《金元散官制度研究》,第 129~141 页。

非女真人武散官官阶需要逐阶迁升，"超迁格"可以使女真人以更快的速度提高官阶品级。同时，"超迁格"不仅影响正常情况下女真人的官阶迁转，而且在奖励军功、有过犯官员的职事官注授等特殊状况中也仍旧发挥作用。

大定十四年（1174）官制改革，使金朝的散官制度发生了显著变化。而就现有史料分析，无论是大定十四年官制改革之前和之后，"超迁格"的适用范围可能均为从九品（大定十四年之前为正九品）至正五品的武散官官阶；从四品及以上的武散官，正常情况下女真人也需要逐阶迁转，不再享有"超迁官资"的特殊待遇。而"超迁格"在武散官系统中存在这样的适用范围，主要目的是限制女真人武散官升迁至三品的速度和官员数量，防止高级官僚规模过大。据相关资料推测，在"超迁格"的适用范围内，女真人的武散官可能平均每考迁转三阶，这种"超迁官资"的方式，在大定十四年官制改革前后，应未发生变化。而从黄斡窝鲁不墓志的相关内容来看，每考迁官三阶虽是"超迁格"的基本规定，但其在现实政治中的运行状况可能更为复杂。

同时，"超迁格"仅与金朝的武散官系统有关，而不涉及文散官系统，这是由于金代文散官的获得几乎只有科举一途，而在大定十三年（1173）女真进士科设立前，女真人基本没有获得文散官的途径；而且如研究者所言，由于获得文散官的途径狭窄和科举取士数量有限，金代带文散官的官员数量远小于带武散官官员的数量。[①] 在数量庞大的带武散官的各族官员中，"超迁格"特权可以保证女真人仕宦上的政治优势，这是金代女真本位政策在职官制度中的具体表现。同时，研究者指出，金朝存在超迁散官的多种途径，但这种超迁一般针对的是在政治、军事等方面取得出众成绩或表现优异的官员，属于奖励能吏的性质。[②] 而女真人仅凭借自身的民族身份，无须取得出众的成就，即可在正常的散官迁转中享受"超迁格"特权。若女真人在政治、军事等方面取得成绩，则他们凭借

[①] 李鸣飞：《金元散官制度研究》，第76页。
[②] 李鸣飞：《金元散官制度研究》，第108~121页。

"超迁格",可以获得比拥有同等成绩的非女真人更为优厚的散官迁升(如上面提及的大定初年赏赐陕西战功)。而如上面所论的泰和元年(1201)在"曾亏永及犯选格"官员注授县令和诸司职务的新制中,虽然对女真人的武散官要求比对非女真人高一阶,但由于前者的武散官平均迁转速度是后者的三倍,因此这一新制对女真人仕宦的消极影响要明显小于非女真人。在"超迁格"特权之下,无论从上述哪个方面而言,女真人都能保证本族的仕宦优势。

"超迁格"原本是女真人独享的政治特权,即使是获赐女真姓氏的非女真人,也不能获得这种政治优待。泰和元年(1201),金章宗为了缓和由移剌窝斡叛乱导致的契丹人与金朝政权关系的恶化,特别向"累经签军立功"的契丹人开放"超迁格",使该制度的适用范围突破了此前仅限于女真人的民族限制。宣宗即位后,面对内忧外患的危急局势,将"超迁格"的开放范围进一步扩及所有非女真人,其目的是缓和内部矛盾,增强非女真人对金朝政权的支持和拥护,集中力量应对蒙古军队的军事压力。金朝最高统治者特别以向非女真人开放"超迁格"作为调整内部统治政策和民族政策的手段,说明"超迁格"在职官制度中的重要地位。而章宗和宣宗向非女真人开放"超迁格"的政策,均受到了女真人的抵制和反对,也从反面证明了"超迁格"属于女真人的核心政治利益和政治特权的关键组成部分。同时,"超迁格"适用民族范围的这种演变,也表明了民族关系和民族政策对金代政治制度的深刻影响。

同时,如史料中所记载的,金朝前期所确立的政治制度,主要是吸收借鉴唐宋之制而建立的,金人曾明言:"本朝目今制度,并依唐制。"① 被拘留金国长达十五年的南宋使臣洪皓也曾言:"(金朝)官制、禄格、封荫、谥讳,皆出宇文虚中,参用国朝(按即宋朝)及唐法制而增损之。"② 有学者指出,金朝在政治制度上全面采行汉制,是女真人汉化不断深入的

---

① 〔宋〕徐梦莘:《三朝北盟会编》卷一六三《炎兴下帙六十三》,第1177页。
② 〔宋〕洪皓:《鄱阳集》卷四《跋金国文具录札子》,清同治金陵三瑞堂刻本,第10叶a。

重要基础和具体表现。① 而女真人的"超迁格",却显示出金代政治制度在汉制的表面之下,其内核实质上已经融入了显著的北族因素。② 这表明女真人在汉化的同时,又对所接受的汉文化进行了符合自身统治需要的改造,使其呈现出与唐宋之制的明显差异,这揭示了金代女真人汉化发展潮流中的另一种面相。

(作者系安阳师范学院历史与文博学院副教授)

---

① 刘浦江:《女真的汉化道路与大金帝国的覆亡》,《松漠之间——辽金契丹女真史研究》,第241~244页。
② 除了"超迁格",金代的其他具体汉制,也可以看到北族因素在其中的显著作用,参见笔者对金代武举和赐姓制度的讨论,如《金代武举的民族属性——民族关系影响下的制度变革》,《北方文物》2015年第2期;《金代赐姓问题研究》,《古代文明》2013年第4期。

南宋郊祀大礼中的下层助祭官吏群体*
——以执事官和执事人为中心的考察

王 刚

一、引言

中国古礼追求"大礼与天地同节"①的境界。不过,要将如此宏伟的命题落实于实践层面,即使"礼仪三百,威仪三千"②亦未足够。而对汉代以来逐渐形成的南郊、明堂二大礼而言,礼经的缺位现象更为严重。后世围绕经义尚可论争而求共识,但面对几乎完全失载的仪式细节,则只能依照前朝惯例和本朝制度来加以措置。这些失载于经的部分,恰恰是礼的"当代性"的生发点。而郊祀大礼最基本的助祭人员构成方案,不失为一个典型例证。

---

* 本文原载于《北方民族大学学报》(哲学社会科学版) 2019 年第 2 期,今有所改动。
① 〔汉〕郑玄注,〔唐〕孔颖达等正义:《礼记正义》卷三七《乐记》,〔清〕阮元校刻:《十三经注疏》,上海古籍出版社 1997 年版,第 1530 页。
② 〔汉〕郑玄注,〔唐〕孔颖达等正义:《礼记正义》卷五三《中庸》,〔清〕阮元校刻:《十三经注疏》,第 1633 页。

宋承唐制，郊祀皇帝亲祠为大礼。① 在此类顶级国家祭祀仪式上，单凭皇帝和其他高官所充任的角色，并不足以完成整场仪式，他们离不开众多更下层官吏的密切协作。其中，执事官和执事人正是宋代郊祀大礼下层助祭官吏群体的最主要构成。既往研究中，已有学者指出宋代的礼制下移现象②，其实，在礼制研究中我们同样需要一次眼光的"下移"，以揭示更多以往被忽视的基础性和细节性事实。唐宋郊祀礼制研究成果颇丰，对本文启发良多，亦有学人从助祭人员和助祭乐歌等角度进行过一定程度的探索。③ 不过，有关下层助祭官吏群体的研究成果目前尚不多见。受制于史料，本文考察的时段主要集中在南宋。

二、执事官概念职能辨析

执，据段玉裁《说文解字注》，本意为捕罪人，引申为持守。④ 执事，广义上即操持、职掌某事，由此亦可指代某件差事或从事、主管某项工作

---

① 两宋郊祀，除了个别年份以祈谷、籍田等礼代替，以及徽宗亲祠北郊，郊祀大礼的主体便是南郊大礼和明堂大礼。本文讨论亦以南郊、明堂大礼为主。

② 参见王美华：《礼制下移与唐宋社会变迁》，中国社会科学出版社2015年版。

③ 专门论及唐宋郊祀助祭官吏的成果，主要集中在大礼五使和三献官方面。有关大礼五使，主要有吴丽娱：《唐代的皇帝丧葬与山陵使》，日本东方学会：《国际东方学者会议纪要》第51册，2006年；后收入武汉大学中国三至九世纪研究所编：《魏晋南北朝隋唐史资料》第24辑，武汉大学文科学报编辑部2008年版，第110~137页。吴丽娱：《唐代的礼仪使与大礼使》，中国社会科学院历史研究所学刊编委会编：《中国社会科学院历史研究所学刊》第5集，商务印书馆2008年版，第127~156页。梁天锡：《宋宰辅领礼仪诸差遣之分析》，《宋史研究集》第19辑，国立编译馆1989年版，第67~115页。郭声波：《宋大礼五使系年》，《宋代文化研究》第3辑，四川大学出版社1993年版，第34~61页。王刚：《唐五代时期南郊大礼五使考述》，《社会科学论坛》2015年第7期等。在其他领域，也有部分研究者注意到祭祀仪式上的助祭人员问题，如刘永明：《试论曹延禄的醮祭活动——道教与民间宗教相结合的典型》，《敦煌学辑刊》2002年第1期，该文第四部分探讨了执事人员问题。也有学者专门从助祭乐歌的角度探讨乐工群体，如周侃、王坤：《唐代宫廷优伶探微》，《广西师范大学学报》（哲学社会科学版）2016年第2期；许继起：《周代助祭制度与〈诗经〉中的助祭乐歌》，《文学遗产》2012年第2期等。

④〔汉〕许慎撰，〔清〕段玉裁注：《说文解字注》十篇下，上海古籍出版社1981年版，第496页。

的人。在唐宋时期有关郊祀大礼的文献记载中，常常可见行事官、执事官、陪祀官等称谓并举的现象，可知执事官在当时已成为指代特定人群的专用名词。

究竟何为执事官？马端临《文献通考》中保存着一篇特别的史料：《明禋仪注撮录拾遗》。据马端临自述，"先公景定庚申以枢密院编修官摄殿中监，咸淳己巳以右丞相充仪仗使，壬申充礼仪使，此《仪注》则当时奉常礼院所供也"①。可见，这篇文献是其父马廷鸾担任郊祀大礼助祭官员时朝廷所行用的《仪注》。这篇文献十分详细地记载了南宋晚期明堂大礼的参与人员构成，而且明确涉及了执事官，如在朝献景灵宫部分，记载道："执事官五员"，文内小字注曰："捧笾、捧豆、捧簠、捧簋、捧乳俎"；朝飨太庙部分，记道："执事官十八员"，注曰："捧牛俎六员，羊俎六员，豕俎六员"；祀日明堂大礼部分，记道："执事官五员"和"亚、终献执事官四员"，分别注曰："捧笾、捧簋、捧牛俎、捧羊俎、捧豕俎"和"供亚献爵盏，供终献爵盏，盥洗、盥爵，帨巾，拭爵并引馔"②。为更加直观，以上内容可列简表如下。

表1 《明禋仪注撮录拾遗》所见南宋景定咸淳间明堂大礼执事官窠目员数表

仪节	执事官员数	职责
朝献景灵宫	执事官五员	捧笾、捧豆、捧簠、捧簋、捧乳俎
朝飨太庙	执事官十八员	捧牛俎、捧羊俎、捧豕俎
祀日大礼	执事官五员	捧笾、捧簋、捧牛俎、捧羊俎、捧豕俎
祀日大礼	亚、终献执事官四员	供亚献爵盏，供终献爵盏，盥洗、盥爵，帨巾，拭爵并引馔

可见，所谓执事官，即在大礼上主要负责礼器捧执递送的助祭官员。

---

① 〔宋〕马端临著，上海师范大学古籍研究所、华东师范大学古籍研究所点校：《文献通考》卷七五《郊社考八》，中华书局2011年版，第2331页。

② 〔宋〕马端临：《文献通考》卷七五《郊社考八》，第2327~2328页。

这里的执事，一方面表明业有专责，另一方面又与捧执、执举直接相关。而执事官的服务对象，实际上便是下一仪节需使用礼器的诸种行事官。① 有关执事官的概念和职责，史料中亦不乏其他佐证。《中兴礼书》卷三五详细记载了淳熙三年（1176）南郊大礼朝飨太庙时的行事官位版，其中只可见"荐牛俎官""荐羊俎官""荐豕俎官"②，唯不见捧牛俎、捧羊俎和捧豕俎官。荐与捧一字之差，实际即行事与执事之别。同书卷三六又载该年大礼的人员站位，其中规定"分献官、执事官各就位于龛陛上下，并外向"③。很明显，执事官与分献官站位靠近，正为捧举礼器供分献官荐献之用。也正由于执事官职责若此，所以史籍中有时直接称其为捧执官。④

不过，正如前文已经指出的，执事与行事词义有相通之处，因而有时执事官亦被涵盖于行事官范畴之内。如《中兴礼书》卷六八至卷七〇题为"明堂行事官"，而内容实际上涉及了绍兴以后若干次明堂大礼中的执事官。又如《文献通考》卷七二载南郊大礼前十日受誓戒之位版布置，其中"左仆射、刑部尚书在北，南向，左仆射在左，刑部尚书在右；行事左仆射在南，吏部、户部、礼部、刑部尚书，吏部、礼部、刑部侍郎，押乐太常卿、光禄卿、押乐太常丞、光禄丞、功臣献官在其南。次分献官，次执事官，又于其南，俱北向，西上。监察御史位二，在西，东向北上。读册、举册官，奉礼协律郎，太祝、郊社、太官令在东，西向北上。设陪祠文武百官位于行事官之南"⑤。依其行文逻辑和空间布局可知，最末的

---

① 有关行事官的研究已另撰文，此处不再赘述。荐献只是行事官范畴中献官等助祭官员的职掌，此外尚有与册宝、奏乐、检视、监察等职责相关的一系列行事官。行事官与执事官都由职官充任，而在职能（服务对象）和身份地位等方面有所区别。

② 〔宋〕礼部太常寺纂修，〔清〕徐松辑：《中兴礼书》卷三五《吉礼三十五》，《续修四库全书》第822册，上海古籍出版社1995年版，第155页。

③ 〔宋〕礼部太常寺纂修，〔清〕徐松辑：《中兴礼书》卷三六《吉礼三十六》，第165页。

④ 〔宋〕礼部太常寺纂修，〔清〕徐松辑：《中兴礼书》卷六九《吉礼六十九》，第291页。

⑤ 〔宋〕马端临：《文献通考》卷七二《郊社考五》，第2222页。

行事官一词囊括了陪祀官以上包含执事官在内的全体官员。总体上看，执事官和行事官二词在宋代的礼制语境下已经形成较为固定的含义和使用习惯，但二者之间的界限并非绝对。

三、明堂大礼执事官的窠目复原及员额变化

自北宋皇祐二年（1050）仁宗首次举行起，明堂大礼便成为两宋时代南郊以外最重要的郊祀大礼。在徽宗朝，伴随明堂建筑的落成，明堂大礼甚至一度改为一年一次。然而，目前史料中有关宋代明堂大礼执事官窠目和员数的记载，绝大多数集中在南宋前期。此前和此后的情况，除了北宋末期可借助南宋初保存的礼例反推、南宋中后期偶有记载，基本失载。

南宋初年情势稍稳后，宋廷分别于绍兴元年（1131）、四年（1134）、七年（1137）和十年（1140）连续四次举行明堂大礼。《中兴礼书》中现存四条集中记载绍兴四年、七年、十年三次大礼执事官窠目和员数的资料，为便于分析，特将此四条材料编号列举如下。

（一）绍兴四年：

> 行事应奉官、侍祠官、亚、终献、左仆射、左丞等三十员。分献官一百员，今省减止乞差五十八员。捧俎官二十四员。尧坛奉礼郎六十员，今省减止差五员，上二十五位行事外，余并以执事供官充代。尧坛木爵官一百四十员，乞更不差官，止以执事供官充代。①

（二）绍兴七年之一：

> 前一日朝飨太庙，依仪每室合差捧萧蒿筐、捧肝菁豆、捧毛

---

① 〔宋〕礼部太常寺纂修，〔清〕徐松辑：《中兴礼书》卷六八《吉礼六十八》，第285页。

血盘官各一员，捧笾、豆、簠、簋官四员，并差南班并外官宗室充，共合差官七十七员。今欲乞将萧蒿筐、肝菁豆、毛血盘、笾、豆、簠、簋依常享礼例，更不差官。令执事人依仪先次设置，即不减损礼制。①

（三）绍兴七年之二：

前一日朝飨太庙，依仪每室合差捧俎官六员，举鼎官八员，共一十四员，并以南班及外官宗室充，共合差一百五十员。今欲乞就差明堂捧俎官一十二员通衮，逐室捧俎行事。其依次诸室俎馔，依例先令执事人预捧于诸室前以俟奠献。所有合用鼎欲乞下工部指挥文思院制造。其举鼎官更不差官。②

（四）绍兴十年：

契勘国朝以来大礼，执事并差命官。昨绍兴四年明堂正、配四位执笾、豆、簠、簋并捧俎官，除昊天上帝、皇地祇两位差官二十员外，其太祖皇帝、太宗皇帝两位只以人吏二十人充代。窃谓骏奔助祭乃士大夫之职，傥以胥吏杂厕其间，恐致媟慢，于礼未安。今来行在及吏部未差员数尚多，欲望朝廷下太常寺依旧制差执事官二十员，以称严奉祖宗之意。今看详，欲依本官所乞，令吏部贴差官二十员外，兼勘会自来大礼前一日朝飨太庙，每室依礼例系合差捧俎官六员。今来明堂大礼前一日朝飨太庙，系一十一室，依礼例共合差捧俎官六十六员。除已降指挥就用明堂捧俎官一十二员，先诣僖祖、翼祖两室捧俎行事外，自宣祖至徽宗

---

① 〔宋〕礼部太常寺纂修，〔清〕徐松辑：《中兴礼书》卷六八《吉礼六十八》，第287页。
② 〔宋〕礼部太常寺纂修，〔清〕徐松辑：《中兴礼书》卷六八《吉礼六十八》，第287页。

九室，止令执事人捧俎升殿。今已乞将上件贴差明堂配位捧俎馔官二十员，并明堂正位捧执笾、豆、簠、簋官八员，及于举鼎官三十二员内令吏部就差二十六员，通作六十六员，并就充太庙逐室捧俎官行礼。①

（二）（三）两则材料集中于明堂大礼前祀一日朝飨太庙环节，由其可知太庙每室需差捧萧蒿篚、捧肝膋豆、捧毛血盘、捧笾、捧豆、捧簠、捧簋官各一员，捧俎官六员，举鼎官八员，合计每室执事官二十一员。高宗朝太庙十一室，总数为二百三十一员。在（四）中，先提到昊天上帝、皇地祇两正位共差捧笾、豆、簠、簋和捧俎官二十员，又在由祀日大礼向朝飨太庙环节调剂执事官时，从明堂正位拨出执笾、豆、簠、簋官八员。综合起来，便能确定明堂大礼祀日堂上正、配位每位需差执笾、豆、簠、簋官各一员，捧俎官六员，举鼎官八员，除不设捧萧蒿篚、肝膋豆和毛血盘官外，同朝飨太庙环节每室应配执事官窠目、员数完全相同。

回到材料（一），其中捧俎官二十四员，即昊天上帝、皇地祇以及两位配帝各六员，与（二）（三）一致。而龛壝奉礼郎和龛壝木爵官，明显是针对正、配位以外的从祀诸神而言的，其称谓和制度当来源于南郊大礼坛壝之制。本文第二节在辨析执事官概念时，曾引述《中兴礼书》卷三六有关淳熙三年（1176）南郊大礼的材料，其中提到分献官和执事官各就位于龛陛上下，该执事官所指当是龛壝奉礼郎和龛壝木爵官。

综上所述，南宋初朝廷所行用的明堂大礼执事官窠目和员数蓝本，可列简表如下。

---

① 〔宋〕礼部太常寺纂修，〔清〕徐松辑：《中兴礼书》卷六九《吉礼六十九》，第290页。

表 2　南宋初明堂大礼执事官窠目员数表

仪节	执事官窠目	员数
前祀一日朝飨太庙	捧萧蒿篚官	每室一员，共十一员
	捧肝膋豆官	每室一员，共十一员
	捧毛血盘官	每室一员，共十一员
	执笾官	每室一员，共十一员
	执豆官	每室一员，共十一员
	执簠官	每室一员，共十一员
	执簋官	每室一员，共十一员
	捧俎官	每室六员，共六十六员
	举鼎官	每室八员，共八十八员
员数小计		每室二十一员，共二百三十一员
祀日明堂	正、配位执笾官	每位一员，共四员
	正、配位执豆官	每位一员，共四员
	正、配位执簠官	每位一员，共四员
	正、配位执簋官	每位一员，共四员
	正、配位捧俎官	每位六员，共二十四员
	正、配位举鼎官	每位八员，共三十二员
	龛墠奉礼郎	六十员
	龛墠木爵官	一百四十员
员数小计		正、配位每位十八员，共七十二员；龛墠共二百员；祀日合计二百七十二员
大礼员数总计		不通衮最多员数：五百三员 通衮最低员数：二百七十二员

除去前祀二日朝献景灵宫环节缺失的遗憾，这份窠目员数表大体便是南宋初年朝廷为明堂大礼指派执事官的依据。它反映的是"自来明堂大

礼"的"依仪"理想态,也很可能是北宋末期国家祭祀所具规模的写照。这份执事官窠目蓝本,由北宋发展而来,亦是南宋中后期加以改动(主要是减省)的基本依据。它虽无法涵盖两宋明堂大礼执事官窠目与员数的演变全貌,却因为恰好处于两宋之交的特殊时间点上,因而具有一定程度的代表性,可以看作整个宋代明堂大礼执事官构成的一个缩影。

在国家祭祀的实际运作层面上,南宋初年的宋廷实在无力维持此等礼仪规模。绍兴元年(1131)四月三日礼部、太常寺进言:"自来大礼系差捧毛血盘、萧蒿筐、肝膋豆、抬鼎执事官,员数稍多,所有今来大礼缘行在宗室及见任并待次官数少,差摄不足,欲乞令先次设置,即不须差官,于仪别无妨碍。"同年七月二十九日,太常寺再言:"今来明堂大礼执事官员数阙少,欲乞除配帝二位俎馔,令执事人捧升殿西阶上,随地之宜权立以俟,礼部尚书等依仪奠献。"① 可见,当年先是完全罢去朝飨太庙环节的四种执事官,随后又以执事人代替祀日大礼配飨之帝的执事官。据表2推算,仅这两次上言要求减少的执事官员额便在一百五十人以上。而绍兴四年、七年诸种剧烈减省措施,上文所引(一)(二)(三)等材料中比比皆是。其中,绍兴七年前祀一日朝飨太庙仪节,原本二百三十一员执事官被大幅削减为一十二员,且这仅有的一十二员尚需从祀日大礼捧俎官中通衮借调。执事官总员数锐减到窠目蓝本的二十分之一,直观地反映了南宋初年时势之艰。

直到绍兴十年(1140),明堂大礼执事官员数方现回升,甚至出现了"行在及吏部未差员数尚多",从而请求将改用执事人的部分换回执事官的现象。总体来看,在两宋之际的剧烈冲击下,南宋初年明堂大礼的用人规模急剧缩减,执事官员数远远无法满足应有水准。面对这一现象,朝廷往往以降等(以执事人代替执事官)、通衮和直接减省三种方法应对。

绍兴三十一年(1161),"将来季秋大飨明堂,近以孝慈渊圣皇帝升遐,主上宫中实行三年之丧,前期朝献景灵宫、朝飨太庙皆当遣大臣摄

---

① 〔宋〕礼部太常寺纂修,〔清〕徐松辑:《中兴礼书》卷六八《吉礼六十八》,第285页。

事,主上唯亲行大飨之礼。所有仪仗、供张、宿顿之属,令有司更不排办。将来明堂行礼应奉所须,多事之际,自合从宜"①。可见,钦宗之丧,使该年明堂大礼的朝献景灵宫和朝飨太庙两个仪节降格为有司摄事。因而礼部、太常寺拟道:"前一日朝飨太庙,依仪合设笾、豆、簠、簋于馔幔内。俟荐献时,执笾、豆、簠、簋官捧入以授荐笾、豆、簠、簋官,逐室荐献。今来若依仪差捧执官,缘差官稍多,若令执事人捧执升殿,又缘供官数少,及依已降指挥,更不于诸处借差供官。今欲随宜,止差执笾、豆、簠、簋官八员,通衮逐室荐献。"②据表2,太庙合差执笾、豆、簠、簋官共四十四员,被大幅缩减至八员。

淳熙六年(1179),"礼部、太常寺言:'勘会自来明堂大礼,止就馔幔内出熟体于俎,乞户、兵、工部尚书依仪奠献。其捧俎、捧执笾、豆、簠、簋官,止共差二十员通衮行礼。今来明堂大礼,合差捧俎、捧执笾、豆、簠、簋官二十员,并就馔幔内出熟体设于俎,欲乞并依前项礼例。其朝献景灵宫、朝飨太庙合差捧俎并捧执笾、豆、簠、簋官,欲乞依逐次大礼礼例,于今来明堂大礼所差捧俎等官内就差通衮行礼。'诏依"③。将祀日大礼仪节捧笾、豆、簠、簋官和捧俎官由原本的四十员改为二十员通衮的做法,并未见诸绍兴元年(1131)、四年(1134)、七年(1137)和十年(1140)明堂大礼。因此,倘若此处所谓"勘会自来明堂大礼"所参照的是南宋礼例,就只可能来自绍兴三十一年(1161)。结合上述绍兴三十一年因钦宗之丧而缩减执事官员数的背景,当年同时采取此种通衮方法的可能性很高。作为孝宗朝的首次明堂大礼,它很可能继承了上一次明堂大礼(绍兴三十一年)的成例,依旧以较低的员数水平运作。

最后,回到表1所反映的景定咸淳年间,马廷鸾分别于景定庚申(景

---

① 〔宋〕礼部太常寺纂修,〔清〕徐松辑:《中兴礼书》卷六九《吉礼六十九》,第291页。

② 〔宋〕礼部太常寺纂修,〔清〕徐松辑:《中兴礼书》卷六九《吉礼六十九》,第291页。

③ 〔宋〕礼部太常寺纂修,〔清〕徐松辑:《中兴礼书》卷六九《吉礼六十九》,第292页。

定元年，1260）、咸淳己巳（咸淳五年，1269）、壬申（咸淳八年，1272）三次参加明堂大礼。《明禋仪注撮录拾遗》所载内容，至少在这十数年间长期行用，大体上可代表南宋晚期的状况。无论从窠目还是员数上看，其溃缩程度几乎甚于绍兴初年。而看似增加的亚、终献执事官，实际上与几种早已存在的行事官职责类似，因此他们很可能是由原本的行事官降等而来。

总的来说，通过对绍兴、淳熙、景定、咸淳等若干时间点的考察，可知南宋明堂大礼执事官的窠目繁简和员数多寡程度，总体上应不会超过北宋末期，也即表2的水准。

四、南郊大礼执事官窠目及员数变化

宋代南郊大礼同明堂大礼之间存在密切的参照模仿关系。基于以上对南宋明堂大礼执事官窠目员数的初步认识，可以此为参照系，进一步对南郊大礼方面的状况展开分析。

高宗曾于建炎二年（1128）在扬州仓促举行南宋历史上的首次南郊大礼。绍兴十三年（1143），也即绍兴十年（1140）明堂大礼举行的三年后，高宗决定在临安再次举行南郊大礼。与建炎二年相比，此时情势已大幅好转，礼仪规模亦得到显著提升，史载"自天地至从祀诸神，凡七百七十有一，设祭器九千二百有五，卤簿万二千二百有二十人"[1]，可谓一派中兴气象。绍兴十三年八月二十九日，礼部、太常寺言：

> 今具下项：一、将来郊祀大礼，坛上正配四位，合差捧执笾、豆、俎官二十四员，举鼎官一十六员。欲乞依礼例，从太常寺具窠目申吏部差官，并前一月趁赴习仪。一、将来郊祀大礼前一日朝飨太庙，依仪合差捧俎官六十六员。今欲乞依礼例，于所差圆坛捧执笾、豆等官四十员，并圆坛奉礼郎一〔十〕员，就充太庙捧俎官行事外，

---

[1] 〔宋〕李心传编撰，胡坤点校：《建炎以来系年要录》卷一五〇，绍兴十三年十一月庚申，中华书局2013年版，第2835~2836页。

见阙一十六员，乞从太常寺申吏部差官。①

一般而言，礼官所谓"依仪合差"，即依据礼典、礼例等查知的应差员数，而言"欲乞"，往往反映的是该次大礼的实际情况。据此，似可作如下推断：其一，坛上正、配四位应差捧笾、豆和捧俎官共二十四员，则每位应具六员。另据《中兴礼书》卷九载绍兴十三年二月六日礼部、太常寺上言中曾明确讲道："郊祀昊天上帝、皇地祇并配位共四位，合用祭器并数足每位陶豆、竹笾各一十二，陶簠、簋各二，俎案十二。"② 可见，坛上正、配四位之笾、豆、俎数量相等，则六员执事官最可能的分配方法是执笾、执豆、捧俎各二员。而簠、簋数量很少，很有可能由执事人预先布置妥当而不置执事官。其二，举鼎官共一十六员，则每位当为四员。其三，圆坛奉礼郎十员同时充当太庙捧俎官后，仍缺太庙捧俎官一十六员，可见此十员奉礼郎应是总数，而非圆坛奉礼郎的一部分。其四，太庙捧俎官应差六十六员，与明堂大礼相同。其五，最后仍能继续申请从吏部差官，可见所有应差和实际窠目员数，并未受到刻意限制和缩减。其六，本条材料仅涉及需措置项目，对于其中未言及的部分，无法断定是否还有其他执事官存在。例如，该年十月二十八日礼部、太常寺曾言："据修武郎程宗亮等八十五员状：各蒙吏部发遣前来太常寺，充捧执笾、执豆、簠、簋等官，系赴圆坛、太庙、景灵宫行事。"③ 倘若坛上正、配四位仅需执笾、执豆、捧俎官和举鼎官，那么此处簠、簋当指朝飨太庙和朝献景灵宫环节所用。据此，朝飨太庙仪节中，可能并非仅设捧俎官。综合上述几点分析，以表2为基础，可制成表3如下。

---

① 〔清〕徐松辑：《宋会要辑稿》礼一之十八，中华书局1957年版，第406页。按"圆坛奉礼郎一员"当为"圆坛奉礼郎十员"，方能符合差拨五十员、尚缺一十六员的记载。

② 〔宋〕礼部太常寺纂修，〔清〕徐松辑：《中兴礼书》卷九《嘉礼九》，第35~36页。

③ 〔清〕徐松辑：《宋会要辑稿》礼一之二二，第408页。

表3　南宋绍兴十三年南郊大礼执事官窠目员数表

仪节	执事官窠目	员数
前祀一日朝飨太庙	捧笾、豆、盘官	员数不详
	执笾、豆、簠、簋官	
	举鼎官	
	捧俎官	每室六员，共六十六员
祀日大礼	坛上正、配位执笾官	每位二员，共八员
	坛上正、配位执豆官	每位二员，共八员
	坛上正、配位捧俎官	每位二员，共八员
	坛上正、配位举鼎官	每位四员，共一十六员
	（圆坛）毚壝奉礼郎	十员

仅就表内员数统计，该年有司行用的执事官窠目，不通衮总员数为一百一十六员。而上引程宗亮等八十五员状，也表明实际差遣员数至少在八十五员以上。因此，绍兴十三年（1143）南郊大礼所差执事官员数当在百人水平或更高。与绍兴元年（1131）、四年（1134）和七年（1137）明堂大礼相比，规模的确更盛，但与表2所反映的明堂大礼规格对比，似乎仍略逊一筹。

这份绍兴十三年南郊大礼执事官窠目表所反映的"依仪合差"状态，大体有三个来源：一是建炎二年（1128）南郊大礼仪注，二是北宋末期南郊大礼仪注，三是同时期的明堂大礼仪注。首先，直接来自建炎二年南郊仪注的可能性不大，因为表3的规格放在建炎二年背景下似乎过高。倘若来自北宋末期，那么或许表明徽宗朝对明堂大礼的重视程度已经胜过南郊。如果是最后一种可能，则绍兴初行用的南郊大礼执事官窠目，其实是根据继承自北宋末的明堂大礼执事官窠目修订而来。这里有一个前提，即北宋末的南郊大礼仪注在南宋初已经散佚。但无论怎样，有两点无疑，一是南宋初年的南郊、明堂大礼仪注仍旧保持着与北宋仪注之间的继承性，二是南宋初期南郊大礼执事官窠目在繁简程度和员数多寡上，略低于明堂大礼。

绍兴十六年（1146）二月，太常寺针对大礼前一日朝飨太庙所需宗室官员不足之事请求："所有捧俎执事官七十员数内，欲依本官所乞，遇今后大礼朝飨，从本寺牒宗正司亲贤宅等差南班宗室充外，所有其余不足员数，乞以逐次大礼体例，本寺申吏部差待次异姓文武官充，即不合降敕。"① 依表2、表3推算，太庙十一室当差捧俎官六十六员，此处七十员的数目根据尚无法判定。不过，该数目与此前差别不大，其他窠目员额虽无记载，但应能表明该年大礼没有大幅调整执事官窠目和员额。

隆兴二年（1164）十二月，太常博士芮辉言：

> 今年冬至郊祀大礼所差捧俎、分诣等官，本寺申吏部差到待次文武官共九十一员，前一月教习仪范了当。续准指挥，改用四月八日郊祀行礼。吏部晓示，令逐官朝辞给假前去。今来难以再行告集，若别行差官，又缘所差员数稍多，教习不及，致期应奉交互拥遏不便。兼所差官各合破本身食料钱、人兵、鞍马等，窃虑日逼所属难以差办。本寺今措置，欲乞除分命九宫贵神光禄卿等官文臣共二十八员，并乞依旧差拨外，其捧俎、捧执笾、豆、簠、簋官武臣六十三员，今乞依昨亲飨执笾、豆、簠、簋官及见令大礼举册官通衮举册体例，止差一十二员通衮捧俎、捧执笾、豆行礼。所有其余俎馔，欲依荐飨礼例，令供官先捧至位，及于馔幔内设俎实为省约，于礼无阙。乞从本寺具窠目申吏部差官。（段末小字原注：后皆仿此。）②

由于原定冬至南郊大礼改在次年四月八日（实际举行则为乾道元年正月祈谷），原本差到的官员解散后无法立即重新集结，因此芮辉建议对南郊大礼部分执事官员数进行大幅调整。首先，这次大礼原已实际差到捧俎、捧执笾、豆、簠、簋官六十三员，对照此前合差六十六员、七十员捧俎官

---

① 〔宋〕礼部太常寺纂修，〔清〕徐松辑：《中兴礼书》卷二三《吉礼二十三》，第103页。

② 〔宋〕礼部太常寺纂修，〔清〕徐松辑：《中兴礼书》卷二三《吉礼二十三》，第105页。

的窠目，规模基本持平而略有缩小。其次，所谓"乞依昨亲飨体例"，当指绍兴三十一年（1161）明堂大礼。前文已论述，绍兴三十一年值钦宗之丧，朝飨太庙执事官员额大幅削减，执笾、豆、簠、簋官只设八员。此处捧俎、执笾、执豆官共设十二员，大体符合绍兴三十一年之规制。而"所有其余俎馔"，应指簠、簋等，它们不设执事官捧执，而改由执事人负责。更重要的是，"后皆仿此"，表明这次改动对此后的南郊大礼产生了持续影响。

乾道九年（1173），仪注明确记载"郊祀大礼并前二日朝献景灵宫，前一日朝飨太庙"，设"捧俎、捧执笾、豆、簠、簋官一十二员"。① 除了簠、簋到底由执事官还是执事人负责这个细节可能有些许变化，基本印证了隆兴二年（1164）"后皆仿此"的真实性。由此，绍兴三十一年受钦宗去世影响而做出的一次看似临时性的调整，转变为南宋中后期的常制。而隆兴二年对仪注的修订，很可能就是南宋南郊大礼执事官窠目员数在绍兴三十一年后未能反弹、持续压缩的转折点。高宗对钦宗之悌，续以孝宗对高宗之孝，天潢贵胄的德性传承充分利用郊祀大礼这一孔道得到彰显和加固。

总体来看，在南宋初政治、经济乃至行礼空间均告危急的情况下，明堂大礼和南郊大礼皆受到严重影响，规格急剧下降，直到绍兴十年（1140）之后才有所恢复，但基本未能超越北宋末的水准。而高宗末期，以钦宗之丧为由，郊祀大礼规模再度调低。孝宗朝后，继承绍兴三十一年的举措，无论明堂大礼还是南郊大礼，都基本保持在较低的规格运作，并且进一步下滑。如果说南宋初礼仪活动规模的缩减主要是受外部诸种压力的影响，那么孝宗朝以后不见回升反而持续以较低规格运作，很可能是内部政治文化作用的结果。

五、南宋郊祀大礼中的执事人

前文所引诸材料实际已多次提到执事人，而《中兴礼书》卷七〇专

---

① 〔宋〕礼部太常寺纂修，〔清〕徐松辑：《中兴礼书》卷二四《吉礼二十四》，第109、110页。

有"执事人"一篇,其中记载的人员只有两类:赞者和供官。① 结合上引绍兴三十一年(1161)史料内"若令执事人捧执升殿,又缘供官数少,及依已降指挥,更不于诸处借差供官"的记载,可知南宋礼制中的执事人,即为供官和赞者的总称。其中,供官与前文探讨的执事官在职责上比较相似,而赞者则专事赞导。

执事人与执事官之间的区别,主要在身份地位和职责两方面。身份地位上,执事人一般是各官司所属吏史,而非职官,执事官则以武官为主。很明显,执事人地位低于执事官。职责上,执事人一般为执事官服务,而执事官为行事官服务,虽然并不绝对,但大体上形成一种执事人—执事官—行事官的行动链条。而这一序列同三者之间的地位亦相合,体现了礼仪活动尊卑分明的特性。由于执事供官与执事官相似度较高,史料中常见以执事人替换执事官的例子,前文所引材料有较多相关记载,且笔者已指出这是一种以"降等"来弥补执事官不足的应对方法,此处不再赘论。

执事人处于大礼助祭官吏的底层,其职责纷杂,涉及官司众多。现有史料中,唯《宋会要辑稿》对皇祐二年(1050)明堂大礼的执事人有较详细记载。为便于考订和分析,特转引于下:

> 宫、庙、明堂行礼,有司执事及乐工与升殿堂者,景灵宫凡四十三人:太常礼院礼直官三人,升降奉引,礼生一人,引太祝彻馔;中书省史一人,引册案;太常寺太乐令、丞、乐正、登歌乐工共三十三人,史一人,引奉馔;太府寺史一人,供币;光禄寺史一人,酌亚献、三献酒并奉胙俎;少府监史一人,奉玉币,史一人,奉亚献、三献福酒。太庙凡百三十七人:太常礼院礼直官三人,升降奉引,礼生七人,引太祝彻馔;宗正寺史七人,七室内守灯烛法物,行事官及史五十六人,奉俎押当,史二人,引押应奉;中书省行事官史十四人,奉册案,史七人,主席褥,史三人,引册、持烛;太常寺大乐令、

---

① 〔宋〕礼部太常寺纂修,〔清〕徐松辑:《中兴礼书》卷七〇《吉礼七十》,第296页。

丞、乐正、登歌乐工三十三人；光禄寺史二人，酌亚献、三献酒并奉胙俎；少府监史一人，奉玉币、玉爵及饮福金斝，史三〔二〕人，奉亚献、三献饮福银斝。明堂凡百七十四人：太常礼院礼直官四人，升降赞引，礼生十一人，引太祝彻豆；中书省史二十二人，奉册案，史十一人，主席褥，史二人，引册、持烛；太常寺大乐令、丞、乐正、登歌乐工共三十三人，行事官五十五人，奉俎，史一人，引馔；司天监史三人，主设神位版；将作监史九人，供香火；光禄寺史四人，酌亚献、三献金斝并奉胙俎；太府寺史三人，供香币；少府监史一人，助进玉、币、匏、爵并饮福金斝，史二人，奉亚献、三献木爵及饮福银斝，史三人，奉九位分献官木爵。①

首先需对这则史料勘误。太庙仪节内，中书省部分，"中书省行事官史十四人"中"行事官"可视为衍文；少府监部分，"史三人"当为"史二人"，才能既符合其分别为亚献、三献奉银斝的职能，又满足太庙仪节百三十七人的总数。明堂仪节内，所有人员总数相加为百六十四人，而非材料所言百七十四人。由于尚缺少其他佐证，此点暂存疑。除去其间夹杂的各类行事官和乐工，该年执事人窠目和员数可列成下表。

表4　北宋皇祐二年明堂大礼执事人窠目员数表

仪节	所属官司	执事人员数	职责
景灵宫	中书省	一人	引册案
	太常寺	一人	引奉馔
	太府寺	一人	供币
	光禄寺	一人	酌亚献、三献酒并奉胙俎
	少府监	一人	奉玉币
		一人	奉亚献、三献福酒

---

① 〔清〕徐松辑：《宋会要辑稿》礼二四之二四、二五，第911~912页。

（续表）

仪节	所属官司	执事人员数	职责
小计		六员	
太庙	宗正寺	七人	七室内守灯烛法物
		不详	押当
		二人	引押应奉
	中书省	十四人	奉册案
		七人	主席褥
		三人	引册、持烛
	光禄寺	二人	酌亚献、三献酒并奉胙俎
	少府监	一人	奉玉币、玉爵及饮福金斝
		二人	奉亚献、三献饮福银斝
小计		三十八员以上	
明堂	中书省	二十二人	奉册案
		十一人	主席褥
		二人	引册、持烛
	太常寺	一人	引馔
	司天监	三人	设神位版
	将作监	九人	供香火
	光禄寺	四人	酌亚献、三献金斝并奉胙俎
	太府寺	三人	供香币
	少府监	一人	助进玉、币、匏、爵并饮福金斝
		二人	奉亚献、三献木爵及饮福银斝
		三人	奉九位分献官木爵
小计		六十一员	
总计	百五员以上，若执事人通衮本司三日仪节则为七十员以上		

可以看到，这则材料罗列的执事人，同时包含了赞者和供官。唯一不足的是，该资料着眼于记录"升殿堂者"，或许并非当时执事人窠目的全部。

至南宋绍兴元年（1131），礼部、太常寺言："今来明堂大礼合差赞者五十九人"，"合差供官七十七人，排设神酒礼料、铺设祭器币帛茅草升烟瘗血礼神真玉等"。现实情况则是"阙赞者四十三人""阙供官五十人"，只有四十三人可用，最后甚至计划"下临安府诸县差借"，可见人员不足之甚。① 这里"合差"的数据来源，仍以北宋末期制度为准的可能性最大，据此可知其时执事人总数当在一百三十余员。表2曾推算北宋末期明堂大礼执事官员数最低为二百七十二员，最多可超过五百员。可见，在北宋末期明堂大礼仪注内，执事人少于执事官。绍兴元年的实际情况纵然不容乐观，但朝廷并未大幅缩减执事人员数，根本原因就是执事人已处于助祭官吏底层，无人可替。绍兴十年（1140）明堂大礼执事官员数已经开始显著回升，但执事人方面仍旧严重缺员。其中，赞者缺四十四人，供官缺四十六人。所缺执事人，依此前惯例差借，并且要求需"当官封臂保明正身"②。南宋初年官吏伪冒之情形于此亦可见一斑。实际上，对差借而来的执事人加以查验并非始自绍兴十年，有关绍兴七年（1137）的一则史料中就有详细记载：

> 七年七月十四日，礼部、太常寺言："今来所借赞者、供官，系明堂行礼并朝献景灵宫、朝飨太庙三处，并是入禁卫内往来御前、赞引行事执事官行礼，并供设祭器、排办礼料、升殿应奉之人，理合措置严切觉察。今欲乞将所借赞者、供官，令逐处当职官子细验认，并系正身及不系代名百姓，亦不系三路凶恶人数，当官给封封臂讫，保

---

① 〔宋〕礼部太常寺纂修，〔清〕徐松辑：《中兴礼书》卷七〇《吉礼七十》，第296~297页。

② 〔宋〕礼部太常寺纂修，〔清〕徐松辑：《中兴礼书》卷七〇《吉礼七十》，第297页。

明别无奸伪,具状,于大礼前四十日发赴寺教习逐处仪范。"诏依。①

可见,就连"恶人"尚能借机混杂于执事人中,穿梭祭所,面君事神。而北宋元丰四年(1081),朝廷甚至曾一度要求"皇帝亲祠,供官并差命官、选人"②,前后对比不可谓不鲜明。

综上所述,通过对南宋郊祀大礼的下层助祭官吏群体展开研究,古礼仪式的更多基础性细节得以逐步显现。可以看到,除去身居高位者,郊祀大礼尚有数量众多的执事官和执事人助祭其间。同时,在经典文献缺位的地方,礼官借助既有实例,结合当下制度和具体情况,对仪注进行修订,力求在仪式的神圣性和可操作性上寻求平衡。而现实政治、军事危机的冲击,同样会对礼的具体实践形式产生巨大影响。因此,礼的继承性与"当代性"、延续性与创造性、神圣性与现实性等几组辩证关系,值得进一步探索。而礼究竟如何从文本变为行动,经学理想如何被安放在现实世界当中,亦需透过更多角度加以研究阐明。

(作者系乐山师范学院马克思主义学院讲师)

---

① 〔宋〕礼部太常寺纂修,〔清〕徐松辑:《中兴礼书》卷七〇《吉礼七十》,第297页。

② 〔清〕徐松辑:《宋会要辑稿》礼一之九,第402页。

说"楚得枳而国亡"*

——关于楚亡郢之战背景的新认识

王 朔 陈 昕

一、释"楚得枳而国亡"

燕昭王末年,秦王召请燕昭王,昭王欲往而事秦。燕臣苏代阻拦燕昭王此行,《战国策·燕策二》"秦召燕王"一章记载了苏代劝阻燕昭王的策文,《史记·苏秦列传》亦录有此文,内容大体一致。其开篇云:

> 楚得枳而国亡,齐得宋而国亡,齐、楚不得以有枳、宋事秦者,何也?是则有功者,秦之深仇也。秦取天下,非行义也,暴也。①

"楚得枳而国亡"的理解颇有争议。徐广认为"枳"指的是《汉志》

---

* 本文原载于刘玉堂主编:《楚学论丛》第 11 辑,湖北人民出版社 2022 年版,今有所修订。

① 〔汉〕刘向集录:《战国策》卷三〇《燕策二》,上海古籍出版社 1985 年版,第 1077 页。

中的巴郡枳县，"国亡"指的是"燕昭王三十三年，秦拔楚鄢、西陵"①。先秦时期"国亡"即亡其都城，楚国以鄢为别都，徐广以"秦拔楚鄢"释"国亡"未尝不可。又《史记》系此事于公元前279年，燕昭王卒于此年，苏代举"楚得枳而国亡"为例劝阻燕昭王，则"国亡"当发生在公元前279年之前，徐广此说有其道理。《史记会注考证》从其说："周赧王三十六年（前279），秦拔楚鄢、西陵，国亡，言失国都。"②鲍彪亦认为"枳"乃巴郡枳县，但将"国亡"解为"失地。秦昭廿七、八、九年，连拔楚郡"③。楚郡之失不等于"国亡"，鲍彪此说恐失之宽泛，其后学者多不从其说。而徐广之说虽有道理，但"燕、楚地悬南北，秦拔楚鄢、西陵不能迅速知之"④，且并未说明"楚得枳"与"失鄢都"之间有何关联，所以清人以来多有质疑其说者。如黄式三对"国亡"提出新解，认为"国"字为衍文，又将"亡"理解为"秦夺"，所谓"楚得枳而亡"指《秦本纪》昭王十六年"左史错取轵及邓"⑤。范祥雍说："'国亡'谓楚怀王屡败于秦，覆军失地，又为秦拘而不返。枳即欈李，在吴、越之边境……今在浙江嘉兴市南……此言楚怀得志于越而丧身于秦。"⑥黄式三、范祥雍为解释"楚得枳"和"国亡"之间的关联，贡献了两种说法，皆有其理，但前者将"国亡"改为"亡"，后者通过音转将"枳"释为"欈李"，似皆非上策，且未能解释策文何以将"楚得枳而国亡""齐得宋而国亡"两事对举。

我们认为"楚得枳而国亡"这句话应放在策文开篇特定的语境之下

---

① 〔汉〕司马迁：《史记》卷六九《苏秦列传》，中华书局1959年版，第2272页。
② 〔汉〕司马迁撰，〔日〕泷川资言考证，杨海峥整理：《史记会注考证》卷六九《苏秦列传》，上海古籍出版社2015年版，第2936页。
③ 〔汉〕刘向集录：《战国策》卷三〇《燕策二》，第1077页。
④ 〔汉〕刘向集录，范祥雍笺证，范邦瑾协校：《战国策笺证》卷三〇《燕二》，上海古籍出版社2011年版，第1709页。
⑤ 〔清〕黄式三撰，程继红点校：《周季编略》卷八《赧王八中》，凤凰出版社2008年版，第210页。
⑥ 〔汉〕刘向集录，范祥雍笺证，范邦瑾协校：《战国策笺证》卷三〇《燕二》，第1709页。

进行理解，其中"齐得宋而国亡"或许是理解"楚得枳而国亡"的突破口。公元前286年，齐伐宋，"宋王出亡，死于温"①。《史记》描述宋之后的齐国形势云："齐南割楚之淮北，西侵三晋，欲以并周室，为天子。泗上诸侯邹鲁之君皆称臣，诸侯恐惧。"②秦国畏惧齐国由此势力坐大，于公元前285年派遣蒙武出兵伐齐，齐亡九城；次年，秦又联合燕、三晋五国共伐齐，经此一战，齐国失去济西、淮北之地，齐湣王从临淄城出逃，所以策文将"齐得宋"看作齐国亡失临淄城的导火索，故云"齐得宋而国亡"。相似的"国亡"事件还发生在楚国历史上，公元前278年，楚顷襄王在秦国军队的逼迫下，弃郢都逃至陈城。虽然齐王出逃临淄城是秦、燕、三晋联合作战的结果，但两次事件皆由秦国主导，所以策文将两事对举作为"秦国以有功者为深仇"的证据。

然将楚之"国亡"释为公元前278年失郢都仍然存在问题，《史记·苏秦列传》将"苏代约燕昭王"列在昭王末年，公元前279年燕昭王已卒，苏代策文何以用公元前278年楚亡郢都为例说服燕昭王呢？该问题涉及对《战国策·燕策二》"秦召燕王"一章文献性质的认识，下文先来讨论这一问题。

二、《战国策·燕策二》"秦召燕王"的伪托与史实

《战国策》记载纵横家游说献计之辞，其中伪托之作颇多。《战国策·燕策二》"秦召燕王"章苏代说燕王的策文，恐怕就是一篇伪作。楚失郢都在燕昭王卒后，该篇作者为增强"秦人以有功者为深仇"的论点，将"楚得枳而国亡"与"齐得宋而国亡"对举，编入苏代说燕昭王的策文中。此外，该篇还提出"秦取天下，非行义也，暴也"，燕昭王末年距秦"取天下"尚有几十年，苏代何以未卜先知？这句话应当是秦统一后世人对秦国功业的总结。司马迁《史记·六国年表》说"秦取天下多

---

① 〔汉〕司马迁：《史记》卷四六《田敬仲完世家》，第1900页。
② 〔汉〕司马迁：《史记》卷四六《田敬仲完世家》，第1900页。

暴"①，可见秦人凭借暴行得天下是西汉人的一种观点。由此我们认为苏代说燕昭王之辞可能是西汉人改编之后伪托苏代的言论。

汉人伪托之作未必没有史实根据。实际上，本章与史实相合之处颇多。据上文所考，策文所谓"齐得宋而国亡"当是据史实提出的论断。《史记·田敬仲完世家》苏秦为齐说秦王曰："齐强，辅之以宋，楚魏必恐，恐必西事秦，是王不烦一兵，不伤一士，无事而割安邑也。"②杨宽先生据此认为齐、秦早已有约定，秦许齐灭宋而齐许秦取得魏之旧都安邑。在此齐、秦合作形势下，魏果然于是年（秦昭襄王二十一年，公元前286）献纳安邑于秦。③可见策文所谓"秦欲攻安邑，恐齐救之，则以宋委于齐"之事并非无据。④又《史记·秦本纪》云："（秦惠文王）七年，公子卬与魏战，虏其将龙贾，斩首八万。"⑤"（秦惠文王更元）十一年，樗里疾……败韩岸门，斩首万，其将犀首走。"⑥可知韩、魏两国在"龙贾之战""岸门之战"两次对秦战争中损兵折将，魏国损失八万兵力，韩国损失兵力万人，所以策文说"秦之所杀三晋之民数百万"，数百万之数目不知是否有所夸张，但由龙贾之战、岸门之战来看，这些战争确实给韩、魏两国造成了不小的兵民损失。

因此我们认为，《战国策·燕策二》"秦召燕王"章或是西汉人根据相关史实改编后拟托苏代的作品，"楚得枳而国亡"当是有所凭据的论断。那么"楚得枳"发生在何时呢？其背景如何？

---

① 〔汉〕司马迁：《史记》卷一五《六国年表》，第686页。
② 〔汉〕司马迁：《史记》卷四六《田敬仲完世家》，第1899页。
③ 杨宽：《战国史料编年辑证》，上海人民出版社2001年版，第780页。
④ 缪文远先生认为秦以宋委齐之说乃子虚乌有之谈。其依据是《赵策四》屡言"齐欲攻宋，秦令起贾禁之""齐将攻宋而秦阴禁之"；《韩策三》："韩（吴汝纶云：'当作齐'）人攻宋，秦王大怒曰：吾爱宋，与新城、阳晋同也"，参见缪文远：《战国策考辨》卷三〇《燕二》，中华书局1984年版，第303页。我们认为缪先生列举的材料只能说明秦人爱宋，曾屡次禁止齐国攻宋，从《史记·田敬仲完世家》的材料来看，秦王在苏秦的劝说下，改变了政策。
⑤ 〔汉〕司马迁：《史记》卷五《秦本纪》，第205~206页。
⑥ 〔汉〕司马迁：《史记》卷五《秦本纪》，第207页。

三、"楚得枳"的时间和历史背景

检讨楚失郢都前的战事发现《史记·楚世家》有如下记载:

> (顷襄王十八年)顷襄王遣使于诸侯,复为从,欲以伐秦。秦闻之,发兵来伐楚。①
> (顷襄王)十九年,秦伐楚,楚军败,割上庸、汉北地予秦。②

由此记载可知,在司马错、白起分兵两路攻楚大战之前,秦楚两军即有一场大战,此战以楚国战败为结局,楚国为了平息战火,割上庸、汉北地予秦。对于这次战争,《秦本纪》记作"错攻楚",则此战由司马错率军作战。两军交战的主要战场在哪里呢?《叶书》记载昭王二十七年(前280)"攻邓"③,可知秦军这次的作战路线是出武关南下进攻楚国的北部重镇邓城——今湖北襄阳西北。④

由上述材料可以看出这次秦楚交战的大致情形:公元前281年,楚顷襄王试图联合诸侯伐秦,秦兵闻讯派遣司马错将军出武关攻楚,公元前280年,秦军攻至楚邓城,楚军大败。为了平息战火,楚国将上庸、汉北之地割予秦国。⑤徐少华先生认为"上庸、汉北地",当即原属楚汉中郡,

---

① 〔汉〕司马迁:《史记》卷四〇《楚世家》,第1731页。
② 〔汉〕司马迁:《史记》卷四〇《楚世家》,第1735页。
③ 有学者将《睡虎地秦简·叶书》昭王二十七年(前280)攻邓与《史记·秦本纪》秦昭王二十八年(前279)白起攻邓一事对应起来,认为白起攻邓开始于昭王廿七年。然从《秦本纪》《赵世家》公元前280年记事来看,此年白起仍在赵地作战。详见下文。
④ 石泉:《古邓国、邓县考》,《古代荆楚地理新探》,武汉大学出版社1988年版,第105~126页。
⑤ 杨宽先生认为割上庸、汉北之地是司马错拔楚黔中郡的战果。《水经注》《资治通鉴》亦如是说。然这次割地并未让秦楚两国停战,秦军反在次年派遣白起南下,且《史记·秦本纪》在"司马错攻楚黔中"之前云"错攻楚",显然公元前280年秦与楚还有另外一场战争,徐少华先生认为割上庸、汉北之地是这次战争的结果,而非司马错攻楚黔中的结果。诚是。

公元前 312 年为秦所取,后又归还于楚的"上庸之地六县",即今湖北西北部竹山、竹溪、郧县、郧西一带汉水中游两岸地。① 诚是。经此一战,秦国得以完全据有楚汉中地,与丹水上中游地区连成一片,楚国原来抵御秦军的北部防线彻底崩溃,楚南阳盆地、江汉地区完全暴露在秦军的直接威胁之下。

虽然丧失了防御秦军的北部屏障,楚国却在西部防线上占据优势。张仪说楚王:"秦西有巴蜀,大船积粟,起于汶山,浮江已下,至楚三千余里。舫船载卒……一日行三百余里,里数虽多,然而不费牛马之力,不至十日而距扞关。扞关惊,则从境以东尽城守矣,黔中、巫郡非王之有。"② 可见秦军出巴、蜀将要面临楚国西部边界的三个防御重地:扞关、黔中和巫郡。楚黔中郡地望问题争议颇大,我们认为黔中郡应当是楚国的西部屏障,以此标准衡量,徐少华、李海勇先生的说法当可从,其认为楚黔中郡大致区域应在"汉中之南、扞关以东、长江以北的鄂西与川东一带"③。巫郡因巫山得名,位于扞关以东。扞关当指《汉书·地理志》之鱼复扞关,位于今奉节县东,其东即瞿塘峡。楚国据有长江三峡之关口——扞关,应当说占据了相当的地理优势,扞关往西对于巴蜀秦军来说几乎无险可守,从后世战例来看,只要突破了扞关,向西而据巴、蜀是指日可待的,故法正曰:"鱼复扞关,临江据水,实益州祸福之门。"④ 因此,巴、蜀秦军实际上面临楚国的巨大威胁,故秦国曾以楚怀王为条件"要以割巫、黔中之郡"⑤。

在北部防线全面落败,西部防线仍占据优势的情况下,楚国决定于公元前 280 年出兵扞关攻打秦之巴郡,楚军迅速拔得秦巴郡枳城。枳最初是

---

① 徐少华:《周代南土历史地理与文化》,武汉大学出版社 1994 年版,第 355 页。
② 〔汉〕司马迁:《史记》卷七〇《张仪列传》,第 2290 页。
③ 徐少华、李海勇:《从出土文献析楚秦洞庭、黔中、苍梧诸郡县的建置与地望》,《考古》2005 年第 11 期。
④ 〔北魏〕郦道元注,〔清〕杨守敬、〔清〕熊会贞疏,段熙仲点校,陈桥驿复校:《水经注疏》卷三七《夷水》,江苏古籍出版社 1989 年版,第 3054 页。
⑤ 〔汉〕司马迁:《史记》卷四〇《楚世家》,第 1728 页。

巴人的属地，《华阳国志》云"巴子时虽都江州，或治垫江，或治平都，后治阆中。其先王陵墓多在枳"①，可见枳自巴立国时便是一处非常重要的城邑，秦灭巴之后当属秦巴郡。《史记正义》："枳……今涪州城。在秦，枳县在江南。"②《元和郡县图志》云唐涪州城"本秦枳县城也"，其地"在蜀江之南，涪江之西"。③ 唐涪州，即今重庆市涪陵区，涪陵江经此向北汇入长江。《华阳国志》说"枳有明月峡、广德（屿）〔峡〕，故巴亦有三峡"④，《水经注·江水》说江水过汉巴郡江州之后，"江水又东右径黄葛峡，山高险，全无人居。江水又左径明月峡，东至梨乡，历鸡鸣峡。江之南岸有枳县治"⑤。《华阳国志》与《水经注》所记三峡之名不同，但皆认为江州到枳县之间形势险要，因此对于秦巴郡治所江州城来说，枳城是一处重要的防御关口，楚军攻下枳城则距秦巴郡不远矣。

眼见楚国出兵捍关夺得巴郡枳城，秦国立即调遣司马错因蜀攻楚。《史记·秦本纪》对于司马错公元前280年军事行动的记载颇值得玩味："（昭襄王）二十七年，错攻楚。赦罪人迁之南阳。白起攻赵，取代光狼城。又使司马错发陇西，因蜀攻楚黔中。"⑥ 可见《史记》实际上将司马错的军事行动分作两个阶段来进行描述，所谓"错攻楚"指的是司马错攻楚之邓城一战（参上文），其后司马错又从陇西发兵，"因蜀"而攻楚之黔中。而促使司马错发兵陇西的原因，便是"楚得枳"。

综上，"楚得枳"当在公元前280年，其背景是楚国北部防线被秦军突破，于是利用西部战略优势攻击秦巴、蜀地区。清楚了"楚得枳"的时间和相关历史背景，那么"楚得枳"与"国亡"之间有何关联呢？

---

① 〔晋〕常璩撰，刘琳校注：《华阳国志校注》卷一《巴志》，巴蜀书社1984年版，第58页。
② 〔汉〕司马迁：《史记》卷六九《苏秦列传》，第2271页。
③ 〔唐〕李吉甫撰，贺次君点校：《元和郡县图志》卷三〇《江南道六》，中华书局1983年版，第738~739页。
④ 〔晋〕常璩撰，刘琳校注：《华阳国志校注》卷一《巴志》，第58页。
⑤ 〔北魏〕郦道元注，〔清〕杨守敬、〔清〕熊会贞疏，段熙仲点校，陈桥驿复校：《水经注疏》卷三三《江水一》，第2797页。
⑥ 〔汉〕司马迁：《史记》卷五《秦本纪》，第213页。

四、"楚得枳"与楚失郢都的关系

由上文叙述可知，楚国出捍关攻下秦巴郡枳县，秦军派遣司马错将军由巴蜀攻楚黔中。然而司马错所率西路伐楚之军战事并不顺利。《史记》对秦楚西线战事的记载颇多抵牾之处。《史记·秦本纪》云：昭襄王二十七年（前280），"又使司马错发陇西，因蜀攻楚黔中，拔之"①，然《史记·楚世家》《史记·六国年表》并未提及公元前280年楚失黔中一事，而将楚失黔中系于公元前277年，即白起下郢之后。然《楚世家》和《六国年表》记述亦有差别：《史记·楚世家》记作"（顷襄王）二十二年，秦复拔我巫、黔中郡"②，《史记·六国年表》记作"（顷襄王二十二年）秦拔我巫、黔中"③。若据《史记·楚世家》之说，则公元前280—前277年之间，楚国曾将司马错所拔黔中郡收复，故《史记·楚世家》云"复拔"。若据《史记·六国年表》之说，则公元前280年司马错并未夺得楚黔中郡，黔中之下当在公元前277年，《史记·楚世家》之"复"字当为衍文。我们倾向于后者，也就是说秦国西路大军攻破黔中、巫郡当在白起下郢之后，"复"当是后人看到《史记·秦本纪》云司马错拔黔中添加的衍文，故郦道元修《水经注》时但言"使司马错以陇蜀军攻楚"④，而不言"拔楚黔中"。实际上，即便按照《史记·楚世家》的说法，公元前277年是秦军第二次拔得楚黔中，亦说明秦军西线战事并不顺利，所以楚军才有力量收复黔中郡，秦军真正据有楚巫、黔中二郡是在白起下郢之后。

秦楚西线交战中，楚军占据优势地位，秦军一直未能完全突破楚国西部防线，所以公元前279年，秦国决定派遣白起从北线突破。《史记·秦本纪》云：昭王二十八年（前279），"大良造白起攻楚，取鄢、邓，赦罪

---

① 〔汉〕司马迁：《史记》卷五《秦本纪》，第213页。
② 〔汉〕司马迁：《史记》卷四〇《楚世家》，第1735页。
③ 〔汉〕司马迁：《史记》卷一五《六国年表》，第742页。
④ 〔北魏〕郦道元注，〔清〕杨守敬、〔清〕熊会贞疏，段熙仲点校，陈桥驿复校：《水经注疏》卷三七《沅水》，第3088页。

人迁之"①。然《睡虎地秦简·叶书》将"攻邓"系于昭王二十七年,即公元前280年。高敏先生据此认为:"秦伐楚取鄢、邓等五城的这次大战役,实开始于昭王二十七年。"② 然《史记·秦本纪》云昭王二十七年,"白起攻赵,取代光狼城"③,《史记·赵世家》亦说"(惠文王)十九年(前280),秦取我二城"④,《史记·六国年表》载秦昭襄王二十七年,"击赵,斩首三万"⑤。这些材料说明公元前280年,白起还在与赵军作战,直到公元前279年,秦昭王才与赵惠文王在渑池相会修好。⑥ 因此,《睡虎地秦简·叶书》昭王廿七年攻邓之将领当是司马错,与白起无涉,白起南下攻楚在公元前279年。由白起出兵开始,秦军对楚作战颇为顺利,当年即夺得鄢、邓、西陵等城,一年后便占据楚郢都,楚顷襄王被迫放弃郢都,逃亡至陈城。

由上文梳理可知,公元前279年,白起从北路出兵攻伐楚鄢、邓、西陵等城池,这路秦军所向披靡,一路南下,最终导致楚顷襄王从郢都出逃,这是楚失郢都的直接原因。但如果将白起出兵放置在秦楚交战的历史过程中考察,我们发现这场战争实际开始于楚国西出扞关夺得秦枳城,这次胜利是引发秦军两路进攻楚国的导火索。因此《战国策·燕策二》云"楚得枳而国亡"。

五、结语

通过分析公元前278年前楚国面临的对秦防御形势,本文认为公元前280年割上庸、汉北地后,楚国曾西出扞关夺得秦枳城(今重庆市涪陵区)。这次西线得势引发秦军两路进攻楚国,成为楚失郢都的导火索,所以《战国策·燕策二》"秦召燕王"章云"楚得枳而国亡"。

---

① 〔汉〕司马迁:《史记》卷五《秦本纪》,第213页。
② 高敏:《云梦秦简初探》(增订本),河南人民出版社1981年版,第121页。
③ 〔汉〕司马迁:《史记》卷五《秦本纪》,第213页。
④ 〔汉〕司马迁:《史记》卷四三《赵世家》,第1820页。
⑤ 〔汉〕司马迁:《史记》卷一五《六国年表》,第741~742页。
⑥ 杨宽:《战国史》,上海人民出版社2003年版,第404页。

下面将公元前281年到公元前277年秦楚之战的过程排比如下：

公元前281年，楚顷襄王试图联合诸侯伐秦，秦兵闻讯派遣司马错将军出武关攻楚。

公元前280年，秦军攻至楚邓城，楚军大败。为了平息战火，楚国将上庸、汉北之地割予秦国。自此楚国对秦军的防御形势发生重大变化，北部屏障全被秦军占据，楚国的江汉腹地面临秦军的巨大威胁，楚国决定利用西线优势，出兵捍关进攻秦之巴郡试图扭转局面。眼见楚国迅速夺得巴郡枳城，为解巴郡之危，秦军立即调遣司马错以陇蜀军迎战楚国西路大军，然秦军未能迅速攻破楚国西部防线。

公元前279年，在秦国西路大军进展不利的情况下，秦国结束与赵国的战事，派遣白起率军南下攻楚，这一路秦军迅速夺得楚鄢、邓、西陵等重要城池。

公元前278年，白起所率北路秦军攻下郢都，顷襄王逃至陈城。

公元前277年，楚国的西部防线黔中、巫郡被秦军突破。

学者已对楚亡郢都之战的作战经过做了充分的讨论，但关于此战历史背景的认识仍有深化空间。《中国历代战争史·战国卷》从国际形势的角度揭示秦昭王拔郢之战的历史背景，其文云："东方之燕国长驱直入攻灭齐国，齐七十余城皆降燕。齐湣王出亡经卫、鲁、邹，最后至莒，寻为楚将淖齿所杀，于是齐国霸国之声威一时消灭。此时韩魏自伊阙战后，国力尚未恢复；赵国亦因新受白起之攻袭，只惴惴以求自保。昭襄王乃乘此千载一时之良机，决定先攻灭楚国，或逼其东徙，盖正乘其孤立无援也。"[①]杨宽先生在叙述白起伐楚过程之前云："楚国到楚怀王时，政治腐败，内部矛盾也很尖锐……楚怀王后期爆发了庄蹻为首的大起事，把楚国统治地区分割成几块……因此，楚国的力量就越来越衰弱了。公元前二八〇年左右有人献书秦王……不如南下攻楚……秦因而制定攻取楚都鄢郢的计划。公元前二七九年秦昭王为了攻楚，约赵惠文王在渑池（今河南渑池西）

---

① 台湾三军大学编：《中国历代战争史》第2册，军事译文出版社1983年版，第182页。

相会修好。"① 可见前辈学者主要从楚国内政腐败、当时的国际形势以及秦国自身战略计划等方面揭示楚亡郢之战的作战背景。

本文从楚国自身军事战略形势的角度认识楚亡郢之战的历史背景。我们认为公元前281年至公元前280年之间，秦楚两国即有一场大战，此战改变了楚国对秦的军事防御形势，使楚国彻底丧失了丹水上中游以及汉中郡两个方向的战略屏障，南阳盆地和江汉腹地面临秦军的直接威胁。在此背景下，楚国决定利用西线优势，出兵捍关进攻秦巴郡试图扭转被动的防御局面。"得枳"是楚国在该战略决策下取得的初步战果。马非百先生首先注意到公元前281年至公元前280年的秦楚之战，并将其与《叶书》所云"攻邓"联系起来，认为："《纪》《表》《世家》皆不言攻楚何地，此言攻邓，可补史书之缺。"② 徐少华先生认为正是这场战争造成楚国"割上庸、汉北地予秦"。③ 二位先生眼光敏锐，但未能认识到割上庸、汉北地对于楚国战略防御形势的巨大影响，也未将此事与楚得枳事件联系起来。

由本文梳理可知，公元前278年秦拔郢之前，楚国面对北部屏障被秦国全部占据的不利局面，试图利用西线优势出兵捍关威胁秦巴郡，一度夺得江州的关键城池——枳城。秦国闻讯调遣司马错在长江中上游迎战楚军，并看准时机结束与赵国在北线的战争，派白起南下攻楚，巧妙利用其在楚国北境的优势，拔得楚郢都，赢得了战争的胜利。这场耗时多年的秦楚交战，楚国虽以失郢都惨败，却曾利用西线优势主动出兵，并非只是被动抵御秦国两路大军的进攻。

（作者系云南大学历史与档案学院讲师；云南大学历史与档案学院2021级本科生）

---

① 杨宽：《战国史》，第402~404页。
② 马非百：《云梦秦简大事记集传》，《中国历史文献研究集刊》第2集，岳麓书社1981年版，第71页。
③ 徐少华：《周代南土历史地理与文化》，第355页。

南宋地方志与地方官的祠祀活动*
——以《祠庙门》为中心的考察

王忠敬

关于宋代以封赐为核心的地方祠祀政策，学界已积累了丰富的研究成果，揭示了宋代朝廷颁降赐额和赐号的政策、程序及其对国家统治和地方祠祀活动的影响。[①] 近年来，有研究者对于宋廷的赐额和赐号在认定地方祠祀合法性的作用上提出了新的看法，指出宋代地方社会中的许多祠庙并未获得官方的封赐，禁毁淫祠时也很少以赐额的有无来判定祠祀的合法与

---

* 本文原发表于《宋史研究论丛》第 20 辑，科学出版社 2017 年版，今有所改动。

① 日本学界最早对此问题进行探讨，松本浩一、金井德幸、须江隆、水越知等先生对此问题有许多重要的研究成果，相关的学术史梳理详见雷闻：《郊庙之外：隋唐国家祭祀与宗教·导言》，生活·读书·新知三联书店 2009 年版，第 23~24 页。相关的论著还可参见［美］韩森著，包伟民译：《变迁之神：南宋时期的民间信仰》，浙江人民出版社 1999 年版，第 76~101 页；沈宗宪：《国家祀典与左道妖异：宋代信仰与政治关系之研究》，台湾师范大学博士学位论文，2000 年；雷闻：《郊庙之外：隋唐国家祭祀与宗教》，第 270~276 页；皮庆生：《宋代民众祠神信仰研究》，上海古籍出版社 2008 年版，第 272~317 页；［韩］金相范：《宋代祠庙政策的变化与地域社会——以福州地域为中心》，《台湾师大历史学报》第 46 期，2011 年。

否。① 这种研究取向提示我们，宋代地方祠祀活动可能并非用合法与非法的二分法所能完全概括。前人的研究主要是从朝廷制度的运作与朝廷祠祀文书编纂的角度考察宋代地方祠祀政策。② 那么，宋代地方社会如何记载本地的祠庙与祠祀活动？地方文献的记载与官方的祠祀文书有无不同？如有不同，对地方社会有何影响？对此，目前存世的南宋地方志提示了一些值得注意的细节。在一些南宋地方志对本地祠庙的叙述中，"非系祀典"③等说法显得颇为特别。同时，一些地方志还记载了许多没有获得朝廷赐额或赐号的祠庙与祠神。那么，这些"非系祀典"的祠庙与祠神为何被收入南宋地方志中？地方志《祠庙门》是如何编纂的？地方志关于本地祠庙的记载对地方社会的祠祀活动和地方官员的祠祀实践产生了什么影响？本文拟以现存南宋地方志《祠庙门》的记载为基础探讨上述问题，不当之处，祈请方家指正。

一、《祠庙门》的编纂

宋孝宗淳熙六年（1179），朱熹知南康军，"到任之初，考按图经，询究境内民间利病"④，据此发布了一道榜文，其中一项称：

> 晋侍中太尉长沙陶威公兴建义旗，康复帝室，勤劳忠顺，以没其身。今按图经，公始家鄱阳，后徙寻阳，见有遗迹在本军都昌县界，及有庙貌在本军城内及都昌县，水旱祷禳，皆有感应。

---

① 杨俊峰：《宋代的封赐与祀典——兼论宋廷的祠祀措施》，荣新江主编：《唐研究》第 18 卷，北京大学出版社 2012 年版，第 75~97 页。
② 陈曦、[美] 田浩《南宋地方官的鬼神观与地方实践——以朱熹为中心的考察》（《人文论丛》2014 年第 2 辑，中国社会科学出版社 2015 年版，第 183~201 页）一文以朱熹在地方社会中的祭祀实践为中心分析了南宋地方志与国家祀典的关系。
③ 〔宋〕张津等纂修：《乾道四明图经》卷七《昌国县·祠庙》，《宋元方志丛刊》本，中华书局 1990 年版，第 4901 页。
④ 〔宋〕朱熹撰，刘永翔、朱幼文校点：《晦庵先生朱文公文集》卷一六《缴纳南康军任满合奏禀事件状》，朱杰人等主编：《朱子全书》第 20 册，上海古籍出版社、安徽教育出版社 2002 年版，第 757 页。

未委上件事迹是与不是诣实？①

"晋侍中太尉长沙陶威公"指东晋名将陶侃，朱熹通过南康军当地的图经得知本地有两座祭祀陶侃的陶威公庙，因此发布榜文向当地民众询访本地方志的记载是否属实。在得到证实之后，朱熹据此向朝廷申请为陶威公庙赐额。②

由此可见，南康军当地图经是朱熹到任之后了解陶威公庙的最初渠道，其关于陶威公在当地"水旱祷禳，皆有感应"的记载成为朱熹为陶威公庙申请朝廷赐额的一项重要依据。然则在朱熹奏请之前，南康军的陶威公庙并未获得朝廷的封赐。如果说宋代官府是依据赐额、赐号的有无来判定地方祠祀的合法性，获得朝廷封赐的祠庙是正祠③，那么，作为官府主持编纂的图经为何会收入当时尚未获得朝廷封赐的祠庙？朱熹为何会认可当地地方志的记载？南康军陶威公庙与图经的关系是南康军当地的特殊情况还是南宋时期的普遍现象？南宋地方志中记载地方祠祀的标准是否与朝廷的祀典有所差别？如果有，地方志的编纂者如何将地方社会的传统、士人的价值观念与国家的祭祀政策融合起来？朱熹所见南康军图经今已失传，然而目前存世的南宋地方志中《祠庙门》（部分地方志亦使用"祠祀门""叙祠"等说法）关于祠庙和祠神的记载为我们探讨这些问题提供了可能。欲探究地方志编纂者这一做法的目的与意义，我们首先要考察南宋地方志《祠庙门》的编纂原则。

在现存27部南宋地方志中，有22部设置了"祠庙"门类，其中的11部在该门类开篇序言中对编纂的原则做了说明。根据编纂者对朝廷封赐的不同认识，这11部地方志的编纂原则大致可以分为两类：一类是既强调儒家礼典的祭祀原则又尊重地方社会的祠祀传统，另一类则强调遵循

---

① 〔宋〕朱熹撰，刘永翔、朱幼文校点：《晦庵先生朱文公文集》卷九九《知南康榜文·又牒》，朱杰人等主编：《朱子全书》第25册，第4581页。
② 〔宋〕朱熹撰，刘永翔、朱幼文校点：《晦庵先生朱文公文集》卷二〇《乞加封陶威公状》，朱杰人等主编：《朱子全书》第21册，第933~936页。
③ 相关的研究前史可参看皮庆生：《宋代民众祠神信仰研究》，第272~295页。

朝廷祀典的记载。

具体而言，第一类的编纂者记载当地祠庙和祠神的标准有两条，一是符合儒家礼典的祭祀原则、获得朝廷封赐者，二是虽未获得朝廷封赐但在本地有重要影响者。这类地方志共有 7 部。① 宋光宗绍熙四年（1193）编纂的《云间志》卷中《祠庙》一门开篇即称：

> 古者，祀有常典。凡山川、林谷、丘陵能出云为风雨，与夫施法于民、以死勤事、以劳定国、御大灾、捍大患者，皆得以祀之。邑之庙祀不一，其尤昭著者，国之功臣、邑之先哲，或死于民社之寄，与夫山川、林谷、丘陵之能出云为风雨者亦当矣。惜乎，历岁浸久，名号弗正。稽之传记不足，询之耆老无证，姑以所闻著于篇，以俟来者。②

所谓"施法于民""以死勤事""以劳定国""御大灾""捍大患"等说法体现的是儒家礼典的祭祀标准。《礼记·祭法》云："法施于民则祀之，以死勤事则祀之，以劳定国则祀之，能御大灾则祀之，能捍大患则祀之……此皆有功烈于民者也。及夫日、月、星辰，民所瞻仰也，山林、川谷、丘陵，民所取财用也。非此族也，不在祀典。"③ 这一原则也正是宋代官府"检查地方祠神能否纳入祀典的标准"④。

然而，在这一原则之外，这 7 部南宋地方志的编纂者还强调应该收录那些未获朝廷封赐的祠庙与祠神。《嘉定赤城志》卷三一《祠庙门》记载了当地数量众多、传说各异的祠庙，称："犹以土俗传信，重于锄剔，姑

---

① 即《云间志》《淳祐玉峰志》《琴川志》《咸淳临安志》《嘉泰吴兴志》《宝庆四明志》和《嘉定赤城志》。

② 〔宋〕杨潜修，〔宋〕朱端常、〔宋〕林至、〔宋〕胡林卿纂：《云间志》卷中《祠庙》，《宋元方志丛刊》本，中华书局 1990 年版，第 28 页。

③ 〔汉〕郑玄注，〔唐〕孔颖达疏，龚抗云整理，王文锦审定：《十三经注疏·礼记正义》卷四六《祭法》，李学勤主编：《十三经注疏》（整理本），北京大学出版社 2000 年版，第 1524 页。

④ 皮庆生：《宋代民众祠神信仰研究》，第 278 页。

并存之，使来者择焉。"①《琴川志》卷一〇《叙祠》甚至声称："今列于祀典者未必皆有功德也"，因为当地祠庙"皆以保国安民为名，则不可得而废也。其建置之由、因革之故、废兴存亡之异，则当各纪岁月以备参考"。② 这些在当地社会具有深厚根底和影响力的祠庙与祠神"有功德于民则当祀之，而有祷辄应能福一方者，虽爵号未正，而血食滋久，□□有举之，不敢不载"③。这种编纂原则充分表明，赐额、赐号的有无不是地方志编纂者决定是否收录某一祠庙或祠神的唯一标准。部分南宋地方志的编纂者判断当地祠庙是否该被载入地方志时，除了参考儒家礼典的祭祀原则，也注重吸纳本地的祠祀传统。

第二类的编纂者称其记载的依据是朝廷颁布的祀典，只记载当地获得朝廷封赐的祠庙和祠神。这类地方志共有 4 部，即《景定建康志》《咸淳毗陵志》《景定严州续志》和《仙溪志》。例如，《景定建康志》的作者周应合称："诸不在祀典、非有赐额者不书。"④《仙溪志》的编纂者黄岩孙则称："闽俗机鬼，故邑多丛祠。惟袁侯以死捍寇，于法得祀。余或以神仙显，或以巫术著，皆民俗所崇敬者，载在祀典所当纪录，其不在祀典者不书。"⑤

然而，《景定建康志》和《仙溪志》中"祠庙"门类的具体记载与上述两位编纂者的说法实际上有所差异——这两部地方志中部分祠庙和祠神条下并未记载它们是否获得赐额或赐号。《景定建康志》记载当地有座

---

① 〔宋〕黄㽦、〔宋〕齐硕修，〔宋〕陈耆卿纂：《嘉定赤城志》卷三一《祠庙门》，《宋元方志丛刊》本，中华书局 1990 年版，第 7516 页。
② 〔宋〕孙应时纂修，〔宋〕鲍廉增补，〔元〕卢镇续修：《琴川志》卷一〇《叙祠》，《宋元方志丛刊》本，中华书局 1990 年版，第 1242 页。
③ 〔宋〕项公泽修，〔宋〕凌万顷、〔宋〕边实纂：《淳祐玉峰志》卷下《祠庙》，《宋元方志丛刊》本，中华书局 1990 年版，第 1088 页。
④ 〔宋〕马光祖修，〔宋〕周应合纂：《景定建康志》卷四四《祠祀志一》，《宋元方志丛刊》本，中华书局 1990 年版，第 2044 页。
⑤ 〔宋〕赵与泌修，〔宋〕黄岩孙纂：《仙溪志》卷三《祠庙》，《宋元方志丛刊》本，中华书局 1990 年版，第 8307 页。

"李王庙","在城东南十里,南唐李主也。里俗呼曰李帝庙,岁时祀之"①。另有一座"曹王庙",祭祀北宋初期大将曹彬,"旧在江宁社坛之前",因曹彬"国初统兵平江南,不杀一人,邦人感之,故立祠焉。岁久祠废,后人但以土地祀之,事见年表"。②《仙溪志》载当地"南台惠利嘉泽二侯庙"称:"旧传神本福州南台神,其庙基乃旧巡检廨。昔有巡检福州人,奉其香火,因立行祠于廨内,后迁寨于系蓼而神祠如旧。"③当地另有"威惠灵著王庙二,在风亭市之南北。按漳浦《威惠庙集》云,陈政仕唐副诸卫上将,武后朝戍闽,遂家于温陵之北曰风亭,灵著王乃其子也。今风亭二庙旧传乃其故居"④。上述四条记载均未提到这些祠庙或祠神获得了宋代朝廷封赐的庙额或爵号,笔者也暂未发现这四座祠庙或祠神获得朝廷封赐的记载。尽管这不能完全证明该祠庙始终未获朝廷封赐,但在一定程度上也表明,地方志编纂者记录这四座祠庙时,朝廷的赐额、赐号似乎不是最重要的参考依据。

从上述对南宋地方志"祠庙"门类编纂原则和具体内容的考察可以看出,赐额、赐号的有无并非地方志编纂者记录本地祠庙和祠神时的唯一标准,没有获得朝廷封赐的祠庙和祠神被载入地方志,一般是因其"有功德于民"⑤,能满足民众的祈福需求,在地方社会中有较大的影响力。南康军的陶威公庙因往来客商祈求平安和当地民众祈雨有灵验而被载入地方志中正是符合这样的编纂方式。南宋地方志的编纂者在判断本地祠庙与祠神是否可以被载入地方志时存在着儒家礼典与地方传统两种标准。

---

① 〔宋〕马光祖修,〔宋〕周应合纂:《景定建康志》卷四四《祠祀志一·诸庙》,第 2057 页。
② 〔宋〕马光祖修,〔宋〕周应合纂:《景定建康志》卷四四《祠祀志一·诸庙》,第 2059 页。
③ 〔宋〕赵与泌修,〔宋〕黄岩孙纂:《仙溪志》卷三《祠庙》,第 8309 页。
④ 〔宋〕赵与泌修,〔宋〕黄岩孙纂:《仙溪志》卷三《祠庙》,第 8310 页。
⑤ 〔宋〕项公泽修,〔宋〕凌万顷、〔宋〕边实纂:《淳祐玉峰志》卷下《祠庙》,第 1088 页。

二、《祠庙门》对地方祠祀的影响

如上所述，现存南宋地方志记载的祠庙与祠神未获朝廷封赐的情况颇多。那么，这些未获朝廷封赐的地方祠庙和祠神被编纂者收入地方志中的作用是什么呢？对地方祠祀活动有何意义与影响？对这一问题的考察应追溯到中晚唐时期国家与地方祠祀关系的变化上。

有研究者指出，《大唐开元礼》颁行之后，唐代朝廷将小祀中"诸神祠"合法性的判定权下放到州县官府，使得民间的祠祀活动与国家礼制的结合成为可能；中晚唐时期朝廷一般不再直接控制地方祠祀，地方官在地方祠祀事务上获得了更大的自主权，由地方官府主持修纂的《图经》成为确定祀典的主要依据。[①]

北宋的祠祀政策继续了中晚唐时期的做法。《宋史·礼志》称："自开宝、皇祐以来，凡天下名在地志，功及生民，宫观陵庙，名山大川能兴云雨者，并加崇饰，增入祀典。"[②] 此处强调的"名在地志"充分说明地方志是判断地方祠庙能否进入国家祀典的重要标准。宋真宗大中祥符元年（1008）也曾发布诏书，要求"天下宫观陵庙有名在地志、功及生民者，并加崇饰"[③]。宋哲宗绍圣二年（1095），"礼部侍郎黄裳请诏天下州军，籍所祠庙，略叙本末如《图经》，命曰'某州祀典'。从之"[④]。此时，以《图经》为代表的地方志文献成了地方官府编写地方祀典的范本。宋徽宗政和元年（1111），秘书监何志同上言："详定《九域图志》内祠庙一门，据逐州供具到，多出流俗，一时建置，初非有功烈于民者……欲望申敕礼官纂修祀典颁之天下，俾与《图志》实相表里。"[⑤] 宋徽宗批准了这一建

---

① 雷闻：《郊庙之外：隋唐国家祭祀与宗教》，第 221~223 页。
② 〔元〕脱脱等：《宋史》卷一〇五《礼志八》，中华书局 1985 年版，第 2561 页。
③ 〔宋〕李焘撰，上海师范大学古籍整理研究所、华东师范大学古籍整理研究所点校：《续资治通鉴长编》卷七〇，大中祥符元年十二月甲辰，中华书局 2004 年版，第 1581 页。
④ 〔宋〕马端临著，上海师范大学古籍整理研究所、华东师范大学古籍整理研究所点校：《文献通考》卷九〇《郊社考二十三》，中华书局 2011 年版，第 2771 页。
⑤ 〔清〕徐松辑：《宋会要辑稿》礼二〇之九至十，中华书局 1957 年版，第 769 页。

议。"俾与《图志》实相表里"中的《图志》显然是指《九域图志》，也就是说何志同建议纂修的国家祀典是以国家地理总志的记载为基础的。徽宗朝纂修《九域图志》的主要资料是各地官府上报的地方志，由此，地方志中关于祠庙的记载成为朝廷编纂国家祀典的资料来源之一。

可见，中晚唐时期地方志与官方祀典的密切关系在北宋得以延续并有了进一步的发展。然而，前人研究指出，北宋时期朝廷颁降赐额、赐号的做法逐渐普遍化和制度化，获得朝廷封赐逐步成为判定地方祠祀合法性的先决条件，对淫祠的判定标准也由地方官府灵活掌握转变为是否拥有朝廷的赐额、赐号。[①] 如果按照这一标准衡量，那么，为什么南宋地方官府主持编纂的地方志里会记载这些未获朝廷封赐的"淫祠"？地方官如何对待地方志所载未获封赐的祠庙和祠神？

考察南宋地方志可以发现，地方志作为官方祀典依据的作用并没有弱化，而且出现了一些新的变化。南宋地方官和士人常将地方志与国家祀典并举，认为地方社会的祠庙"载之祀典，纪之图经，可考不诬"[②]。更重要的是，南宋地方志中记载的祠祀对象与官方祀典有所不同。一些原先未被载入官方祀典或未获朝廷封赐的祠庙和祠神被收入新修的地方志中，由此得到地方官府的认可，从而在地方社会确立了权威性。严州（治今浙江建德）的两处祠庙就是通过这种途径获得了官府祭祀的地位："英烈王庙，在胥岭。盖伍子胥别庙。旧不载祀典。绍兴九年，因修图经，考正本原，取吴山本庙封爵名之，岁时遣官致祭焉。朱太守祠，在乌陇。汉会稽太守朱买臣之神也。又有别庙，在朱池，旧亦不载祀典。绍兴九年，因修图经，知为会稽郡地买臣故乡，为加增葺，岁时祀之。"[③] 与此类似的是，明州昌国县（治今浙江舟山）的黄公祠"在县东海中四百里，晋天福三

---

① 雷闻：《郊庙之外：隋唐国家祭祀与宗教》，第274页。
② 〔宋〕潜说友纂修：《咸淳临安志》卷七一《祠祀一·山川诸神》，《宋元方志丛刊》本，中华书局1990年版，第4000页。
③ 〔宋〕陈公亮修，〔宋〕刘文富纂：《淳熙严州图经》卷二《祠庙》，《宋元方志丛刊》本，中华书局1990年版，第4328页。

年置。其祠载于旧图经，非系祀典，故事实未详"①，尽管该庙未被列入官府的祀典，但《乾道四明图经》和《宝庆四明志》的编纂者均将其载入地方志中。② 此外，还有一些祠庙因为地方志编纂者的认可，被载入地志之中，避免了毁庙的结局。严州另有一座"何侍郎庙"，《淳熙严州图经》称："庙有碑，载神为何姓而不著名，谓其先从晋过江，卜居新安，仕陈文宣帝，位吏部侍郎，以谗见戮，太建二年立庙。按，陈文帝之后为宣帝，宣帝即位改元太建。今曰仕文宣帝而以立庙于太建，其说乖戾，余载年代尤差互，皆不足考证。后列何姓者数人，当是共立庙以祀其先，借为此官称尔。然传世既久亦不必毁云。"③

由此可见，南宋地方志《祠庙门》的记载延续了中晚唐以来官方祀典与地方志的密切关系。而且，由于自中晚唐以来朝廷和地方官府对地方志《祠庙门》记载的认可，南宋一些原先不载祀典或未获朝廷封赐的祠祀对象通过被载入方志获得了权威性和官府的承认。

三、《祠庙门》与地方治理

南宋地方志《祠庙门》的这种记录原则和叙述方式影响到南宋地方官员的祭祀实践。南宋地方官在地方社会面临水旱灾害或战乱威胁时，除了祭祀国家祀典规定的祠神④，也根据地方志的记载，向那些未获朝廷赐额、在地方社会具有深远影响的祠神祈福。《淳熙严州图经》记载当地"马目山新庙"，"在马目浦口，濒江距城三十里。唐文宗时刺史吕述

---

① 〔宋〕张津等纂修：《乾道四明图经》卷七《昌国县·祠庙》，第4901页。
② 〔宋〕胡榘修，〔宋〕方万里、〔宋〕罗濬纂：《宝庆四明志》卷二〇《昌国县志·叙祠》，《宋元方志丛刊》本，中华书局1990年版，第5253页。
③ 〔宋〕陈公亮修，〔宋〕刘文富纂：《淳熙严州图经》卷三《祠庙》，第4340页。
④ 例如，朱熹记载："伏睹绍熙五年七月七日敕书，内一项：五岳四渎、名山大川，历代帝王、忠臣烈士，载于祀典者，委所在长吏精洁致祭，近祀庙处并禁樵采。如祠庙损坏，令本州支省钱修葺。"见〔宋〕朱熹撰，刘永翔、朱幼文校点：《晦庵先生朱文公文集》卷一〇〇《约束榜》，朱杰人等主编：《朱子全书》第25册，第4639~4640页。

建。……至今岁时祀焉，水旱祈辄应"①。《淳熙严州图经》编纂于淳熙十二年（1185），并未提及该庙是否获得朝廷的赐封。淳熙十三年至十五年（1186—1188），陆游出知严州。在此期间，陆游因当地大旱而向马目山神祈雨，称：

> 维神有祠，兹山尚矣。唐刺史韩泰，以祷雨获应，载新庙貌。今又四百余年，而未列命祀，无以慰父老祝史之心。今兹旱势已极，某虽愚，蒙恩假守，得以专达于朝。敢与尔神期以三日，甘泽沾足，槁苗复兴，当列奏乞封，以侈神之威灵。②

因初次祈雨未获成功，陆游撰写了第二篇祈雨文，再次向马目山神祈雨：

> 考于图志，得神之威灵而致祷焉。既累日矣，诚弗能格，虽间得小雨，地不及濡，尘不及敛，而赫日复出矣。然父老之言，以为比夕云物，多起神之祠傍，意者神哀悯斯民，终有以活之也。③

对比两份祈雨文可以看出，陆游知道马目山神"未列命祀"，但"考于图志，得神之威灵而致祷焉"。"未列命祀"意味着马目山神未获朝廷封赐，但陆游并没有因此认定该祠神为淫祀而不向其祈雨。这一事例从实践的层面反映出南宋地方志在地方祠祀事务中所具有的权威性，赐额、赐号的有无并非地方官判定正祀或淫祀以及决定祠祀对象的唯一标准，同时也说明南宋地方官在处理地方祠祀事务时仍然掌握着灵活的权力。

---

① 〔宋〕陈公亮修，〔宋〕刘文富纂：《淳熙严州图经》卷二《祠庙》，第4328页。
② 〔宋〕陆游：《陆游集·渭南文集》卷二四《严州马目山祈雨祝文》，中华书局1976年版，第2210页。
③ 〔宋〕陆游：《陆游集·渭南文集》卷二四《严州马目山祈雨祝文·又》，第2210~2211页。

陆游的做法并非孤例，这种情形在南宋地方官的祭祀实践中较为普遍。① 下文以朱熹为陶威公庙申请庙额一事为例，考察南宋地方志关于地方祠祀的记载对地方官的影响。

朱熹所撰《乞加封陶威公状》一文中详细记载了其在南康军任上处理地方祠祀事务的诸多细节，特摘引如下：

> 据都昌县税户董翌等状："伏睹本军榜示询访先贤事迹，数中一项：晋侍中、太尉长沙陶威公兴建义旗，康复帝室，勤劳忠顺，以没其身。谨按图经，公始家鄱阳，后徙浔阳，见有遗迹在本军都昌县界，及有庙貌在本军城内及都昌县，水旱祷禳，皆有感应。未委上件事迹是与不是诣实？且翌等系都昌县居民，县境之南北的有陶威公庙二所，其神聪明正直，阴有所助。庙貌建立年代深远，逐时居民商旅祈祷，无不感应。及本县管下并邻近州县等处，遇春夏阙雨，乡民诣庙祈求，立有感应。兼本庙边临匯泽大江，水势湍急，纲运舟船往来祈祷，风涛自然恬静，前后庙记声述分明。今来翌等不敢没其实，陈乞详酌，具录陶威公灵应事迹，保明奏闻，乞加封号。"本军所据前项状述，寻行下都昌县，勘会得董翌等所陈委是著实，保明申军。及缴到江南刘羲仲所撰公赞曰："晋太尉陶威公侃有大功于晋，读其书，凛乎若见其唱义于武昌，破石头，斩苏峻，何其壮也！东坡苏公尝为予言，威公忠义之节横秋霜而贯白日，《晋史》书折翼事，岂有是乎？……名莫大乎忠孝，分莫大乎君臣。……威公没，距今几千年，所在庙祀之。都昌县南北庙为尤盛，庙屡废而屡兴，由其有功德于斯民者厚也。"又缴到近世抚州布衣吴溉所著辩论曰："卓哉，陶士行之独立也！……既坐拥八州、据上流，已重泰山，晋轻鸿毛，移其宗社，曾不反掌，而臣节益修，未始擅作威福以自封殖。……"本军今检准乾道重修令，诸道释神祠祈祷灵应，宜加官爵封号庙额者，

---

① 关于朱熹、真德秀等人作为地方官员在地方社会的祭祀实践，参看陈曦、[美]田浩：《南宋地方官的鬼神观与地方实践——以朱熹为中心的考察》，《人文论丛》2014年第2辑，第183~201页。

州具实事状申转运司，本司验实保明。及详本县缴到文字，所以发明公之心迹尤为明白，有补名教，理宜褒显。而公位登三事，爵冠五等，当时所以品节尊名者，亦已称其行事之实。今据士民陈请在前，欲乞朝廷详酌，采其行事，特赐庙额，以表忠义，更不别赐爵号。须至申闻者。

右谨具申转运使衙，伏乞照会，详酌前项所申事理，依条施行。伏候台旨。①

这份材料是朱熹向江南西路转运司呈交的状文，朱熹文集的编者将此文题为《乞加封陶威公状》并不十分准确，朱熹并非是为陶侃申请赐号，而是为陶威公庙申请庙额，即引文所称"特赐庙额，以表忠义，更不别赐爵号"。②

朱熹的状文由四部分构成。第一部分是抄录南康军都昌县税户董翌等人呈交南康军官府的状文。董翌的状文又分为两部分：从"伏睹本军榜示询访先贤事迹，数中一项"以下至"未委上件事迹是与不是诣实"一段文字是抄录朱熹到任南康军之后发布的榜文，文字与前文所引《知南康榜文·又牒》所载相同③；从"且翌等系都昌县居民"至"乞加封号"一段文字是董翌等人叙述陶威公庙在当地民众祈求风调雨顺和过往船只祈求航行平安时的灵应事迹。

状文的第二和第三部分分别是朱熹引用北宋士人刘羲仲所撰《公赞》和南宋抚州士人吴澥所撰《辩论》的文字。刘羲仲和吴澥，《宋史》均无传。刘羲仲是北宋著名史家刘恕之子，晁补之称："南康刘羲仲壮舆，志操文义，蚤知名于士大夫，年四十矣而学问亦苦，盖不欲一日弃其力于无

---

① 〔宋〕朱熹撰，刘永翔、朱幼文校点：《晦庵先生朱文公文集》卷二〇《乞加封陶威公状》，朱杰人等主编：《朱子全书》第21册，第933~936页。
② 北宋中期制定的封赐顺序是先赐额后封爵。宋神宗元丰六年（1083），太常博士王古建议："自今诸神祠无爵号者赐庙额，已赐额者加封爵。初封侯，再封公，次封王，生有爵位者从其本。妇人之神，封夫人，再封妃。其封号者，初二字，再加四字。……如此则锡命驭神，恩礼有序。"见〔清〕徐松辑：《宋会要辑稿》礼二〇之六至七，第767~768页。此事另见〔宋〕李焘：《续资治通鉴长编》卷三三六，元丰六年闰六月辛卯，第8100页。
③ 〔宋〕朱熹撰，刘永翔、朱幼文校点：《晦庵先生朱文公文集》卷九九《知南康榜文·又牒》，朱杰人等主编：《朱子全书》第25册，第4581页。

用也。筑屋庐山其先人之居，自号曰'漫浪翁'。"①正德《瑞州府志》称："政和间，以蔡京荐，召为宣教郎、编修官。至京师，绝不造谒，昌言曰：'吾但知天子有命，不知有荐。'遂忤京。弃官归庐山，号'漫浪翁'，或通刺但书江南刘羲仲。"②结合这些记载大致可知，宋徽宗政和年间（1111—1118），刘羲仲绝意仕途后即居于庐山附近，地近南康军。刘羲仲所撰《公赞》不见于今传之《三刘家集》，但《三刘家集》中保存了陈瓘回复刘羲仲的信，称"某伏蒙寄示《陶桓公赞》"③。陶侃死后获谥曰"桓"④，因称陶桓公。朱熹在给吕祖谦的信中亦称自己初到南康军"首下书访陶桓公、靖节、刘凝之、周先生诸公遗迹"⑤。南康军当地士人和民众将陶侃称为陶威公而非陶桓公颇为奇怪，存疑待考。总之，刘羲仲撰写关于陶侃《公赞》的真实性当无疑问，其主要辨析了"《晋史》书折翼事"的真实性，以陶侃和曹操作对比，强调陶侃平定苏峻之乱，有功于东晋。吴澥是抚州崇仁县人，曾于宋高宗绍兴十六年（1146）进呈《宇内辩》《历代疆域志》等书。⑥此处朱熹所称《辩论》可能是《宇内辩》的一部分。吴澥强调陶侃并无"跋扈之心""顾望之迹"，所谓"折翼之梦"是陶侃死后庾氏家族的诬陷之词。抚州与南康军同属江南西路，均位于鄱阳湖沿岸，因此刘羲仲和吴澥可视为鄱阳湖流域的本地士人，他们均为陶侃作辩护，力图说明陶侃恪守臣节、忠于东晋朝廷。那么，刘羲仲、吴澥为何要

---

① 〔宋〕晁补之：《济北晁先生鸡肋集》卷三《漫浪阁辞》，《四部丛刊初编》本，商务印书馆1919年版，第19页。关于刘羲仲的籍贯有不同的记载，陈振孙撰《直斋书录解题》称："高安刘羲仲壮舆纂集。"见〔宋〕陈振孙：《直斋书录解题》卷四《编年类·通鉴问疑》，上海古籍出版社1987年版，第115页。此问题暂且存疑，俟待后考。
② 〔明〕熊相纂修：正德《瑞州府志》卷九《人物志·侍从》，《天一阁藏明代方志选刊续编》第42册，上海书店1990年版，第1004页。
③ 〔宋〕陈瓘：《与检讨二首》，〔宋〕刘涣等撰，〔宋〕刘元高编：《三刘家集》，《景印文渊阁四库全书》第1345册，台湾商务印书馆1986年版，第563页。
④ 〔唐〕房玄龄等：《晋书》卷六六《陶侃传》，中华书局1974年版，第1778页。
⑤ 〔宋〕朱熹撰，刘永翔、朱幼文校点：《晦庵先生朱文公文集》卷三四《答吕伯恭》，朱杰人等主编：《朱子全书》第21册，第1481~1482页。
⑥ 〔宋〕李心传编撰，胡坤点校：《建炎以来系年要录》卷一五五，绍兴十六年九月己巳，中华书局2013年版，第2942页。

着重为陶侃辩护？陶侃在东晋至唐初的史书中的形象是什么样的？

所谓"《晋史》书折翼事"见于《晋书·陶侃传》，传文称："（陶侃）又梦生八翼，飞而上天，见天门九重，已登其八，唯一门不得入。阍者以杖击之，因坠地，折其左翼。及寤，左腋犹痛。……及都督八州，据上流，握强兵，潜有窥窬之志，每思折翼之祥，自抑而止。"① 结合东晋初期陶侃与王导、庾亮等高门大族的矛盾考虑，有研究者指出，魏晋时期重视阀阅，陶侃出身鄱阳郡寒门，长期受河洛高门和三吴士族的冷落与歧视；进入东晋之后，陶侃亦受建康贵族的猜疑与排抑。晋明帝死后，陶侃并没有成为顾命大臣，因此在之后爆发的苏峻之乱中，陶侃对于勤王并不热心。苏峻之乱平定后，陶侃出掌荆州，随后进一步控制了江州，斩杀建康朝廷任命的江州刺史郭默，直接与朝廷中枢相抗，打破了其与庾亮等势力之间的平衡，并试图起兵罢废王导。尽管陶侃晚年多次表现出谦让之举，但是其对东晋司马氏政权、侨民士族和三吴大族咄咄逼人的态势应该是存在的。② 陶侃的这种政治形象，特别是"折翼"之梦的隐喻到了北宋初年仍然为统治者所忌讳。③

尽管关于陶侃折翼之梦的真实性与其政治意图很难证实或证伪，但是通过上述分析可以看出，从南朝早期的史料到《晋书》成书的唐代初期，再到两宋之际鄱阳湖流域本地士人的叙述，陶侃的形象在不同时代士人的笔下发生了巨大的转变，从一个对东晋王朝怀有异志的大藩刺史转变为士人称颂的朝廷忠臣。

状文的第四部分自"本军今检准乾道重修令"以下至"伏候台旨"一段是朱熹为此次申请庙额所做的总结。朱熹自称援引刘羲仲和吴澥两段文字的目的是"发明公之心迹"，旨在为证明陶侃并无异志、恪守君臣之分寻

---

① 〔唐〕房玄龄等：《晋书》卷六六《陶侃传》，第1779页。
② 参见田余庆：《东晋门阀政治》，北京大学出版社1996年版，第68~69页。魏斌：《东晋寻阳陶氏家族的变迁》，《中国史研究》2002年第4期。
③ 宋太祖建隆三年（962）九月，北宋重建武成王庙，陶侃初在配祀之列。翌年（乾德元年，963）六月，宋太祖要求以"功业始终无瑕"的标准重订配祀名单，陶侃随即失去了配祀的地位。见〔宋〕李焘：《续资治通鉴长编》卷四，乾德元年六月癸巳，第92~95页。

求依据。从状文写作的整体脉络来看，朱熹对于都昌县董翌等人陈述的陶侃灵迹似乎并不特别重视，最后并未加以总结，只称"今据士民陈请在前"，却对刘羲仲和吴澥的观点做了进一步的阐发。朱熹对陶侃大加赞誉是因为"陶侃守君臣之分、具忠孝之名，合乎南宋朝廷规范士人的需要"①。

从上述对朱熹状文四个部分的分析可以看出，南康军当地民众、士人和地方官员关于陶威公庙的认识及其对陶侃形象的理解存在着明显的差异。以董翌等人为代表的当地民众在意的是陶侃作为神灵是否灵验，而并不关心历史上的陶侃忠义与否，这与刘羲仲、吴澥、朱熹等人关注的焦点截然不同。更重要的是，朱熹亲眼所见南康军当地图经记载的也是陶威公庙的灵迹而非陶侃的忠臣之节，这与朱熹大费周章的论证相比，两者关注的重点完全不同，地方志记载陶威公庙的依据与士大夫为陶侃辩护的论据也大相径庭。显然，地方志的记述与当地民众的观念较为接近。那么，朱熹为何仍要依据南康军地方志和本地民众的观念来认定陶侃"有功德于斯民"呢？

朱熹等南宋地方官认可乃至祭祀地方志所载未获朝廷封赐的祠庙与祠神，与其治理地方社会的需求和手段密切相关。在南宋地方官看来，"事神"与"治民"是其治理地方社会时两项密不可分的重要职责。陈造称："政之大端二，曰治民，曰事神，自天子达于郡邑，外此无大务。然肃于神亦急于民而已，其事虽二，其本一也。"② 袁甫也说："国之所恃者民，民之所恃者神，事神治民，吏之职也。"③ 因此，如何对待地方社会的祠祀传统就成为地方官治理地方社会的一个重要问题。

朱熹为陶威公庙申请庙额的根本目的，是希望此举能"有补名教""以表忠义"④。朱熹在南康军任上努力推行儒家教化，强调忠信节义的重

---

① 陈曦、[美]田浩：《南宋地方官的鬼神观与地方实践——以朱熹为中心的考察》，《人文论丛》2014年第2辑，第191页。
② [宋]陈造：《江湖长翁文集》卷二一《高邮社坛记》，《宋集珍本丛刊》第60册，线装书局2004年版，第559页。
③ [宋]袁甫：《蒙斋集》卷一七《江东谒诸庙祝文》，《丛书集成初编》本，商务印书馆1936年版，第240页。
④ [宋]朱熹撰，刘永翔、朱幼文校点：《晦庵先生朱文公文集》卷二〇《乞加封陶威公状》，朱杰人等主编：《朱子全书》第21册，第936页。

要性，他在上任之初发布的榜文中即称："本军民俗号称淳厚……非他郡之所及。又况天性人心不易之理，在昔既有，今岂无之？患在师帅不良，不加敦劝，是致颓靡，日陷偷薄。今请管下士民乡邻父老，岁时集会，并加教戒。……庶几风俗之美不愧古人，有以仰副圣天子敦厚风俗之意。"①因此，朱熹在《乞加封陶威公状》中特地征引刘羲仲和吴澥的说法强调陶侃的忠义之行，正是为其在地方社会推动教化的目标服务的。然而，正如研究者所指出的，"无论是官方或民间系统的祠庙祭祀，其生命力最终仍取决于民间力量"②。朱熹在利用祠祀活动推动地方教化时也要尊重地方社会的祠祀传统。因此，朱熹认可南康军图经的记载和地方民众的说法无疑有助于其教化理念的宣扬与活动的展开，也更能为地方民众所接纳。此举正如袁甫在《衢州重修灵顺庙记》中所说："牧民无他伎巧，从其愿而已。"③ 从地方治理这一层面来看，地方官认可地方志所载地方社会的祠祀对象，表明其承认和尊重地方社会的祭祀传统，由此以主动的姿态获取地方社会的认同，这实际上加强了地方官员在地方社会中的影响力。地方志在此过程中发挥着调和官府与民间社会关系的作用。

综上所述，地方志作为融合官方意志与地方传统的文本，是地方官治理地方的重要工具，地方官利用地方志《祠庙门》的记载来处理地方祠祀事务、决定祭祀对象，实际上也是利用地方社会的传统观念与做法来加强其对地方社会的控制和管理。南宋地方志《祠庙门》文本编纂与行用的背后体现了地方官治理地方社会的观念和策略。

四、结语

宋代地方社会的祠祀活动非常活跃，引起朝廷和地方官府的更多关注。有研究者认为，朝廷颁降赐额、赐号的做法在北宋时期逐渐普遍化和

---

① 〔宋〕朱熹撰，刘永翔、朱幼文校点：《晦庵先生朱文公文集》卷九九《知南康榜文》，朱杰人等主编：《朱子全书》第 25 册，第 4580 页。
② 魏斌：《洞庭古祠考——中古湘水下游的祠庙景观》，《历史人类学刊》2012 年第 2 期。
③ 〔宋〕袁甫：《蒙斋集》卷一二《衢州重修灵顺庙记》，第 177 页。

制度化，这是朝廷将地方祠祀纳入国家权力掌控之中的策略，北宋王朝据此建立起由皇权支配的神明体系，显示了中央集权的强化。[1] 亦有研究者指出，宋代地方祠神获得官方承认的途径主要有两种：一是进入祀典，二是申请赐封；官府认定的依据从以祀典为主转向以赐额、封号为主。[2] 然而，从南宋地方志记载"不系祀典"的地方祠庙，以及陆游、朱熹等南宋地方官祭祀"未获命祀"的地方祠神的做法来看，地方志记载的地方祠庙和祠神即使不在祀典或未获朝廷封赐也能得到地方官府的认可。

南宋地方志对地方祠祀状况的叙述在很大程度上受当地传统观念的影响。前文分析朱熹《乞加封陶威公状》指出，刘羲仲、吴瀚和朱熹强调陶侃的忠义之节，朱熹援引的南康军地方志则强调陶侃的灵验，即体现了当地传统观念对地方志编纂的影响。因此，地方官员参考地方志处理地方祠祀事务也就面临着如何对待地方传统观念的问题。陆游第二次向马目山神祈雨的重要原因是"父老之言，以为比夕云物，多起神之祠傍，意者神哀悯斯民，终有以活之也"[3]。可见，"父老之言"所代表的地方观念不仅影响着地方官员对于地方社会的认知，也影响到地方官对地方事务的处理。《咸淳临安志》卷七一《祠祀一》云："考诸礼而弗悖，其在郡国遵奉唯谨，充类而达之，可以存古、可以从俗者，悉得列焉。"[4] 显然，在"礼"之外，"俗"亦有重要意义，这意味着地方官员和地方志的编纂者要接纳地方社会的传统观念，将国家礼典与地方习俗结合起来。南宋地方志《祠庙门》的编纂及其对地方官员的影响正体现了地方社会中国礼与土俗的融合，其背后展现的是南宋地方官治理地方社会的观念和策略。

（作者系浙大宁波理工学院讲师）

---

[1] 雷闻：《郊庙之外：隋唐国家祭祀与宗教》，第250~276页。
[2] 皮庆生：《宋代民众祠神信仰研究》，第294页。
[3] 〔宋〕陆游：《陆游集·渭南文集》卷二四《严州马目山祈雨祝文·又》，第2211页。
[4] 〔宋〕潜说友纂修：《咸淳临安志》卷七一《祠祀一》，第3994页。

杨果教授论著成果一览表

一、著作

（一）独著

《中国翰林制度研究》，武汉大学出版社 1996 年版。1997 年获武汉大学第八届社会科学优秀科研成果（著作类）二等奖。

《宋代两湖平原地理研究》，湖北人民出版社 2001 年版。2002 年 8 月获"邓广铭学术奖励基金三等奖"，2005 年获武汉大学第十届人文社会科学研究优秀成果二等奖。

《宋辽金史论稿》，商务印书馆 2010 年版。

（二）合著

《经济开发与环境变迁研究——宋元明清时期的江汉平原》（与陈曦合著），武汉大学出版社 2008 年版。

（三）参编的著作与教材

《中国十奸臣外传》（张星久、杨果等编著），荆楚书社 1988 年版，撰写其中 2 篇约 4 万字（《"六贼"之首的兴衰——北宋太师蔡京逸事》《吸血魔王——元朝中书平章政事阿合马》）。

《外戚传》（朱雷主编），河南人民出版社 1992 年版，撰写其中 3 篇约 3 万字（《从战将到庸夫的符彦卿》《贪权谋位的张尧佐》《欲壑难填的

西夏权臣任得敬》）。

《中国历代才女》（苏者聪主编），河南人民出版社 1996 年版，撰写宋辽金元部分约 10 万字。

《中国俸禄制度史》（黄惠贤、陈锋主编），武汉大学出版社 1996 年版，撰写宋辽金元部分约 10 万字。1997 年获武汉大学第八届社会科学优秀科研成果（著作类）一等奖，中南五省优秀图书奖。

《缪秋杰与民国盐务》（李涵等著），中国科学技术出版社 1990 年版，撰写其中第六章约 2 万字。

《中国历史典籍导读》（陈伟主编），高等教育出版社 2007 年版，编撰宋代部分约 5 万字。

《宋史研究论文集（2010）》（邓小南、杨果、罗家祥主编），湖北人民出版社 2011 年版。

（四）参编的工具书

《青年读书辞典》（曾庆元主编），湖北人民出版社 1993 年版，撰写"中国历史""地理学"条目约 6 万字。获 1994 年中南图书展"优秀社科读物"奖。

《中国军事史辞典》（陈章华、荣肇隆主编），湖北人民出版社 1993 年版，撰写"战争、战役、战斗"（隋唐至清）条目约 11 万字。获 1994 年中南图书展"优秀社科读物"奖。

《中国古代典章制度大辞典》（唐嘉弘主编），中州古籍出版社 1998 年版，撰写"科举制度"（宋元及清之一部分）约 180 条 2 万字。

二、论文

（一）专业类

《略论北宋的"冗官"与积弱积贫的关系》，《学习与研究》1982 年第 4 期。

《范仲淹兴学育才二三事》，《历史知识》1983 年第 2 期。

《作为教育家的范仲淹》，《宋史论集》（中州书画社编），中州书画社

1983 年版。

《宋代的海外贸易》（英译汉），《中国史研究动态》1984 年第 3 期（署名"尹民"）。

《简论唐代的翰林学士》，《争鸣》1985 年第 2 期。

《宋翰林学士人员结构考述》，《武汉大学学报》（社会科学版）1988 年第 6 期。

《〈宋史·职官志二〉证误》，《宋史研究通讯》（内刊）1989 年第 1 期。

《宋代"两制"概说》，《秘书之友》1989 年第 4 期。

《翰林学士与宋代政治初探》，《宋史研究论文集（一九八七年年会编刊）》（邓广铭、漆侠等主编），河北教育出版社 1989 年版。

《元枢密院制度述略》（与李涵合著），《蒙古史研究》第 3 辑（中国蒙古史学会编），内蒙古大学出版社 1989 年版。

《〈范仲淹传〉评介》，《中国史研究动态》1991 年第 7 期。

《两宋外制官考述》，《中日宋史研讨会中方论文选编》（邓广铭、漆侠主编），河北大学出版社 1991 年版。

《开放全盛的宋元四百年》，《湖北外事》（内刊）1992 年第 2 期。

《明对外来经济文化的引进》，《湖北外事》（内刊）1992 年第 4 期。

《宋代后妃参政述评》，《江汉论坛》1994 年第 4 期。

《金代翰林与政治》，《北方文物》1994 年第 4 期；人大复印报刊资料《宋辽金元史》转载，1995 年第 1 期。1997 年获中国辽金及契丹女真史研究会"优秀论文"二等奖。

《辽金俸禄制度研究》，《大陆杂志》（台湾）1997 年第 5 期。

《〈入蜀记〉所见南宋湖北人文地理》，《江汉论坛》1998 年第 2 期。

《宋代江汉平原城镇的发展及其地理初探》，《武汉大学学报》（哲学社会科学版）1998 年第 6 期；《新华文摘》摘载，1999 年第 2 期。

《北宋时期主户与客户的地理分布——以今湖北地区为例》，《湖北大学学报》（哲学社会科学版）1998 年第 6 期；人大复印报刊资料《宋辽金元史》转载，1999 年第 1 期。

《古代翰林制度及其对封建文化的影响》，《光明日报》1999 年 2 月 12 日。

《唐、五代至北宋江陵长江堤防考》，《中国历史地理论丛》1999 年第 2 期。

《〈吴船录〉对湖北历史地理研究的价值》，《江汉考古》1999 年第 2 期。

《宋朝诏令文书的主要制度》，《档案管理》1999 年第 3 期。

《宋代荆江堤防的历史考察》，《中国史研究》1999 年第 4 期。

《中国古代翰林制度及其与封建政治的关系》，《社会科学辑刊》1999 年第 6 期。

《宋代的鄂州南草市——江汉平原市镇的个案分析》，《江汉论坛》1999 年第 12 期。

《宋代的沙头市与南草市——江汉平原城镇的个案分析》，《宋史研究论文集》（漆侠、王天顺主编），宁夏人民出版社 1999 年版。

《辽代翰林院与翰林学士》，《学习与探索》2000 年第 1 期。

《南宋江汉平原"百里荒"考辨》，《中国经济史研究》2000 年第 1 期。

《宋代洞庭湖平原市镇的发展及其地理考察》（与郭祥文合著），《求索》2000 年第 1 期。

《唐宋时期诏令文书的主要类型》，《文史杂志》2000 年第 2 期。

《王安石性格解读》（与廖寅合著），《抚州师专学报》2001 年第 2 期。

《湖北省旱涝灾害的特点与发生规律分析》（与吴宜进合著），《湖北省 2001 年重大自然灾害白皮书》（本书编委会编），2001 年。

《北宋湘西"寨"的兴替及其与区域开发的关系》（与郭祥文合著），《漆侠先生纪念文集》（本书编委会编），河北大学出版社 2002 年版。

《宋代"才女"现象初探》（与廖寅合著），《宋史研究论文集——国际宋史研讨会暨中国宋史研究会第九届年会编刊》（漆侠主编），河北大学出版社 2002 年版。

《宋代江汉平原水陆交通的发展及其对经济开发的影响》（与陈曦合著），《武汉大学学报》（人文科学版）2003 年第 3 期；人大复印报刊资料《经济史》转载，2003 年第 5 期。

《宋人谥号初探》（与赵治乐合著），《史学月刊》2003 年第 7 期。

《近百年来宋代中枢秘书制度研究的回顾与反思》，《中国史研究动态》2003 年第 9 期。

《也谈宋代书院与同时代的欧洲大学》（与赵治乐合著），《湖北大学学报》（哲学社会科学版）2004 年第 2 期。

《唐宋妇女史研究的深化与突破——评〈唐宋女性与社会〉》（与铁爱花合著），《妇女研究论丛》2004 年第 4 期。

《宋人墓志中的女性形象解读》，《东吴历史学报》（台湾）2004 年第 11 期。

《拨云见日　激浊扬清：〈岳飞新传〉评介》（与赵治乐合著），《岳飞研究》第 5 辑《纪念岳飞诞辰 900 周年暨宋学国际学术研讨会论文集》（龚延明、祖慧主编），中华书局 2004 年版。

《宋代中枢秘书制度史研究述评》，《宋代制度史研究百年（1900—2000）》（包伟民主编），商务印书馆 2004 年版。

《宋元江汉平原的洪涝灾害及其成因、影响初探》（与陈曦合著），《湖北省社会主义学院学报》2005 年第 3 期。

《宋代江夏地区制瓷业的兴衰及其原因探析——以考古资料为中心》（与陈曦合著），《江汉考古》2005 年第 3 期。

《宋元时期江汉—洞庭平原聚落的变迁及其环境因素》，《长江流域资源与环境》2005 年第 6 期；人大复印报刊资料《地理》转载，2006 年第 2 期。

《从唐宋性越轨法律看女性人身权益的演变》（与铁爱花合著），《中国史研究》2006 年第 1 期；《中国社会科学文摘》摘登，2006 年第 3 期。

《宋代鄂州城市布局研究》，《中国史研究》（韩国）第 40 辑，2006 年。

《墓志所见金代士族女性形象——以〈遗山集〉墓志为重点》，《10—

13 世纪中国文化的碰撞与融合》（张希清等主编），上海人民出版社 2006 年版。

《宋元时期江汉平原自然灾害探析：种类、分布、影响》（与陈曦合著），《华中科技大学学报》（社会科学版）2007 年第 1 期。

《宋诗所见江汉平原农村日常生活》，《石泉先生九十诞辰纪念文集》（武汉大学历史地理研究所编），湖北人民出版社 2007 年版。

《宋仁宗郭皇后被废案探议》（与刘广丰合著），《史学集刊》2008 年第 1 期。

《宋代女性自杀原因初探》（与陆溪合著），《兰州大学学报》（社会科学版）2008 年第 5 期。

《女性、身体、权利——基于〈名公书判清明集〉的考察》，《宋史研究论文集（2008）》（邓小南主编），云南大学出版社 2009 年版。

《由唐到宋女性美的变迁》（与胡志远合著），《女性论坛》第 2 辑（俞湛明、罗萍主编），武汉大学出版社 2009 年版。

《身体史：新视野考量古代妇女生存状态》，《社会科学报》（学科探讨版）2010 年 3 月 11 日。

《美的历程：中国传统女性美的由来与变迁》，《社会性别与女性发展》（俞湛明、罗萍主编），武汉大学出版社 2010 年版。

《中国古代女性贞节观的变迁——以宋代为中心》，《社会性别与女性发展》（俞湛明、罗萍主编），武汉大学出版社 2010 年版。

《宋代商业中女性境况分析》（与柳雨春合著），《北京理工大学学报》（社会科学版）2011 年第 1 期。

《宋代国家对官员宿娼的管理》（与柳雨春合著），《武汉大学学报》（人文科学版）2011 年第 1 期。

《〈王魁负桂英〉故事在宋代的变迁及其政治道德意涵》（与方圆合著），《国际社会科学杂志》（中文版）2011 年第 4 期。

《空间的意义：宋人画作中的女性角色定位》，《宋史研究论文集（2010）》（邓小南等主编），湖北人民出版社 2011 年版。

《宋代女性自杀身后之事》（与陆溪合著），《河南大学学报》（社会

科学版）2012 年第 2 期；《中国社会科学文摘》摘登，2012 年第 8 期。

《从宋代妇女名字看社会性别文化建构——以宋人笔记为中心》，《武汉大学学报》（哲学社会科学版）2014 年第 1 期；人大复印报刊资料《宋辽金元史》转载，2014 年第 2 期。

《宋代士大夫的饥荒对策刍议》（与赵治乐合著），《武汉大学学报》（人文科学版）2014 年第 2 期。

《弄璋弄瓦：宋人产育中的性别选择》（与陆溪合著），《宋史研究论丛》第 15 辑（姜锡东主编），河北大学出版社 2014 年版。

《20 世纪以来朱熹形象的历史变迁——立足于报纸媒介的考察》，《陈乐素先生诞生一百十周年纪念文集》（暨南大学中国文化史籍研究所、江门市档案局主编），齐鲁书社 2014 年版。

《王安石县政治理思想及其当代价值》（摘要），《光明日报》2015 年 4 月 24 日。

《近三十年中国宋代妇女史研究的回顾与反思》，《华中国学》第 3 卷（罗家祥主编），华中科技大学出版社 2015 年版。

《性别视角下的宋代历史》，《华夏文化论坛》第 14 辑（张福贵主编），吉林文史出版社 2015 年版；人大复印报刊资料《宋辽金元史》转载，2016 年第 2 期。

《试析宋代士大夫劝谏皇帝时的恐惧使用》（与赵治乐合著），《史学集刊》2016 年第 1 期。

《从外貌描写看宋人理想的女性形象——以宋代话本为例》（与王刚合著），《第三届中国南宋史国际学术研讨会论文集》（沈翔、何忠礼主编），浙江大学出版社 2017 年版。

《"丈夫许国当如此""丹青难写是精神"——王安石县政治理的当代价值》，《张其凡先生纪念文集》（曾育荣、刘广丰主编），长江出版社 2019 年版。

（二）教学类

《史林耆英　师道楷模——李涵先生的治学和育人》（与张星久合

著），《武汉大学学报》（人文科学版）2002 年第 2 期。同年获武汉大学"教学研究优秀论文"二等奖。后更名为《李涵老师的治学和育人》，收入李涵《宋辽金元史论》附录，四川人民出版社 2022 年版。

《将性别视角引入中国古代史教学》，《武汉大学教育研究》（内刊）2009 年第 1 期。

《以"知识群"为基本模式　构建高校"中国历史"课程新体系》（与魏斌、刘安志合著），《教育教学论坛》2012 年第 4 期。

《构建"一体三翼"体系，探索历史学专业本科生实践教学新模式》（与刘安志合著），《历史教学》（下半月刊）2013 年第 12 期。

《重视实践教学，改革历史学课程体系》（与刘安志合著）发表于《武汉大学教育研究》（内刊）2014 年第 1 期。

（三）其他

《严谨学风，律己育人——记宋辽金元史专家李涵教授》，应《湖北名人传》之约而作，1990 年 7 月。

《在哈佛读书》，《中国典籍与文化》1998 年第 2 期。

《哈佛大学图书馆见闻》，《图书馆杂志》1999 年第 3 期。

《琐忆哈佛大学图书馆》，《世纪之交的中国与美国》（刘海平主编），上海外语教育出版社 2000 年版。

《序一》，《宋代长江中游的环境与社会研究：以水利、民间信仰、族群为中心》（陈曦著），科学出版社 2015 年版。

《做一个纯粹的学者——记与朱雷先生的一次通话》，《朱雷学记》（刘进宝编），浙江古籍出版社 2022 年版。

《自省与仁爱：老师的性格特质是我们永远的财富》，《石泉先生百年诞辰纪念文集》（武汉大学历史地理研究所编），武汉大学出版社 2023 年版。

附：学术讲座、报告

"女性主义对儒学的挑战"，（美国）哈佛大学"儒学研讨会"报告，

1997 年 5 月。

"美国的东亚学和中国学研究"，武汉大学历史系报告，1997 年 11 月。

"中国古代的专制主义"，武钢集团干部培训班讲座，2005 年 7 月 1 日。

"有关宋代妇女史研究的几点思考——以身体史为视角"，河南大学历史文化学院讲座，2008 年 6 月 14 日。

"历史学研究的新思路、新方法"，新疆大学人文学院系列讲座之一，2008 年 9 月 2 日。

"社会生活史研究方法略谈"，新疆大学人文学院系列讲座之二，2008 年 9 月 3 日。

"从性别视角看中国历史"，新疆大学人文学院系列讲座之三，2008 年 9 月 4 日。

"环境史研究方法述略"，新疆大学人文学院系列讲座之四，2008 年 9 月 5 日。

"日本学者的中国史研究新方法"，新疆大学人文学院系列讲座之五，2008 年 9 月 8 日。

"边缘的魄力：从性别视角看中国历史"，西南大学历史文化学院讲座，2011 年 12 月 4 日。

"性别视角下的宋代历史"，吉林大学"名家讲坛"报告，2014 年 11 月 28 日。

后 记

为庆贺杨老师七秩寿辰，师门同仁特筹集本书，以谢师恩。全书包括两大部分，一是杨老师指导过的博硕士的纪念文章，既有关于老师教书育人的点滴回忆，也有在老师指导下完成的论文，还有在老师鼓励下进行的学术探索以及在工作岗位上的新思考。二是老师的照片、学术年表、论著目录，这些资料不仅记录了老师的教师生涯，而且浓缩了老师的追求、精神和一个时代的变迁。

1987年9月我来到珞珈山，当时武汉大学在本科生班实行班导师制，杨老师担任87级中国史班的班导师，由此开启了我追随老师学习宋史的美好时光。因为核对书稿，我查阅了本科阶段的成绩单。在本科学习的"中国通史"和"世界通史"各四门课中，杨老师主讲的"中国通史（二）"成绩最高（94分）。除了个人兴趣，老师的讲授让这门课独具魅力，我在大学四年级时选择老师作为学位论文指导教师皆因老师和这门课程的吸引。

从老师的学术年表和论著目录可以看到，老师十分重视教学和人才培养，科研成果也很丰硕。我至今仍清楚地记得，留校前老师在一次谈话中特别叮嘱我要重视教书育人，这是高校教师的"天职"。2023年6月11日，在"辽宋金元史研究的继承与发展暨纪念李涵先生百岁诞辰研讨会"上，王曾瑜先生和杨老师因为新冠疫情只能线上参会，我代读了两位老师的纪念文章，深感愧对李老师和杨老师为武汉大学辽宋金元史研究做出的

贡献，几度哽咽。现仅将两篇旧文修改为《再辨"金堤"》和《走出与回归：宋代随州大洪山的佛教变迁》，希望可以对老师的学问有一点点传承和发扬。

全书的编校由我负责，宋史方向的全体在读博硕士生帮助核对了全部引文；出版经费由提交论文的同门分担，在此一并致谢。

诚挚感谢为本书出版做出重要贡献的编辑王亚茹，她是武汉大学历史学院 2015 级宋史方向硕士生。在编辑过程中，亚茹经历了孕育生命、初为人母的艰辛，却始终兢兢业业，全心付出。还要感谢美编小亓的精心设计，她选取的封面照片让老师温暖和煦的笑容永远照亮我们的心怀，陪伴我们前行。

陈　曦

2024 年 6 月 6 日于武汉大学振华楼